Cornwall
& Südwestengland

Petra Juling

Inhalt

Schnellüberblick	6
Englands wilder Westen	8
Lieblingsorte	10

Reiseinfos, Adressen, Websites

Informationsquellen	14
Wetter und Reisezeit	16
Rundreisen planen	18
Anreise und Verkehrsmittel	20
Übernachten	24
Essen und Trinken	27
Aktivurlaub, Sport und Wellness	30
Feste und Unterhaltung	33
Reiseinfos von A bis Z	36

Panorama – Daten, Essays, Hintergründe

Steckbrief West Country	42
Geschichte im Überblick	44
Dartmoor – Wildnis von Menschenhand	48
Lebende Zäune – Heckenvielfalt statt weiter Flur	50
Vogelparadies Küste – Taucher, Tölpel und Co.	53
Countrylife – Vom exquisiten Leben auf dem Lande	56
Gartenpracht am Golfstrom	58
Der National Trust – Denkmalschutz für Kultur und Natur	62
Englische Kathedralen der Gotik	65
Cornwalls keltisches Erbe	67
Träume von Manderley – Daphne du Maurier und Cornwall	70
Bristol Sound und Trip Hop – Attacke auf die Ohren	72
Faszination Maschine – Great Dorset Steam Fair	74
Erfolgsrezept Gastro-Pub	77

Inhalt

Unterwegs im West Country

Bath und Bristol	82
Bath	84
Im Zentrum	85
Nördlich vom Zentrum	92
Über den River Avon	93
Ausflüge	93
Bristol	98
Harbourside	98
Old City (Altstadt)	101
Redcliffe und Temple	102
Vom West End in die Altstadt	104
Clifton	105
Westliches Wiltshire und Somerset	110
Von Salisbury nach Somerset	112
Salisbury	112
Stonehenge	114
Frome	119
Shepton Mallet	120
Glastonbury	121
Von Wells in die Mendip Hills	124
Taunton	127
Quantock Hills	128
Exmoor National Park	130
Im Moor	131
Exmoor-Küste	133
Dorset	136
Der Osten von Dorset	138
Bournemouth – Christchurch –	
Poole	138
Halbinsel Purbeck	144
Ausflüge ins Landesinnere	147
Ins Blackmoor Vale	150
Der Westen von Dorset	154
Die Jurassic Coast an der Lyme Bay	154
Dorchester	163
Beaminster	168

Inhalt

Der Süden von Devon	170
Devons Kanalküste	172
Exeter	172
In der Umgebung von Exeter	180
Devons Jurassic Coast	182
Torbay – die ›englische Riviera‹	183
Totnes	189
Dartmouth	192
South Hams	195
Plymouth	197
Umgebung von Plymouth	203
Dartmoor	208
Dartmoor National Park	209
Okehampton	212
Tavistock	213
Der Norden von Devon und Cornwall	214
Die Nordküste von Devon	216
Ilfracombe	216
Barnstaple und Umgebung	218
Clovelly	220
Hartland	221
Die Nordküste von Cornwall	222
Bude	222
Bostcastle	223
Tintagel	223
Padstow	227
Bodmin Moor	231
Newquay	236
St Agnes	238
Portreath, Redruth	239
Der Westen von Cornwall	240
Magische Landschaft am Meer	242
St Ives	242
Halbinsel Penwith	248
An der Mount's Bay	249
Isles of Scilly	256
Halbinsel The Lizard	258
Am Helford River	264
Die Südküste von Cornwall	266
Die kornische Riviera – Creeks und Gärten, Häfen und Burgen	268
Am River Fal	268
Veryan Bay	274

Inhalt

Mevagissey	274
St Austell	276
Am River Fowey	277
Polperro	278
Looe	279
Sprachführer	280
Kulinarisches Lexikon	282
Register	284
Abbildungsnachweis/Impressum	288

Auf Entdeckungstour

Bath im 18. Jh. – Städtebau im Zeichen des	
Klassizismus	90
Der englische Landschaftsgarten – Stourhead	116
Auf der Suche nach dem Gral – heilige Stätten	
in Glastonbury	122
Geologie zum Anfassen – Lyme Bay	160
Mit Thomas Hardy in Wessex	166
Auf den Spuren von Agatha Christie	186
Das feine Leben auf dem Lande – Saltram House	204
Mit Reverend Hawker in Morwenstow	224
St Ives und die Kunst der Moderne	244
Magisches Penwith – Zeugnisse der	
Vergangenheit	250

Karten und Pläne

Bath	88
Bristol	102
Landschaftsgarten Stourhead	118
Exeter	174
Plymouth	198
Zeugnisse der Vergangenheit auf der	
Halbinsel Penwith	251

▶ Dieses Symbol im Buch verweist auf die
Extra-Reisekarte Cornwall

Schnellüberblick

Der Norden von Devon und Cornwall
Hohe Wellen an breiten Stränden begeistern Surfer, Wanderer genießen Naturerlebnisse auf dem Klippenpfad, magische Orte wie Tintagel, wo König Artus' Wiege stand, und winzige Häfen wie Clovelly. Im Landesinneren erheben sich die hohen Felskanzeln des Bodmin Moor. S. 214

Der Westen von Cornwall
Wilde Landschaft am Meer: Der Künstlerort St Ives und die Isles of Scilly locken mit subtropischer Pflanzenpracht und einsamen Stränden, die karge Halbinsel Penwith mit Zeugnissen der Vorzeit, neuzeitlichen Industriedenkmälern und dem westlichsten Zipfel Englands, Land's End. Vor Penzance scheint der St Michael's Mount über dem Meer zu schweben. Lieblich und naturschön die Halbinsel Lizard. S. 240

Die Südküste von Cornwall
An der kornischen Riviera mit ihren verästelten Flussmündungen, den Creeks von River Fal bis River Fowey, gedeihen dschungelartige Gärten, dazwischen liegen kleine Fischerhäfen und romantische Burgen. Landeinwärts, als Highlight für Pflanzenfreunde die gigantischen Gewächshäuser von Eden Project. S. 266

Bath und Bristol
Auf den ersten Blick ein ungleiches Paar: die Bäderstadt Bath in zeitlos-elegantem Gewand am beschaulichen River Avon, die große Nachbarstadt Bristol ein lebendiger und bunter Hafen, voller Narben aus wechselvoller Geschichte und voller zukunftsorientierter Ideen. S. 82

Westliches Wiltshire und Somerset
Englishness in Reinkultur: die gotischen Kathedralen von Salisbury und Wells, das uralte Monument von Stonehenge, der Klassiker unter den englischen Landschaftsgärten Stourhead und das Avalon der Esoteriker in Glastonbury, umwoben von der König-Artus-Sage. Dazwischen fruchtbare liebliche Landschaften und im Norden das wilde Exmoor mit grandioser Küstenszenerie. S. 110

Der Süden von Devon
Zwischen Meer und Moor jede Menge Kultur und Geschichte: Kultur in der Kathedralstadt Exeter, Geschäftigkeit in der Hafenstadt Plymouth, Einsamkeit und raue Winde im Dartmoor, eine milde Brise an der Torbay mit dem Seebad Torquay und üppiger Pflanzenpracht an der englischen Riviera. S. 170

Dorset
Abseits der geschäftigen Seebadmetropole Bournemouth im Osten eine stille grüne Landschaft von traditionell-englischer Gemütlichkeit mit Gärten und noblen Herrenhäusern. Bei Wanderungen an der Jurassic Coast im Westen überschaut man die Erdzeitalter und die riesige Kiesbank Chesil Beach. S. 136

7

Die Autorin

Mit Petra Juling unterwegs

Englische Lebensart und Kultur haben die Autorin seit der ersten Schiffspassage über den Kanal zum Schüleraustausch und später während des Anglistikstudiums nicht mehr losgelassen. Ganz besonders faszinieren sie bis heute die herrliche Natur im wilden West Country und die Fülle an Kultursehenswürdigkeiten. Am liebsten lässt sie sich auf dem Küstenpfad den Wind um die Nase wehen – um nachher bei einem Cream Tea oder einer ordentlichen Portion Fish'n'Chips zu entspannen.

Englands wilder Westen

Cornwall – der Name allein weckt Sehnsüchte, nach Urlaub am Meer, nach einem kleinen Cottage in einem malerischen Fischerort, nach Wanderungen auf dem Klippenpfad, begleitet vom süßen Duft des blühenden Ginsters und dem Kreischen der Seevögel, vorbei an atemberaubend schroffen Klippen und winzigen Buchten. Bis ans Ende der Welt, Land's End, und noch weiter reichen die Urlaubsträume, vielleicht bis zu den Felsriffen der Isles of Scilly, einer Inselwelt mitten in den Wellen des Atlantiks mit subtropischen Gärten, blütenweißen Stränden und winzigen Häfen.

Wilde Küsten und grüne Hecken

Cornwall ist zwar mit Sicherheit der Höhepunkt einer Reise ins West Country, doch auf dem Weg nach Land's End lockt viele schon die wilde Klippenszenerie der Jurassic Coast in Dorset und die gemütlich-englische Bilderbuchlandschaft im Hinterland, wo sich einladende Landhotels und urige Country

Pubs in einem Labyrinth aus schmalen Sträßchen zwischen hohen Hecken verstecken. Man hat das Gefühl, dass sich hier seit hundert Jahren nichts geändert hat, und glaubt sich Welten entfernt vom hektischen Puls der schnelllebigen Metropole London – dabei ziehen immer mehr Londoner aufs Land und die britische Hauptstadt ist in wenigen Stunden mit dem Zug oder Auto zu erreichen. Spätestens hinter den Hügeln von Bath oder im Grün der Hecken von Somerset beginnt das Paradies für den, der Land, Natur und das reiche kulturelle Erbe schätzt.

Gepflegte Ländlichkeit

Wichtige Meilensteine unterwegs auf dem Weg nach Cornwall sind neben der eleganten Bäderstadt Bath die himmelsstürmende Kathedrale von Salisbury und gepflegte Herrenhäuser wie Kingston Lacy in Dorset oder Montacute House in Somerset. Ebenso wichtig für das Verständnis der engli-

8

Immer wieder überwältigend: die Küste Cornwalls, hier bei Kynance Cove

schen Kultur ist der Garten von Stourhead, das Musterexemplar des viel kopierten Englischen Gartens, der im 18. Jh. in den Hügeln von Wiltshire angelegt wurde. Orte wie diese geben authentische Einblicke in das, was man auf dem Kontinent mit dem englischen Lebensstil verbindet. Diese kultivierte ländliche Lebensart ist vielleicht die Hauptattraktion einer Reise nach Südwestengland. England ist eben anders, und das besonders im West Country.

Land der Sagen und Mythen

Das rätselhafte Monument von Stonehenge in Wiltshire ist nur der Auftakt einer Reise in die mythische Vergangenheit des Westens. Lag vor Cornwalls Küste das vom Meer verschlungene Reich von Lyonesse? Oder Avalon, das Totenreich der keltischen Überlieferung? Der Legende nach ist Cornwall die Heimat des sagenumwobenen König Artus, dessen Wiege vielleicht auf den Klippen von Tintagel stand. Sein Grab haben die Mönche von Glastonbury Abbey vor etwa 900 Jahren auf dem Friedhof ihrer Abtei in Somerset lokalisiert, und Glastonbury ist heute eine der wichtigsten Pilgerstätten der Gralssucher im West Country. An heiligen Stätten und magischen Orten ist kaum eine Region reicher als Englands Südwesten: Steinkreise, Dolmen, Relikte einer mehr als 5000 Jahre alten Kultur säumen den Weg.

Keltische Ursprünge

Cornwall heißt Kernow – in der Sprache der Kelten. Hinter der natürlichen Grenze des River Tamar beginnt vormals keltisches Gebiet, das zeigen die Ortsnamen: Dieses Land hat eine eigene Geschichte. Cornwalls Isolation ist auch sein Reiz: unberührte Flora und Fauna, zu drei Seiten das Meer und das Gefühl, dass man sich eine gewisse Unabhängigkeit bewahrt hat.

Küste für Aktive

Genug vom beschaulichen Kulturgenuss? Dann testen Sie den Wellengang an Cornwalls Nordküste in der Surfermetropole Newquay, schnüren Sie die Wanderstiefel und erkunden Sie den Küstenwanderweg auf einigen der rund 1000 Kilometer entlang der gesamten Südwestküste.

**Gediegene Kuratmosphäre –
Pump Room in Bath, S. 86**

Picknick mit Aussicht – Deer Leap, S. 126

Lieblingsorte!

Ruhe vor dem Sturm – Port Isaac, S. 228

Auf der Kippe – The Cheesewring, S. 234

Einkehr in der Zeitlosigkeit – Pub The Square and Compass, S. 148

Ein Hauch von Riviera – Overbeck's Garden bei Salcombe, S. 194

Die Reiseführer von DuMont werden von Autoren geschrieben, die ihr Buch ständig aktualisieren und daher immer wieder dieselben Orte besuchen. Irgendwann entdeckt dabei jede Autorin und jeder Autor seine ganz persönlichen Lieblingsorte. Dörfer, die abseits des touristischen Mainstream liegen, eine ganz besondere Strandbucht, Plätze, die zum Entspannen einladen, ein Stückchen ursprünglicher Natur – eben Wohlfühlorte, an die man immer wieder zurückkehren möchte.

Schillerndes Farbenspiel – Kynance Cove, S. 262

Idyll am Wasser – St Just in Roseland, S. 272

Reiseinfos, Adressen, Websites

Entspannung pur: stille Ländlichkeit im Hinterland von Dorset

Informationsquellen

Infos im Internet

... auf Deutsch
www.visitbritain.com
Die offizielle Website der Britischen Fremdenverkehrszentrale Visit Britain bietet umfassende Informationen über ganz Großbritannien (also inklusive Schottland, Wales und Nordirland), von Anreise über Aktivangebote bis zum Herunterladen von Broschüren; eine Fülle von Links ermöglicht eine individuelle Reiseplanung. Mit Online-Shop für Fahrkarten und Buchung von Urlaubspaketen.

www.visitengland.com/de
Kurzweilige und informative Website speziell für England – hier findet man auch Infos über den Südwesten: Kurioses und Praktisches, Tipps zur Planung, Ideen und Angebote.

www.cornwall-info.de
Basisdaten und -fakten über Cornwall, Themen wie Rosamunde Pilcher und Links zu Medien in Cornwall. Mit Veranstalter- und Ferienhausangeboten.

www.cornwalltipps.de
Ein erster Einstieg, der Lust macht auf eine Reise nach Cornwall, mit Infos zu Mythen, Industriegeschichte, Gärten und Landhäusern sowie Veranstaltungskalender. Pluspunkte: Wettervorhersage sowie eine Landkarte. Mit der Zoomfunktion schafft man es bis zu Wanderkartenvergrößerung.

... auf Englisch
www.duchyofcornwall.org
Offizielle Seite des Herzogtums; Prince Charles, zugleich Duke of Cornwall, informiert über seine Projekte in Sachen Natur und Architektur im Herzogtum.

Übrigens: Der Herzog vermietet auch Ferienhäuser z. B. auf den Scilly-Inseln. Manche Texte sind auf Kornisch.

www.visitsouthwest.co.uk
Portal für den ganzer Südwesten von Wiltshire über Bristol und Bath bis Cornwall. Nützliche und vielseitige Informationen, übersichtlich gestaltet und mit Videos aufgelockert. Links leiten weiter zu Themen wie Aktivurlaub oder Ferien mit Kindern. Man kann nach Events und Sehenswürdigkeiten suchen sowie über eine Datenbank eine Unterkunft finden und buchen.

www.visitdevon.co.uk
Sehr schön gestaltete Website für Devon: Beschreibung der Attraktionen, Links zu Regionen wie Dartmoor oder English Riviera. News, Videos, Veranstaltungstipps, Unterkunftsbuchung.

www.visitsomerset.co.uk
Hübsch gemachte Seite mit guten Links zu den regionalen Informationsstellen. Sie erläutert zudem eine Reihe von somersettypischen Details vom Apfelwein bis zu Attraktionen am Wege – es macht neugierig weiterzuklicken.

www.westdorset.com
Website für den Westen von Dorset mit vielen Hinweisen und Links zu den lokalen Sehenswürdigkeiten, Unterkünften und Gasthäusern.

www.cornwalls.co.uk
Schön bebilderte und übersichtlich gestaltete Seite mit Wissenswertem und Praktischem zu Cornwall. Ausführlich besprochen werden Themen wie Geschichte der Region, Mythen und Legenden, kornisches Essen sowie Gärten und Strände in Cornwall.

www.visitcornwall.com
Offizielle Seite der Grafschaft Cornwall mit umfassenden Informationen über Aktivitäten, Sehenswürdigkeiten, Essen und Trinken oder aktuellen Veranstaltungshinweisen. Außerdem gibt es eine Suchfunktion zur Wahl einer passenden Unterkunft und Buchungsmöglichkeit.

Informationsstellen vor Ort

Die Tourist Information Centres, kurz TICs, in Südwestengland sind die besten Anlaufstellen für gutes Informationsmaterial, Karten und Bücher über die Region. Freundlich beantworten die Mitarbeiter Einzelfragen, geben Tipps, wo man Fahrräder mieten, am besten essen oder gut wandern kann, und in den Küstenorten geben sie auch Auskunft über die Tide und die schönsten Strandabschnitte. Meist ist ein *accommodation service* angeschlossen, und man kann sich gegen geringes Entgelt eine Unterkunft besorgen lassen.

Die TICs bieten darüber hinaus den Service *book-a-bed-ahead*, d. h. sie reservieren auf Anfrage gegen eine geringe Gebühr und Anzahlung Unterkünfte in anderen Teilen des Landes kurzfristig im Voraus.

Wenn Auskunftsstellen nicht die Bezeichnung TIC, sondern Visitor Centre oder dergleichen tragen, sind sie dem Netzwerk nicht angeschlossen – dann ist der Vorausbuchungsservice nicht möglich. Informationen zu den touristisch wichtigen Fragen vor Ort gibt es aber auch hier.

Die Adressen und Telefonnummern der lokalen Informationsstellen werden im Kapitel ›Unterwegs im West Country‹ ab S. 80 bei den entsprechenden Orten aufgeführt.

Lesetipps

Schriftsteller wie Jane Austen, Thomas Hardy, Agatha Christie und Daphne du Maurier haben sich vom Leben und der Natur im West Country inspirieren lassen, zu spannenden und unterhaltsamen Romanen (s. S. 70, 92, 167, 186).

Bill Bryson: Reif für die Insel. Goldmann 2007. England für Anfänger und Fortgeschrittene.

Daphne du Maurier: Mein Cornwall. Schönheit und Geheimnis. Schöffling 2006. Kein Roman, sondern gut recherchierte Reiseliteratur, in deren Mittelpunkt Cornwalls Landschaft und Menschen stehen.

John Fowles: Die Geliebte des französischen Leutnants. List 2006. Der mit Meryl Streep verfilmte Roman spielt in viktorianischer Zeit an der wilden Jurassic Coast bei Lyme Regis.

Rosamunde Pilcher: Karussell des Lebens. Rowohlt 2005. Die Landschaft Cornwalls mit ihren sanften Hügeln und einsamen Buchten bildet die romantische Kulisse für die Liebesgeschichte der jungen Prue Shackleton.

Dies.: Die Muschelsucher. Rowohlt 2006. Mit diesem Roman gelang Rosamunde Pilcher der Durchbruch. Er lässt den Leser in das Leben der Künstler in St Ives eintauchen.

Peter Sager: Englische Gartenlust. Von Cornwall bis Kew Gardens. Insel 2006. Amüsante Beschreibung von Land, Leuten und ihren Gärten

Minette Walters: Wellenbrecher. Goldmann 2011. Ein Strand bei Poole wird zum Schauplatz eines Verbrechens. Die Thriller-Autorin lebt selbst in Dorset (Titel des Originals: The Breaker).

Virginia Woolf: Zum Leuchtturm. Fischer 2007. In Ihrem Roman verarbeitete Virginia Woolf ihre Kindheitserinnerungen an St Ives, auch wenn die Schriftstellerin die Handlung auf die Hebriden verlegte.

Wetter und Reisezeit

Klima

Das Klima an Devons und Cornwalls Südküste ist durch den Golfstrom ungewöhnlich mild. Im Sommer wird es selten drückend heiß – der Wind sorgt stets für erträgliche Temperaturen. Im Dezember ist es durchaus nicht ungewöhnlich, bei 15 oder 16 °C auf einer windgeschützten Terrasse in der Sonne Tee zu trinken.

Die feuchte südwestenglische Küste bietet mit durchschnittlich elf Tagen Frost im Jahr ein ideales Klima für Blumen und exotische Pflanzen. Zu jeder Jahreszeit blühen die Gärten und Wildblumen – die Palmen an den Stränden der Torbay wirken keinesfalls deplaziert. Zu der Milde kommt eine Menge Regen. Selten ist das englische Wetter aber so schlecht wie sein Ruf. In den vergangenen Jahren herrschte zeitweise sogar Wassermangel besonders im Süden der Insel, wenn Schönwetterperioden wochenlang anhielten. Normalerweise wechselt das Wetter aber ungefähr viermal täglich zwischen Regen, Schauer, bewölktem Himmel und strahlendem Sonnenschein und liefert in jedem Fall eine gute Gelegenheit, um ein Gespräch anzuknüpfen.

Reisezeit

Die beste Reisezeit für Südengland liegt zwischen April und Oktober. Im späten September beginnt die Jagdsaison – wer ins Exmoor möchte, muss frühzeitig buchen.

Die beste Zeit für einen Wanderurlaub ist Mai/Anfang Juni und September/Oktober. Meist herrscht angenehm

Im Juli und August herrscht Hochbetrieb in den Badeorten an der Küste

Reiseinfos

temperiertes ruhiges Wetter, und die Tage sind noch nicht allzu kurz.

Gartenfreunde reisen optimal Mitte Juni: Die im Mai einsetzende Rhododendronblüte ist noch nicht ganz vorbei, um die Mitte des Sommers ist die Hauptblütezeit der meisten Pflanzen, überall duftet es und die exotischen Pflanzen entfalten ihre volle Pracht. Dazu bildet das frischgrüne Blattwerk der Bäume eine schöne Kulisse. Der August empfiehlt sich zur Hortensienblüte sowie der Oktober wegen der Laubfärbung in den Parks und Gärten.

Für den Badeurlaub eignen sich die Monate Juli, August und September, dann sind die Meerwassertemperaturen erträglich und die Infrastruktur für das Strandleben der Badeorte optimal.

Vor der Besichtigung von Sehenswürdigkeiten sollte man die Öffnungszeiten genau studieren. Viele stehen außerhalb der Hauptsaison nur an bestimmten Wochentagen offen oder sind ganz geschlossen. Von Ostern bis September sind die meisten Burgen und Schlösser geöffnet.

Hauptsaison

In den Monaten Juli und August haben die Engländer Sommerferien und strömen mit Kind und Kegel an die *seaside,* bevölkern Strände, Caravan Parks und preiswerte Unterkünfte. Das Preisniveau für Übernachtungen steigt in diesen Monaten mindestens um 10 %, oft sogar bis zu 30 % im Vergleich zur winterlichen *low season.* Wer kann, sollte die Küste in dieser Hauptsaison (*high season* oder *peak season)* meiden.

Während der einwöchigen Schulferien, *half term,* im Frühjahr (Ende Mai) und Herbst (zweite Oktoberhälfte) sind vor allem Familien mit Kindern unterwegs, viele Quartiere ausgebucht und Sehenswürdigkeiten gut besucht.

Klimadaten Bournemouth

Kleidung und Ausrüstung

Zwar ist das Klima allgemein milder als auf dem Kontinent, aber sobald die Sonne hinter einer Wolke verschwindet, wird's kühl. Temperaturen zwischen 8 und 15 °C sind unangenehm, wenn die Luft feucht ist, ein frischer Wind weht oder es regnet. Zu den wichtigsten Kleidungsstücken gehören wasserfeste Schuhe mit Profilsohle, eine wind- und regenfeste Jacke, ein Pullover und möglichst eine Kopfbedeckung für Wanderungen an windigen Küsten. Das Licht an der Küste kann sehr intensiv sein. Sonnenbrille und Sonnenschutzmittel gehören zur Grundausrüstung. Wer See- und andere Wildvögel beobachten möchte, sollte ein Fernglas mitnehmen.

Die meisten Restaurants haben keinen *dress code,* doch es ist nie falsch, wenn Männer ein Jackett und eine Krawatte dabeihaben und Frauen Kostüm oder Bluse/Rock. In luxuriöseren Unterkünften kleidet man sich zum Dinner elegant oder sportlich, aber dezent.

17

Rundreisen planen

Pkw-Rundtour (14 Tage)

Wer zwei Wochen Zeit hat, den Südwesten zu erkunden, muss notgedrungen Schwerpunkte setzen. Für die Besichtigung von Country Houses und Gärten sollte man jeweils einen halben Tag Zeit einplanen.

Nach der Anreise mit der Fähre oder durch den Tunnel können Sie den ersten Halt in der Kathedralstadt **Salisbury** einlegen. Von hier fahren Sie nach Süden an die Küste von Dorset und besuchen auf dem Weg dorthin nördlich von Bournemouth das Herrenhaus **Kingston Lacy**. Die **Jurassic Coast** zwischen Chesil Beach, Abbotsbury und Lyme Regis lockt mit herrlichen Küstenwanderungen.

Für die Weiterfahrt nach Exeter wählen Sie die Strecke über Ottery St Mary, sodass Sie bei Exmouth einen Blick in das exquisit-exzentrische Haus **A La Ronde** werfen können. Nach einem Besichtigungstag in **Exeter** liegt der **Dartmoor National Park** zum Greifen nah, den Ausflug zum Haytor sollten Sie bei schönem Wetter unternehmen. Postkartenschöne Küstenorte wie **Dartmouth** säumen die Küste von Süddevon und insbesondere **Torquay** verströmt Seebadatmosphäre.

Hinter Plymouth und der Brücke über den Tamar haben Sie Cornwall erreicht, und die Auswahl, welche seiner Gärten man sich ansieht, fällt schwer: **Eden Project** bei St Austell oder das Gartentrio **Trelissick, Trebah und Glendurgan** stehen in jedem Fall ganz oben auf der Liste. Unter den sehenswerten Museen sollten Sie das **National Maritime Museum** in Falmouth mit seiner Schiffssammlung nicht auslassen, bevor Sie den Anblick der Inselburg von **St Michael's Mount** in der Bucht von Penzance genießen. Von Penzance sind Tagesausflüge auf die **Isles of Scilly** möglich. Genauso schön ist für Landratten aber ein Tagesausflug mit Wanderung auf die **Lizard-Halbinsel**.

Vom weitesten südwestlichen Punkt geht es zunächst gen Norden: Entlang Cornwalls Nordküste steuern Sie den berühmten Künstlerort **St Ives** an, dessen reizvolle Lage zumindest einen Fotostopp erfordert. Vorbei an den beliebtesten Surferstränden in **Newquay** und den besten Fischrestaurants Englands in **Padstow** geht es ins Land der Sagen und Mythen: **Tintagel Castle** lässt als sagenumwobener Wohnsitz von König Artus niemanden kalt.

Der Küste folgend, überqueren Sie die Grenze nach Devon und können einen Spaziergang durch den pittoresken Hafenort **Clovelly** (Eintritt) oder einen Ausflug nach **Lundy Island** unternehmen, wenn das Wetter es erlaubt (Fähre). Die reizvolle Nordküste von Devon und der **Exmoor National Park** sind einen weiteren Tag der Erkundung wert, bevor die Reise ins Landesinnere von Somerset, nach **Glastonbury,** führt. Wer dem New-Age-

Reiseinfos

Kultort nicht viel abgewinnen kann, findet in **Wells** eine der schönsten Kathedralen des Landes. Naturfans kommen in der Schlucht **Cheddar Gorge** auf ihre Kosten.

Wenn Sie die Rundtour durch das West Country mit einer Stippvisite in der Großstadt abschließen möchten, sollten Sie **Bristol**, wenn Sie lieber Kultur vom Feinsten erleben möchten, **Bath** mit seinem einzigartigen Stadtensemble aus dem 18. Jh. besuchen. Für einen Streifzug durch den herrlichen Landschaftspark in **Stourhead** sollten Sie einen weiteren halben Tag einplanen. Auf der Rückfahrt zur Fähre liegt als letztes Highlight **Stonehenge** direkt am Weg.

Rundtour mit Bus und Bahn (12–14 Tage)

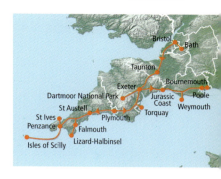

Wer aus dem Westen Deutschlands mit dem Zug anreist, braucht in der Regel nicht in London zu übernachten, sondern legt den ersten Zwischenstopp in **Bath** oder **Bristol** ein. Beiden Städten sollten Sie je einen Besichtigungstag widmen (also drei Nächte buchen). Am dritten Tag reisen Sie von Bristol über Taunton bis **Exeter,** wo Sie in der kulturellen Metropole des Westens einen Tag mit Besichtigungen und im Sommer zudem einen Tag mit der Erkundung des Dartmoor (Busverbindungen) verbringen können. Mit dem Cornish Riviera Express geht es von Exeter weiter nach **Penzance,** wo sich ein längerer Aufenthalt anbietet. In bequemer Reichweite liegt der **St Michael's Mount**. Per Bus oder per Bahn auf einer Stichstrecke mit Umsteigen in St Erth ist ein Ausflug nach **St Ives** an Cornwalls Nordküste möglich. Eine Buslinie fährt parallel der Küste der Halbinsel Penwith nach **Land's End** (Sommer). Per Schiff oder Helikopter können Sie sogar die Scilly Islands ansteuern. Für Wanderungen auf der Halbinsel The Lizard ist **Falmouth** das beste Standquartier, das Sie auf der Stichstrecke ab Truro erreichen. Auch einen Ausflug zum **Eden Project** ab dem Bahnhof St Austell (Busverbindung) sollten Sie einplanen (reduzierter Eintrittspreis und keine Wartezeit bei Anreise ohne Auto). Auf dem Rückweg über Plymouth und Exeter können Sie noch etwas Seebadatmosphäre in **Torquay** an der Englischen Riviera schnuppern. Danach fahren Sie mit dem Bus auf der Strecke Exeter–Poole entlang der Jurassic Coast bis zur Seebad-Doppelstadt **Poole/Bournemouth.** Wer lieber mit dem Zug fährt, steigt von der Hauptstrecke nach London Paddington in Castle Carey um auf die Heart of Wessex Line nach Süden, nach **Weymouth.** Hier bietet sich ein Aufenthalt mit Wanderausflügen und Strandtagen an der **Jurassic Coast** an, vor allem das Busnetz in der Region Bournemouth ist hervorragend. Zuletzt zuckelt die Bahn gemütlich durch die Grafschaft Dorset und den New Forest über Southampton zurück nach London Waterloo. Zum Eurostar-Bahnhof St Pancras sind es dann noch ein paar U-Bahn-Stationen, bevor es durch den Tunnel zurück auf den Kontinent geht.

Anreise und Verkehrsmittel

Einreisebestimmungen

Reisende aus Deutschland, Österreich und der Schweiz benötigen einen gültigen Reisepass oder Personalausweis, Kinder unter 16 Jahren (Österreich: unter 13 Jahren) müssen eigene Reisedokumente mitführen. Autofahrer benötigen ihren Führerschein und den Kfz-Schein, die Grüne Versicherungskarte ist von Vorteil.

Zollvorschriften
Seit Beginn des Europäischen Binnenmarktes dürfen für den Eigenbedarf von EU-Bürgern über 18 Jahren u. a. bis zu 3200 Zigaretten, 3 kg Tabak, 90 Liter Wein, 110 Liter Bier und 10 Liter hochprozentiger Spirituosen zollfrei eingeführt werden.

Mitnahme von Haustieren
Hunde und Katzen können mit einem Tierpass unter bestimmten Bedingungen mitgenommen werden. Alle anderen Tiere, die nach Großbritannien eingeführt werden, müssen sich einer längeren Quarantänezeit unterziehen. Nähere Informationen erteilt die
Britische Botschaft
Wilhelmstr. 70–71
10117 Berlin
Tel. 030 20 45 70,
www.britischebotschaft.de

Anreise

... mit dem Flugzeug
Direkte Flugverbindungen, u. a. nach Bristol, bestehen von Frankfurt am Main und München mit British Airways, von Berlin-Schönefeld mit easyjet, von Bremen und Hamburg mit OLT sowie von Hannover nach Southamp-

ton und von Düsseldorf nach Exeter mit Flybe.
Mit Zwischenstopp in London ist die Auswahl noch größer. Außer Bristol werden mehrere Regionalflughäfen von London aus angeflogen: Newquay und Plymouth mit Air Southwest von Gatwick (North Terminal), Newquay mit Ryanair von Stansted.

Flughäfen und Fluggesellschaften
www.bristolairport.co.uk
www.exeter-airport.co.uk
www.plymouthairport.com
www.newquay-airport.co.uk
www.airberlin.com
www.ba.com
www.britishairways.com/travel/baconnect
www.easyjet.com
www.olt.de
www.flybe.com

... mit der Bahn
Per Zug führen alle Wege in den Westen Englands über London. Zunächst reist man mit dem Thalys ab Köln bis Brüssel-Midi (2 Std. 20 Min.), wo man in den Tunnelzug Eurostar umsteigt. Der Eurostar fährt in 2 Std. 40 Min. von Brüssel durch den Kanaltunnel bis London-St Pancras. Die meisten Züge gen Westen fahren ab dem Bahnhof Paddington, wohin man sich am besten per U-Bahn (separates Ticket lösen) quer durch die Stadt begibt (etwa 45 Min.–1 Std.). Die Eisenbahngesellschaft First Great Western bedient die Strecken von Paddington nach Bristol (1 Std. 45 Min.), Exeter (2 Std.), Plymouth (3 Std.) und Penzance (5 Std.). Vom Bahnhof London Waterloo verkehren Züge nach Bournemouth, Plymouth und Exeter (mit South West Trains). Günstigster Ticketkauf: online.

Reiseinfos

Fahrplanauskunft und Internet-Buchungsadressen
Telefonauskunft unter 08457 48 49 50 (24-Std.-Service, Nummer gilt innerhalb Großbritanniens)
www.eurostar.com
www.britrail.com
www.crosscountrytrains.co.uk
www.nationalrail.co.uk
www.traveline.info

… mit dem Bus
Zwischen Deutschland und Großbritannien verkehren regelmäßig Reisebusse. Die Eurolines-Busse fahren über die Strecken Berlin–Hannover–Dortmund, Hamburg–Bremen, Leipzig–Dresden oder München–Stuttgart–Frankfurt–Köln–Aachen nach London. In der Regel wird über Nacht gefahren, sodass man am frühen Morgen in London Victoria Station ankommt.

Buchung Eurolines-Busse
Deutsche Touring GmbH
Am Römerhof 17
60486 Frankfurt/Main
Tel. 069 790 30
www.touring.de

… mit Auto und Fähre
Wer Schiffsreisen nicht scheut, der reist von der französischen Normandie aus bequem direkt in den Westen Englands: Cherbourg–Portsmouth (Highspeed 2 Std. 45 Min.) und Cherbourg–Poole (4 Std. 15 Min. bzw. Highspeed 2 Std. 10 Min.), Caen/Ouistreham–Portsmouth (März/April–Anfang Nov. ca. 6 Std.) mit Brittany Ferries. Fährverbindungen gibt es ebenfalls von der Bretagne aus: St Malo–Portsmouth (über Nacht, ca. 9 Std.), Roscoff–Plymouth (6 Std.). Die Strecken haben ihren Preis, zur langen Schiffsreise sind ein bis zwei Tage Anreise durch Frankreich einzukalkulieren, bei Nachtfähren die Kabinenpreise.

Auf der klassischen Kanalstrecke Calais–Dover (1 Std. 30 Min.) verkehren DFDS Seaways/LDLines und P&O Ferries, von Dunkerque nach Dover setzt DFDS Seaways über (2 Std.), von Dieppe nach Newhaven LDLines. Der Nachteil auf diesen Routen: Bis ins West Country sind ca. 320 km (Dover–Bristol) bzw. 584 km (Dover–Penzance) zurückzulegen – zu bedenken ist bei dieser Variante auch die hohe Verkehrsdichte in Südostengland und im Großraum London (die Durchquerung der Innenstadt ist mautpflichtig).

Die Preise variieren stark, je nach Aufenthaltsdauer und Saison. Erheblich billiger fährt, wer sehr lange vorab bucht, die Fährgesellschaften gewähren erhebliche Frühbucherrabatte. Buchen kann man über ein Reisebüro oder über das Internet.

Buchung Fähren
www.brittany-ferries.co.uk
www.poferries.de
www.dfdsseaways.de
www.ldlines.de

… mit Auto und Tunnelshuttle
Nicht übers Wasser, sondern durch den Tunnel unter dem Ärmelkanal reist man mit seinem Fahrzeug im Eurotunnel-Shuttle-Zug (Fahrzeit 35 Min., einfache Fahrt ab ca. 69 €).

Buchung Tunnelshuttle
www.eurotunnel.com

Wohin mit dem Koffer?
Wer mit öffentlichen Verkehrsmitteln unterwegs ist, sollte beim Packen zu Hause unbedingt bedenken: Schließfächer gibt es selbst auf größeren Bahnhöfen (z. B. Bristol) in England grundsätzlich nicht mehr. Da hilft nur eins: Travel light!

Reiseinfos

Verkehrsmittel

Leihwagen

Die großen Leihwagenfirmen sind an den Flughäfen präsent und lassen sich durch Reisebüros bereits von zu Hause buchen, unerlässlich in der Hochsaison (Ostern und Juli/August).

Zur Buchung benötigt man in England eine Kreditkarte. Wer ein Auto mieten möchte, muss mindestens 23 Jahre alt sein (Höchstalter ist in der Regel 75 Jahre) und den Führerschein bereits mehr als ein Jahr lang besitzen. Bezahlt wird im Voraus und per Kreditkarte, auch eine Kaution muss hinterlegt werden.

Autofahren

Viele Sehenswürdigkeiten wie Gärten und Schlösser erreicht man nur mit dem Auto. Außerdem bietet der Süden Englands viele landschaftlich reizvolle Strecken, *scenic drives,* die nicht anders zu entdecken sind.

Es gelten folgende Höchstgeschwindigkeiten: 30 mph (48 km/h) in Ortschaften, 60 mph (96 km/h) auf zweispurigen Landstraßen und 70 mph (112 km/h) auf Autobahnen. Den Straßenzustand und Verkehrsmeldungen sowie Autobahnbaustellen erfährt man unter www.highways.gov.uk.

Viele Straßen in Südwestengland sind einspurige Strecken, auf denen man äußerst zurückhaltend fahren sollte. Sogar auf vielen A-Straßen (Hauptverbindungsstraßen) gibt es Stellen, wo keine zwei Pkws aneinander vorbeipassen. Das Schild »Oncoming vehicles in middle of road« (entgegenkommende Fahrzeuge in der Mitte der Straße) ist vollkommen ernst gemeint!

Parken: Gebühren werden in den meisten Städten erhoben, häufig auch an Stränden und Sehenswürdigkeiten. Das am Automat gekaufte Ticket legt man deutlich sichtbar ins Autofenster *(pay and display).* Doppelte gelbe Linien signalisieren absolutes Parkverbot, bei einfachen gelben Linien ist Parken am Straßenrand in dem angegebenen Zeitraum erlaubt.

Durch eine Mitgliedschaft im National Trust lassen sich Parkplatzgebühren sparen. Für Mitglieder des National Trust ist das Parken an vielen Sehenswürdigkeiten – dazu gehören auch Strände – kostenfrei.

Pannenhilfe: AA (Automobile Association, Tel. 0800 88 77 66, www.theaa.com) und RAC (Royal Automobile Club, Tel. 0800 82 82 82, www.rac.co.uk) sind Partner des ADAC bzw. ÖAMTC. Ein Auslandsschutzbrief ist empfehlenswert.

Bahn

Bereits zu Hause gekaufte Bahnpässe ermöglichen freie Fahrt auf allen Linien zu günstigen Preisen. Es gibt sie für den Bereich England (also ohne Wales und Schottland). Sie gelten an aufeinanderfolgenden Tagen (Consecutive Pass) oder an zwei, vier oder mehr frei wählbaren Tagen innerhalb eines Monats (BritRail England Flexi-Pass) für alle 25 Bahnunternehmen des Landes (www.britrail.com). Bahntickets für Reisen innerhalb Großbritanniens sind auch am Tag der Reise am

---

Klimabewusst reisen

Klimabewusst Reisen ist auch in England möglich. Einen Überblick über die lokalen Betreiber öffentlicher Verkehrsmittel und Hilfen bei der Reiseplanung geben folgende Internetportale:

www.traveline.info
www.traveline.org.uk (für ganz Großbritannien)
www.travelinesw.com (für Südwestengland).

Reiseinfos

Manche Sehenswürdigkeiten erreicht man nur mit dem Auto oder Taxi

Schalter zu bekommen, aber am günstigsten sind sie vorab online gekauft. Es besteht Zugbindung, man reist nicht so flexibel wie mit einem Bahn-Pass. Infos: www.nationalrail.co.uk; die Webseite zeigt die passende Verbindung und leitet weiter zum Bahnunternehmen und zur Buchung (Angabe der Kreditkartennummer erforderlich).

In touristisch stark frequentierten Gebieten, z. B. an der Küste von Dorset, Devon und Cornwall oder im Dartmoor, werden häufig preiswerte Wochen- oder Tageskarten für Bahn, Bus und Fähre angeboten. *Day Return Tickets* ermöglichen günstig Tagesausflüge per Bahn.

Bus

Ab London Victoria Station verkehren National-Express-Busse in alle Städte des Südwestens. Busse Richtung Exeter, Plymouth oder Penzance fahren etwa 10-mal täglich. Auch hier gilt, dass die Preise günstiger sind, wenn man eine Woche oder länger vorbestellt. Die Fahrtkosten sind um wenige Pfund geringer als mit der Bahn, die Reise dauert aber länger.

Bei kurzfristiger Buchung ist die Busfahrt günstiger als die Zugfahrt. Auch für das Busnetz gibt es Pässe (BritXPlorer für 7, 14 oder 28 Tage), die unbegrenztes Reisen ermöglichen – günstig für Vielfahrer.

Auskünfte und Kauf von Buspässen
www.nationalexpress.com
Tel. 08717 81 81 78 (innerhalb Großbritanniens)

Taxi

Ist man ohne Auto in ländlichen Gebieten unterwegs, ist das Taxi oft die einzige Möglichkeit, zuverlässig zum Ziel zu kommen. Das Preisniveau ist niedriger als in Deutschland, und es kann sich für mehrere Personen durchaus lohnen, mit dem Taxi statt mit dem Bus zu fahren.

Übernachten

Hotels, Bed & Breakfast, Guest Houses

Hotels

Inbegriff englischer Lebenskultur ist das **Country House Hotel,** das gepflegte Hotel in einem Herrenhaus, umgeben von weitläufigem Park und üppigem Garten, in ländlichem Ambiente. Vom Kaminfeuer bis zum Himmelbett werden hier alle Ansprüche erfüllt und entsprechende Preise verlangt. In der Regel ist ein nobles Restaurant angeschlossen.

Anspruchsvolle Unterkünfte für Individualisten sind die **Boutique Hotels** – sehr individuell eingerichtete Häuser mit Zimmern in schickem Design, beispielsweise in einer ehemaligen Fabrik oder einem Hafenspeicher – und sogenannte *restaurants with rooms,* die ihr Hauptaugenmerk auf noble moderne Küche legen und wenige, aber erlesen eingerichtete Zimmer bieten.

Herkömmliche Hotels oder Inns auf dem Land werden an Wochenenden gerne für Familienfeste und gesellschaftliche Ereignisse (*functions*) genutzt. Für Individualreisende kann das unangenehm werden, denn der Service ist überlastet, oft gibt es laute Mu-

sik und Unruhe. Erkundigen Sie sich, bevor Sie buchen. In gleicher Weise können *hen* bzw. *stag parties* zum Ärgernis werden, mit denen Braut bzw. Bräutigam vor der Hochzeit mit Freunden bzw. Freundinnen den ›Abschied von der Freiheit‹ feiern.

Günstig für Familien mit Kindern sind **Hotelketten,** die sehr preiswerte Zimmer zum Einheitspreis anbieten, wie Travelodge (www.travelodge.co.uk) oder Premiertravelinn (www.premiertravelinn.co.uk).

Bed & Breakfast

Bed & Breakfast ist die typische Übernachtungsart, wenn man Großbritannien bereist. Man wohnt dabei in einem Privathaus. Meist gibt es zwei oder drei Gästezimmer – immer häufiger mit eigenem Bad oder Dusche.

Die Privatvermieter orientieren sich zwar zunehmend an professionellen Standards, sind vielfach aber immer noch bemüht, ihre Gäste individuell zu betreuen. Manche B & Bs offerieren ihren Gästen auch neben dem Frühstück ein Abendessen (*dinner*), zu dem man sich rechtzeitig anmelden muss. Oft liegen die Privathäuser abgelegen auf dem Land. Lassen Sie sich immer den Weg beschreiben.

Empfehlenswert sind die »Special Places«-Führer mit besonderen Bed-&-Breakfast-Unterkünften oder kleinen Hotels – sei es, dass sie Gartenliebhaber begeistern, ein besonderes Frühstück oder eine herrliche Aussicht bieten (www.sawdays.co.uk). Erhältlich in Buchhandlungen in England.

Guest Houses

Guest Houses sind professionell geführte preiswerte B & Bs mit mehr als zwei oder drei Zimmern bis hin zu Ho-

---

Vokabeln für die Buchung

(no) vacancies – (kein) Zimmer frei
ensuite – Zimmer mit angrenzendem Bad bzw. Dusche/WC
single – Einzelzimmer
double – Doppelzimmer (Doppelbett)
twin room – Zweibettzimmer
triple – Dreibettzimmer
standard room – Zimmer ohne Bad bzw. Dusche/WC

Reiseinfos

telstandard. Besonders häufig sind sie in Städten und in den Badeorten, wo sich oft ganze Straßenzüge entlang eine Unterkunft an die andere reiht.

Kategorien

Da Südwestengland eine besonders beliebte Reiseregion ist, ist die Konkurrenz unter Hotels, Bed-&-Breakfast-Unterkünften und Guest Houses groß. Ehrgeizige Hoteliers und Gastgeber sind auf Qualität bedacht, doch herrscht Widerwillen gegen Standardisierung. Das ist verständlich, denn die Unterkünfte sind so individuell wie ihre Wirtsleute, die *landlords* und *landladies.*

Unterschiedliche Organisationen machen sich mit unterschiedlichen Kriterien ans Werk: Die Kategorien der AA (Automobile Association) unterscheiden sich von denen des ETB (English Tourist Board) oder des RAC (Royal Automobile Club). Sterne, Rosetten und Kronen, Punkte und Empfehlungen wie *approved, commended, highly commended* und *de luxe* stehen nebeneinander und verwirren den Gast.

Ferienhäuser und -wohnungen

Unterkünfte für Selbstversorger *(self-catering accommodation)* werden überall in großer Zahl angeboten, vom gemütlichen Cottage auf dem Land bis zum Ferienapartment mit Meerblick. Besonders Familien mit Kindern sind bei dieser Art Unterkunft gut aufgehoben. Im Juli/August kann man die Häuser oft nur wochenweise mieten, außerhalb der Hochsaison sind die Termine flexibler und man kann durch *midweek bookings* zusätzlich sparen.

Adressen findet man auf den Seiten der regionalen Touristenorganisationen. Auch die lokalen TICs geben Aus-

Wie reserviere ich ein Zimmer?
Hotels, Guest Houses und Bed-&-Breakfast-Unterkünfte verlangen bei Buchung häufig eine Anzahlung *(deposit)* bzw. als Sicherheit die Angabe einer Kreditkartennummer. Wer auf eigene Faust bucht, kann sich zunächst telefonisch oder per E-Mail erkundigen *(booking request)*. Durch die Anzahlung ist die Buchung bindend.

kunft über Feriendomizile in ihrer Region. Buchungsseiten speziell für Devon und Cornwall sind www.devon-online.com und www.cornwall-online.com.

Weitere Anbieter, bei denen man ein Feriendomizil online suchen kann: www.southwestholidaycottages.com (nur Cornwall); www.farmstayuk.co.uk (Urlaub auf dem Bauernhof).

Nicht ganz das Übliche bieten einige Organisationen wie National Trust oder Landmark Trust: zu Ferienunterkünften umfunktionierte denkmalgeschützte Cottages, Häuser, Türme, Taubenschläge, Scheunen u. a. Jeder kann sich einmieten. Informationen bei: www.nationaltrustcottages.co.uk www.landmarktrust.org.uk

Jugendherbergen und Budget Hotels

Wie in Deutschland sind die Jugendherbergen (Youth Hostels) in England als Netzwerk organisiert. Wer älter als 18 Jahre ist, zahlt den vollen Preis (ab ca. £ 21), Jugendliche unter 18 zahlen ab ca. £ 12. Der Preis richtet sich nach der Ausstattung, und die ist unterschiedlich: In manchen *hostels* gibt es Familienzimmer, warme Mahlzeiten, Duschen, Kochgelegenheiten und Waschmaschinen, andere sind sparta-

Reiseinfos

nischer ausgestattet, oft mit einfachen Waschräumen ohne Dusche.

Man sollte sich vor der Anreise erkundigen, wann geschlossen wird (23 oder 23.45 Uhr), manche Jugendherbergen sind länger geöffnet. Ein internationaler oder nationaler Jugendherbergsausweis ist günstig; Nichtmitglieder zahlen £ 3 extra. Informationen über alle YHA-Jugendherbergen in England und Wales sowie Gruppenunterkünfte für Wanderer in Scheunen und auf Bauernhöfen auf dem Land findet man auf der Website im Internet.

Neben den dem internationalen JH-Verband YHA angeschlossenen Häusern gibt es eine Reihe unabhängiger *hostels* oder *budget accommodation*. Sie bieten vor allem Rucksacktouristen preiswerte Unterkunft.

Internetadressen:
www.yha.org.uk
www.backpackers.co.uk

Camping

Südwestengland hat ein breites Angebot an Campingplätzen. Generell gilt: Im Inland sind die Campingplätze grüner und nicht so überlaufen wie die direkt am Meer liegenden. Zuverlässig informieren Broschüren zu »Camping and Caravan Parks«, die man von den Websites der regionalen Touristeninformationen herunterladen kann. Dort kann man außerdem nach den besten Plätzen in der jeweiligen Region fragen.
Internetadresse:
www.caravanclub.co.uk.

Empfehlenswerte Alternative zum Hotel: Bed-&-Breakfast-Unterkünfte

Essen und Trinken

Traditional und New English Cuisine

»Wer in England gut essen will, muss dreimal am Tag frühstücken.« Diesen Rat des Schriftstellers William Somerset Maugham (1874–1965) brauchen Sie nicht zu befolgen. Die Gastronomie hat sich sehr entwickelt – in den 1990er-Jahren hat sich die englische Küche sogar grundsätzlich erneuert. Traditional English und New English sind heute in der ländlichen Gastronomie gleichermaßen präsent. Darüber hinaus haben die Engländer zur Freude aller Beteiligten auch von anderen Küchen gelernt: Asiatisches, insbesondere indisches Essen, die italienische und andere kontinentale Küchen haben sich mit steigender Tendenz durchgesetzt.

Fleisch und Gemüse

Zur traditionellen englischen Küche gehören Roast & 2 Veg (Braten mit zwei Gemüsen), ein typisch englisches Sonntagsessen. Der Roast ist Lamm, Rind oder Schwein, die 2 Veg sind Karotten, Erbsen, Bohnen, Rosenkohl, Pastinaken *(parsnips)* oder Kohl. Diese werden außer zu Braten auch zu gebackenem Huhn, Fasan oder Wild gereicht. Zum Roastbeef gibt es den traditionellen Yorkshire Pudding – ein pikanter Eierkuchenteig, der mit Rindernierenfett gebacken wird.

Ein leckerer Imbiss für zwischendurch oder zum Lunch ist die Cornish pasty, eine Teigtasche mit Füllung aus Kartoffeln, Steckrüben, Zwiebeln und Gewürzen. Die klassische Variante ist vegetarisch, aber manche Bäcker füllen auch Hackfleisch mit in den Teig. Warm schmeckt die Cornish pasty am besten.

Bei Fleisch knüpft die neue englische Küche einfallsreich an traditionelle Gerichte an: Ochsenschwanz, Kalbsleber, Hasenrücken, Entenbrust. Würstchen mit Kartoffelpüree *(bangers and mash)* in Kombinationen mit Salbei, Ingwer, Minze, Kräutern und anderen würzigen Zutaten sind beliebt, Beilagen und Gemüse variieren. Saucen basieren auf *gravy,* Bratensaft, und sind leichter als die der deutschen oder französischen Küche.

Fisch

In der Auswahl des lokalen Fischs setzt die neue Küche andere Akzente: So werden traditionelle Fischsorten wie *dover sole* (Seezunge), *cod* (Kabeljau), *smoked haddock* (geräucherter Schellfisch), *kippered mackerel* (geräucherte Makrele), *jellied eel* (Aal in Aspik) und *fish pie* (Fischauflauf) in Kombination mit *chips* (Pommes frites) oder Kartoffeln und Erbsen von delikate zubereiteten Edelfischen und Schalentieren wie *scallops* (Jakobsmuscheln), *salmon* (Lachs), *oysters* (Austern), *lobster* (Hummer) und *crab* (Taschenkrebs) abgelöst. Beliebt ist außerdem *squid* (Tintenfisch). Pürierte Erbsen mit frischer Minze können hier als Sauce dienen, Sellerie- oder Kürbispüree als Beilage.

Desserts

Eine Stärke der englischen Küche liegt in ihren klassischen Desserts, die in aktueller Version feiner schmecken, weil sie mit hochwertigeren Zutaten und deutlich mehr Fett bereitet sind. *Bread and Butter Pudding,* eine Speise aus Weißbrot, Ei, Butter und Milch, kann köstlich sein. *Summer Pudding,* eine Art Rote Grütze in einem fruchtdurchtränkten Weißbrotmantel, ist ebenfalls ein Klassiker. *Trifle,* in Fruchtgelee ge-

Reiseinfos

tränkter Biskuit geschichtet mit alko-
holisierten Früchten, *custard* (Vanille-
creme) und Sahne schmeckt hausge-
macht absolut umwerfend.

Breakfast und Tea

Cooked Breakfast
Üppig fällt das klassische englische
Frühstück aus. Es gibt neben Spiegel-
oder Rührei, Würstchen, Speck, weißen Bohnen in Tomatensauce *(baked
beans)*, gegrillter Tomate, Champi-
gnons und *black pudding* (eine Art
Blutwurst) auch Toast, *marmalade*
(Orangenmarmelade) oder *jam* (andere Konfitüre) sowie gesalzene Butter. In Küstenorten bekommt man sogar geräucherte Heringsdoppelfilets,
kippers, oder Schellfisch, *smoked haddock,* zum Frühstück.

Afternoon Tea
Der traditionelle englische Nachmit-
tagstee ist ein Genuss, der zivilisierte
Langsamkeit verlangt. Hier gibt es
kleine Sandwiches mit Gurken, geräu-
chertem Lachs und Mayonnaise-Ei, außerdem Törtchen und *fruitcake* (Rosi-
nenkuchen). Krönung ist der Cream
Tea, Devons Spezialität. Dazu gehören
neben Sandwiches auch *scones* (süße,
feste Soda-Brötchen) mit *clotted cream*
(dicker Sahne) und Erdbeermarme-
lade. Der Cream Tea ist nach einer
Wanderung in Wind und Wetter ein
regeneratives Muss. Vom Kalorienge-
halt her ist er eine Hauptmahlzeit.

Alkoholische Getränke

Das englische Bier
In Pubs werden neben den landesweit
bekannten Marken der Großbraue-
reien auch lokale Biere, Real Ales, ausgeschenkt. Sie werden nach natürli-

cher Gärung im Fass ohne Kohlensäu-
rezusatz gezapft, was vom Wirt einiges
an Sachkenntnis erfordert. Und sie sind
nur kurze Zeit haltbar, fallen daher
jahreszeitlich verschieden aus und sind
manchmal naturtrüb. Diese Biervielfalt
war nicht immer so groß. Erst die Real-
Ale-Campaign brachte in den 1990er-
Jahren Bewegung in die langweilige
Uniformität der Standardbiersorten
und ist damit der kulinarischen Revolution in der englischen Gastronomie vergleichbar. Maßeinheit ist *pint*
(0,57 Liter) bzw. *half pint.* Bier wird
meist schaumlos und zimmerwarm ge-
trunken – das ist zwar gewöhnungsbe-
dürftig, aber so entwickelt sich der Geschmack optimal. Am besten lässt man
sich vom Barkeeper ein *traditional ale*
empfehlen.

Cider (Apfelwein)
Cider wird von Mostereien im Südwesten, z. B. in Somerset und Dorset, produziert, wo man den Apfelwein auch
direkt beim Erzeuger, bisweilen in Ka-
nistern, einkaufen kann. Noch kommen lokale Sorten nur in wenigen Pubs
zum Ausschank, doch die Tendenz
steigt. Der Geschmack ist je nach Sorte
variabel, von lieblich über fruchtig-
trocken bis zum herben Scrumpy.

Pubs und Restaurants

Als gastronomische Gattung zwischen
Pub und Restaurant hat sich das Gastro-Pub entwickelt (s. S. 77): ein zum
Restaurant gewordenes Pub, das so-
wohl die Bar im Pub als auch ein Restaurant betreibt. Im Gegensatz zum
reinen Pub, in dem traditionell das Essen dem Trinken untergeordnet war,
hat sich diese Variante zu beliebtesten
Ausflugsziel auf dem Land entwickelt.
Oft isst man gut, sogar sehr gut. Im
Gastro-Pub einzukehren ist zwar nicht

Reiseinfos

Englisches Bier ist keine reine Männersache

unbedingt preiswert, aber das Preis-Leistungs-Verhältnis ist oft besser als im Restaurant.

Etikette

Im Pub bestellt man Getränk und Essen am Bartresen, wo man das Getränk nach dem Bezahlen auch direkt mit an seinen Tisch nimmt. Im Restaurant sind die Regeln etwas komplizierter als im Pub: Üblich ist es, dass man zunächst fragt, ob es einen Tisch gibt – selbst wenn das ganze Lokal leer ist! Dann wartet man, bis man von der Bedienung an einen Tisch begleitet und platziert wird.

Bezahlt wird immer die Gesamtrechnung. Die in Deutschland übliche Frage »Zusammen oder getrennt?« existiert nicht, es gibt eine Rechnung pro Tisch. Viele sind überrascht, wenn im Restaurant zur Rechnung 10–12,5 % Bedienungsgeld *(service charge)* addiert wird. Es lohnt ein Blick auf das Kleingedruckte – auch auf der Speisekarte. Doch selbst wenn *service included* vermerkt ist bzw. *service charge* auf der Rechnung aufgeführt ist, ist es landesüblich, etwa 10 % Trinkgeld auf die Rechnungssumme aufzuschlagen.

Englische Biersorten
Ale – jede Art von obergärigem Bier, mit meist 3–6 % Alkohol.
Golden Ale – mit hellem Malz gebraut, von strohgelber bis hellbrauner Farbe, schmeckt es frisch-trocken oder cremig-voll.
Bitter – stark gehopftes Ale.
Porter und Stout – dunkle bis schwarze stark gehopfte Ales mit höherem Alkoholgehalt. Ein bekanntes Stout ist Guinness.
Real Ale – handwerklich nach alter Art eingebrautes und im Fass nachgegorenes Bier. Es wird zünftig ohne ›Gas‹ per Handpumpe randvoll gezapft.
Lager – untergärige Importbiere.

Aktivurlaub, Sport und Wellness

Angeln

Hochseeangeltrips werden in den Häfen besonders an der Südküste von Cornwall angeboten, Looe ist bekannt als Haifischrevier – in der Tat werden vor der Küste bis zu 10 m lange Haie gesichtet, harmlose Planktonfresser. Die Haie stehen unter Schutz und werden nach dem Fang und dem Vermessen wieder ins Meer entlassen. Conger und Makrele sind weitere Fische, die beim Angeltrip auf See an den Haken gehen. Besonders beliebt ist auch das Brandungsangeln, etwa vom Strand in Chesil Beach, Dorset, aus – Auskunft über Ausrüstungsverleih bei den lokalen Touristeninformationen. Im Binnenland sind außer Flüssen wie der Tamar vor allem Stauseen wie der Stithians Lake bei Redruth oder der Siblyback Lake im Bodmin Moor (Forellen) geeignet. Das Angeln im Meer ist kostenlos, an Süßwasserseen und Flüssen muss eine Lizenz zum Angeln, *rod licence,* eingeholt sowie an den Besitzer des Gewässers eine Gebühr entrichtet werden.

Coasteering und Klettern

Klettern an Steilklippen ist in Südwestengland ein beliebter Extremsport – das brausende Meer im Nacken, hangeln sich Menschen in Neoprenanzügen entlang der Küste – daher Coasteering, das z. B. an der Watergate Bay in Cornwall praktiziert wird. Ein beliebtes Gebiet zum ›trockenen‹ Klettern *(climbing)* sind die Mendip Hills, besonders die schroffen Steilhänge der Cheddar Gorge bieten Herausforderungen – Veranstalter vor Ort helfen weiter.

Golf

Der Südwesten ist keine ausgesprochene Golfregion, doch an den Küsten (z. B. in Padstow, St Mellion, Westward Ho!), im Dartmoor, auf Dorsets Purbeck Isle und in Bath findet man Golfclubs, bei denen Gäste willkommen sind. Die lokalen Tourist Information Centres geben Auskunft, ob ein Golfplatz für Gastspieler geöffnet ist. Weitere Infos stellen die Internetseiten www.ukgolfguide.com bereit.

Radfahren

Abseits der Hauptverkehrsstraßen ist das West Country ideal zum Radfahren. Der Cyclist Touring Club (www.ctc.org.uk) gibt Landkarten für Radler heraus, die Kurzstrecken, Fernradwege und Radverleihe zeigen. Die Wanderwege Tarka Trail (s. S. 219) und Camel Trail (s. S. 227) sind z. T. als Radwege ausgewiesen. Die Organisation Sustrans erarbeitet ein landesweites Radwegenetz auch im Südwesten; sehr nützlich ist die interaktive Karte mit Radwegen, zu finden unter: www.sustrans.org.uk.

Reiten

Für Reiter ist das West Country ein Paradies. Zahlreiche Reitschulen, die von der AALA (Adventure Activities Licensing Authority) lizenziert sind, bieten Reiterferien an. Bei der Suche nach Adressen helfen lokale TICs. Eine nützliche Website mit Angeboten von Reiterferien *(horse riding holidays)* und Events, nach Regionen sortiert, ist: www.equinetourism.co.uk.

Reiseinfos

Segeln

Besonders die Südküste bietet Seglern mehr als andere Regionen Englands. Die Segelhäfen sind vielseitig: Poole Harbour verfügt über ein breites Angebot an Segelferien und Kurztörns, in Devon liegen die Seglerparadiese der English Riviera und South Hams. Informationen erteilen die Tourist Information Centres, z. B. in Torquay.

Die kornische Küste bietet mit ihren Riffen und dem Gezeitenwechsel echte Herausforderungen auch für erfahrene Segler. Die geschützten Flussmündungen von Fowey, Fal und Helford zu erkunden kann sehr reizvoll sein. Auf der Internetseite www.rya.org.uk/Regions/ findet man lokale Segelschulen und Kursangebote.

Strände

Die überwiegende Zahl der mit der Blauen Flagge ausgezeichneten und damit saubersten Strände in England liegen im Südwesten, besonders in Cornwall. Eine genaue Liste sowie Informationen zu Strand- und Wasserqualität findet man über die Suchfunktion (Stichwort ›blue flag beach‹) auf www.keepbritaintidy.org.

Zu beachten ist der hohe Gezeitenunterschied. Gezeitenpläne sind u. a. bei den Touristeninformationen erhältlich, sie zu beachten ist bei Strandbesuchen unerlässlich. Mancherorts kann man von der Flut überrascht werden oder findet statt Sandstrand eine Wasserwüste.

Surfen

Cornwalls Nordküste gilt nicht ohne Grund als Eldorado für Wellenreiter. Newquay ist der Surf-Spot Nr. 1, hier tummeln sich sommers die Wave-Cracks, und bei internationalen Surf-Festivals und -wettbewerben geht es rund. Zwischen Newquay und St Ives gibt es zahlreiche weitere Strände und vor allem die passenden Wellen. Stithians Lake gilt als windigster Binnensee des Südwestens – für Anfänger eine gute Chance, mit Windsurfschule. Infos auf der Internetseite des Surferverbandes, www.surfinggb.com.

Wandern

Südwestengland ist ein ideales Gebiet für leichte und mittelschwere Wanderungen. Zu den beliebtesten Gegenden gehören – neben den Küsten – die Hochmoore Exmoor und Dartmoor, in Somerset die Mendip Hills und die Quantock Hills. Die Informationszentren der Moore haben jeweils eigene Wanderkarten herausgegeben. In den Mooren empfiehlt es sich, den angebotenen Wanderrouten und Kennzeichnungen zu folgen, da sich Entfernungen und Richtungen schlecht einschätzen lassen.

Fernwanderwege im Landesinnern sind u. a. der auch als Fahrradweg geeignete Camel Trail (s. S. 227), der auf einer alten Bahntrasse dem River Camel vom Bodmin Moor bis an die Mündung in Padstow folgt, und der Saint's Way quer durch Cornwall von Padstow an der Nordküste über das Bodmin Moor nach Fowey an der Südküste.

An den Küsten ist das Wandern denkbar einfach. Der Fernwanderweg South West Coast Path verläuft entlang der gesamten Küste des Südwestens, er wird deutlich gekennzeichnet durch ein Eichel-Symbol. Der Süden von Cornwall bietet die schönsten Strecken zwischen Lizard und Helston sowie zwischen Falmouth und Mevagissey, der Norden zwischen Boscastle

31

Reiseinfos

Wandern mit Meerblick: der South West Coast Path in Cornwall

und Tintagel. In Dorset zählt Lyme Bay zu den besten Küstenwandergebieten. Auf dem Dorset South Coast Path zwischen Lyme Regis und Abbotsbury lassen sich Küsten- und Inlandwanderungen besonders gut kombinieren.

Karten sind in jeder Buchhandlung oder Touristeninformation, die Profi-Wanderkarten der Royal Geographical Society, Ordnance Survey Maps, in gut sortierten Kartenhandlungen erhältlich. Die Landranger Series im Maßstab 1:50000 reicht für eine genaue Orientierung meist aus, zum Wandern empfehlen sich die noch detaillierteren Explorer-Karten (Maßstab 1:25000). Die Homepage www.ordnancesurvey.co.uk informiert über das Kartenangebot. Bei der Wanderroutenplanung und Unterkunftssuche hilft:
Ramblers Association
2nd Floor, Camelford House
87/90 Albert Embankment
London SE1 7TW, Tel. 020 73 39 85 00
www.ramblers.org.uk

Wellness/Spa-Urlaub

Wellnesseinrichtungen und Spa-Hotels sind gerade im Land der gestressten Manager eine florierende Branche und sind ihrer betuchten Klientel auch in den Südwesten gefolgt. Spa-Hotels, so die englische Bezeichnung (mit dem Begriff Wellness kann hier niemand etwas anfangen) liegen in Nobelherbergen abgeschieden auf dem Land, häufig in Herrenhäusern mit großem Park, oder ebenso nobel an der Küste mit Meerblick. Die meisten bieten auch ein Day Spa: Gelegenheit zur Nutzung der Einrichtungen wie Massage, Dampfbädern u. Ä. für Tagesgäste. In den Thermalquellen in Bath, nicht erst seit Römerzeiten bekannt und genutzt, kann man mit dem englischen Wellness-Begriff Bekanntschaft machen. Die 40 °C heißen Quellen erfuhren im Jahr 2006 eine neue Nutzung durch die Eröffnung des hypermodernen Thermae-Bath-Spa-Bades (s. S. 89).

Feste und Unterhaltung

Traditionelle Feste

In den ländlichen Gebieten des West Country haben traditionelle Feste überlebt, die Einblick geben in uralte Frühlings- und Mittsommerbräuche. Manche erinnern auch an historische Ereignisse.

Vor allem in Cornwall wird noch archaisch gefeiert: Beim **Paddy 'Obby 'Oss (Mayday)** am 1. Mai in Padstow ziehen mit einem Pferdeschädel und weitem Umhang verkleidete Tänzer durch die Straßen, wobei es vorkommen kann, dass sie versuchen, junge weibliche Zaungäste unter den Umhang zu ziehen. Das Stecken-Pferd, *hobby horse,* spielt eine mythische Rolle in der keltischen Tradition.

Besonders hübsch wird der Frühling in Helston beim **Flora Day** begrüßt: Schulkinder führen Tänze auf und Herren in Zylinder und mit Maiglöckchen am Revers tanzen mit Damen in feinen Kostümen den Furry Dance durch die Straßen.

Bei dem um Johanni (Ende Juni) gefeierten, an keltische Traditionen erinnernden **Golowan Festival** beleben Umzüge mit großen Figuren aus Pappmaché und keltischer Musik, etwa *bagpipes* aus Schottland, die Innenstadt von Penzance.

Halloween am Abend des 31. Oktober wird in England intensiver und gruseliger gefeiert als auf dem Kontinent und geht fast nahtlos über in die Feiern am **Guy Fawkes Day** (5. November). An diesem Datum wird in ganz Großbritannien alljährlich des vereitelten Anschlags im Jahr 1605 gedacht, u. a. mit dem geräuschvollen Zünden von Feuerwerkskörpern und Verbrennen von Strohpuppen. Der Verschwörer Guy Fawkes wollte König Jakob I. mit dem Parlament in London in die Luft sprengen.

Landwirtschaftsschauen und Messen

Landwirtschaftliche Leistungsschauen wie die **Devon County Show** in der dritten Maiwoche in Exeter, die **Royal Bath and West Show** Ende Mai in Shepton Mallet oder die **Royal Cornwall Show** im Juni in Wadebridge sind große gesellschaftliche Ereignisse. Touristen bieten sie die beste Gelegenheit, Einblick in das Landleben in Englands Provinz zu bekommen und deftige kulinarische Spezialitäten zu probieren sowie Apfelwein und Real Ale zu testen. Im Rahmenprogramm gibt es Kirmesattraktionen, Verkaufsstände und Flohmärkte sowie oft kleine Dampfmaschinenschauen. In Exeter laden im März/April Landwirte und Restaurantbesitzer zum **Exeter Festival of South West England Food and Drink** und führen mit zahlreichen Veranstaltungen in die südenglische Küche ein. Am zweiten Dienstag im September findet in Widecombe die **Widecombe Fair** mit Pferde- und Schafschauen, Hunderennen und *fancy-dress*-Wettbewerben statt.

Ferien auf Englisch: Bank Holiday
Landesweit arbeitsfreie Tage sind Spring Bank Holiday (letzter Montag im Mai) und Summer Bank Holiday (letzter Montag im August). Die Wochen davor und danach sind die wichtigsten Ferientermine des Jahres, ganz England ist auf den Beinen – oder liegt am Strand.

Reiseinfos

Dass die Briten ihr industriege-schichtliches Erbe gerne pflegen und präsentieren, zeigt die **Dorset Steam Fair.** Alles, was dampft, sowie weitere historische Landmaschinen versammeln sich fünf Tage in der Woche nach Summer Bank Holiday zur Messe nahe Tarrant Hinton bei Blandford Forum (s. S. 74).

Literaturfestivals

Das West Country spielt als Schauplatz englischer Literatur eine große Rolle – Anlass zum Feiern. Eine Vielzahl von Theateraufführungen und Lesungen

bietet das **Bath Literature Festival** im Februar/März. Im Mai erinnert eine Veranstaltungsreihe in Fowey mit Wanderungen und Lesungen beim **Daphne du Maurier Festival** an die Autorin spannender Romane und Hitchcock-Filmvorlagen, während das **Jane Austen Festival** im September in Bath die Autorin des 18. Jh. würdigt.

Musikfestivals

Den ganzen Sommer lang sorgen zahlreiche Musikevents unterschiedlichster Stilrichtungen in Südwestengland für Unterhaltung, in Pubs, im Park, auf of-

Festkalender

Mai
Paddy 'Obby 'Oss: Frühlingsfest am 1. Mai in Padstow.
Flora Day: Frühlingsfest, um den 8. Mai in Helston.
Daphne du Maurier Festival: Mitte Mai in Fowey.

Juni
Golowan Festival: traditionelles Mittsommerfest, mehrere Tage ab dem 21. Juni in Penzance.
Glastonbury Festival: legendäres Rockmusikfestival nach dem 21. Juni.
Exeter Summer Festival: Ende Juni/Anfang Juli Kulturfestival in Exeter.

Juli
St. Paul's Afrikan Caribbean Carnival: karibischer Karneval, Anfang des Monats in Bristol.

August
Relentless Boardmasters: Surfwettbewerb Anfang August mit viel Trubel

und heißen Rhythmen im Surfer-Dorado Newquay.
International Balloon Fiesta: Ballonfahrertreffen auf dem Ashton Court Estate, Anfang/Mitte August in Bristol.
Dorset Steam Fair: die Dampfmaschine feiert nach Bank Holiday Ende August ein kurzzeitiges Comeback

September
Widecombe Fair: ländliche Kirmes am zweiten Di im September in Widecombe-in-the-Moor in Dartmoor.
Jane Austen Festival: Literaturfestival in Bath Mitte September.

Oktober
Bath Film Festival: internationale Filme Ende Oktober.

November
Guy Fawkes Day: Auf großen Feuern verbrennt man Guy-Fawkes-Strohpuppen, 5. Nov. in vielen Ortschaften, besonders spektakulär in Ottery St Mary.

Reiseinfos

fener Straße in der Stadt oder in einer Konzerthalle. Beim **Bath International Music Festival** im Mai/Juni treten internationale Stars von Folk, Jazz und Klassik auf.

Drei Tage und Nächte lang heizen Rockmusiker beim legendären **Glastonbury Festival** Ende Juni ihren Fans ein. Etwas provinzieller gibt sich das **Frome Festival** Anfang Juli – es ist das größte Gemeindefest in Somerset mit vielen Livemusik-Acts. Die Musikstile reichen von Klassik über Jazz und Folk bis zu Indie.

Anfang August erklingt während der **Folk Week** in **Sidmouth** sieben Tage lang englische Folklore. Wer von traditioneller Musik noch nicht genug hat, zieht Anfang/Mitte August zum **Dartmoor Folk Festival** in South Zeal bei Okehampton weiter. Zum Rahmenprogramm gehören auch Volkstänze wie Broomdance und Stepdance.

Das dreitägige **Cornwall Folk Festival** im August in Wadebridge widmet sich ebenfalls der Folk-Musik und den traditionellen Tänzen.

Brennende Teerfässer werden am Guy Fawkes Day durch Ottery St Mary getragen

Theater-, Film- und Kulturfestivals

Opern, Schauspiele und Musicals vor der grandiosen Küstenszenerie Cornwalls können 750 Zuschauer von Mai bis September während der Spielzeit des **Minack Theatre** in Porthcurno erleben. Beim **Exeter Summer Festival** entfaltet die Kulturszene Ende Juni/Anfang Juli in der Kathedralstadt ihr volles Potential. Während zweier Wochen finden Klassikkonzerte in der Kathedrale von Exeter sowie Ballettaufführungen, Jazzsessions und Comedy-Shows statt. Im Mai/Juni präsentiert das **Fringe Festival** moderne Kunst mit Rahmenprogramm in Bath. Ende Oktober dreht sich beim **Bath Film Festival** alles um neue englische, zum Teil auch internationale Filme.

Seebäder- und anderer Karneval

Fast jedes Seebad von Bournemouth über Weymouth bis Torquay feiert irgendwann im Juli oder August seinen **Carnival**, mit bunten Show-Umzügen, Musik und nächtlichem Feuerwerk.

Weitaus authentischer geht es während des **St. Paul's Afrikan Caribbean Carnival** im Einwandererstadtteil von Bristol, St Paul's, zu, wo heiße afro-karibische Klänge für Stimmung sorgen.

Reiseinfos von A bis Z

Apotheken

Kleine Apotheken *(pharmacies)* gibt es kaum. Gängige Medikamente sind erheblich preisgünstiger als in Deutschland im Supermarkt zu haben. In den Filialen der Drogerie-Supermarktkette Boots' sind zudem an einem speziellen Schalter vom Arzt verschriebene Mittel auf Rezept *(prescription)* erhältlich.

Ärztliche Versorgung

Der National Health Service (NHS), der staatliche Gesundheitsdienst, stellt seine Leistungen auch Reisenden kostenlos zur Verfügung. Doch sind lange Wartezeiten für NHS-Patienten die Regel. Geht man direkt zum Facharzt, fallen Honorare an, die bar bezahlt werden müssen. Diese werden bei Vorlage der Belege nicht unbedingt in voller Höhe von deutschen Krankenkassen erstattet. Eine zusätzliche Reisekrankenversicherung ist daher zu empfehlen.

Diplomatische Vertretungen

Deutsche Botschaft
23 Belgrave Square
London SW1X 8PZ
Tel. 020 78 24 13 00
Fax 020 78 24 14 49
www.london.diplo.de

Österreichische Botschaft
18 Belgrave Mews West
London SW1X 8HU
Tel. 020 73 44 32 50,
Fax 020 73 44 02 92,
www.austria.embassyhomepage.com

Schweizer Botschaft
16–18 Montagu Place
London W1H2BQ
Tel. 020 76 16 60 00
Fax 020 77 24 70 01
www.swissembassy.org.uk

Elektrizität

Der Wechselstrom hat 240 Volt bei 50 Hertz. Kontinentale Elektrogeräte mit 230-Volt-Spannung können benutzt werden, benötigen aber einen Adapter, den man in Deutschland in Elektrofachgeschäften erhält.

Feiertage

1. Januar – Neujahr (New Year's Day) Karfreitag (Good Friday); Ostermontag (Easter); erster Montag im Mai (May Day oder Labour Day); Spring Bank Holiday (letzter Montag im Mai); Summer Bank Holiday (letzter Montag im August); 1. und 2. Weihnachtsfeiertag (Christmas Day und Boxing Day).

Geld und Geldwechsel

Das britische Pound Sterling (GBP, £) hat 100 Pence (p, umgangssprachlich ›pii‹). £ 1 = ca. 1,21 €, 1 € = ca. £ 0,84. £ 1 = 1,45 sFr, 1 sFr = £ 0,68. Kreditkarten werden fast überall akzeptiert, Euroschecks dagegen nicht. Bargeld erhält man am Geldautomaten, mit Hilfe seiner ec/maestro-Karte.

In England ist es üblich, z. B. bei Reservierung der Unterkunft, eines Mietwagens oder Flugtickets als Buchungsbestätigung telefonisch die Kreditkartennummer anzugeben.

Kinder

Generell ist England ein familien-freundliches Land. In Pubs und Restaurants ist Kinderbesuch aber nicht selbstverständlich. Pubs sind für Kinder unter 14 Jahren tabu, es sei denn die Lokale verfügen über Family Rooms & Gardens. Für Unterkünfte gilt: Nicht überall sind Kinder willkommen, häufig erst ab 10 oder 14 Jahren. Reist man mit mehreren Kindern, empfiehlt sich Urlaub im Ferienhaus.

Medien

Radio und Fernsehen: Die Zimmer in den Hotels und Guest Houses sind meist mit Farbfernsehgeräten ausgestattet, oft mit Flachbildschirm.
Zeitungen: Deutschsprachige Zeitungen sind am Tag ihres Erscheinens nur in großen Städten erhältlich. Zu den seriösen überregionalen Zeitungen des Landes gehören The Times (konservativ), The Independent (liberal) und The Guardian (linksliberal).

Notruf

Einheitlicher Notruf für Polizei, Feuerwehr und Krankenwagen: 999 *(police, fire brigade, ambulance)*
Pannenhilfe: AA Breakdown Service, Tel. 0800 88 77 66.
Sperrung von Handy, EC- und Kreditkarten: +49 116 116 .

Öffnungszeiten

Läden: generell Mo–Sa 9–18 Uhr, Supermärkte haben häufig tgl. bis 22 Uhr, manchmal auch rund um die Uhr geöffnet.
Banken: Mo–Fr 9.30–15.30 Uhr.

Postämter: Mo–Fr 9–17.30 Uhr, Sa 9–12.30 Uhr.
Pubs und Restaurants: mittags meist 12–14.30, abends 18–23 Uhr.
Tourist Information Centres: Mo–Fr 9/10–17, Sa 10–16 Uhr, in der Saison auch So und länger geöffnet.

Post und Porto

Postämter gibt es nur noch in Städten. Auf dem Land sind Postagenturen oft in kleinen Läden oder auch in einem Supermarktkomplex untergebracht. Sie sind außen mit dem roten Royal-Mail-Schild gekennzeichnet. Auch die Briefkästen sind rot, die Briefmarke für

Reisekosten und Spartipps
England ist ein teures Reiseland. Die Kaufkraft des britischen Pfundes liegt bei ca. 1 €. Für eine Übernachtung in einem Bed & Breakfast rechnet man im Durchschnitt ab £ 35 pro Person, ein reichhaltiges Abendessen in einem Pub kostet ungefähr £ 12–15, ein Glas Bier (0,5 l) schlägt mit etwa £ 2 zu Buche. Eintrittspreise beim National Trust oder in Museen variieren, im Durchschnitt bezahlt man £ 5–10. Wer vorhat, viele Sehenswürdigkeiten zu besuchen, für den ist eine vorübergehende Mitgliedschaft im National Trust (NT) interessant, der eine Fülle von Sehenswürdigkeiten betreut. Den National Trust Touring Pass gibt es für 7 oder 14 Tage (s. auch S. 63). Übrigens: Eintrittspreise der von gemeinnützigen Stiftungen verwalteten Museen oder Herrenhäuser weisen einen etwas höheren ›Gift Aid price‹ aus. Dieser enthält eine Spende, die ausschließlich Briten bei der Steuererklärung geltend machen können. Man sollte immer den ›normalen‹ Standard-Preis zahlen.

Reiseinfos

eine Postkarte oder einen Standard-brief innerhalb Europas kostet 68 Pence (Mai 2012).

Rauchen

Seit dem 1. Juli 2007 ist in Großbritan-nien in allen öffentlichen Räumen, d. h. nicht nur auf Bahnhöfen oder Flughäfen, sondern auch in Hotels, Restaurants und Pubs, das Rauchen verboten. Die meisten Bed-&-Break-fast-Unterkünfte sind ohnehin *strictly no smoking*.

Reisen mit Handicap

Die meisten öffentlichen Gebäude, Museen und andere Attraktionen so-wie auch zahlreiche Hotels und Res-taurants sind auf Reisende mit Handi-cap eingerichtet. Für Rollstühle geeig-nete Einrichtungen sind in den meisten Prospekten deutlich gekennzeichnet. Geeignete Unterkünfte listet die kos-tenpflichtige Publikation Accessible Places to Stay, die bei Visit Britain (Adresse s. S. 15) bestellt werden kann. Buchung von Unterkünften für Rei-sende mit Handicap bei:
Holiday Care/Tourism for All Holidays
The Hawkins Suite, Enham Place
Enham Alamein
Andover SP11 6JS
Tel. 0845 124 99 71 (nur innerhalb Großbritanniens)
info@tourismforall.org.uk,
www.tourismforall.org.uk

Sicherheit

In kaum einem anderen Land Europas werden öffentliche Straßen und Plätze so penibel überwacht wie in England. Mit Argusaugen wachen CCTV-Kame-ras in Zeiten von Terrorangst und *binge-drinking*, Komatrinken an Wo-chenenden, in vielen Städten über die öffentliche Sicherheit. Gleichwohl sollte man, wie überall, keine Wertsa-chen im geparkten Auto lassen und im Gedränge aufpassen.

Souvenirs

Das allgemein hohe Preisniveau in Großbritannien lädt nicht gerade zur großen Einkaufstour ein, aber leiden-schaftliche Shopper entdecken ein ak-zeptables Preisniveau bei Antiquitä-ten, Silber, Textilien und Büchern.

Im West Country stolpert man gera-dezu über Antiquitätenläden selbst in den kleinsten Orten. Außerdem locken Antique Markets an Wochenenden in vielen kleinen Marktstädten, wie Wells oder Wimborne Minster.

Wer sich gern einrichtet, wird an den Läden Spaß haben, in denen Tex-tilien, Vorhangstoffe, Kissen etc. aus aller Herren Länder zu haben sind. Bü-cherfreunde werden alte wie neue Bü-cher zu fairen Preisen finden. Antique

---

Maße und Gewichte

Seit 2009 sind die in Europa üblichen metrischen Maße und Gewichte auch in England vorgeschrieben, einzige Ausnahme sind Straßenschilder, die Geschwindigkeitsbegrenzungen wei-terhin in Meilen angeben.

1 acre	= 0,405 ha
1 inch (in)	= 2,54 cm
1 foot (ft)	= 12 inches = 30,48 cm
1 yard (yd)	= 3 feet = 91,4 cm
1 mile (mi)	= 1,61 km
1 pint (pt)	= 0,57 Liter
1 gallon (gl)	= 4,55 Liter
1 ounce (oz)	= 28,35 g
1 pound (lb)	= 16 ounces = 453,6 g

Reiseinfos

Beliebtes Souvenir: Fudge, aromatisierte Karamellmasse, gibt es am Stück

Book Shops sind stets einen Besuch wert. Hervorragend ist das Angebot an Outdoor-Bekleidung in ländlichen Gebieten, besonders in den von Wanderern und Reitern bevorzugten Regionen wie Exmoor und Dartmoor.

Auf Wochenmärkten, Farmers' Markets, wird fündig, wer es auf regionaltypische kulinarische Mitbringsel wie Marmelade, Chutneys oder Fudge abgesehen hat. Auch für ein Picknick oder die Ferienhausküche lässt sich hier direkt beim Bauern einkaufen.

Telefonieren

Die staatliche Telefongesellschaft British Telecom (BT) hat viele der alten, roten Telefonzellen gegen neue, graue Kabinen ausgetauscht. Telefonieren kann man mit Münzen, vielfach auch per Kreditkarte oder mit Prepaid-Telefonkarten, die man in Lebensmittelgeschäften und an Kiosken erhält.

Weit verbreitet und überall problemlos möglich ist das Telefonieren per Handy *(mobile phone)*. Im West Country ist das Netz nahezu lückenlos ausgebaut, und die meisten Anbieter arbeiten länderübergreifend.

Trinkgeld

Üblich in Taxis und Restaurants sind 10–12 %; in manchen Restaurants ist die *service charge* bereits im Endpreis enthalten *(service included)*; dennoch freut man sich über ein Trinkgeld.

Umgangsformen

Reisende finden den englischen Alltag auf Anhieb angenehm einfach. Es geht unkompliziert und informell zu: Mit den Wirtsleuten im B & B redet man sich mit dem Vornamen an, während man entspannt übers Wetter plaudert. Höflichkeit ist Gesetz und die englische Hilfsbereitschaft macht ihrem Ruf stets Ehre, doch macht sich niemand zum Privatpolizisten.

Panorama – Daten, Essays, Hintergründe

Gibt bis heute Rätsel auf: der Stein mit der kreisrunden Öffnung Men-An-Tol

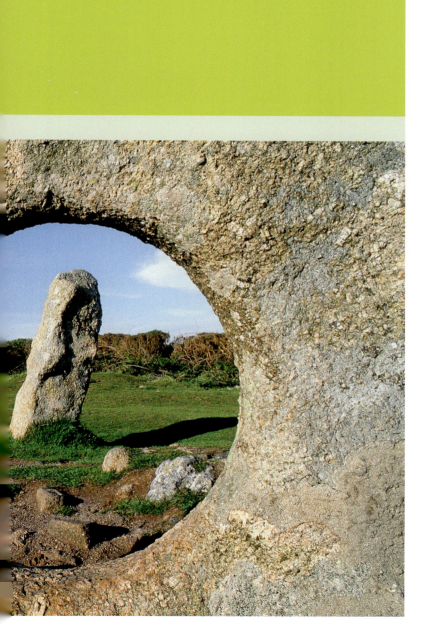

Steckbrief West Country

Daten und Fakten
Lage: Zum West Country rechnet man die vier Grafschaften *(counties)* im Südwesten Englands, Cornwall (zusammen mit den Isles of Scilly 3563 km^2), Dorset (2542 km^2), Devon (6564 km^2) und Somerset (3825 km^2), dazu häufig noch Teile von Wiltshire sowie die seit 1998 verwaltungsmäßig davon abgetrennten *unitary authorities* Bristol, Bournemouth, Poole, Plymouth, Bath und Torbay.
Fläche: 17 202 km^2
Amtssprache: Englisch
Einwohner: ca. 3,5 Mio.
Größte Städte: Bristol (etwa 430 000 Einw.), Plymouth (256 000 Einw.), Bournemouth (167 000 Einw.), Poole (145 000 Einw.) und Torbay (134 000 Einw.)
Währung: Britische Pfund (GBP, £)
Zeitzone: MEZ minus eine Stunde
Vorwahl: 00 44

Geografie und Natur
Mit einer Küstenlänge von 1022 km ragt die südwestenglische Halbinsel 257 km in den Atlantik, begrenzt im Süden durch den English Channel, im Norden durch den Bristol Channel. Das Rückgrat der Halbinsel bildet eine riesige Granitmassive, aus der sechs Massive aufragen: Quantock Hills, Dartmoor, Bodmin Moor sowie die Höhen um St Austell, Penwith und Scilly. Die Isles of Scilly liegen 42 km südwestlich von Land's End im Atlantik.

Die höchsten Erhebungen im West Country sind High Willhays im Dartmoor (622 m), Dunkery Beacon im Exmoor (519 m) und Brown Willy im Bodmin Moor (420 m). Es gibt zwei regionale Nationalparks: Dartmoor National Park (945 km^2) und Exmoor National Park (686 km^2). Sie nehmen zusammen 9,5 % der Fläche des West Country ein.

Geschichte und Kultur
Alfred der Große, König von Wessex, herrschte Ende des 9. Jh. als Erster über ganz England. Mit der Eroberung des Landes durch den Normannenherzog Wilhelm im Jahr 1066 begann die politische und soziale Umgestaltung zum straff organisierten Feudalstaat, es wurden Burgen und Klöster gebaut. Unter Elisabeth I. und nach dem Sieg über die spanische Armada 1588 begann der Aufstieg zur Weltmacht. Francis Drake und Walter Raleigh umsegelten die Welt, zu Hause dokumentierte sich der Reichtum in den prächtigen Landsitzen der Tudorzeit. Die georgianische Zeit im 18. Jh. prägte mit klassizistischer Architektur das Bild der Städte Bath, Bristol oder auch Truro, es entstanden elegante Landsitze und das Konzept des englischen Landschaftsgartens. Nach dem Sieg über Napoleon in der Schlacht von Trafalgar 1805 stand Englands Aufstieg zum größten Kolonialreich der Welt nichts mehr im Weg, über das seit dem Jahr 1837 Queen Victoria herrschte. England bildet mit Wales (seit 1284), Nordirland und Schottland (seit 1707) das Vereinigte Königreich (UK).

Staat und Politik

Das Vereinigte Königreich (United Kingdom, UK) von Großbritannien und Nordirland ist eine parlamentarisch-demokratische Monarchie. Staatsoberhaupt ist die Königin, seit 1953 Elisabeth II. Das Parlament besteht aus zwei Kammern, Unterhaus (House of Commons) und Oberhaus (House of Lords). Der Prime Minister, der Premierminister, leitet die Regierung. Die größten Parteien sind die Labour Party, die Konservativen (Tories) und die Liberal-Demokraten, die seit den Unterhauswahlen 2010 neben den Tories die Regierung stellen.

Wirtschaft und Tourismus

Den größten Anteil an der Bruttowertschöpfung in Südwestengland haben die Immobilienwirtschaft mit über 20 % und die Industrie mit 19,4 %. Daneben spielen Land- und Forstwirtschaft sowie Fischerei (2 %) und Bergbau (0,6 %) nur noch eine geringe Rolle.

Das West Country ist für Besucher aus dem Vereinigten Königreich unter den Inlandsreisezielen die Nummer eins – besonders zwischen Juni und September wird es eng an der Küste. Auch ausländische Touristen zieht es hierher, vor allem US-Amerikaner, Deutsche, Franzosen und Niederländer. Hauptattraktionen sind die Roman Baths (Bath), Land's End (Cornwall), Clovelly Village (Devon), Bristol Zoo und die Wookey Hole Caves (Somerset).

Bevölkerung und Sprache

Die durchschnittliche Bevölkerungsdichte im West Country liegt unter dem gesamtbritischen Durchschnitt, bei 215 Einw./km^2 (zum Vergleich Großbritannien insgesamt: 247).

Kornisch, eine keltische Sprache, gilt seit Ende des 18. Jh. als ausgestorben und wird heute aktiv von etwa 200–300 Menschen gesprochen (neben Englisch). In Großbritannien ist Kornisch inzwischen als Minderheitensprache anerkannt und wird durch Unterricht in Schulen und Sprachkursen sowie Veranstaltungen rund um die keltische Kultur weiter wiederbelebt.

Religion

Knapp zwei Drittel der Briten sind Mitglieder der anglikanischen Kirche Church of England. Traditionell sind in Cornwall die Methodisten eine starke Gruppe, ein Erbe des 18. Jh., als der Prediger John Wesley in den Bergbauregionen großen Zulauf hatte. *Methodist chapels* findet man in fast jedem Ort, ebenso die Versammlungshäuser anderer Nonkonformisten.

West Country

Geschichte im Überblick

Vorzeitbritannien und Römerprovinz

Ab ca. 5000 v. Chr.
Steinzeitmenschen betreiben in Höhensiedlungen Ackerbau und Viehzucht: Menhire, Dolmen-, Gang- und Hügelgräber *(barrows)*.

ca. 3000–2000 v. Chr.
Festungen wie Maiden Castle bei Dorchester, Monumente wie Silbury Hill oder die Steinkreise in Avebury und Stonehenge.

ca. 2400–1900 v. Chr.
Die Menschen der Becherkultur am Übergang von der Stein- zur Bronzezeit verwenden als Erste Metallgegenstände.

ab ca. 500 v. Chr.
Eisenzeitliche *hill forts* künden von Krisenzeiten, Dörfer mit Rundhäusern wie in Chysauster, Cornwall.

55 v. Chr.
Feldherr Caesar unternimmt eine Expedition auf die Britische Insel.

43 n. Chr.
Kaiser Claudius erobert Britannien; Bath und Exeter sind die größten römischen Siedlungen im Westen.

410
Kaiser Honorius zieht seine Truppen aus der Provinz Britannia zurück.

Angelsachsen und Dänen

5./6. Jh.
Beginn der Eroberung der Insel durch Angeln, Sachsen und Jüten.

596
Papst Gregor lässt Augustin bei den Angelsachsen missionieren.

664
Synode von Whitby: Orientierung an der römischen Kirche, Absage an das keltisch-irische Christentum.

871–899
Alfred der Große von Wessex herrscht als Erster über ganz England.

926
König Athelstan vertreibt die Cornen aus Exeter; der Fluss Tamar wird zur Grenze gegen das Keltengebiet erklärt.

959–975
Englands König Edgar übt Hoheit über das keltische Britannien aus.

1042–1066
Eduard der Bekenner, angelsächsischer König mit normannischer Verwandtschaft, übernimmt die Herrschaft über England.

Normannische Zeit und Haus Anjou (1066–1399)

1066
Herzog Wilhelm von der Normandie landet mit seinem Heer in England und siegt bei Hastings über den dänischstämmigen Harold.

1086
König Wilhelm I. von England lässt das Domesday Book verfassen; es listet allen Besitz im Land auf: Haus, Hof, Diener, Vieh, Mühlen.

| 1154–1189 | Heinrich II. vereint durch Heirat mit Eleonore von Aquitanien große Teile Frankreichs mit der englischen Krone. Am Hof seiner Stieftochter in der Champagne dichtet Chrétien de Troyes an der Artussage. |

| 1215 | Die König Johann Ohneland abgetrotzte Magna Charta räumt Baronen und Städten Mitspracherecht ein. |

| 1337 | Der englische Thronfolger erhält den Titel Duke of Cornwall und die dazugehörigen Ländereien. |

| 1337–1453 | Hundertjähriger Krieg zwischen Frankreich und England, das am Ende endgültig alle französischen Besitzungen verliert. |

Haus Lancaster und Haus York (1399–1485)

| 1399–1413 | Die Tuchindustrie erstarkt mit Unterstützung von König Heinrich IV. (Lancaster). |

| 1455–1485 | Rosenkriege um den Thron Englands zwischen Haus York (weiße Rose) und Haus Lancaster (rote Rose): Niederlage von Richard III. (York). |

Haus Tudor (1485–1603)

| 1509–1547 | Heinrich VIII., Bruch mit Rom; Gründung der anglikanischen Kirche; der Kirchenbesitz fällt an die Krone; Verfolgung der Katholiken. |

| 1553–1558 | Maria I. ›die Katholische‹; Verfolgung der Protestanten (›Bloody Mary‹) |

| 1558–1603 | Elisabeth I.; Wiedereinführung der anglikanischen Kirche; Entwicklung höfischer Kultur; Elisabethanisches Zeitalter. |

| 1587/88 | Francis Drake (1540–96) siegt vor Plymouth über Spaniens Armada. |

Haus Stuart, Bürgerkrieg, Republik und Restauration der Stuartmonarchie (1603–1714)

| 1603–1625 | Jakob I. regiert England und Schottland in Personalunion. |

| 1605 | Gunpowder Plot: Guy Fawkes' Sprengstoffattentat auf König und Parlament wird rechtzeitig aufgedeckt. |

| 1620 | Puritaner wandern nach Amerika aus: Die Pilgrim Fathers segeln mit der Mayflower von Plymouth nach Amerika. |

| 1625–1649 | Karl I. erstrebt absolutistische Herrschaft, regiert ohne Parlament und begünstigt Katholiken; er wird nach dem Sieg der Parlamentarier hingerichtet. |

1642–1648	Bürgerkriege (Civil Wars) zwischen Truppen der Parlamentarier unter Oliver Cromwell *(roundheads)* und royalistischen Truppen *(cavaliers)*.
1649–1660	England ist Republik, ›Commonwealth and Free State‹, Staatsrat aus 41 Männern unter Führung eines Lord Protector.
1658	Lord Protector Oliver Cromwell stirbt.
1660	Das Parlament ruft Karl II. aus dem französischen Exil zurück – Restauration der Monarchie.
1685	Karl II. stirbt; Nachfolger Jakob II. begünstigt Katholiken.
1688	Glorious Revolution; das Parlament ruft den mit Karls Tochter Maria verheirateten holländischen Statthalter Wilhelm von Oranien (William of Orange) als neuen König ins Land; Landung in Brixham.
1689	Declaration/Bill of Rights schränkt die Königsmacht durch die Verfassung ein: England wird konstitutionelle Monarchie.
1707	Act of Union: England und Schottland vereint zum United Kingdom.
1702–1714	Anna (Queen Anne), die protestantische Tochter Jakobs II., regiert.

Haus Hannover (1714–1901)

1714–1727	Mangels passender Erben besteigt der weitläufig verwandte Herzog von Hannover als Georg I. den Thron; Personalunion mit Hannover.
1727–1760	Georg II., Aufstieg Englands zur größten Kolonialmacht.
1738	John Wesley gründet die Methodistenbewegung.
um 1760	James Watt erfindet die Dampfmaschine.
1800	Richard Trevithick erfindet einen Vorläufer der Dampfeisenbahn.
1805	Seeschlacht von Trafalgar: Sieg der britischen Flotte unter Admiral Nelson über die Flotten von Spanien und Frankreich.
1810–1830	Der geisteskranke König Georg III. wird ab 1810 von seinem Sohn, dem späteren Georg IV., als Regent vertreten: Regency-Periode (bis 1820).
1815	In der Schlacht bei Waterloo unterliegt Napoleon dem Duke of Wellington und General Blücher.

1837–1901	Königin Viktoria; das British Empire auf dem Zenit kolonialer Macht.
1872	Einführung von geheimen Wahlen zum Unterhaus.

Haus Hannover-Sachsen-Coburg-Gotha/Windsor (seit 1901)

1914–1918	Erster Weltkrieg.
1917	Umbenennung des Königshauses von Sachsen-Coburg-Gotha in Haus Windsor wegen des Kriegs mit Deutschland. Kaiser Wilhelm ist einer der Enkel Königin Viktorias.
1918	Wahlrecht für Frauen (ab 30 Jahre).
3.9.1939	Eintritt Großbritanniens in den Krieg gegen Deutschland.
1942	›Baedeker raids‹: Deutsche Flugzeuge bombardieren historisch bedeutende Bauten englischer Städte, u. a. Bath, Kathedrale von Exeter.
1946	Bilanz nach Ende des Zweiten Weltkrieges (1939–1945): 386 000 Tote (darunter 62 000 Zivilisten) in Großbritannien.
1953	Krönung von Elisabeth II. zur englischen Königin.
1973	Großbritannien wird Mitglied der Euopäischen Gemeinschaft (EG).
1979–1990	Margaret Thatcher ist Premierministerin.
1994	Der Eurotunnel unter dem Ärmelkanal wird eröffnet.
1997	Tony Blair wird Premierminister. Diana Princess of Wales kommt bei einem Autounfall in Paris ums Leben.
2003	An der Seite der USA beteiligt sich Großbritannien am Irakkrieg.
2005	Prince Charles heiratet Camilla Parker-Bowles, die neue Duchess of Cornwall.
2007	Tony Blair beendet vorzeitig seine dritte Amtszeit als Premierminister.
2010	Bei den Wahlen zum Unterhaus wird Labour abgewählt; Tories und Liberal Democrats bilden zusammen die neue Regierung.
2012	Olympiade in London mit Segelwettkämpfen in Weymouth.

Dartmoor – Wildnis von Menschenhand

Das Dartmoor gilt vielen als ›die letzte Wildnis Südenglands‹. Doch ist es vor allem der Mensch, der dieser Landschaft seit Jahrtausenden seinen Stempel aufdrückt. Das Erscheinungsbild der heute so unwirtlichen Höhen ist ein Ergebnis von Klimaveränderungen gepaart mit menschlicher Nutzung: Ackerbau, Weideviehhaltung und schließlich Bergbau.

Vor mehr als 2500 Jahren, während der Bronzezeit, herrschte ein milderes Klima, und die jetzt so windigen, nasskalten Höhen waren von dichten Wäldern bedeckt – ein bevorzugtes Siedlungsgebiet mit einer für damalige Verhältnisse hohen Bevölkerungsdichte. Bauern und Viehzüchter rodeten damals mit Hilfe von Feuer die Laubwälder und ließen das Vieh grasen.

Entstehung der Moore

Die extensive Beweidung hielt die Landschaft offen, das Klima aber wurde kälter und rauer; aufgrund der hohen Niederschläge und fehlender Wasserspeicher in Form von Wäldern staute sich die Nässe im Boden, der zunehmend versäuerte – anders als in weiten Teilen Südenglands besteht er nicht aus Kreide, sondern aus Granit. Es entstanden die typischen Moore mit ihrem teilweise subarktischen Bewuchs.

Ebenso wie in dem nordwestlich gelegenen kleineren Bodmin Moor ragen an den höchsten Punkten des Dartmoor schroffe Granitgipfel oder -kanzeln auf, die Tors genannt werden, wie Haytor (457 m) und High Willhays, der mit 622 m höchste Punkt Südenglands. Insgesamt gibt es mehr als 150 Tors im West Country, von denen einige fantasievolle Namen tragen, wie Käsepresse (Cheesewring, im Bodmin Moor). Denn ihre eigentümliche Form gab schon immer Anlass zu Spekulationen – haben Giganten diese Steine aufeinandergelegt?

Doch nicht von Riesenhand, sondern durch Wind und Wetter, durch Erosion, sind die Felsformationen entstanden. Viele der Granitblöcke wurden abtransportiert und dienten als Baumaterial, u.a. für die ›Kathedrale des Moors‹ in Widecombe. Ab dem 12. Jh. war die Besiedlung des Dartmoor eng mit dem Bergbau verknüpft. Ergiebige Erzadern durchziehen das Granitgestein, und es wurden Zinn und Kupfer abgebaut und verhüttet. Verfallende Schmelzöfen und Minentürme sind bis heute zu sehen.

Nationalpark und Privatland

Seit 1951 ist das Dartmoor Nationalpark. 90 % der ca. 900 km² Fläche sind in Privatbesitz, u.a. in der Hand des Duke of Cornwall, bekannter als Prince Charles, aber auch ortsansässiger Landwirte. Doch ist das Land auch abseits der rund 730 km Wanderwege für Wanderer zugänglich – schon vor 2006, als dieses Recht im Right of Way Act für ganz England festgeschrieben wurde, galt im Dartmoor freier Zugang. Das militärische Übungsgelände im Nordwesten ist allerdings zeitweise davon ausgenommen.

Nahezu die Hälfte des Dartmoor ist offenes Land. Schafe, Rinder und die ›wilden‹ Ponys bewahren es wie seit Jahrhunderten vor dem Verbuschen. Etwa 3000 Dartmoor Ponys, eine sehr ursprüngliche Rasse, Nachfahren der in der Eisenzeit domestizierten Kleinpferde, grasen heute noch frei auf dem Moorland – sie sind keine echten Wildpferde, sondern im Besitz von Bauern der Region.

Moorige Hochflächen und Krüppelwälder

Die Flusstäler, Moore, Hochebenen und bewaldeten Täler des Dartmoor bieten unzählige Wildtieren attraktive Lebensräume. Vor allem Vögel profitieren von der Vielfalt der Landschaft, ob Bussard, Rabe oder Eisvogel, Zaunkönig oder Grasmücke, Steinschmätzer oder Schafstelze. Im Dartmoor entspringen die meisten Flüsse des Südwestens wie Dart, Teign oder Plym. Nur etwa 11 % des Nationalparkgebiets sind bewaldet, zur Hälfte mit Nadelwald, man findet aber auch urigen Laubwald voller Moose und Flechten, die bestens in der feuchten Luft gedeihen. Häufig sind es Wälder mit Krüppeleichen, die bis in die 1920er-Jahre der Holzkohlebereitung dienten. Die Stämme wurden gekappt, sodass der Baum erneut austrieb. So entstand der typische vielstämmige Wuchs.

Wandern im Dartmoor
Wegemarkierungen fehlen im Dartmoor vielfach, zum Wandern sollte man deshalb stets eine gute Karte, Kompass und andere Orientierungshilfen dabeihaben sowie für Eventualitäten gerüstet sein (Kleidung, Proviant) – das Wetter schlägt schnell um und dann steht man möglicherweise im Nebel.
www.dartmoor-npa.gov.uk: alles über den Dartmoor National Park.
www.virtuallydartmoor.org.uk: interaktive Besichtigung von Schauplätzen auf dem Moor.

Lebende Zäune – Heckenvielfalt statt weiter Flur

Wer im Südwesten Englands von den großen Verkehrsrouten auf die kleinen Sträßchen abbiegt, kommt bald in ein grünes Heckenlabyrinth. Auf solchen Wegen hat man das Gefühl, durch einen grünen Tunnel zu fahren, nur ab und zu unterbrochen durch ein Zauntor, das den Blick freigibt auf eine grüne Weide mit Rindern oder Schafen – eine ländliche Idylle, die in Europa ihresgleichen sucht.

Seit vielen hundert Jahren durchziehen Hecken, *hedges,* die südenglische Landschaft. Die mehrere Meter breiten und bis zu 10 m hohen grünen Bänder gehen vielleicht auf Queen Elizabeth I., spätestens aber auf den Enclosures Act von 1729 zurück, der Landbesitzer anwies, ihr privat bewirtschaftetes Gelände in Abgrenzung zu offenem ungenutztem Land zu umpflanzen. Bis dahin waren nur Jagdgebiete mit Hecken gesäumt worden.

Dass in der Region seit jeher mehr Viehzucht als Ackerbau betrieben wurde, begünstigte den Erhalt der Hecken bis zum Anfang des 20. Jh. Erst

Cornish hedges kombinieren Trockensteinmauer und ›grünen Zaun‹

50

mit der Modernisierung der Landwirtschaft seit dem Zweiten Weltkrieg begannen die natürlichen Zäune den Landwirten vielerorts ein Dorn im Auge zu sein: Mit den großen Maschinen lassen sich die kleinen Felder nicht effektiv bewirtschaften und so fielen seit den 1950er-Jahren mehrere tausend Kilometer Hecken der Flurbereinigung zum Opfer, neuerdings auch der Verbreiterung von Straßen. Doch dieser beunruhigenden Entwicklung wird inzwischen Einhalt geboten. Neuanpflanzungen werden gefördert und zu Rettung und Pflege der landschaftlichen Wahrzeichen gibt es Zuschüsse.

Regionale Unterschiede

Wie sehr die englische Landschaft und die Hecken zusammengehören, zeigt sich darin, dass sich je nach Landschaft unterschiedliche Formen herausgebildet haben: Eine Hecke in Somerset oder Dorset sieht anders aus als in Devon oder Cornwall. Gebaut wird mit dem vor Ort vorhandenen Material, und das sind im kargen rauen Norden und Westen Cornwalls häufig Steine. Während die meisten der ›grünen Zäune‹ in Südengland auf einem Erdwall wachsen und an der Basis bis zu fünf Meter breit sind, wird die typische *Cornish hedge* beidseitig von Steinmauern gestützt, zwischen die Erde eingefüllt wurde. Die Gehölze wachsen auf, durch und in der Mauer. So entsteht ein lebender Zaun, undurchdringlich für Mensch und Vieh – die Grundstruktur der Jahrtausende alten Hecken, die Südwestengland unverwechselbar machen. Eine vergleichbare Heckenkultur findet man in Europa allenfalls in den Knicken von Norddeutschland.

Die Kunst der Heckenpflege – *hedgelaying*

Es werden viele neue Hecken angelegt, aber auch alte gepflegt: Etwa alle 15–20 Jahre ist das notwendig, damit die Pflanzung nicht zu einem Kleingehölz ausufert. Damit eine alte Hecke wieder aus altem Holz grün und dicht ersteht, muss sie niedergelegt werden. Dabei kommt man nicht etwa mit der Heckenschere aus, hier muss eine Axt oder manchmal auch Motorsäge her.

Beim Heckenschnitt auf englische Art wird ein Stamm vor Armdicke nach Entfernen der Seitenäste mehr als die Hälfte eingeschnitten und im Winkel von etwa 30–40 Grad schräg gelegt, wobei die Stämme durch Haselpflöcke fixiert und mit Hilfe von Weidenruten regelrecht verflochten werden. *Hedgelaying*, wörtlich ›Hecken-legen‹, ist eine ganz spezielle Form der Heckenpflege, und die beherrschen selbst in England nur noch wenige Experten, die sogenannten *Hedgelayer*.

Biotop Hecke

In einer gepflegten Hecke leben über 2000 Tier- und Pflanzenarten – nicht jeder Lebensraum weist eine so große Vielfalt an Arten auf so engem Raum auf. Vor allem als Brutplatz für Vögel sind Hecken ideal, bietet das dichte Zweiggewirr doch besten Schutz vor Raubvögeln und Nesträubern: Zaunkönig, Goldammer, Rotkehlchen, Singdrossel sowie diverse Meisen- und Grasmückenarten bauen ihre Nester in die Kleingehölze. Wer mit dem Rad oder zu Fuß auf einer von Hecken gesäumten Straße unterwegs ist, erlebt ein wahres Konzert an unterschiedlichsten Vogelrufen, Gezwitscher und Rascheln im Unterholz, entdeckt an den Böschungen Blumen wie Veilchen, Primeln oder Nelken, wilde Erdbeeren, Him- und Brombeeren oder an schattigen Plätzen diverse Farne. Schlehe (Schwarzdorn) und Weißdorn zählen zu den am weitesten verbreiteten Heckensträuchern, die im Herbst reiche Früchte tragen. Im Unterholz wuseln Mäuse, Igel, Spitzmäuse, Marder, Dachse und Füchse, ganz zu schweigen von den zahllosen Kleinlebewesen wie Käfern und Schnecken oder Schmetterlingen.

Wildtiere wie Igel (hedgehog) finden beste Lebensbedingungen in den dichten Hecken

Hecken im Web
www.hedgelaying.org.uk
Internetseite (engl.) der National Hedgelaying Society (NHLS), deren Schirmherr Prince Charles ist.
www.cornishhedges.com
The Guild of Cornish Hedgers informiert über alle Eigenarten und Besonderheiten der kornischen Hecke. Es können PDFs heruntergeladen werden (engl.).

Vogelparadies Küste – Taucher, Tölpel und Co.

Hochseevögel wie die Trottellummen brüten an Cornwalls Felsküsten

An den tosenden Schluchten der Steilküste kann man zusehen, wie die riesigen Möwen sich immer wieder an derselben Stelle in den Wind fallen lassen und sich dann auf einer Böe zum Ausgangspunkt tragen lassen. Seeschwalben, Austernfischer und Basstölpel bekommt man gelegentlich zu Gesicht, selten auch Papageitaucher.

Südwestenglands Küsten und Flussmündungen sind ein Paradies für zahlreiche Vogelarten. Der Wechsel von Ebbe und Flut sorgt stets für Nachschub an Nahrung, und Hochseevögel finden gute Brutplätze auf unzugänglichen zerklüfteten Felsen. Wer genau hinschaut, am besten mit dem Fernglas, kann verschiedene Vogelarten erkennen.

Tauchexperten Krähenscharben

Häufig werden Krähenscharben (engl. *shag*) mit den etwas größeren Kormoranen verwechselt. Sie sind gut zu erkennen, wenn sie sich auf einem sonnenbeschienenen Felsen in Positur stellen, um nach einem Tauchgang ihre Flügel zu trocknen. Manchmal sieht man auch ganze Gruppen im Wasser paddeln, wobei nur die Hälse herausschauen, bevor die Vögel blitzartig abtauchen. Die Krähenscharben sinken so tief ins Wasser, da sie weniger Luft in ihrem Gefieder speichern können als andere Vögel. Dafür sind die hochspezialisierten Unterwasserjäger außerordentlich schnell und geschickt, weil sie dem Auftrieb nicht entgegenwirken müssen. Eine Folge dieser Anpassung ist allerdings, dass ihr Gefieder nass wird und nach den Tauchgängen wieder trocknen muss.

Flugkünstler Seeschwalben

Seeschwalben (engl. *terns*) streichen dicht über der Wasseroberfläche dahin, wie ihre Namensvettern aus dem Binnenland, mit denen sie aber nicht verwandt sind. Besonders bewundernswert ist es, wie elegant sie ihre Beute aus der Luft im Sturzflug blitzschnell unter Wasser fangen. Seeschwalben, die auf Klippen oder am Boden nisten, ähneln eher kleinen Möwen, sind aber an ihrem Gabelschwanz leicht von ihnen zu unterscheiden.

Koloniebrüter Basstölpel

Basstölpel (engl. *gannets*) bekommt man hauptsächlich bei Bootsfahrten zu Gesicht, da die großen weißen Vögel vorwiegend auf hoher See leben und es sie nur zum Brüten von März bis Oktober auf unzugängliche Steilfelsen zieht. Die Basstölpel sind größer als Möwen – sie erreichen eine Flügelspannweite von fast 2 m – und kühne Sturztaucher, die sich aus großer Höhe auf ihre Beute, nahe unter der Wasseroberfläche schwimmende Fische, stürzen. Nähert man sich einer Basstölpelkolonie, hört man schon von ferne das heiser-dunkle Schnäbelgeklapper, mit dem sich die Familien begrüßen.

Opfer des Klimawandels Papageitaucher

Die drollig unbeholfen wirkenden Papageitaucher (engl. *puffins*) mit den auffällig bunten Schnäbeln sind in Südwestengland reine Sommergäste, die im März/April bevorzugt auf Inseln wie Lundy Island oder die Scilly Islands zum Brüten kommen, um sich nach Aufzucht der Jungen Mitte August wieder

Der Austernfischer ist besonders gut an seinem feuerroten Schnabel zu erkennen

zu verabschieden. Die übrige Zeit des Jahres leben sie wie die meisten Alkenvögel des Nordatlantiks umherstreifend auf hoher See zwischen Großbritannien, Island und den Lofoten.

Seit jedoch ihre Hauptnahrungsquelle, die in großen Schwärmen auftretenden kleinen Sandaale, aufgrund gestiegener Wassertemperaturen selten geworden sind, sind die populären Clowns unter den Seevögeln an den Küsten Südenglands auf dem Rückzug. Zwar haben sie sich zwangsläufig auf alternative Kost verlegt, die Große Schlangennadel – eine dem Seepferdchen verwandte, 50 cm lange Spezies – enthält aber nur wenig Nahrhaftes und reichlich Gräten. So muss befürchtet werden, dass die *puffins* in naher Zukunft an ihren Brutplätzen in Cornwall und Devon ganz ausbleiben werden.

Watvögel

Neben unzugänglichen Steilklippen bieten die geschützten Mündungen der Flüsse idealen Lebensraum für Seevögel. Zu den größten und reichsten Wildvogelreservaten gehört die Exe-Mündung. Am Strand und an den Flussufern landeinwärts kann man z. B. Watvögel wie **Austernfischer** (engl. *oystercatcher)* und **Große Brachvögel** (engl. *curlew*) sehen, die in den von der Ebbe freigelegten Sandflächen und zwischen Steinen nach kleinen Tieren suchen. Wer den Austernfischer, schwarz-weiß mit auffälligem rotem Schnabel und roten Beinen, übersehen sollte, wird ihn niemals überhören. Zumindest während der Brutzeit ist überall am Wasser sein Geschrei zu hören, das er anstimmt, sobald Menschen oder Tiere in die Nähe seines Geleges kommen.

Die besten Reviere zur Vogelbeobachtung
Der Verein für den Vogelschutz, Royal Society for the Protection of Birds (RSPB, www.rspb.org.uk), oder der Wildlife Trust unterhalten Beobachtungshütten *(hides);* sie sind wichtige Anlaufpunkte für interessierte Touristen – Feldstecher nicht vergessen!
An folgenden Orten können besonders gut Vögel beobachtet werden (von Ost nach West):
Durlston Head, Purbeck Island: in Dorset – an den Klippen brüten Seevögel und Wanderfalken.
Chesil Beach & Fleet Reserve Centre: in Dorset – die Lagune und die Isle of Portland bieten Seevögeln ausreichend Nahrung.
Bowling Green Marsh: an der Exe-Mündung, Exmouth, Devon – gut zu Fuß erreichbar, Watvögel.
Bolt Head und Slapton Ley Nature Reserve: bei Salcombe, Devon – wichtiges Zugvogelrevier.
Lundy Island: vor der Nordküste von Devon – einziger Brutplatz von Papageitauchern in Devon (Mai–Juni).
Hayle Estuary: an der Bucht von St Ives, Cornwall – Watvögel und Enten, bei Sturm kommen Zehntausende Vögel zusammen, die in der Flussmündung an Cornwalls Nordküste Schutz suchen.
Scilly-Inseln: vor der Küste von Cornwall, 45 km von Land's End entfernt – die Inselgruppe zählt mehr unbewohnte als bewohnte Inseln, ein Refugium vor allem für Seevögel; der Scilly Wildlife Trust sorgt dafür, dass viele Areale zur Brutzeit ungestört bleiben; spezielle Vogelwanderungen.

Countrylife – Vom exquisiten Leben auf dem Lande

Die Liebe zu Land, Natur und zu allem, was unter freiem Himmel stattfindet, hat in England Tradition. Sie zeigt sich in der Liebe zu Pferd und Hund, zum Picknick, zum Cricket, zum Wandern und zur Gartenarbeit. Angehörige der upper class mischen sich gern ins ländliche Geschehen. Und auch innerhalb der stets aufs Aufsteigen bedachten middle classes bemüht man sich redlich um Teilhabe am Countrylife – nicht zu verwechseln mit einem bäuerlichen Selbstversorgerleben.

In den stadtfernen Grafschaften findet reges Gesellschaftsleben statt: hinter den Türen der *private country homes,* der Schlösser und Landhotels, bei der Jagd, beim Golf, bei der Schafschau und auf den Bauernmärkten. Man befindet sich zwar auf dem Land, aber nicht in der Provinz. In *Wellingtons* (Gummistiefeln) über die Wiesen und Felder zu laufen, mit dem Bauern nebenan ein Schwätzchen zu halten und sich an den Belangen des Landlebens zu beteiligen zeugt von Lebensstil und *class.* Dieses Ideal wird von der jungen gesellschaftlichen Elite Großbritanniens weiter gepflegt. Heute zählen Rockstars, Banker und Börsenmakler, Schauspieler und Unternehmer zur Country-Fraktion. Es empfiehlt sich, zu den Spitzenverdienern zu gehören, denn dieser Lifestyle verlangt natürlich auch einen Wohnsitz in London. Das echte *home* aber liegt irgendwo zwischen jahrhundertealten Hecken.

Statussymbol Landhaus

Bis heute gilt das englische Country House als sozialer und kultureller Mittelpunkt des kultivierten Landlebens. Vorbild für diesen Standard ist der Lebensstil des Adels seit dem 17. Jh. Aus der Glorious Revolution (1688–1689) waren der Adel gestärkt und der König geschwächt hervorgegangen, sodass sich die *gentry* ganz auf den Ausbau ihrer über das ganze Land verteilten Landsitze konzentrieren konnte. Bis Mitte des 19. Jh. bestimmten die Adelsfamilien von dort aus die Geschicke des Landes. Schlösser und Villen im klassizistischen Stil entstanden, mittelalterliche Tudorbauten wurden im Stil der Zeit modernisiert.

Seit jeher ist das elitäre Ethos der *gentry* im Süden stärker entwickelt als im industrialisierten Norden. Die Reichtümer des Empire, erobert von den Häfen Devons, flossen in den englischen Süden. Die Parks mit ihren gepflegten Zedern und Buchen, jahrhundertealten Eichenalleen und Hecken bleiben dauerhaft Zeugen gewachsener Strukturen.

Mit dem Strukturwandel in der Mitte des 19. Jh. begann eine neureiche Schicht, ebenfalls Landsitze zu bauen. Selbstverständlich konnten die viktorianischen Backstein-Imitationen jüngster Industriebarone nicht mit den ererbten Gütern jahrhundertealter Familien konkurrieren. Immerhin aber bestätigten sie, was gemeinhin als schön empfunden wurde und bis heute als Orientierung dient.

Ökologisch wohnen – Lifestyle der Zukunft?

Wie stark die Vorstellungen vom ›schönen Landleben‹ bis heute nachwirken, zeigt ein von Prince Charles initiiertes Bauprojekt: Seit 1992 entsteht am Stadtrand von Dorchester auf einem Gelände, das zum Duchy of Cornwall und damit den Besitzungen des Thronfolgers gehört, eine ganze Kleinstadt als *Urban village:* Poundbury (s. S. 164).

Das Projekt folgt strikten Auflagen zur Infrastruktur und Bebauung: Eine gemischte Nutzung der vier Stadtviertel ist vorgeschrieben – zum Arbeiten, Wohnen und Einkaufen. Öffentliche Einrichtungen wie Schulen, Sport- und Kulturzentren gehören ebenso zum Konzept wie fußnahe Einkaufsmöglichkeiten, Grünanlagen und Ärzte. Denn das, was die Substanz des *Countrylife* ausmacht, soll für die Bewohner hier zum Alltag gehören: der Plausch mit dem Arzt auf der Straße, die gesellige Runde im Club, der Small Talk über den Gartenzaun. Die Immobilienpreise in Poundbury sorgen dafür, dass vor allem wohlhabende Angehörige der *middle classes* hier wohnen, auch wenn ein Anteil von 20 % Sozialwohnungen geplant ist. Ökologische Überlegungen spielen neben der ansprechenden Gestaltung im Stil des 18. Jh. eine wichtige Rolle – doch alles das hat seinen Preis. So wird in Zukunft wohl alles beim Alten bleiben und das exquisite Leben auf dem Lande einer geschlossenen Gesellschaft vorbehalten sein.

Bed & Breakfast mit Kaminzimmer, zu buchen bei Wolsey Lodges

Unterkunft mit Stil

Wer Luxus liebt und persönliche Gastgeber einem Hotelbetrieb vorzieht, kann sich in ein B & B der Wolsey Lodges einmieten. Es handelt sich um luxuriöse Privathäuser auf dem Land. Der Standard der Zimmer entspricht einem Landhotel. Meist haben diese Häuser nicht mehr als drei Gästezimmer mit Bad. Die Gastgeber bieten ein anspruchsvolles Dinner an; anders als in Hotels und B & Bs speisen sie mit ihren Gästen. Die Preise liegen ab 40 und 60 £ pro Person und Nacht, mit Frühstück, ohne Abendessen.
Wolsey Lodges, 9 Market Place, Hadleigh, Ipswich, Suffolk, IP7 5DL Tel. 014 73-82 20 58, Fax 82 74 44, www.wolseylodges.com

Gartenpracht am Golfstrom

Gärten gibt es viele in England – aber die im Südwesten sind berühmt für ihren subtropischen Charakter. Empfindliche Gewächse aus allen Teilen der Welt gedeihen im feucht-warmen wintermilden Klima der südwestlichen Kanalküste von Dorset, Devon und Cornwall.

Der Golfstrom und die englische Gartenleidenschaft machen es möglich: Schon vor der Erwärmung des Weltklimas haben die Subtropen in Devon und Cornwall Einzug gehalten. Durchschnittlich nur elf Tage Frost im Jahr bieten ideale Bedingungen für Blumen und exotische Pflanzen. In den Mündungsgebieten der fjordartigen Flüsse Helford, Dart, Fal und Fowey an der Südküste von Devon und Cornwall kommen noch günstige kleinräumige Faktoren hinzu. Die nach Süden geöffneten Flussmündungen kühlen nicht so stark aus, da Wasserflächen als Wärmespeicher wirken, zudem bilden sie eine Sonnenfalle und zeigen dem

Exotische Prachtpflanzen umgeben die Statue der Gaia in Abbey Garden, Tresco

Nordwind die kalte Schulter. An windexponierten, aber ansonsten begünstigten Stellen wie z. B. den Scilly-Inseln schufen die Gärtner mit Hilfe hoher Steinmauern das passende Mikroklima für Feigen und andere empfindliche Gewächse. Die Mauern halten nicht nur den Wind ab, sondern speichern die Sonnenwärme des Tages, um sie nachts langsam wieder abzugeben.

Gartentourismus gestern und heute

Die Freude an der üppigen Vegetation teilen die oft privaten Gartenbesitzer gerne mit Pflanzenliebhabern aus aller Welt. Allein in Cornwall können über 80 Gärten besichtigt werden. Der Gartentourismus ist heute im West Country ein ernstzunehmender Wirtschaftsfaktor, mit steigender Tendenz. Wie so oft in England setzt auch dieser Trend nur eine alte Tradition fort. Schon im 19. Jh. war der englische Landschaftsgarten, wie ihn die *landed gentry* des 18. Jh. pflegte und wie man ihn in Stourhead (s. S. 116) besichtigen kann, Ziel von Sightseeingtouren, etwa des deutschen Fürsten Pückler-Muskau, der nach diesem Vorbild Gärten in Branitz, Muskau und Babelsberg anlegen ließ.

Englischer Landschaftsgarten

Seit Mitte des 18. Jh. hatte sich in England eine Abkehr vom kontinentalen Vorbild des Barockgartens vollzogen, wie er in den Schlossgärten Hollands oder Frankreichs gepflegt wurde, etwa in Versailles: Statt die Natur in Reih und Glied zu zwingen, propagierten die Vordenker dieses Gartenstils, darunter der Dichter Alexander Pope und der Architekt William Kent, Gärten, die wie Landschaftsgemälde aussahen – statt rechteckiger Wasserbecken S-förmig geschwungene Seen, statt geradliniger Alleen gewundene Wege und in der Ferne, abgetrennt durch unsichtbare Zäune, eine Herde friedlich grasender Rinder. Vorbild war die Natur, der scheinbar freier Lauf gelassen wurde. Das neue Gartenkonzept hatte durchaus propagandistische Untertöne, stellte es doch die englische Freiheitsliebe dem französischen Absolutismus gegenüber.

Der Cottage Garden

Nicht jeder kann einen Park gestalten, aber das Konzept der scheinbar freien Natur wirkt auch im Kleinen nach, im englischen *cottage garden,* mit weichen Konturen und der Kombination harmonischer Farben – statt Farbkontrasten herrschen Ton-in-Ton-Kompositionen vor, die an ein impressionistisches Gemälde erinnern. Dazu kommt der absichtlich erzeugte Eindruck von Natürlichkeit – englische Gärten sehen nie so ordentlich aus wie kontinentale, ohne dass sie in Wirklichkeit vernachlässigt wären.

Dieser zwanglose Stil der Bepflanzung, den man heute noch in einem Teil der Hestercombe Gardens (s. S. 127) besichtigen kann, wurde Ende des 19. Jh. von Gärtnern wie William Robinson (1838–1935) und Gertrude Jekyll (1843–1932) entwickelt, die Wurzeln liegen in der Arts-and-Crafts-Bewegung. Robinson gilt als der Vater des *cottage-garden*-Konzepts. In seinem Buch »The Wild Garden« (1870) propagierte er die Anpflanzung von Wildblumen und die Verwendung natürlicher Materialien. Jekyll gilt als die

Blick in Privatgärten

Gartensuche leicht gemacht: Ob klein oder groß – rund 60 Gärten in Cornwall, die man besuchen kann, präsentiert www.gardens ofcornwall.com.

Für einen guten Zweck: Eine typisch englische Einrichtung! An einigen Tagen der Woche oder des Jahres öffnen Privatleute im ganzen Land interessierten Besuchern das Gartentor. Die Eintrittsgelder fließen meist wohltätigen Zwecken zu. Die Termine erfährt man bei den Tourist Information Centres, aus der Lokalpresse oder auf der Website des National Gardens Scheme (www.ngs.org.uk). Wer Einblick in die praktische Seite des Gärtnerns in England bekommen will, sollte eine solche Gelegenheit nicht versäumen.

Kleines ABC englischer Gärten

Arboretum – Sammlung von Bäumen, eine Art botanischer Garten nur für Bäume und Sträucher
Conservatory – Wintergarten
Folly – Staffagearchitektur, besonders im Landschaftsgarten
Ha-ha – abgesenkter Zaun oder Graben an der Grenze zur Landschaft
Maze – Labyrinth (die Wege sind oft begrenzt von in Form geschnittenen Heckensträuchern)
Nursery – Staudengärtnerei
Perennials – Stauden
Topiary – Ausstellung in Form geschnittener Skulpturen aus Pflanzen wie Buchs, Eibe o. Ä.
Walled Garden – von Steinmauern umgebener Gartenteil, wobei die Mauer bepflanzt bzw. berankt wird

Erfinderin der *mixed borders,* in denen Sträucher, Stauden und Einjährige zusammen mit Zwiebelpflanzen für pausenlose Blütenpracht das ganze Jahr sorgen. Diese Gärten werden durch Hecken oder Mauern in einzelne ›Räume‹ unterteilt, die unterschiedlich gestaltete kleine Gärten enthalten.

Vielfalt der Gartenformen

Aber es geht auch anders. Ein Erbe der Renaissancegärten der Tudorzeit im 16.–17. Jh. sowie der Einflüsse aus Holland und Frankreich ist der *formal garden,* eine symmetrische Anlage mit geraden Wegen und geometrisch angelegten Beeten, dazu passend auch zu geometrischen Formen geschnittene Sträucher *(topiary).* Ein *informal garden* dagegen enthält beispielsweise sogenannte Inselbeete, Staudenkompositionen, die inmitten einer Fläche inselartig angeordnet sind. Gerade die Variante des *informal garden* ist eine beliebte Lösung für kleine Gärten.

Exotische Prachtpflanzen oder Problem-Exoten?

Besonders die Viktorianer kultivierten eine Vorliebe für grelle Farben und exotische Pflanzen, zeigte dies doch die Ausmaße ihres Empire. Aus allen fünf Kontinenten brachten weltreisende Gärtner Pflanzen auf die Insel: Kamelien, Hortensien und Rhododendren aus Asien, Baumfarne aus Neuseeland, Eukalyptus aus Australien, Dahlien aus Mexiko, Monterey-Kiefern aus Kalifornien, Pelargonien aus Südafrika. Mit Leidenschaft wurden die eigentümlichsten und buntesten Spezies gesammelt und in Gärten zur Schau

Das maritime Klima sorgt für bunte Blütenpracht im Südwesten Englands

gestellt. Der Besuch des Abbey Garden auf der Scilly-Insel Tresco (s. S. 256) kommt einer botanischen Weltreise gleich – hier braucht man dafür kein Gewächshaus. Einen Augenschmaus rund ums Jahr bieten die Trengwainton Gardens bei Penzance (s. S. 252): Kamelienhaine mit üppiger Blütenpracht verzaubern den Spätwinter, Magnolienbäume das Frühjahr, Täler mit blauen Hortensien, Baumfarnen und Bambusdickichten lassen Dschungelassoziationen aufkommen.

Aber die Exoten haben längst die Landschaft jenseits der Gartenzäune erobert. Meterhohe verwilderte Fuchsienhecken säumen den Küstenpfad. In der Mündung des River Exe leuchten dekorative Pampasgras-Inseln. Im Unterholz der Wälder wuchern Rhododendronsträucher, deren Blüten im Juni Besucher vom Kontinent in Entzücken versetzen. Was einst repräsentativen Zwecken diente und Gartenliebhaber bis heute erfreut, sehen Naturschützer mit kritischen Augen: Weil der ursprünglich im Himalaya beheimatete Rhododendron-Strauch fürs Vieh giftig ist und nicht gefressen wird, hat er sich ganzer Areale bemächtigt, die ansonsten Lebensraum für rar gewordene heimische Pflanzen wären.

Moderne Erlebniswelt – das Eden Project

Eine neue Dimension bekam die englische Gartenlust mit der Inszenierung des Eden Project (s. S. 276). In den beiden größten Gewächshäusern der Welt und einem angeschlossenen riesigen Freiluftgarten wachsen etwa 100 000 Pflanzen aus drei verschiedenen Klimazonen. Die futuristische Architektur und eine Fülle von Events sprechen ein breites Publikum an, dem die Pflanzenvielfalt der Erde, ihr Nutzen und ihre Rolle in der globalen Ökologie vor Augen geführt wird.

Der National Trust – Denkmalschutz für Kultur und Natur

In der Obhut des National Trust: Antony House

Ob man sich den Küstenwind um die Nase wehen lässt oder sich englischer Wohnkultur widmet: Früher oder später begegnet jeder Englandreisende dem National Trust (NT). Hinter dieser Bezeichnung verbirgt sich eine 1895 gegründete Stiftung, der es um die Erhaltung ebenjenes historischen und landschaftlichen Erbes zu tun ist, das wir vor uns sehen, wenn wir ›England‹ denken.

Der National Trust (NT) – offizieller Name: National Trust for Places of Historic Interest or Natural Beauty – besitzt mehr als 250 000 ha Land in England und Wales – eine Fläche etwa von der Größe des Saarlands. Er ist somit Großbritanniens größter privater Landbesitzer. Im West Country ist die Stiftung besonders präsent: Hier gehören ihr beinahe 1000 km zauberhaftes Küstenland, Teile der beiden Nationalparks Dartmoor und Exmoor, außerdem gut 166 Schlösser und Herrenhäuser, 19 Burgen, 49 Kirchen, 50 Dörfer, 650 archäologische Denkmäler, 1200 Bauernhöfe, 160 Gärten und Parks, 47 Industriedenkmäler und 35 Pubs. Zu den bekanntesten Objekten in Trust-Besitz, denen Sie auf Ihrer Reise begegnen können, zählen St Michael's Mount in Cornwall und der Landschaftsgarten Stourhead in Wiltshire.

Erben erwünscht

Getragen wird der National Trust hauptsächlich durch Spenden und Erbschaften. Viele Besitzer von Herrenhäusern, aber auch von anderen historisch interessanten Häusern oder naturschönen Landstrichen etwa an der Küste überschreiben dem National Trust ihren Besitz, weil sie die Unterhaltskosten für die denkmalgeschützten Bauten oder den Pflegeaufwand für die Gärten nicht mehr tragen können. Allerdings reservieren sich viele Familien noch ein Wohnrecht wie beispielsweise die St Aubyns auf St Michael's Mount bei Penzance oder die Carews in Antony House bei Torpoint westlich von Plymouth. Vor allem die hohe Erbschaftssteuer spielte dem National Trust zahlreiche Güter in die Hände – spätestens nach dem Zweiten Weltkrieg konnte kaum eine landbesitzende Familie ihren Besitz ungeteilt erhalten. Aber auch die Aussicht auf Erhalt und adäquate Pflege des Familienbesitzes durch den National Trust ist ein Anreiz.

Nichts geht ohne Ehrenamt

Da es keine staatlichen Zuschüsse gibt, nur indirekte Beiträge für die Denkmalpflege, muss sich auch der National Trust Gedanken um die Finanzierung machen. Mitgliedsbeiträge, Eintrittsgelder und Erlöse aus dem Souvenirverkauf sorgen bei 3,4 Mio. Mitgliedern und über 12 Mio. Besuchern pro Jahr zwar für einen ernst zu nehmenden Umsatz, Unterhalt und Grundsteuern sind jedoch schwerwiegende Posten in der Bilanz. Darum kann der National Trust mit seinen ca. 4300 fest angestellten Mitarbeitern nicht auf das Engagement seiner über 47 000 freiwilligen Helfer verzichten, die jedes Jahr Millionen Stunden ihrer Freizeit opfern: Sie führen durch die Sehenswürdigkeiten, geben Auskunft und helfen beim Souvenirverkauf.

Working Holidays und Ferienhausvermietung

Aber warum nicht das Einträgliche mit dem Nützlichen verbinden? Seit 1967 veranstaltet der National Trust Working Holidays. Bei den Arbeitseinsätzen für Teilnehmer ab 16 Jahre stehen Garten- und Renovierungsarbeiten von Heckenschneiden bis zu Wändestreichen auf dem Programm – pro Woche kostet das schweißtreibende Freizeitvergnügen in einfacher Mehrbettunterkunft ca. £ 80 pro Person.

Wer dagegen einen geruhsamen Urlaub in einem denkmalgeschützten Ferienhaus verleben möchte, kann sich beim National Trust einmieten. Die *holiday cottages* vom Leuchtturmwärterhaus bis zur alten Bauernkate liegen oft in wunderschöner Umgebung. Darüber hinaus betreibt der NT etwa 80 B & B-Unterkünfte, die häufig in der Nähe von Sehenswürdigkeiten liegen (www.nationaltrustcottages.co.uk).

Infos und Mitgliedschaft

Mitglieder des National Trust haben freien Eintritt zu allen Attraktionen der Organisation. Wer einen Kultururlaub plant und mehrere Gärten und Herrenhäuser des NT besichtigen will, für den lohnt sich eine Jahresmitgliedschaft (auch für Paare und Familien). Sie kann vor Ort in allen Besitzungen des Trust erworben werden oder vor Reiseantritt, zu reduziertem Preis online. Aber auch ein zeitlich begrenzter Touring Pass für eine oder zwei Wochen lohnt sich schon bei wenigen Besuchen (www.nationaltrust.org.uk, zum Touring Pass s. auch S. 37).

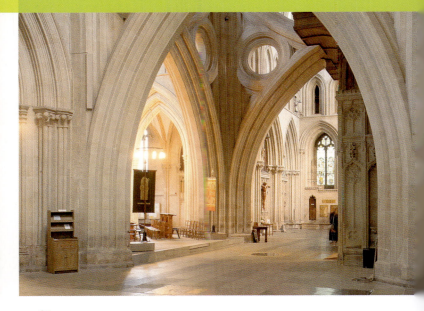

Bis heute gilt die Gotik den Engländern als ›Nationalstil‹, und bis ins späte 19. Jh. wurden Kirchen – aber auch Industriebauten oder Bahnhöfe – vorzugsweise in diesem Stil errichtet. Die Gotik des Mittelalters erfuhr auf der Insel unabhängig von kontinentalen Entwicklungen eine ganz eigene Ausprägung. Weniger himmelsstürmend als in Frankreich, haben englische Kathedralen nie ganz die Bodenhaftung verloren.

Die Fortentwicklung des gotischen Baustils von der schlichten Ausprägung der frühen mittelalterlichen Kathedra-

Rundpfeilern geprägt. Eindrucksvoll und gut erhalten sind die normannischen Rundbögen mit geometrischen Zickzackornamenten (Hundszahnmotive) in vielen Dorfkirchen. Heute findet man den normannischen Baustil vorwiegend in den älteren Teilen der jeweiligen Kathedralen, häufig in der Krypta oder den Türmen. Chor und Schiffe sind fast ausschließlich im gotischen Stil erbaut. Die berühmte Kathedrale von Exeter ist ein Beispiel für diese Entwicklung: Die massiven normannischen Türme stammen aus dem 12. Jh., die feingliedrige Westfassade in reiner Hochgotik entstand um 1480.

Himmelsstürmer mit Bodenhaftung: Englische Kathedralen der Gotik

len bis zu den hochkomplizierten Gewölbekonstruktionen der Tudorzeit erfolgte Schritt für Schritt über Jahrhunderte und über mehrere Dynastien von Königshäusern hinweg.

Vorläufer: Norman Style

Der Vorläuferstil der Gotik, der sich letztlich von der römischen Bauweise ableitet und auf dem Kontinent die Bezeichnung Romanik trägt, wird in England als **Norman Style** bezeichnet. Die hundertjährige Dynastie der Normannen (1066–1154) hat den Kirchenbau auf der Britischen Insel mit schlichter Ornamentik, massiven Säulen und

Scherenbögen in Wells Cathedral

Das Prinzip der Reihung: Frühgotik

Wells Cathedral gilt neben Salisbury und Exeter als Höhepunkt des prachtvollen Kathedralbaus im West Country. Sie gehört zu den wenigen englischen Kathedralen, die nicht vom normannischen Baustil geprägt wurden. Ihr Bau begann 1180 mit der Frühgotik, **Early English.** Englische Frühgotik in Reinkultur findet man in der Kathedrale von Salisbury Cathedral, die in einem Durchgang in nur 50 Jahren ab 1220 errichtet wurde. Schlichte, schmale, spitz zulaufende Lanzettfenster sind ein charakteristisches Element dieses Stils. Er ist außerdem gekennzeichnet durch die Aneinanderreihung gleichgeordneter Bausegmente. So wird der Blick des Betrachters nicht wie bei französischen oder deutschen Kathedralen in die Höhe gelenkt, sondern die Blickrichtung verläuft horizontal. An der Fassade der Kathedrale von Exeter mit ihren Figurenreihen und der stark horizontalen Gliederung lässt sich diese Wirkung besonders deutlich nachvollziehen. Auch im Innern dieses Gotteshauses setzt sich dieser Eindruck fort: Exeter hat das längste gotische Gewölbe der Welt, Die Folge der Langhausjoche, die sich aneinanderreihen, wird auch dort, wo Querhaus und Langhaus sich kreuzen, in der Vierung, optisch nicht unterbrochen.

Viel Dekor, viel Licht: Hoch- und Spätgotik

In der Westfassade von Wells Cathedral deutet sich jedoch bereits eine andere Stilrichtung an, die für die hochgotische Baukunst in England typisch werden sollte: der **Decorated Style**. Ihn kennzeichnet eine Fülle an Dekorationen wie stilisiertes Laubwerk an Flächen, Bögen und Kapitellen sowie Maßwerkfenster. Typisch für diesen Stil ist ebenfalls die Verwendung von geschwungenen Konkav-Konvex-Formen, nicht zu übersehen in den berühmten Scherenbögen in der Vierung der Kathedrale von Wells.

Chronologie der englischen Gotik
Early English
ab 1180/1190–ca. 1250
Decorated Style
ca. 1250–1350
Perpendicular Style
1350–ca. 1550

Vom Reichtum des wirtschaftlich aufstrebenden England im 14.–16. Jh. zeugen nicht nur Kathedralen, sondern auch von Kaufleuten finanzierte Kirchen wie etwa das um 1400 gebaute Langhaus von St Mary Redcliffe in Bristol. Das Gotteshaus im für die englische Spätgotik typischen **Perpendicular Style** beeindruckt mit überaus zart wirkenden komplizierten Fächergewölben und einer starken Betonung der Vertikalen *(perpendicular)*. Die Wandflächen wurden aufgebrochen und große Fensterflächen geschaffen.

Die schönste Kirche Westenglands im Perpendicular Style steht in Bath: Es handelt sich um eine ehemalige Kathedrale, die nach der Verlegung des Bischofssitzes nach Wells degradiert wurde und seither Abbey Church heißt.

Lady Chapel und Cathedral Close

Eine Marienkapelle, Lady Chapel, gibt es in fast jeder größeren Kirche, sie liegt bei englischen (anglikanischen) Gotteshäusern meist östlich (hinter) dem Chor und zeugt bis heute von der nach der Reformation nie ganz verlorenen Nähe zum katholischen Marienglauben in der anglikanischen High Church. Umgeben wird die Kathedrale meist von einer Rasenfläche, die den Blick auf das gesamte breit gelagerte Bauwerk gewährt. Diese Cathedral Close, die Domfreiheit, ist noch heute oft in Kirchenbesitz und blieb von moderner Bebauung verschont – zu dem Gesamteindruck tragen die niedrigen alten Häuser und buckligen Gassen rundum bei, z. B. in Exeter oder in Salisbury. Selbst in Bristol erstreckt sich neben der Kathedrale ein weiter grüner Park.

66

Cornwalls keltisches Erbe

Kernow ist der keltische Name für Cornwall. Anders als Wales und Schottland hat die heutige Grafschaft an der Südwestspitze der Britischen Insel ihre keltische Sprache und Kultur früh verloren und erst vor kurzem wiederentdeckt.

Wie Wales und Schottland gehörte der äußerste Südwesten zum *Celtic fringe*, d.h. zu jenen Randgebieten der Britischen Insel, die von den überwiegend keltischen Bewohnern des römischen Britannien besiedelt wurden. Viele waren nach den Sachsenüberfällen des 5. und 6. Jh. aus dem übrigen Britannien hierher in die unwirtlichen Randgebiete vertrieben worden. Sie sprachen keltische Sprachen und ihre Vorfahren hatten während der Römerzeit bereits das Christentum angenommen. Die Sachsen, mit denen sie sich herumschlagen mussten, waren Heiden und wenig zimperliche germanische Invasoren – bis ihnen ein gewisser Artus Einhalt geboten haben soll.

König Artus – Legende oder Wahrheit?

Tatsächlich sprechen historische Quellen übereinstimmend von einem König oder Feldherrn, der die heidnischen Sachsen in Britannien entscheidend zurückgeschlagen habe. Nachdem der römische Kaiser Honorius 410 den Rückzug seiner Truppen aus der Pro-

vinz Britannia erklärt hatte, waren die Briten den sächsischen Invasoren schutzlos ausgeliefert gewesen. Doch schreibt Mitte des 6. Jh. der Mönch Gildas in seiner Chronik über den Niedergang Britanniens von einem Sieg über die Sachsen bei Badon Hill (Mons Badonicus), erwähnt aber nicht den Namen Artus. Erst im 10. Jh. verfasste Chronik »Annales Cambriae« (»Annalen von Wales«) hält fest, dass Anno Domini 518 drei Tage und drei Nächte lang Artus »mit dem Kreuz unseres Herrn Jesus Christus auf den Schultern« in der Schlacht von Badon Hill gegen die Sachsen gekämpft habe und als Sieger daraus hervorgegangen sei. 21 Jahre darauf, für das Jahr 539, berichtet ein Eintrag, dass Artus und mit ihm sein Neffe (nach manchen Quellen sein Sohn) Mordred in der Schlacht von Camlann fielen.

Auf der Suche nach den Schauplätzen

Weder Badon Hill noch Camlann sind heute eindeutig identifizierbar: Vielleicht heißt Badon heute Bath, oder eher Badbury? Die Schlacht von Camlann könnte an den Ufern des Camel stattgefunden haben: vielleicht in der Nähe von Slaughterbridge bei Camelford, wo einige Jahrhunderte später Sachsenkönig Egbert die Kornen schlug? Die Lichtgestalt des siegreichen Artus lieferte jedenfalls einen der wichtigsten Stoffe der Weltliteratur. Das in die Welt des höfischen mittelalterlichen Lebens übertragene Artusepos beflügelt die Fantasie bis heute und die meisten Schauplätze liegen in Cornwall. Als Ort von Artus' Geburt nennt der Geschichtsschreiber Geoffrey of Monmouth im 12. Jh. die Burg von Tintagel an Cornwalls Nordküste.

Kornische Unabhängigkeit

Doch auch eine Lichtgestalt wie Artus konnte die Geschichte nicht aufhalten. Im Jahre 926 vertrieb der angelsächsische König Athelstan »das abscheuliche Volk der Kornen« (so eine zeitgenössische Chronik) aus Exeter und setzte den Fluss Tamar als Grenze zwischen seinem Reich und dem des ungeliebten Keltenvolks fest. Und so verläuft die Grenze heute noch. Allerdings – darauf pochen viele Kornen – wurde Kernow nie wirklich erobert, da der damalige (und letzte) kornische König Hywel einen Friedensvertrag mit Athelstan abschloss.

Duchy of Cornwall

Das scherte die englischen Könige wenig, die ab 1337 ihrem jeweiligen Thronfolger den Titel Duke of Cornwall verpassten – der Kniff wurde später mit dem Titel Prince of Wales wiederholt. Auf diese Weise war gewährleistet, dass die keltischen Gebiete erst gar nicht auf separatistische Gedanken kamen. Eine Reihe von Burgen sicherte die anglonormannische Vorherrschaft zudem militärisch ab. Die Ländereien des Duchy liegen keineswegs nur in Cornwall, wie die Scilly-Inseln, sondern der herzogliche Besitz setzt sich aus vielen, über insgesamt 23 *counties* ver-

Um die Burg Tintagel ranken sich Sagen und Legenden

streuten Besitztümern zusammen. Etwa 50 % befinden sich in Devon, darunter der größte Teil des Dartmoor, andere Ländereien liegen in Dorset oder Herefordshire. Sie verschaffen dem Thronfolger ein gutes Auskommen, der inzwischen (freiwillig) Einkommensteuer zahlt und sich als Förderer ökologischer Landwirtschaft verdient gemacht hat.

Das Kornische heute

Wenn die Kornen darauf pochen, nie von den Engländern erobert worden zu sein, geht es nicht in erster Linie um historische Genauigkeit, sondern um kornische Identität. Viele kulturelle Faktoren, die diese ausmachen, sind über die Jahrhunderte verschwunden – seit Anfang des 20. Jh. werden sie bewusst wiederbelebt. Dazu zählt auch die kornische Sprache, die seit dem späten 18. Jh. als ausgestorben galt. Heute ist Kornisch als Minderheitensprache in Großbritannien anerkannt. Es gibt Zeitungsartikel und Schilder in kornischer Sprache, und an einigen Grundschulen wird Kornisch gelehrt. Das wurde allerdings erst möglich, nachdem man sich Ende 2007 endlich auf eine einheitliche Schreibweise geeinigt hatte.

Die keltische Musiktradition führen die Mitglieder der fünfköpfigen Band Dalla weiter. Sie feiert Erfolge mit ihren auch in kornischer Sprache vorgetragenen Weisen, zu denen sich bestens tanzen lässt (www.dalla.co.uk).

Keltische Kulturtraditionen

Die Flagge Cornwalls mit dem weißen Kreuz auf schwarzem Grund weht vie-

Kornisch für Anfänger

Keltisch-kornische Elemente prägen die Ortsnamen in Südwestengland besonders westlich des Flusses Tamar: Mevagissey, Caerhays, Men-An-Tol sind rein kornisch oder integrieren keltische Heiligennamen, andere kombinieren englische und kornische Elemente wie Boscastle (›Botterells Burg‹) oder Roseland (›Landvorsprung‹ plus engl. ›land‹).

Bos – Wohnort
Car – Burg
Chy – Haus
Dinas – Fort, Festung
Eglos – Kirche
Enys, Innis – Insel
Kelly – Hain, kleiner Wald
Lan – heilig
Looe, logh – Creek, Flussmündung
Men – Stein
Nans – Tal
Pen – Landzunge, (wörtlich ›Kopf‹)
Pol – Teich (engl. pool)
Porth – Hafen
Ros – Moor, Heide; Landvorsprung
Towan – Düne
Tre – Hof, Haus, Farm
Treath – Strand
Tol – Loch
Wheal – Bergwerk, Mine

lerorts im Lande und der St Piran's Day als Nationalfeiertag zu Ehren des keltischen heiligen Piran wurde auch wieder aus der Taufe gehoben. Alljährlich wird der Bardenwettstreit Gorseth veranstaltet, wobei in blaue Gewänder gehüllte Vertreter keltischer Kulturtugenden Pokale in verschiedenen Disziplinen austeilen und dem Cornish Wrestling, einer Art Ringkampf, und anderen keltischen Sportarten gefrönt wird.

69

Träume von Manderley –
Daphne du Maurier und Cornwall

Magisch, märchenhaft, wild, unwiderstehlich – keine andere Schriftstellerin hat die eigentümliche Stimmung Cornwalls besser eingefangen als Daphne du Maurier, die einen Großteil ihrer Romane hier spielen ließ.

Daphne du Maurier (1907–1989) stammte aus einer Künstlerfamilie, ihre Eltern waren Schauspieler, ihr Großvater Schriftsteller. Sie lebte in London und Paris, aber in den Ferien gab es nur eins: nach Cornwall. Als Daphne du Maurier 19 Jahre alt war, kauften ihre Eltern ein Ferienhaus in Fowey. Daphne war fasziniert von dem Haus Ferryside, von Fowey und dem

---

Lesetipps & Termin
Daphne du Maurier: Mein Cornwall. Insel Verlag, Frankfurt und Leipzig 2006. Ein Klassiker der Reiseliteratur, in dem Cornwalls Landschaft und Menschen die Hauptrolle spielen. Ein Buch voller Geschichten und Legenden.
Dies.: Jamaica Inn. Fischer 2005. Der historische Roman du Mauriers machte das Jamaica Inn im Bodmin Moor berühmt.
Daphne du Maurier Festival of Arts and Literature: Eine Woche lang Mitte Mai wird in Fowey mit Ausstellungen, Lesungen, Wanderungen an die Autorin erinnert (www.dumaurierfestival.co.uk).

---

gesamten Land. Nicht in London mit seinem Gesellschaftsleben, Theater- und Kinobesuchen, nein, in der tiefsten Provinz wollte sie leben, notierte sie in ihr Tagebuch. Sie schrieb ihre ersten Romane in Ferryside, im nassen, stürmischen kornischen Winter, unternahm Spaziergänge auf den Klippen und fühlte sich in ihrem Element.

Historische Thriller

Der Vater des englischen Kriminalromans Wilkie Collins (»The Woman in White«, 1860) und die Romane der Bronte-Schwestern waren wichtige Einflüsse für die junge Daphne du Maurier, aber mindestens genauso wichtig war die Landschaft Cornwalls. Fast alle erfolgreichen Erzählungen sind in der Grafschaft angesiedelt, viele mit historischem Hintergrund: »Jamaica Inn« (1936), eine Schmugglergeschichte, die im Bodmin Moor spielt, zieht alle Register spannender Unterhaltung. Ein Thriller mit historischem Hintergrund, der verfilmt wurde und für die immense Popularität des Gasthauses bis heute gesorgt hat. »Frenchman's Creek« (1941, dt. »Die Bucht des Franzosen«) ist eine Piratengeschichte, die in der Umgebung des Helford River angesiedelt ist. Daphne du Maurier, die geschickt mit unheimlichen, übernatürlichen Effekten zu spielen weiß, gehört zweifellos zu den Mitbegründern des Thriller-Genres.

Daphne du Maurier vor ihrem Haus Ferryside in den 1970er-Jahren

Ein Haus als Inspiration

Auf einem Spaziergang entdeckte Daphne du Maurier westlich von Fowey ein leerstehendes Haus, »schlafend wie Dornröschen im Märchen«: Menabilly. Als ihr Mann, ein Armeeoffizier, in den 1930er-Jahren nach Ägypten versetzt wurde und Daphne als seine Frau notgedrungen mit ihm gehen musste, saß sie in der Hitze in Alexandria an ihrem neuen Buch und wünschte sich ins stürmische, nebelverhangene, kühle Cornwall: nach Menabilly. »Gestern Nacht träumte ich, ich sei wieder in Manderley ...«, so beginnt ihr berühmter Roman »Rebecca« (1938). Mehr fast als die rätselhafte Titelheldin steht Manderley-Menabilly im Vordergrund des Romans. Während des Zweiten Weltkriegs gelang es der Autorin, einen Mietvertrag von 20 Jahren Dauer für das allmählich verfallende Anwesen Menabilly zu arrangieren. Sie war dabei, ihr Dornröschen wachzuküssen. 26 Jahre lang sollte sie in Menabilly leben, das auch heute noch der Familie Rashleigh gehört, von der sie es mietete.

Menabilly für immer

»Ich schäme mich, es zu gestehen«, schrieb sie einem Freund, »aber ich glaube, Mena ist mir lieber als die Menschen.« Als ihr Mann nach Kriegsende einen Posten im Verteidigungsministerium antrat, blieb sie in Menabilly, anstatt mit ihm nach London zu ziehen. Im Garten stand ihre ›Schreibhütte‹ mit Blick aufs Meer, »nur ein paar Meter entfernt von dem Ort, an dem ich begraben sein möchte«. Als die Schriftstellerin im Jahre 1989 im nahegelegenen Kilmarth starb, wurde ihre Asche von Gribbin Head aus ins Meer gestreut. Selbst im Tod wollte Daphne du Maurier Cornwall und Menabilly nahe sein.

Bristol Sound und Trip Hop – Attacke auf die Ohren

Beth Gibbons ist die Frontfrau von Portishead

In Bristol entstand Mitte der 1990er-Jahre eine der lebendigsten Musikszenen Englands. Die Großstadtklänge aus der multikulturellen Metropole scheinen meilenweit entfernt von der Beschaulichkeit des ländlichen Südwestens. Aus der ›Kult(ur)hauptstadt im Westen‹ klingt nicht nur Unerhörtes, sondern in den Studios der Medienbranche wirken auch innovative Videokünstler.

Der Begriff Trip Hop wurde 1994 von einem Musikjournalisten geprägt und wird häufig mit Bristol Sound gleichgesetzt. Das ist irreführend, denn es gab noch etliche andere Stilrichtungen im Bristol des späten 20. Jh. Der Name Trip Hop knüpft an Hip Hop an, aus dem der in Bristols Clubs erfundene Stil ursprünglich hervorging. Durch den schleppenden Rhythmus und die eher dumpfen Sounds verbreitet Trip Hop allerdings eine surreale Atmosphäre – eben wie auf einem Trip. Langsam getaktete Beats und melodiöse Passagen fügen sich zu dem ganz speziellen Sound, den Bands wie Massive Attack (Hit »Karmacoma« 1995) und Portishead (»All Mine« 1997) vermarktet haben. Sie kombinierten Hip-Hop-Rhythmen und Scratching mit Rap, Reggae- und Soulelementen und erschlossen den Trip Hop für die Popmusik.

Portishead – die bis heute aktive Band ist benannt nach einem am Meer gelegenen Vorort im Westen von Bristol – brachte die *sixties-cool-music* und raffinierte Jungle-Musiker wie Roni Size ein. Ihren Erfolg als Pop-Metropole verdankt die Stadt Bristol auch Nellee Hooper, Ex-Massive-Attack-

Mitglied und später einer der erfolgreichsten Produzenten weltweit, u. a. von Soul II Soul, Björk, U2 und Madonna.

Kult(ur)metropole Bristol

Warum gerade Bristol? Schon in den späten 1970er-Jahren machte die Band The Pop Group mit einer Kombination The Wild Bunch, das in den späten 1980er-Jahren aus dem Trio Robert Del Naja (3D), Grant Marshall (Daddy G) and Andrew Vowles (Mushroom) bestand, verstärkt durch Tricky alias Adrian Thaws. Der schwarze Musiker mit den melancholischen Tracks wurde 1968 in Bristol geboren. Ihr erstes Album »Blue Lines« (1991) mit dem Hit »Unfinished Sympathy« begründete das Genre Trip Hop.

Ein Schwerpunkt von Massive At-

aus Punk, Funk, Dub und politisch kritischen Texten in Bristol von sich reden. Ein Grund für die weitere musikalische Evolution gerade in dieser Stadt ist sicherlich ihre dynamische und facettenreiche Clubszene, der multikulturelle Hintergrund der Stadt mit ihrem Einwandererviertel St-Paul's, wo vor allem Bewohner mit karibischen Wurzeln leben und alljährlich beim St Paul's Carnival ausgelassen gefeiert wird. Auch die New-Age-Festivals, die hier im Einzugsgebiet des nahen Glastonbury stattfinden, sowie die lebendige Outdoor-Rave-Szene sind ein Teil von Bristols musikalischer Energie. Die Mixtur aus New Age und Techno lag in den späten 1990er-Jahren voll im Trend.

Musik und Videokunst

Die Band Massive Attack ging hervor aus einem Künstlerkollektiv namens tack war und ist es, Musik und Film zusammenzubringen: Ihre Videoclips mit höchst interessanten Effekten sind voller Tricks und geheimnisvoller Anspielungen. Sie lieferten Soundtracks zu Science-Fiction- bzw. Action-Filmen wie »Matrix« (1999) oder »Blade II« (2002) oder auch fürs Fernsehen und arbeiteten musikalisch mit wechselnden Solisten der Kategorie Weltstar zusammen, von Sinéad O'Connor über David Bowie bis Madonna.

In ihren Texten nahm die Band deutlich Stellung, übte Sozialkritik und kritisierte etwa Großbritanniens Engagement an der Seite der USA beim Einmarsch in den Irak 2003 und das US-Gefangenenlager in Guantánamo. Im Juni 2008 machte sich Massive Attack mit der künstlerischen Leitung des Meltdown Festival in der Londoner Royal Festival Hall erneut einen Namen, und 2010 erschien ihr Album »Heligoland«.

Faszination Maschine –
Great Dorset Steam Fair

Jedes Jahr im Spätsommer steigt auf einem 2,4 km² großen Stoppelfeld mitten in Dorset eine gigantische Show – und das schon seit über 40 Jahren. Hunderttausende Besucher und Hunderte Aussteller aus ganz Europa und Übersee reisen an, um bei der Dampfmaschinenmesse in Tarrant Hinton dabei zu sein.

Enthusiasten und Mechanikfans aus aller Welt geben auf der Great Dorset Steam Fair Anschauungsunterricht in Sachen Mensch und Maschine – während hinter den Kulissen und abends im Bierzelt der An- und Verkauf historischer Fahrzeuge und Maschinen auf Hochtouren läuft. Dem faszinierten Publikum präsentieren die Aussteller fünf Tage lang alles, was dampft – ein Erlebnis für die Sinne mit üppigem Rahmenprogramm, mit allem, was fährt, vom Pferdefuhrwerk bis zur Benzinkutsche und Aktionen wie Wettpflügen und Trödelmarkt.

Im Mutterland der Industriellen Revolution

Die Great Dorset Steam Fair ist der Höhe- und Schlusspunkt einer ganzen Reihe lokal organisierter Dampf-Events, die den Sommer über im Südwesten stattfinden (Termine s. S. 76). Landauf, landab begeistern sich die Briten für Dampfmaschinen und würdigen die glorreiche Epoche der Industriellen Revolution. James Watt erfand zwar schon Ende des 18. Jh. eine Maschine, die das Prinzip des Wasserdampfs als Antrieb nutzte. Doch erst der aus Cornwall stammende Richard Trevithick (1771–1833) baute im Jahr 1800 eine Hochleistungs-Dampfmaschine und schließlich die erste Dampflokomotive der Welt, die vor allem im walisischen Kohlebergbau verwendet wurde. An den Erfinder des ersten dampfgetriebenen Personenfahrzeugs ›Puffing Devil‹ wird beim Trevithick Day in Camborne in Nord-Cornwall erinnert. Das 1801 zum ersten Mal eingesetzte Gefährt sorgte auch gleich für einen ernsten Unfall. Die Ursache war allerdings menschliches Versagen.

Mensch und Maschine

Wie ihre Kollegen vor 200 Jahren beugen sich die Maschinenführer auf der Great Dorset Steam Fair mit rußgeschwärzten Gesichtern über die hämmernden und zischenden Motoren ihrer Fahrzeuge, um sie für die erste Fahrt des Tages startklar zu machen. Runde um Runde fahren sie die Schaumaschinen auf einem Parcours durchs Gelände, die schwer beladen ihre Power vor Augen führen: mit einem mehrere Tonnen schweren Wackerstein auf dem Anhänger, zwei- oder

Great Dorset Steam Fair: Historische Dampfmaschinen wollen gepflegt sein

Steam Fairs im Überblick
Trevithick Day: letzter Samstag im April in Camborne. Erinnert an den Dampfmaschinenerfinder; Umzug mit Veteranenfahrzeugen (www.trevithick-day.org.uk).
Boconnoc Steam Fair: Letztes Juliwochenende in Boconnoc bei Liskeard. Drei Tage lang Aufmarsch historischer Dampfmaschinen.
West of England Steam Rally: Mitte August in Stithians (bei Redruth). Dreitägiges Dampfmaschinentreffen, u. a. mit Dampforgeln, Karussells und Marktständen (www.weses.co.uk).
Great Dorset Steam Fair: Ende August/Anfang September (Woche nach Bank Holiday) in Tarrant Hinton bei Blandford Forum. Fünf Tage dauert die landesweit größte Dampfmaschinenmesse, mit internationalen Ausstellern und Rahmenprogramm von Konzerten über Handwerksvorführungen bis zu kulinarischem Angebot (www.gdsf.co.uk).

dreizügig. Die Männer und Frauen auf dem Führerstand drehen, kurbeln das Lenkrad, betätigen Hebel, andere schippen Kohlen, flicken Treibriemen. Besondere Stände zeigen andere spezialisierte Maschinen im Einsatz: Heuballen pressen, Holzstämme sägen oder hobeln – alles mit Dampfkraft. Man hat das Gefühl, dass die Menschen für die Maschinen arbeiten und nicht umgekehrt …

Eine Verkaufsmesse

Überall sieht man die fachsimpelnden Experten stehen und erklären. Häufig sind auch Verkaufsverhandlungen im Gang, etliche toprestaurierte Fahrzeuge oder Zubehör sind verkäuflich. Auf dem Gelände stehen auch Autoanhänger mit deutschen und niederländischen Kennzeichen. Ein paar kräftige Männer aus Friesland sind dabei, eine ramponiert aussehende Maschine auf den Anhänger zu rollen – für Uneingeweihte ein Haufen Schrott, der Kenner sieht ein Wunderwerk der Mechanik, das mit ein paar Fräs- und Schweißarbeiten wieder ans Laufen gebracht werden kann. Dann ist die eigene Sammlung um ein schönes Stück reicher oder man erzielt Liebhaberpreise auf einer Dampfmaschinenmesse.

Kirmes am Abend

Staub und Ruß sind die größten Feinde der *Showmen.* Schon den ganzen Tag wienern und polieren sie an ihren Prachtwagen herum, die auf dem Kirmesteil der Fair Spalier stehen, bis sie blinken und blitzen und das Licht der zahllosen Glühbirnen optimal reflektieren. Die Wagen mit den hohen Schornsteinen fungieren zugleich als Dampfmaschinen und liefern Strom für die Kirmes. Für Unterhaltung sorgen außer den Dampforgeln Show-Einlagen auf Bühnen, und damit alle durchhalten, servieren Stände *Cornish pasties,* Würstchen und stärkende Getränke wie trockenen naturtrüben Cider, Apfelwein. Mit der Dämmerung legt sich eine märchenhafte, nostalgische Stimmung über das wiedererstandene Dampfzeitalter. Das Riesenrad ist erleuchtet, die Karussells drehen sich und die Luft ist voll mit dem Stampfen der Maschinen, den blechernen Klängen der Dampforgeln und der Musik aus den Bierzelten.

Erfolgsrezept Gastro-Pub

Englische Fernsehköche wie Rick Stein und Jamie Oliver begeistern ein Millionenpublikum, ihre Bücher sind Bestseller weltweit – der augenscheinliche Beweis dafür, dass in den letzten 20 Jahren in Englands Küchen eine Revolution stattfand. Im ganzen Land erwachte die Lust am Essen, an Küche und Kochen.

Gerade in südenglischen Grafschaften wird gediegen gespeist, mit höchsten Ansprüchen an Atmosphäre und Qualität. Vor allem die Pubs haben sich von Grund auf gewandelt: Früher war das Pub – *public house* – ein Gasthaus, dessen Bar zugleich als Treffpunkt der Ortsansässigen diente. Im Vordergrund stand die reiche Auswahl an

Modernes Styling kombiniert mit frisch zubereiteten Gerichten: Gastro-Pub in Bristol

Frischeste Fischküche zählt zu den kulinarischen Highlights im West Country

Biersorten örtlicher und überregionaler Brauereien. Etwa die Hälfte aller Pubs waren direktes oder indirektes Eigentum einer Brauerei. Essen war Nebensache. Im *public house* standen Geselligkeit und Alkohol im Vordergrund. Im ›nachrevolutionären‹ England ist ernüchterndes Essen out. Pubs mauserten sich zu Restaurants, in guten Pubs – Gastro-pubs genannt – findet man heute einen Stilmix zwischen *traditional* und *New English,* nicht selten mit asiatischen Einflüssen. Man experimentiert mit Gewürzen und Kräutern – Ingwer, Chili, Zitronengras und Koriander gehören mit zum Repertoire. Die Grundgerichte entstammen der klassischen Country Cuisine.

Veränderte Lebensgewohnheiten

Das Pub verdankt seinen neuen Status auch den veränderten Konsumgewohnheiten der Engländer. Die gut verdienende Mittelschicht ist mehr denn je bereit, ihr Geld nicht nur in *brick and mortar* (Ziegel und Mörtel) zu investieren, sondern für Alltagsluxus auszugeben: für Mode, Möbel, Gesundheit – und vor allem für Essen und Trinken. Interesse für Essen bekam Sexappeal und wurde zum Statussymbol. Wer sich als küchenkundig erweist, erntet soziale Pluspunkte.

So kam es, dass heute nicht nur der Markt für Kochbücher boomt, sondern auch die Pub-Guides und Restaurant-Besprechungen in der Presse. Essengehen rangiert inzwischen unter den beliebtesten Abendunterhaltungen neben dem Besuch von Theatervorstellungen und Konzerten – besonders in den dünn besiedelten *counties,* deren Unterhaltungsangebot dürftig ist. Es lohnt sich also, nach den besten Pubs der Umgebung zu fragen und vor allem am Wochenende rechtzeitig einen Tisch zu reservieren.

Fischguru Rick Stein

Ohne Reservierung geht selbst unter der Woche im Seafood Restaurant am Hafen von Padstow (s. S. 227) gar nichts. Der auf Fisch spezialisierte Spitzenkoch Rick Stein eröffnete das gehobene Lokal vor rund 30 Jahren und trug mit seiner frischen Küche entscheidend zur Identität der kornischen Nordküste bei. Padstow verdankt ihm seinen überregionalen Ruf.

Das Beispiel machte Schule, und immer mehr Köche verstehen mit hochwertigen frischen Produkten umzugehen. In seiner Seafood School lehrt Stein sein Credo: Fisch muss absolut frisch sein, schlicht und unaufwendig zubereitet ist er am besten. Die Rolle des Fischgurus Rick Stein, der nunmehr drei Gastronomiebetriebe in Padstow betreibt, hat den gastronomischen Ehrgeiz der gesamten Region geschürt. Zu Steins gastronomischem Imperium in Padstow zählt inzwischen gar ein Fish'n'Chips-Restaurant – keineswegs am Ende der Nahrungskette …

Fernsehkoch Jamie Oliver

Ein Nachwuchstalent auf der Kochbühne, zog es Jamie Oliver, Jahrgang 1975, ebenfalls in den Südwesten. Nach demselben Rezept wie sein Londoner Restaurant »Fifteen« wurde Ende 2006 am Strand von Watergate Bay bei Newquay »Fifteen Cornwall« aus der Taufe gehoben. Eine soziale Ader bewies Oliver nicht erst durch die Propagierung gesunder Kost in Englands Ganztagsschulen. In seinem Etablissement gab er 15 Lehrlingen, bevorzugt aus benachteiligten Familien, die Chance zur Ausbildung. Die Rechnung ging auf, zumindest für den Unternehmenschef, der 1975 als Spross einer Gastronomenfamilie – sein Vater betreibt ein Pub in Essex – zur Welt kam. Zwar hielten weniger als die Hälfte der Lehrlinge durch – aber das Konzept war von überwältigendem Erfolg gekrönt, vor allem was die Popularität des burschikosen Jamie angeht, der Köche alter Schule mit seinen originell ›genialen‹ Menüs das Fürchten lehrt und einen Kochbuch-Bestseller nach dem anderen schreibt.

Lesetipp
Good Pub Guide. Der Gastro-Führer ist sehr nützlich, um schöne Einkehrmöglichkeiten, besonders Gastro-pubs, zu entdecken; erhältlich im Buchhandel oder als App fürs Handy unter www.thegood pubguide.co.uk.

Bücher mit Rezepten zum Nachkochen
Rick Stein, www.rickstein.com: Die Fischkochschule, Christian Verlag 2007 (2. Aufl.). Ein sehr informatives Kochbuch mit ausführlichem Lexikonteil – alle Speisefische der Welt in vielen Sprachen.
Jamie Oliver, www.fifteencorn wall.co.uk: Besser kochen mit Jamie, Dorling Kindersley 2007. Ein Einsteigerkochbuch auf hohem geschmacklichem Niveau. Dennoch sind die großteils mediterranen Rezepte einfach nachzuvollziehen.
Kochen für Freunde, Dorling Kindersley 2006. Kreative und unkonventionelle Rezepte, die man für mehrere Gäste oder nur für sich kochen kann.

Unterwegs im West Country

Palmen und türkisblaues Wasser geben St Ives das Flair eines mediterranen Ferienorts

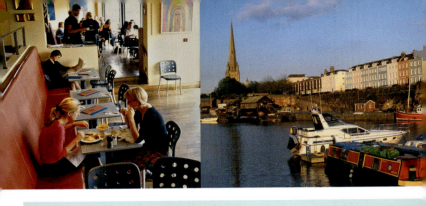

Das Beste auf einen Blick

Bath und Bristol

Highlight!

Bath: Die römischen Thermen und die monochrome Eleganz des 18. Jh. verleihen der Stadt an den Hügeln des River Avon ein Flair, das süchtig machen kann. S. 84

Auf Entdeckungstour

Bath im 18. Jh. – Städtebau im Zeichen des Klassizismus: Der Spaziergang durch Bath zu Square, Circus und Crescent erlaubt einen Blick hinter die Kulissen der Stadtarchitektur des 18. Jh. mit klassischen Vorläufern. S. 90

Kultur & Sehenswertes

Roman Baths & Pump Room: Die römischen Bäder gaben Bath den Namen – eindrucksvoll. S. 89

Clifton Suspension Bridge: Anmutig schwingt sich die Hängebrücke über die Schlucht des River Avon in Bristols Stadtteil Clifton. S. 106

Aktiv & Kreativ

Thermae Bath Spa: Das Bad in den Thermen über den Dächern der römischen Bäderstadt hat Prestige – ein Erlebnis. S. 89

Bath von oben: Wandern über die Hügel auf dem Panoramaweg ab Prior Park. S. 94

Runde mit der Hafenfähre: Mit dem Linienboot die Harbourside in Bristol entlangschippern und dabei die Stadt vom Wasser aus erleben. S. 101

Genießen & Atmosphäre

Demuth's: Passend zum Kurangebot in Bath bietet das vegetarische Restaurant gepflegte fleischlose Küche. S. 96

The Salamander: Ein frisch gezapftes Bath Ale, dazu die Zeitung – das Wohlfühl-Pub für Regenstunden. S. 97

Abends & Nachts

Old Green Tree Pub: Holzgetäfelte Wände und gutes Bier, ideal für gemütliche Bath-Abende. S. 97

Lakota: Eine der langfristig angesagten Adressen in Bristol – wichtigste Bühne für den Bristol Sound. S. 109

Bath!

Zeitlos elegante Architektur wie aus einem Guss, bedeutende Relikte antiker Badekultur – Bath (ca. 84 000 Einw.) hat Besuchern einiges zu bieten, und die kommen in Scharen. Als Architekturensemble gehört die Universitäts- und Festivalstadt zwar zum Unesco-Welterbe, doch weit entfernt von musealer Atmosphäre regt sich hinter den Regency-Fassaden eine muntere Kulturszene, verlocken reizvolle Geschäfte zum Einkaufsbummel und laden nette Pubs und gediegene Restaurants zum Besuch.

Natürlich ist auch der Name Programm: Nach Bath kam und kommt man zum Bad, und das nicht erst seit den Zeiten der Römer. Der Legende nach entdeckte der wegen seiner Lepraerkrankung zu einem Leben als Schweinehirt verbannte keltische Königssohn Bladud das heilsame Wasser, als seine kranken Tiere auf wundersame Weise gesundeten – sie hatten sich im Morast der heißen Quellen gesuhlt. Die Römer bauten der keltisch-römischen Quellgöttin Sulis-Minerva einen Tempel und frönten in der einzigen Bäderstadt Britanniens ihrem Wellness-Kult – bis ins 5. Jh. waren die römischen Bäder in Betrieb, dann verfielen Tempel und Badeanlagen.

Die Entwicklung zum Treff der Reichen und Schönen begann Ende des 17. Jh., als Queen Anne wiederholt zu Besuch kam und der Kurstadt gesellschaftlichen Glanz verlieh. Endgültig zum Saisontreff der *upper class* wurde Bath mit Erscheinen des schmucken Londoner Ex-Offiziers, Dandys und Spielers Richard ›Beau‹ Nash, ab 1704 Baths Zeremonienmeister und tonangebend in Fragen von Mode und Etikette. Sein Einfluss auf Architektur und Stadtplanung hat sich beispielsweise im Pump Room niedergeschlagen, dem Kurhaus neben den Römischen Bädern, wo sich seinerzeit die vornehmste Londoner Gesellschaft blicken ließ. Hier wurde das Trinken des »nach Bügeleisen« (Charles Dickens) schmeckenden lauwarmen Heilwassers zum gesellschaftlichen Ereignis. Baths

Infobox

Reisekarte: ▶ G/H 18

Bath Tourist Information Centre
Abbey Chambers, Abbey Churchyard, Tel. 09067 11 20 00 (nur aus UK, 50 p/ Min.), Tel. 0044 844 847 52 57 (aus dem Ausland), ganzj. Mo–Sa 9.30–17.30, So 10–16 Uhr

Internet
www.visitbath.co.uk: offizielle Website der Touristeninformation mit Hinweisen auch fürs Umland, Anreise, Sehenswertes, Hotelbuchung

Anreise
Auto: Bath hat große Verkehrsprobleme; geräumige und günstige Parkplätze sind rar; meine Empfehlungen: Charlotte Street Car Park am Victoria Gardens sowie am Cricket Ground (North Parade).
Bahn: von London Paddington mit First Great Western Trains (www.firstgreat western.co.uk) mehrmals tgl. nach Bath Spa (Fahrzeit 1 Std. 30 Min.).
Bus: von London Victoria Coach Station/London Heathrow National-Express-Busse im 2-Std.-Takt, 10 × tgl. nach Bath; Busbahnhof neben dem Bahnhof.

84

Bath: Im Zentrum

Heute unter freiem Himmel: das große Becken der römischen Thermen von Bath

Glanzzeit endete erst, als das vom Thronfolger George bevorzugte Brighton gegen Ende des Jahrhunderts Bath den Rang ablief.

Die architektonische Entwicklung von Bath blieb nach 1830 stehen wie eine Uhr. Die Stadthäuser der Architekten Vater und Sohn John Wood, die ab 1720 entstanden, sind seither die verbindliche Stilrichtung. Seinen vornehmen Glanz verdankt Bath der Pflege dieses Stadtbildes. Der kostspielige Bath-Stein blieb auch zu Zeiten, als der rote Reihenhaus-Ziegel im ganzen Land seinen Siegeszug antrat, das Pflichtmaterial für die Fassaden von Bath – bis heute wird jede Fassade mit einer dünnen Schicht des kostbaren gelben Kalksteins verblendet. Zwar trafen die *Baedeker raids,* bei denen die deutsche Luftwaffe 1942 kulturhistorisch wichtige Ziele überall in England anflog, auch die heutige Welterbestadt Bath, doch die Löcher, die die Bombardements rissen, u. a. die Assembly Rooms, sind geflickt, und das einheitliche Stadtbild von Bath fasziniert immer wieder aufs Neue.

Im Zentrum

Bath Abbey [1]
www.bathabbey.org, April–Ende Okt.
Mo–Sa 9–18, So 13–14.30,
Nov.–Ende März Mo–Sa 9–16.30,
So 13–14.30 Uhr
Bath ist keine Kathedralstadt mehr, seit es der Bishop of Bath and Wells Mitte des 16. Jh. vorzog, in Wells zu residieren. Dennoch war es ein Bischof, der Bath Abbey ab 1499 im reinen Perpendicular Style neu errichten ließ: Oliver King. Vorläufer war die Abteikirche

Lieblingsort

Gediegene Kuratmosphäre – Pump Room 4
Ein schöner Ort, um abzuschalten: Aus dem Saal mit Kronleuchtern geht der Blick auf dampfende Thermen, den Afternoon Tea begleitet dezente Musikuntermalung. Wer sich nicht an einem der Tische niederlassen möchte, kann sich ein Glas Brunnenwasser zapfen lassen, die Aussicht genießen und dabei über den Lauf der Welt seit Römerzeiten sinnieren (www.romanbaths.co.uk, Tischreservierung Tel. 01225 44 44 77, Frühstück 9.30–12, Lunch 12–14.30, Afternoon Tea 14.30–17 Uhr £ 17,50, Hauptgerichte zum Lunch ca. £ 11–14).

Bath

Sehenswert
1 Bath Abbey
2 Sally Lunn's House
3 Victoria Art Gallery
4 Roman Baths & Pump Room
5 Thermae Bath Spa
6 Queen Square
7 The Circus
8 No. 1 Royal Crescent
9 Jane Austen Centre
10 Assembly Rooms und Fashion Museum
11 Museum of Bath at Work
12 Building of Bath Museum
13 Pulteney Bridge
14 Holburne Museum

Übernachten
1 Royal Crescent Hotel
2 The Dukes Hotel
3 Combe Grove Manor
4 Bodhi House
5 Cheriton House
6 Apple Tree Guest House

Essen & Trinken
1 Olive Tree
2 The Hole in the Wall
3 Demuth's

Einkaufen
1 Walcot Street
2 Bartlett Street

Aktiv & Kreativ
1 Stadtführungen
2 Bootstouren
3 Bath Bike Hire
4 Bizarre Bath Tour
5 Bath Boating

Abends & Nachts
1 The Pig & Fiddle
2 The Raven
3 The Salamander
4 Old Green Tree
5 Porters/Moles
6 Theatre Royal

---

eines sächsischen Klosters, in der 973 Englands erster König, Edgar, gekrönt wurde. Die baufällige Kirche komplett neu zu errichten war Oliver King im Traum aus Engelsmund aufgetragen worden: »Let a king build Bath cathedral.« (doppeldeutig: »Lass einen König – oder einen King – die Kathedrale bauen«). Daran erinnern die Engel, die rechts und links vom Portal der Westfassade die Himmelsleiter hinauf- und hinabklettern. Auch ein König ist dabei: Über dem Portal thront die Statue Heinrichs VII., die Ecken zieren Olivenbäume in Anspielung auf den Namen des Bischofs. Bevor man die Kirche betritt, sollte man die Westfassade in Ruhe betrachten; die Fialtürmchen *(pinnacles)* sind allerdings Zutaten aus viktorianischer Zeit. Innen sind neben dem imposanten Fächergewölbe vor allem die Glasmalereien, besonders das große Ostfenster mit 56 Szenen aus dem Leben Christi, sehenswert.

Abbey Green
An die Abteikirche grenzt Abbey Green, ein Viertel mit engen mittelal-terlichen Gassen, Torbögen sowie der riesigen 250 Jahre alten Platane in der Abbey Street. Wenige Schritte weiter steht **Sally Lunn's House** 2, das älteste Haus der Stadt (1482), worauf die archäologischen Funde im Keller (Kitchen Museum) hindeuten. Das Café im Erdgeschoss bietet Stärkung, beispielsweise in Form eines Sally-Lunn-Bun, eines – je nach Sichtweise – Riesenbrötchens oder Minibrots. Die Hugenottin Sally Lunn, die Ende des 17. Jh. als Flüchtling aus Frankreich kam, soll das einzigartige Brotrezept aus ihrer Heimat mitgebracht haben.

Victoria Art Gallery 3
www.victoriagal.org.uk, Di–Sa 10–17, So 13.30–17 Uhr, Eintritt frei
Eins der wenigen Bauwerke in Bath, das nicht aus dem 18. Jh. stammt, ist das in Zeiten Queen Victorias errichtete altehrwürdige Museum. Es ist bis heute für Kunstfreunde einen Besuch wert: Gezeigt werden außer wechselnden Ausstellungen zeitgenössischer Kunst auch Porzellan und Gemälde, u. a. von Gainsborough und Turner.

Roman Baths & Pump Room 4

www.romanbaths.co.uk, Roman Baths: März–Juni, Sept./Okt. tgl. 9–17, Juli/Aug. 9–21, Nov.–Feb. 9.00–16.30 Uhr, £ 12,25 (£ 12,75 (Juli/Aug.), kombiniert mit Fashion Museum £ 15,75
Schon im Altertum waren die heißen Quellen von Bath bekannt, und bis heute sprudelt das Wasser 46 °C heiß aus der Erde, täglich mehr als 1 Mio. Liter. Im Pump Room (s. S. 86) kann man ein Gläschen probieren und einen Blick auf das dampfende Wasserbecken werfen. Erst 1790 wurden die Thermen der Römerzeit wiederentdeckt und freigelegt, die man besichtigen kann.

Thermae Bath Spa 5

www.thermaebathspa.com, ganzj. New Royal Bath tgl. 9–21, letzter Einlass 19.30, Eintritt 2 Std. £ 24; Cross Bath tgl. 10–20, letzter Einlass 18.30 Uhr, Eintritt 1,5 Std. £ 16
Nicht weit entfernt vom King's Spring entstand der moderne Badekomplex Thermae Bath Spa, der ▷ S. 92

89

Auf Entdeckungstour

Bath im 18. Jh. – Städtebau im Zeichen des Klassizismus

Bei einem Stadtspaziergang durch Bath lernt man wichtige städtebauliche Elemente kennen, die im 18. Jh. entwickelt wurden und bis heute stilbildend für die Anlage englischer Städte blieben: Square, Circus (s. Abb.) und Crescent.

Hinweis: Wer sich für die georgianische Architektur interessiert, kann im Anschluss auch das Building of Bath Museum, s. S. 92, besuchen.

Dauer: max. ca. 1 Std., inkl. Building of Bath Museum 3 Std.

Infos: No. 1 Royal Crescent, www.bath-preservation-trust.org.uk, Mitte Feb.–Ende Okt. Di–So 10.30–17, Ende Okt.–Mitte Dez. 10.30–16 Uhr, £ 6,50.

Die Mehrzahl der Gebäude in Bath entstammen dem 18. Jh., als die Stadt einen Bauboom ohnegleichen erlebte. Was lag dabei näher, als an die Vergangenheit von Bath als Bäderstadt der Römer anzuknüpfen und das antike Rom zu seiner Glanzzeit unter Kaiser Augustus als Vorbild zu bemühen. Federführend für den Ausbau von Bath waren die Architekten Vater und Sohn John Wood (1700–1754 und 1728–1781), die sich neben der Antike an den Bauten des Italieners Andrea Palladio (1508–1580) orientierten. Der schlicht-klassische Baustil des Palladianismus prägte die englische Architektur eine ganze Epoche lang – und das ganz besonders in Bath.

Geschickte Manipulation

Queen Square 6 wurde zum Vorbild zahlreicher Plätze im Land, ob in London oder Edinburgh. Bemerkenswert ist die Gestaltung der Nordseite des Platzes: Auf den ersten Blick hat man den Eindruck, sie werde von einem einzigen großen palastähnlichen Bau eingenommen. Steigt man die Gay Street weiter hoch und biegt nach links in die Gasse Queens Parade Place, kann man hinter die Kulissen blicken: in die Hinterhöfe von sieben Reihenhäusern – hinter der großartigen Fassade verbergen sich schmale Bauten mit langen rückwärtigen Handtuchgärten. Hier am Lieferanteneingang warteten seinerzeit die *sedan chairs,* die Sänften, die im 18. Jh. zum Straßenbild von Bath gehörten. Die betuchten Badegäste ließen sich darin über das holprige Pflaster tragen. Der heute sehr verkehrsreiche Queen Square war übrigens ursprünglich nicht von Bäumen bestanden. Der Obelisk im Zentrum erinnert an den unglücklichen Prince Frederick – ehe er König werden konnte, verstarb er infolge eines Sportunfalls;

ein Tennisball traf ihn am Kopf – womit einmal wieder bewiesen ist: Sport ist Mord.

Auf die Details kommt es an

Nördlich vom Queen Square mündet die Gay Street in einen weiteren Platz, **The Circus** 7. Seine kreisrunde Eleganz besticht bis heute und war das Modell für viele weitere Circus-Platzanlagen in England. Vorbild für die Anlage ist das römische Kolosseum – wobei sozusagen das Innere nach außen gekehrt ist. John Woods Anleihen aus der Antike sind offensichtlich. So gleichförmig die Fassaden auch wirken – im Detail sind sie verblüffend variationsreich: Die friesartig angeordneten Motive über den Eingängen sind alle unterschiedlich; sie zeigen verschiedene Künste.

Luxusresidenzen für Millionäre

Höhepunkt der städtebaulichen Exkursion ins 18. Jh. ist das Halbrund des Royal Crescent, das man vom Circus aus über die Brock Street erreicht. Nach dem Tod von Vater Wood wurde es von dessen Sohn vollendet. Bildete The Circus ein geschlossenes Rund, öffnet sich The Crescent (engl. Halbmond) zur Landschaft; der Blick von den Fenstern geht auf den unterhalb liegenden Victoria Garden. Das antike Vorbild fand Wood junior in den Kolonnaden des Petersplatzes in Rom. Anmutig geschwungen liegen entlang Royal Crescent Reihenhäuser der Luxusklasse mit Säulenfassaden und Vorgärten hinter schmiedeeisernen Gittern, heute wie vor 250 Jahren eine erste Adresse – der Preis für ein solches »Reihenhaus« liegt bei umgerechnet 6 Mio. Euro. Auch von innen zu besichtigen ist das von John Wood junior entworfene Haus **No. 1 Royal Crescent** 8, eingerichtet wie im 18. Jh.

Bath und Bristol

Wellness unter Nutzung der natürlichen heißen Quellen bietet. Ein Bad im Cross Bath ist durchaus erschwinglich, wer sich unter freiem Himmel über den Dächern der Stadt tummeln möchte, bezahlt etwa doppelt so viel.

Nördlich vom Zentrum

Jane Austen Centre 9
www.janeausten.co.uk, April–Okt. tgl. 9.45–17.30 (Juli/Aug. Do–Sa bis 19 Uhr), sonst So–Fr 11–16.30, Sa 9.45–17.30 Uhr, £ 7,45
Kaum eine Autorin fing die Atmosphäre des Age of Elegance im England des 18. Jh. so treffend ein wie Jane Austen (1775–1817). In ihren Romanen »Northanger Abbey« (dt. »Die Abtei von Northanger«) und »Persuasion« (dt. »Überredungskunst«) beschreibt sie das Bath ihrer Zeit voller Ironie und Kritik. Ihre Gesellschaftsromane »Sense and Sensibility« (dt. »Verstand und Gefühl«) und »Pride and Prejudice« (dt. »Stolz und Vorurteil«) waren Vorlagen für Kinofilme, auch ihre Biografie war Hollywood einen Streifen wert: »Geliebte Jane« (2007).

Jane Austen lebte einige Jahre in der Stadt, auch wenn sie Bath nach eigenen Worten nicht sehr schätzte – ihr Vater, ein pensionierter Pfarrer, machte, wie so viele, Bath zu seinem Altersruhesitz. Im Haus Gay Street 20 ist der Schriftstellerin eine Ausstellung gewidmet und Besucher können sich mit den Schauplätzen und Figuren der Romane vertraut machen, bevor sie die Stadt auf den Spuren von Jane Austen erkunden – oder zuerst im hübschen *Regency Tearoom* Tee trinken.

Assembly Rooms und Fashion Museum 10
www.fashionmuseum.co.uk, März–Okt. tgl. 10.30–17, sonst 10.30 –16

Uhr, Eintritt Fashion Museum £ 7,50, kombiniert mit Roman Baths £ 15,75
Die prachtvolle Architektur der Assembly Rooms (Architekt: John Wood, Eintritt frei) zeugt von der Bedeutung der Geselligkeit in Bath. Hier veranstaltete man Bankette, Bälle und Spielabende. Die Ballsäle mit Gemälden und herrlichen Stukkaturen an Wänden und Decke sind zu besichtigen – besonders amüsant: auf dem Weg zum Untergeschoss (zu den Toiletten) Drucke des Karikaturisten Thomas Rowlandson (1756–1827), der die Freuden des Badelebens aufs Korn nahm. Ebenfalls sehenswert ist das im gleichen Gebäude untergebrachte Modemuseum (Fashion Museum), durch das ein unterhaltsamer Audio-Guide führt.

Museum of Bath at Work 11
Julian Road, www.bath-at-work. org.uk, April–Okt. tgl. 10.30–17 Uhr, Nov.–März nur Sa/So, £ 5
Dass Bath nicht nur aus elegantem Gesellschaftsleben bestand, darüber gibt das Museum of Bath at Work Auskunft. Es ist in einer Tennishalle aus dem 18. Jh. (!) untergebracht und widmet sich der Industriegeschichte der Region, etwa den Steinbrüchen, wo der berühmte Baustein von Bath abgebaut wurde, oder der Mineralwasserabfüllfabrik J. B. Bowler.

Building of Bath Museum 12
www.bath-preservation-trust.org.uk, Feb.–Nov. Sa–Mo 10.30–17 Uhr, £ 4
Um das Gesehene aus der Entdeckungstour (s. S. 90) zu vertiefen, lohnt ein Besuch im Museum. Jenseits der Landsdown Road die steile Guinea Lane abwärts an einem Park vorbei und scharf rechts kommt man in die Straße The Paragon und zur Kapelle der Duchess of Huntingdon (1766), wo hinter den Fenstern mit den aparten Eselsrückenbögen heute die Ausstellung Building

of Bath die Entstehung der georgianischen Bauten beleuchtet. Anhand von Modellen und Zeichnungen werden die Planungen veranschaulicht.

Über den River Avon

Pulteney Bridge 13

Wer denkt beim Anblick der Pulteney Bridge nicht an Italien? Die schönste Ansicht der Brücke, unter der der River Avon über ein Wehr rauscht, bietet sich von der Südseite, vom Ufer der Grand Parade. Vorbild der mit kleinen Läden bebauten klassizistischen Brücke, die 1770 vom Architekten Robert Adam (1728–1792) entworfen wurde, war der Ponte Vecchio in Florenz.

Great Pulteney Street und Holburne Museum 14

www.bath.ac.uk/holburne, Museum tgl. 9–17 Uhr, Eintritt frei
Der breite Straßenzug der eleganten Great Pulteney Street jenseits des River Avon lenkt den Blick auf eine palladianische Villa von 1796: das heutige Holburne Museum. Seine exquisiten Sammlungen wurden von Sir William Holburne im 19. Jh. zusammengetragen, darunter Gemälde von Turner und Gainsborough, Stubbs und Ramsay sowie Porzellan, Silber und Kunsthandwerk aus der Blütezeit der Stadt. Dass Jane Austen, die große Autorin des 18. Jh., ihre Romanheldinnen in der Great Pulteney Street logieren lässt, glaubt man gern: Catherine Morland in »Northanger Abbey« fragt: »Who can ever be tired of Bath?« – Wer kann dieser Stadt je müde werden? Der Spaziergänger schon, und es genügt, den prächtigen Pflaster der Great Pulteney Street einige 50 m weit zu folgen, um einen Eindruck von den originalgetreu restaurierten dorischen Fassaden des 18. Jh. zu gewinnen.

Ausflüge

Beckford's Tower ▶ G/H 18

Nördlich der Stadt links der Lansdown Road, Bus Nr. 2/102 15 Min. bis Endstation, dann 5 Min. Fußweg; Innenbesichtigung Ostern–Okt. Sa/So 10.30–17 Uhr, £ 3
Beckfords Turm ist das unmögliche Bauwerk eines unmöglichen Mannes. William Beckford (1760–1844) war ein Exzentriker – und als Alleinerbe eines großen Vermögens hatte er auch die Mittel, seinen Launen zu frönen. Seine Familie hatte über mehrere Generationen mit Zuckerplantagen in der Karibik ein riesiges Vermögen angehäuft – unter anderem erbte er einige tausend Sklaven. Außer Orientstudien, ausgedehnten Reisen vor allem nach Italien und dem Schreiben (er ist Verfasser einer der faszinierendsten frühen *Gothic novels,* »Vathek«, und begründete das Genre des Schauerromans) widmete sich Beckford der Architektur, wenn auch nicht ganz so erfolgreich – sein erstes Projekt, die gigantomane Fonthill Abbey, stürzte ein. Der nach italienischen Vorbildern errichtete Beckford's Tower am Stadtrand von Bath hat eine bessere Statik, und bis heute leuchtet seine goldene Spitze in 40 m Höhe. Die 154 Stufen die Wendeltreppe hinauf sind die Mühen wert. Der Blick vom mit roten Samtvorhängen stilvoll wie zu Beckfords Zeiten eingerichteten Belvedere ist fantastisch, das Panorama reicht über die Stadt Bath und die umliegenden Hügel. Für romantische Stimmung sorgt der Friedhof zu Füßen des Turms, der in viktorianischer Zeit angelegt wurde. Auch er geht auf eine Laune Beckfords zurück: Er äußerte den Wunsch, zu Füßen seines Turms neben seinem Hund beigesetzt zu werden. Nach dem Tod Beckfords konnte dem zunächst nicht entsprochen werden: Das Gelände war

Bath und Bristol

Stakkähne für eine gemächliche Fahrt auf dem River Avon kann man in Bath mieten

nicht geweihte Erde. Erst nachdem der Besitz der Kirchengemeinde übereignet, eine Kapelle eingerichtet und der Friedhof 1848 geweiht worden war, fand Beckfords Sarkophag seinen Platz an der gewünschten Stelle.

Dyrham Park ▶ G/H 18
12 km nördlich von Bath, www.nationaltrust.org.uk, Haus Mitte März–Juni und Okt. Fr–Di, Juli/Aug. tgl. 11–17, Garten Mitte März–Juni und Okt. Fr–Di, Juli/Aug. tgl. 10–17, sonst Sa/So 10–16 Uhr, £ 10,80
Wer eine Schwäche für holländische Alte Meister und Delfter Porzellan hat, sollte einen Besuch in Dyrham Park nicht auslassen. Das barocke Landhaus stammt von der Wende vom 17. zum 18. Jh. Die umfangreiche Sammlung, die der Erbauer William Blathwayt, immerhin Staatssekretär im Dienst des 1688 aus Holland ›importierten‹ englischen Thronerben Wilhelm III. von Oranien, auf seinen diplomatischen Reisen zusammentrug, blieb ebenso wie die Inneneinrichtung fast intakt erhalten. Der Wildpark lädt zu ausgedehnten Spaziergängen inmitten der Hügel der Cotswolds ein.

Prior Park ▶ H 18
Ralph Allen Drive, Bus Ri. Combe Down ab Dorchester Street, www.nationaltrust.org.uk, Feb.–Okt. tgl. 11–17.30, Nov.–Feb. Sa/So 11–Sonnenuntergang, £ 5,40
Auf einem Hügel im Südosten der Stadt ließ sich im 18. Jh. der Unternehmer Ralph Allen nach allen Regeln der englischen Gartenkunst jener Zeit einen Landschaftsgarten anlegen. Dabei berieten ihn u. a. Alexander Pope (»All gardening is landscape painting«) und Lancelot Capability Brown. Ein halbstündiger Spaziergang hügelaufwärts

Bath: Ausflüge

(oder eine Busfahrt; keine Parkmöglichkeit, nur Park-and-Ride-Angebote) und man erreicht eine behutsam gestaltete Wildnis mit lauschigen Grotten und mehreren Seen. Eine Rarität ist die palladianische Brücke – nur vier solche Brücken existieren noch. Ralph Allen war ein steinreicher Unternehmer und beim Bau von Bath nicht eben unbeteiligt: Der Steinbruchbesitzer lieferte das Baumaterial, den honiggelben unvergleichlichen Bath Stone. Sein – natürlich von John Wood entworfenes – Haus in Prior Park (heute eine Schule und nicht zu besichtigen) ist das Paradebeispiel einer palladianischen Landhausvilla.

Auf Bathwick Hill ließ sich Allen 1762 auch eine Burgruine bauen, Sham Castle, ein Folly, wie in jener Zeit üblich, mit nettem Blick auf die Stadt und umgekehrt von Allens Stadthaus auf den Hügel. Heutige Besucher können es ihm gleichtun und vom **Panoramaweg** (ab Prior Park ausgeschildert) den Blick auf die Stadt bewundern.

Lacock Village & Abbey ▶ H 18
www.nationaltrust.org.uk, Abtei innen Mitte Feb.–Okt. Mi–Mo 11–17, sonst Sa/So 12–16 Uhr, Museum Mitte Feb.–Okt. tgl. 10.30–17 bzw. 17.30, übrige Zeit 11–16 Uhr, Abtei, Museum und Gärten £ 10,70
Das kleine Dorf Lacock Village mit seinen idyllischen Fachwerkhäusern wird flankiert von einer mittelalterlichen Abtei und mehreren Gärten, und das Ganze steht als Ensemble in der Obhut des National Trust. Die ehrwürdige Abtei aus dem 13. Jh. diente schon als Drehort für Harry-Potter-Filme, und das altertümliche Dorf erkennen Jane-Austen-Fans in Szenen der Filme »Emma« und »Stolz und Vorurteil« wieder. Zum Ensemble gehört u. a. ein viktorianischer *woodland garden*. An einen Pionier der Fotografie

erinnert das Fox Talbot Museum: William Henry Fox Talbot (1800–1877) gelang 1834 die Erfindung des Negativs und damit der Reproduzierbarkeit fotografischer Aufnahmen. Er war Spross der Familie Talbot, die ursprünglichen Besitzer von Dorf und Abtei.

Kennet & Avon Canal und Bradford-on-Avon ▶ H 18
Zwischen Bath und Bradford-on-Avon liegt einer der schönsten Abschnitte des im 18. Jh. zwischen dem Bristol Channel und der Themse (bei Reading) gebauten ca. 140 km langen Kanals mit insgesamt 106 Schleusen und einem Höhenunterschied von 120 m. Die idyllische Landschaft entlang der schmalen Wasserstraße lässt sich auf Treidelpfaden zu Fuß oder per Rad sowie per Kanu oder auf einem zum Hausboot umgebauten Flusskahn *(narrowboat)* erkunden. Unterwegs bieten zahlreiche Pubs Stärkung, Schleusen müssen betätigt und Aquädukte überquert werden. Ausgangspunkt für Kanaltouren per Boot sind u. a. das Dundas Aqueduct 8 km südlich von Bath (www.bathcanal.com, Tel. 01225 72 22 92) und The Lock Inn in Bradford-on-Avon.

Die hübsche kleine Marktstadt **Bradford-on-Avon** (www.bradfordonavor.co.uk, Zugverbindung von Bath/Richtung Westbury) 15 km südöstlich von Bath in Wiltshire liegt an einer Furt am River Avon und besitzt unwiderstehlichen Charme mit der malerischen steinernen Bogenbrücke, der kleinen mittelalterlichen Kirche St Lawrence und den alten Weberhäusern.

Übernachten

Preiswert übernachten ist schwierig in Bath, wer aufs Geld schauen muss, sollte nur einen Tagesausflug einplanen.

Bath und Bristol

Nobel – **Royal Crescent Hotel** **1**: 16 Royal Crescent, Tel. 01225 82 33 33, www.royalcrescent.co.uk, DZ ab ca. £ 200. Es muss ja nicht die Duke of York Suite sein, auch die übrigen der 44 Zimmer und Suiten sind stilvoll und höchst komfortabel eingerichtet. Mit dazugehörigem Bath House Spa. Auch für Nichtgäste: Cream Tea am Nachmittag.

Edel – **The Dukes Hotel** **2**: Great Pulteney Street/Ecke Edward Street, Tel. 01225 78 79 60, www.dukesbath.co.uk, DZ ab £ 121. Wer gediegenen Luxus sucht, findet ihn hier. Das edle Hotel mit 17 eleganten Zimmern liegt im denkmalgeschützten Straßenzug des 18. Jh. Sehr zuvorkommender Service.

Ländlich – **Combe Grove Manor** **3**: Brassknocker Hill, Monkton Combe, Tel. 01225 83 46 44, www.barcelo-hotels.co.uk, DZ ab £ 130 mit Frühstück. Kleines Country-House-Hotel in schöner Lage ca. 7 km südöstlich von Bath.

Stilvoll – **Bodhi House** **4**: 31A Englishcombe Lane, Tel. 01225 46 19 90, www.bodhihouse.co.uk, DZ £ 70–98, EZ ab £ 50. Stilvolles First-Class-Guest-House mit drei elegant eingerichteten Zimmern, eins davon mit Balkon und Blick über die Stadt. Für Gäste inklusive: der schöne Garten, 10 Min. zu Fuß vom Zentrum, auf Wunsch werden Gäste am Bahnhof abgeholt.

Mit schöner Aussicht – **Cheriton House** **5**: 9 Upper Oldfield Park, Tel. 01225 42 98 62, www.cheritonhouse.co.uk, DZ ab £ 72–110. Hotel in einer viktorianischen Villa von 1886 mit herrlichem Blick auf die Stadt. Frühstück im Wintergarten mit Aussicht auf den attraktiven Garten.

Hübsches Haus – **Apple Tree Guesthouse** **6**: 7 Pulteney Gardens, Tel. 01225 33 76 42, www.appletreeguesthouse.com, DZ mit Bad/WC ab £ 85, EZ ab £ 55. Ruhige Lage unweit des Kanals mit hübschem Garten; freundlich eingerichtete Zimmer.

Essen & Trinken

Crossover mit Stil – **Olive Tree** **1**: im Queensberry Hotel, Russell Street, Tel. 01225 44 79 28, www.olivetreebath.co.uk, 2 Gänge £ 18,50 (Lunch), £ 32,50 (abends). Hochgelobte Küche mit asiatischen Einflüssen. Viel Fisch.

Klassisches Gastropub – **The Hole in the Wall** **2**: 16 George Street, Tel. 01225 42 52 42, www.theholeinthewall.co.uk, Hauptgerichte ab £ 14, 3-Gänge-Menü £ 30. Neue englische Küche mit erlesener Weinkarte.

Vegetarisch und variationsreich – **Demuth's** **3**: 2 North Parade Passage, Tel. 01225 44 60 59, www.demuths.co.uk, tgl. 10–22 Uhr, Lunch um £ 10. Weltweit inspirierte und einfallsreiche Küche, die auch Nichtvegetarier zur Fleischlosigkeit bekehren kann.

Mit Küchenmuseum – **Sally Lunn's** **2**, s. S. 88: 4 North Parade Passage, Tel. 01225 46 16 34, Mo–Sa 10–22, So 11–22 Uhr, www.sallylunns.co.uk. Ob Riesenbrötchen oder Minibrote – Sally Lunn's buns sind die Spezialität des Hauses. Lunchmenü ab £ 11,68.

Einkaufen

Antikes und Kurioses – **Walcot Street** **1**: Von viktorianischen Gartenmöbeln bis zu modernem Kunsthandwerk gibt es in den Läden der Walcot Street fast alles, auch eine Glasbläserei, jeden Sa Flohmarkt auf dem Parkplatz.

Qualitätvolle Antiquitäten – **Bartlett Street** **2**: mehrere Läden in der nördlichen Innenstadt, z. B. Bartlett Street.

Aktiv & Kreativ

Gratis – **Stadtführungen** **1**: Treffpunkt Abbey Church Yard, Eingang Pump Room, Dauer 2 Std., Sc–Fr 10.30

Bath: Adressen

und 14, Sa 10.30 Uhr, nur auf Englisch. Die gut geschulten, ehrenamtlich arbeitenden Blue Badge Guides (sie tragen ein blaues Abzeichen) sind begeisterte Bath-Kenner und führen Touristen kostenlos durch ihre Stadt – sehr empfehlenswert.

Hop-on-hop-off – **Stadtrundfahrten:** www.bathbuscompany.com, Aus- und Zustieg an verschiedenen Stationen möglich, kommentiert in mehreren Sprachen, Dauer 45 Min., Tagesticket ca. £ 10. Die roten Open-Top-Doppeldeckerbusse verkehren auf einer festgelegten Route durch die Stadt.

Auf dem River Avon – **Bootstouren** 2: ab Pulteney Weir/Bridge. U. a. geführte Stadtbesichtigung vom Wasser aus (ganzjährig, 1 Std., £ 6,95, www.bathcityboattrips.com) oder flussaufwärts bis Bathampton Mill (Ostern–Okt., £ 7, www.pulteneyprincess.co.uk).

Radtour am Kanal – **Bath Bike Hire** 3: Sydney Wharf, Bathwick, Tel. 01225 44 72 76, www.bathbikehire.com. Ca. 15 Min. zu Fuß von der Stadt entfernt kann man Fahrräder ausleihen, um am Kanal entlang radelnd die Gegend zu erkunden (£ 19/Tag).

Eigenwillig und humorvoll – **Bizarre Bath Tour** 4: www.bizarrebath.co.uk, April–Sept. 20 Uhr ab Huntsman Inn, North Parade. Eine Wanderung, die bisweilen zu Straßentheater ausartet. Gute Sprachkenntnisse nützlich.

Kahnpartie – **Bath Boating** 5: zwischen Bathampton und Bath, www.bathboating.co.uk. Verleih von Kanus, Ruder- und Stakkähnen *(punts)* für Touren auf dem River Avon, £ 15/Tag.

Abends & Nachts

Studentenlokal – **The Pig & Fiddle** 1: 2 Saracen Street, Tel. 01225 46 08 68, www.thepigandfiddle.co.uk, Mo–Sa 11–23, So 12–22.30 Uhr. Großer Biergarten, Real Ales, hausgemachte Burger und Fish'n'Chips ab £ 6.

Gemütliches Pub – **The Raven** 2: Queen Street, Ecke Quiet Street, www.theravenofbath.co.uk, Mo–Do 11.30–23, Fr/Sa bis 24, So 12–22.30 Uhr. Pub mit gutem Real-Ale-Angebot; mittags deftige Pies und Sausages (£ 7–9).

Klein, aber fein – **The Salamander** 3: 3 John Street, Tel. 01225 42 88 89, abends Restaurant im 1. Stock, Hauptgerichte £ 8–17. Freundliches Pub, in dem man sich gleich zu Hause fühlt. Hier kann man Zeitung lesen und es sich in einer der holzgetäfelten Ecken mit einem Bath Ale gemütlich machen.

Klassisches Pub – **Old Green Tree** 4: 12 Green Street, Tel. 01225 32 93 14. Kleines Pub mit holzgetäfelten Wänden und gemütlicher Atmosphäre, große Auswahl handgepumpter Real Ales.

Livemusik – **Moles** 5: 14 George Street, www.moles.co.uk. Eine Institution – alles von Jazz über *indie* bis Club Nights.

Plüschtheater – **Theatre Royal** 6: Saw Close, Kartenbestellung Tel. 01225 44 88 44, www.theatreroyal.org.uk. Historisches Theater (18. Jh.) mit mehreren Bühnen, Theater, Musik, Tanz.

Termine

Feste & Festivals

Bath Literature Festival: März. Neuntägiges Literaturfestival, www.bathlitfest.org.uk.

Bath International Music Festival: Mai/Juni. 14 Tage lang Musik, www.bathmusicfest.org.uk.

Bath Fringe Festival: Mai/Juni, 17 Tage lang Musik, Tanz, Theater, Bildende Kunst, www.bathfringe.co.uk.

Bath Film Festival: Ende Nov. 10 Tage www.bathfilmfestival.org.uk

Jane Austen Festival: Mitte Sept. eine Woche lang, www.janeausten.co.uk.

97

Bristol

Bis heute haftet Bristol (ca. 430 000 Einw.) ein negatives Bild aus tadelnswerter Kolonialgeschichte und sozialen Konflikten an. Die Stadt, die im 18. Jh. mit dem Sklavenhandel reich wurde, trafen nach dem Niedergang der Hafenindustrie in den 1970er-Jahren ganz besonders die strukturellen Veränderungen der britischen Wirtschaft. Der Name Bristol verband sich mit Arbeitslosigkeit und Architektursünden. Heute genießen Bildung und Kultur in Bristol Priorität. Die Akademikerrate ist, neben ausgesuchten Gegenden in London, die höchste im ganzen Land: Bristol University nimmt es locker mit britischen Elite-Unis auf und manches College profiliert sich mit hochbegabten Absolventen – die Aerospace-, Finanz- und Kommunikationsindustrie stellt hohe Ansprüche.

In Bristol (›Brizzle‹) weiß man zu leben – die Essenz des Stadtlebens ist Ausgehen, Kommunikation und Kulturgeschehen. Die Wallace & Gromit-Figuren entstammten Bristols Aardman-Studios, und der international geschätzte Street-Art-Künstler Banksy sprühte seine Werke zunächst an Bristols Hauswände. Die Stadt war besonders um die letzte Jahrhundertwende ein Hort der Gegenkultur. – die inzwischen Teil der etablierten Kunstszene geworden ist, besonders im schicken Clifton: Nicht nur dort fallen die vielen Bio-Läden und Restaurants mit Ökokost auf – alles ist möglichst *organic* und *fair-trade*. Bristol bietet nicht, wie viele englische Ortschaften, die Bilderbuchkulisse eines vergangenen Idylls, sondern lebendige Modernität – ein spannendes Reiseziel.

Infobox

Reisekarte: ▶ G 18

Bristol Tourist Information Centre
E Shed, 1 Canons Road (neben Watershed Media Centre), April–Sept. tgl. 10–18, sonst 10–17 Uhr, Tel. 0906 711 21 91 (50 p, nur UK) oder +44 333 321 01 01 (aus dem Ausland).

Internet
www.visitbristol.co.uk: Sehenswürdigkeiten, Paketangebote, Veranstaltungshinweise, Hotelbuchung u. a.

Anreise
Flug: Der Flughafen liegt südwestlich der Stadt, www.bristolairport.co.uk.
Bahn: mehrmals tgl. von London Paddington sowie von Newcastle nach Bristol Temple Meads (ca. 2 Std.); nach Weymouth über Bath und Westbury mit der Heart of Wessex Line (www.heartofwessex.org.uk).
Busse: National-Express-Busse ca. 15 x tgl. von London/London Heathrow nach Bristol.

Stadtverkehr
www.travelbristol.org: Portal mit Informationen über die Anreise, Stadtbusse, Parkmöglichkeiten sowie Hinweisen für Radfahrer und Fußgänger.

Harbourside

Der Fluss Avon schlängelt sich durch die Stadt und Bristol ist rund um seinen Flusshafen gewachsen. Die heftigen Gezeitenströmungen glich der Floating Harbour aus. Historisch bedeutend wurde der Hafen in der Kolonial-

Bristol: Harbourside

Der Turm des Wills Memorial Building dominiert Bristols geschäftige Innenstadt

zeit: Rum, Tabak und Sklaven wurden hier einst umgeschlagen. Bis Mitte des 20. Jh. war Bristol (mit den vorgelagerten Tiefseehäfen Avonmouth und Portishead) einer der wichtigsten Ausfuhrhäfen für Autos. Wie andere europäische Hafenstädte auch musste Bristol den Strukturwandel bewältigen, und aus schmuddeligen Docks erstanden schicke Wohnviertel an der Waterfront. Krass fällt der Kontrast nur dann noch aus, wenn die rußgeschwängerten Kohlenrauchschwaden der Museumsdampflok vorübergehend die blitzenden Glas- und Stahlfassaden der Neubauten verhüllen.

Entlang der schicken neuen Apartmenthäuser an der Waterfront promeniert man zwischen Stadtzentrum und der Sehenswürdigkeit Nummer eins, der SS Great Britain. Oder man bleibt im Dampfzeitalter und nimmt den Dampfzug – die Bristol Harbour Railway fährt fast bis zur SS Great Britain.

SS Great Britain 1

www.ssgreatbritain.org, April–Okt. tgl. 10–17.30, Nov.–März 10–16.30 Uhr, £ 12,50

Vom Stadtzentrum nimmt man am besten die Fähre zum westlichen Ende der Harbourside, wo die SS Great Britain liegt. Als sie 1845 ihre Jungfernfahrt nach New York unternahm, war sie der größte Segler aller Zeiten, ein Pionierwerk des Ingenieurs und Architekten Isambard Kingdom Brunel (1836–1863). Da das Schiff zusätzlich mit Dampf angetrieben wurde, reduzierte sich die Reisezeit über den Atlantik erheblich. Anfangs trauten aber viele Passagiere dem Ozeanriesen aus Gusseisenplatten wegen seines Gewichts keine Atlantikreise zu und zogen ihre Buchungen zurück. Doch 32-mal umsegelte die SS Great Britain die Erde – bis ein Sturm bei Kap Horn sie zum Kentern brachte. Nach hundert Jahren auf dem Meeresgrund zog man

Bath und Bristol

das Schiff 1968 wieder in das Trockendock, in dem es gebaut worden war. Inzwischen ist es restauriert und kann in aller Pracht besichtigt werden.

Arnolfini Arts Centre 2
16 Narrow Quay, www.arnolfini. org.uk, Di–So 11–18 Uhr, Eintritt frei
In ein ehemaliges viktorianisches Teelagerhaus ist das moderne Arnolfini Arts Centre eingezogen, Brennpunkt von Bristols lebhafter Kulturszene, Ort für Ausstellungen, Workshops und allerhand Events.

Bristol Museum – MShed 3
Princes Wharf, Wapping Road, www.mshed.org, Di–Fr 10–17, Sa/So 12–18 Uhr, Eintritt frei
Auf zwei Etagen präsentiert das 2010 eingeweihte Museum kurzweilig und bunt die Geschichte der Stadt und ihrer Bewohner. Die größten und spannendsten Exponate sind Dampfloks, Kräne und historische Schiffe, die im Hafenbecken vor Anker liegen. Eine sehr familienfreundliche Attraktion.

John-Cabot-Statue
In nachdenklicher Pose sitzt ein Mann aus Bronze auf dem breiten Bürgersteig vor dem Arnolfini Arts Centre: Der große John Cabot, der Vorzeige-Seefahrer Bristols, der aus Venedig nach England kam, um ›Sponsoren‹ für eine Reise in den Fernen Osten zu finden. Im Mai 1497 lief er mit dem Schiff ›Matthew‹ aus dem Hafen Bristols aus. Fünf Wochen später landete er auf ›neu gefundenem Land‹, Neufundland. Der Nachbau des Schiffs ›The Matthew‹, mit dem John Cabot in die Neue Welt segelte, liegt vor dem Bristol Museum/MShed am Kai und kann besichtigt werden – es sei denn es ist gerade unterwegs auf einer seiner gelegentlichen Hafenrundfahrten.

At-Bristol 4
Anchor Road, www.at-bristol.org.uk, Mo–Fr 10–17, Sa/So und Schulferien 10–18 Uhr, £ 11,35
Am anderen Ufer, gegenüber dem Arnolfini und erreichbar über die futuristische Fußgängerbrücke mit den

Bristols Harbourside von ihrer romantischen Seite, im Hintergrund St Mary Redcliffe

Bristol: Old City

Trichtern, Pero's Bridge, erstreckt sich At-Bristol, ein riesiges Erlebniszentrum. Mit familienfreundlichen interaktiven Ausstellungen auf zwei Etagen werden Pflanzen und Tiere sowie naturwissenschaftliche Phänomene den kleinen und großen Besuchern nahegebracht und Technik begreifbar gemacht: Ob man Ungeahntes über die Artenvielfalt der Erde erfahren möchte, sich lieber mit dem menschlichen Gehirn beschäftigt oder die neueste Kommunikationstechnologie ausprobieren will. Das Planetarium öffnet zudem den Blick in den Weltraum. Experimente, Filme, Erlebnis- und Naturräume sind für alle Altersgruppen geeignet. Wer meint, soviel gar nicht auf einmal verarbeiten zu können, kann den Besuch begrenzen und zugleich Geld sparen mit dem *late entry*-Ticket (£ 4,20, ab anderthalb Stunden vor Schließung).

Old City (Altstadt)

Queen Square
Zurück am Hafen: Der große Queen Square mit der Reiterstatue von Wilhelm III. war ehemals die erste Adresse für Kaufleute, die von hier aus ihre Geschäfte betrieben – stolze Stadtarchitektur aus dem frühen 18. Jh. Hafengerüche trieben die wohlhabenden Kaufleute aber später ins vornehme Clifton (s. S. 105).

In den Straßen der Altstadt, die an den Floating Harbour grenzt, finden sich Bristols älteste Bauten. Das orientalisch anmutende Gebäude **Granary** 5 in der Queen Charlotte Street nördlich vom Queen Square täuscht sein Alter allerdings nur vor: Der Baustil des zehnstöckigen, inzwischen zu Apartments umgebauten früheren Kornspeichers aus rotem Backstein wird zwar ›Bristol Byzantine‹ genannt, re-

Mein Tipp

Panorama vom Wasser aus
Den ermüdenden Weg entlang dem Floating Harbour erspart der Wasserbus (Bristol Ferry), der vom Stadtzentrum bis zur Merchant's Bridge verkehrt. Zusteigen kann man an zahlreichen Anlegestellen, u. a. am Jachthafen. Und das Beste: Vom Wasser aus bietet sich der schönste Überblick über die stetig wachsenden Wohn- und Geschäftsgebäude im ehemaligen Hafen- und Industrieviertel. Der Blick geht hinauf zu bunt gestrichenen Häusern auf den umliegenden Hügeln, schweift über blinkende Glas- und Stahlfassaden, zwischen denen Restaurants und Pubs mit ihren Sonnenschirmen und Tischen die Lage am Wasser ausgezeichnet zu nutzen wissen (www.bristol ferry.com, tgl. April–Okt.).

präsentiert jedoch den typischen viktorianischen Geschmack des 19. Jh. – eine Mischung aus maurischen und venezianischen Elementen.

King Street
Die King Street wurde im Jahr 1633 angelegt. Einige Gebäude aus dem 17. Jh. haben überlebt. Prachtstück der historischen Straße ist das **Theatre Royal oder Old Vic** 6, Englands älteste noch bespielte Bühne. Das renommierte Theaterensemble Bristol Old Vic ist im Theatre Royal zu Hause. 1766 wurde das Theater eröffnet, und der Zuschauerraum in georgianischem Stil blieb bis heute unverändert. Typisch angelsächsisch ist die Baufinanzierung: Mit 50 Pfund pro Nase teilten sich 49 erfolgreiche Kaufleute die Kosten und

erhielten dafür eine Silbermedaille, mit der sie selbst oder ihre Erben jede beliebige Vorstellung besuchen konnten. Einige der silbernen Freikarten haben überlebt und sind bis zum heutigen Tag gültig. Auch das Sponsoring-Prinzip ist der englischen Kulturszene erhalten geblieben.

Gleich nebenan stehen die Reihenhäuser der **St Nicholas with Burton's Almshouses** 7 . 1656 errichtet, boten die Häuser betagten Seeleuten eine bescheidene Unterkunft im Alter. Wo sich die King Street verengt, lag ihr damaliges Stammlokal, das Fachwerk-Pub **Llandoger Trow** 8 , das bis heute ein beliebter Treffpunkt ist – nicht nur für Touristen. Hier begegnete Daniel Defoe dem Matrosen Alexander Selkirk, Vorbild für seine Figur des Robinson Crusoe.

Redcliffe und Temple

Vom gegenüberliegenden Ufer, The Grove, ist das Kliff aus rotem Sandstein besonders gut zu erkennen, das der Kirche und dem Stadtviertel den Namen Redcliffe bescherte. Darunter

Bristol

Sehenswert
1. SS Great Britain
2. Arnolfini Arts Centre
3. Bristol Museum / MShed
4. At-Bristol
5. Granary
6. Theatre Royal oder Old Vic
7. St Nicholas with Burton's Almshouses
8. Llandoger Trow
9. St Mary Redcliffe
10. Council House
11. Lord Mayor's Chapel
12. Bristol Cathedral
13. Abbey Gate House
14. Georgian House
15. City Museum and Art Gallery
16. Royal West of England Academy (RWA)
17. Red Lodge
18. Foster's Almshouses
19. Corn Exchange
20. Royal York Crescent
21. Bristol Zoo Gardens
22. Clifton Suspension Bridge

Übernachten
1. Hotel du Vin
2. Berkeley Square Hotel
3. Avon Gorge Hotel
4. Clifton House B&B
5. The Malago
6. YHA Bristol

Essen & Trinken
1. Riverstation
2. Muset by Ronnie
3. Mud Dock Café
4. Bordeaux Quay

Einkaufen
1. Bristol Blue Glass
2. Saint Nicholas Markets und Farmers Market
3. Tobacco Factory Market
4. St Paul's und Eastside

Abends & Nachts
1. The Grain Barge
2. The Old Duke
3. The Louisiana
4. Lakota
5. Po Na Na Souk Bar
6. Watershed Media Centre
7. Tobacco Factory
8. Bristol Hippodrome
9. Colston Hall
10. St George's

liegt der Eingang zu einem Tunnelsystem, das bis heute nicht ganz freigelegt wurde. Stolz thronen die dicht an dicht gebauten alten pastellfarben gestrichenen Reihenhäuser auf dem Kliff.

St Mary Redcliffe 9
Mo–Sa 8.30–17 Uhr
Der Kirchturm von St Mary Redcliffe bildet noch immer einen markanten Orientierungspunkt in der Skyline von Bristol. Nicht die große Kathedrale, sondern St Mary Redcliffe war die Kirche der Seefahrer und Kaufleute. Hier beteten sie für eine sichere Überfahrt. St Mary Redcliffe ist eine der schönsten englischen Kirchen, deren Bau im 13. Jh. begann. Besonders sehenswert sind das orientalisch anmutende Nordportal von 1325 und das Fächergewölbe im Langschiff aus dem 15. Jh. mit 1200 vergoldeten Schlusssteinen. William Penn, Admiral und Koloniegründer, hat in der Kirche seine Grabplatte rechts der Vierung, und links hinter dem Chor erinnert ein Fenster an Georg Friedrich Händel, der hier oft Orgel spielte. Die 100 Jahre nach seinem Tod gestifteten Glasmalereien zeigen musizierende Engel.

Bath und Bristol

Vom West End in die Altstadt

Council House 10
Auch die City, die Gegend zwischen Old City am Hafen und West End, erkundet man am besten zu Fuß. Das College Green dominiert das riesige, im Halbkreis gebaute Council House (Rathaus), ein sehenswerter Bau aus dem Jahr 1938.

Lord Mayor's Chapel 11
Park Street, Mi–So 10–12, 13–16 Uhr (oder erfragen unter Tel. 0117 903 14 50), Eintritt frei
Die 1230 gebaute Lord Mayor's Chapel gegenüber dem Rathaus ist seit 1541 *corporately owned,* fest in städtischer Hand, was den Kirchenvätern der Kathedrale gelegentlich ein Dorn im Auge ist. Sehenswert sind die mittelalterlichen Grabdenkmäler und Glasfenster.

Bristol Cathedral 12
www.bristol-cathedral.co.uk, tgl. 8–18 Uhr, Eintritt frei
Makellos steht die Bristol Cathedral am Rande der grünen Fläche, als wolle sie den vielen Besuchern und Studenten, die sich bei Sonnenschein dort niederlassen, Platz machen. Im 12. Jh. als Kirche eines Augustinerklosters erbaut, wurde sie bei Auflösung der Klöster durch Heinrich VIII. zur Bischofskirche. Der Chor gehört in seiner Dekorationsfülle zu den schönsten Beispielen englischer Gotik. In der Elder Lady Chapel aus dem frühen 13. Jh. findet man an den Kapitellen mittelalterliche Tierreliefs: z. B. einen pfiffigen Affen am Dudelsack in Begleitung eines Ziegenbocks an der Geige. Die Grabmäler der Äbte befinden sich im Südschiff. Durch eine Tür betritt man von hier das Chapter House, den Kapitelsaal aus dem

12. Jh. Ihn schmücken normannische Ornamente, schlichte Zickzackfriese und andere geometrische Formen in großer Fülle.

Abbey Gate House 13
Gegenüber der Kathedrale fällt ein Bau aus dem Mittelalter auf: das frühere Torhaus zur Augustinerabtei, Abbey Gate House, heute der Eingang zur Stadtbibliothek (Central Library). Details wie Hundszahnfriese und andere geometrische Formen an den Rundbögen stammen noch aus normannischer Zeit, der Großteil aber aus der Tudorzeit. Lässt man seinen Blick von der Kathedrale rund um das College Green schweifen, ergreift einen das typische Bristol-Gefühl: Nicht nur stilvolle Architektur, sondern auch die autofreundliche Stadtplanung der Nachkriegszeit prägen das Gesicht der City.

Georgian House 14
7 Great George Street, Ostern–Okt. Mi/Do, Sa/So,, Aug. Di–So 10.30–16 Uhr, Eintritt frei
Vom College Green die Park Street aufwärts nach Nordwesten zweigt links die Great George Street ab, wo sich ein Besuch im Georgian House empfiehlt. Das restaurierte Kaufmannshaus wurde 1788–1791 von dem Zuckerplantagenbesitzer und Sklavenhalter John Pinney errichtet, der auf der Karibikinsel Nevis reich geworden war. Jeden Morgen, heißt es, pflegte er ein kühles Bad zu nehmen. Auf dem Weg zur vollständig im Stil der Zeit eingerichteten Küche im Untergeschoss kann man einen Blick in das tiefe Wasserbecken werfen.

City Museum & Art Gallery 15
Queens Road, Mo–Fr 10–17, Sa/So 10–18 Uhr, Eintritt frei
Auf der Queens Road ragt ein Turm in die Höhe, Wills Memorial Building, das

Bristol: Clifton

neugotische Wahrzeichen der Universität und ausgezeichnete Orientierungshilfe im Straßengewirr. Der Turm wurde der Universität von ihren großzügigen Gönnern, der Wills-Familie, geschenkt. Die Familie machte ihr Vermögen mit Tabakhandel und -verarbeitung. Nebenan vermittelt das City Museum & Art Gallery Archäologie, Geologie, Naturgeschichte und die Geschichte der Industriegesellschaft. Der weit gefasste Rahmen der wechselnden Ausstellungen ist erstaunlich. Zum Besitz des Museums zählt ein Luther-Porträt (1525) von Lucas Cranach d. Ä.

Royal West of England Academy (RWA) 16
Queens Road, Ecke Whiteladies Road (Triangle), www.rwa.org.uk, April–Okt. Mo–Sa 9.30–17.30, So 11–17 Uhr, £ 5
Der prächtige Bau der Akademie am Triangle stammt aus dem Jahr 1858 und wird als Galerie für wechselnde Ausstellungen zeitgenössischer Kunst genutzt. Mit nettem Café.

Red Lodge 17
Park Row, Ostern–Okt. Mi/Do, Sa/So, Aug. Di–So 10.30–16 Uhr, Eintritt frei
Entlang der Park Row geht es nun bergab Richtung Christmas Steps. Man passiert dabei das unscheinbare Red Lodge. Heute Museum, illustriert das Wohnhaus aus dem 16. Jh., wie ein Kaufmann im 19. Jh. lebte. Höhepunkt ist der Great Oak Room mit dunkler Eichenholztäfelung und Kamin.

Foster's Almshouses 18
Die Stufen Christmas Steps führen steil hinab in die Altstadt, direkt neben einem Gebäudekomplex aus Backstein und Fachwerk. Er beherbergt das 1483 vom damaligen Bürgermeister John Foster gegründete Altersheim, Foster's Almshouses, mit einer angrenzenden

Kapelle, die den Heiligen Drei Königen geweiht ist, ein Umstand, der den Reisen des Kaufmanns ins Rheinland zu verdanken ist (nicht zu besichtigen).

Corn Exchange 19
Durch das alte Stadttor City Gate betritt man die Broad Street, von der die Corn Street mit dem Corn Exchange abzweigt. Die Uhr an der alten Kornbörse sollte man genauer betrachten: Sie hat zwei Minutenzeiger – wichtig für die stets eiligen Kaufleute, die den Zug nach London erreichen mussten. Der eine Zeiger gab *Bristol time* an, der andere Londoner Zeit. Erst 1852, mit der Einführung der Greenwich Mean Time (GMT), entfiel der Zeitunterschied von immerhin 11 Minuten zwischen Bristol im Westen und London im Osten. Vor dem Corn Exchange stehen die vier ›Nägel‹, The Nails, auf denen das Korn geprüft wurde: Die vier hüfthohen Messingsäulen haben oben einen Teller für das Getreide. Die prompte Bezahlung nannte man *to pay on the nail.*

Clifton

Nach Clifton nimmt man am besten einen Stadtbus. Die Lebensqualität in diesem Nobelstadtteil trägt bedeutend zum positiven Image Bristols bei. Kunststudenten und Medienleute sorgen heute für eine lockere Atmosphäre. Die netten Bars, Cafés und Restaurants sowie die freundliche Clifton Arcade in der Boyces Avenue mit ihren Läden für Schmuck, Antiquitäten und Mode kann man kaum verfehlen.

Royal York Crescent 20
Ein Spaziergang auf dem Royal York Crescent, dem längsten Crescent der Welt, ist ein besonderes Erlebnis: 396 m elegante Architektur, Weitblick

Bath und Bristol

in die Natur sowie die Infrastruktur von Clifton Village machen diesen Ort zu einer begehrten Adresse. Die pastellfarbenen Fassaden mit ihren kleinen überdachten Balkonen verströmen die Atmosphäre gepflegter Bürgerlichkeit, und die Immobilienpreise sprechen für sich. Der Royal York Crescent bringt die Balance zwischen Individualität und Gemeinsinn auf den Punkt: Seine identischen Teile bilden ein Ganzes. Gleichzeitig finden sich an den Häusern individuelle Details: Balkone und Dächer unterscheiden sich voneinander, die Fenster sind unterschiedlich gestaltet.

Bristol Zoo Gardens 21
www.bristolzoo.org.uk, tgl. 9–17.30 Uhr, £ 13,18 (Tickets billiger online)
Eine Riesenattraktion nicht nur für Familien mit Kindern ist Bristol Zoo Gardens im Norden von Clifton. Durchdacht gestaltete Gehege zeigen die Tiere in ihrem natürlichen Lebensraum. Im Affendschungel (Monkey Jungle) ist es beispielsweise möglich, mit der weiteren Verwandtschaft in näheren Kontakt zu treten und im Lemur Garden auf Lemuren zu treffen.

Clifton Suspension Bridge 22
www.clifton-suspension-bridge. org.uk, Fußgänger/Radfahrer frei
Clifton und die Parklandschaften seiner Umgebung werden durch die Hängebrücke Clifton Suspension Bridge miteinander verbunden, neben dem Schiff SS Great Britain das zweite Pionierwerk des Ingenieurs und Architekten Isambard Kingdom Brunel in Bristol. An eine Vollendung der kühnen Hängebrücke über die Avon-Schlucht in Clifton hatten ebenfalls nur wenige geglaubt. Der ursprüngliche Entwurf der Brücke war extravaganter als die Ausführung. Die Brücke – sie misst zwischen den Brückenpfeilern 215 m –

schwebt 75 m über der tief eingeschnittenen Schlucht des River Avon. Den Viktorianern ging mitten im ohnehin schon zögerlich vorankommenden Bau auch noch das Geld aus, doch die Konstruktion reichte aus, um die Brückenbegeisterten in Körben über die Schlucht zu transportieren. Ihr Schöpfer kam nicht mehr in den Genuss, sie in fertigem Zustand zu sehen, er starb bereits im Jahr 1864, fünf Jahre vor ihrer Vollendung.

Heute sollte man die Brücke zu Fuß überqueren, schon wegen des Blicks auf die Stadt und die Steilhänge der Schlucht Avon Gorge. Am Brückenkopf auf der anderen Seite kann man in einem Informationszentrum eine Diaschau zur Geschichte der Brücke sehen und Souvenirs kaufen. Den ungewöhnlichsten Blick auf die Brücke hat man allerdings vom Observatory Tower auf den Klippen von Clifton, in dessen Spitze sich eine viktorianische Camera obscura verbirgt.

Übernachten

Minimalistisch – **Hotel du Vin** 1: Sugar House, Narrow Lewins Mead, Tel. 0117 925 55 77, www.hotelduvin.com, DZ ab £ 170 ohne Frühstück. Das schicke *boutique hotel* der gleichnamigen Kette in einem umgebauten Zuckerspeicher aus dem 18. Jh. ist minimalistisch, aber exklusiv im schicken Loft-Stil eingerichtet: vom CD- und DVD-Player bis zur ›Monsun-Dusche‹ wird an Luxus nicht gespart.

Schöne Lage – **Berkeley Square Hotel** 2: 15 Berkeley Square, Clifton, Tel. 0117 92 40 00, www.cliftonhotels. co.uk, DZ ab £ 99 ohne Frühstück. Eines von vier Hotels der Kette in Clifton; beliebtes und belebtes Stadthotel an ruhigem Platz; sehr gutes Restaurant The Square.

Bristol: Adressen

Die anmutig geschwungene Clifton Suspension Bridge überbrückt die Avon-Schlucht

Zimmer mit Aussicht – **Avon Gorge Hotel** 3: Sion Hill, Clifton, Tel. 0117 973 89 55, www.theavongorge.com. Das Vier-Sterne-Hotel bietet Zimmer mit Komfort, Charme – und vor allem mit Aussicht (DZ mit Stadtblick ab £ 85). Zimmer mit Blick über die Schlucht mit der Brücke sind etwas teurer. Auch wer hier nicht wohnt, kann den Blick genießen: die Terrasse der White Lion Bar füllt sich bei schönem Wetter schnell – ein herrlicher Ausguck auf die Clifton Suspension Bridge und die Downs.
Schick – **Clifton House B&B** 4: 4 Tyndall's Park Road, Clifton, Tel. 0117 973 54 07, www.cliftonhousebristol.com, DZ ab £ 70, EZ ab £ 55. Ein B&B mit 23 geschmackvoll eingerichteten Zimmern in einer geräumigen viktorianischen Villa im gutbürgerlich-wohlsituierten Uni-Viertel Clifton.
Preiswert – **The Malago** 5: 113 West Street, Bedminster, Tel. 0117 939 46 92, www.themalago.com. DZ ab £ 50, EZ ab £ 35 (ohne Frühstück). Das 2010 eröffnete Haus südlich des Hafens, aber in Laufnähe zu den Sehenswürdigkeiten im Zentrum bietet zweckmäßig eingerichtete 1- bis 5-Bett-Zimmer mit Dusche/WC, kostenlose Parkplätze.

Toplage fürs schmale Budget – **YHA Bristol** 6: Hayman House, 14 Narrow Quay, Harbourside, Tel. 0845 371 97 26, www.yha.org.uk, ab £ 21 pro Person, DZ £ 52 ohne Frühstück. Die Jugendherberge im ehemaligen Speicher bietet insgesamt 134 Betten in zumeist 4-Bett-Zimmern in Spitzenlage mit Blick auf ganz Harbourside.

Essen & Trinken

Spitze – **Riverstation** 1: The Grove, Tel. 0117 914 44 34, www.riverstation.co.uk, Lunch £ 12, Supper Hauptgerichte ca. £ 16–20. Ausgezeichnete moderne europäische Küche, schön auf der Terrasse. Das ehemalige Quartier der Hafenpolizei wurde zu einem lichten Restaurant aus Holz und Glas umgebaut – gekonnt und nicht billig.
Kultiviert – **Muset by Ronnie** 2: 12–16 Clifton Road, Tel. 0117 973 72 48, www.ronnies-restaurant.co.uk/muset. Küchenchef und Besitzer Ron Faulkner kocht *Modern English*, bevorzugt mit lokalen Zutaten, wie Lamm oder Jakobsmuscheln und Fisch aus Cornwall. 2-Gänge-Menü £ 16, 3 Gänge £ 19.

Bath und Bristol

Mein Tipp – **Mud Dock Café 3**: s. Kasten S. 109.

Schnelle Öko-Küche – **Bordeaux Quay 4**: V-Shed, Canons Road, Tel. 0117 943 12 00, www.bordeaux-quay.co.uk. Ob Geschäftsessen oder kleine Stärkung zwischendurch. Die an europäischer Brasserie-Gastronomie orientierte Küche nutzt vorzugsweise Produkte aus der Region, vom vegetarischen Pastagericht (£ 8,50) bis zum Sirloin Steak (£ 18,50).

Einkaufen

Große moderne Einkaufszentren mit Filialen der in England allgegenwärtigen Ladenketten für Textilien, Schuhe usw. zeugen davon, dass Bristol Südwestenglands Einkaufsmetropole ist. Das Broadmead Shopping Centre ist das größte. Weiter außerhalb liegt The Mall (nördlich, an der Autobahn M5). Kunsthandwerks- und Antiquitätenläden haben sich vor allem im Stadtteil Clifton niedergelassen.

Glasobjekte – **Bristol Blue Glass 1**: Unit 7, Whitby Road, Mo–Sa 9–17, So 10–16 Uhr, www.bristol-glass.co.uk. Die Glasbläserei ist berühmt für blaues Glas; man kann bei der Arbeit zusehen und im Fabrikladen einkaufen.

Markthalle – **Saint Nicholas Markets 2**: Mo–Sa 9.30–17 Uhr, Stände mit Krimskrams und Essbarem, Fr und Sa The Nails Street Market mit günstigen Textilien.

Wochenmarkt – **Farmers Market**: Corn Street (vor der Markthalle Saint Nicholas Markets, s. o.), Mi 9.30–14.30 Uhr, jeden ersten So im Monat Slow Food Market mit kulinarischen Spezialitäten direkt vom Produzenten.

Straßenmarkt – **Tobacco Factory Market 3**: Southville, mit einem bunten Mix aus Textilien, Kunsthandwerk u. a. am dritten So im Monat.

Exotisches – **St Paul's und Eastside 4**: Die Stadtviertel der Einwanderer, vor allem die St Mark's Road, sind mit ihren Spezialitätenläden die beste Adresse für Fans exotischer Geschmackserfahrungen; hier kann man auch orientalische Kleidung kaufen.

Aktiv & Kreativ

Hop-on-hop-off – **Stadtrundfahrten**: Mitte März/April–Sept. www.bristolvisitor.co.uk. Mit Doppeldeckerbussen, Zustieg an verschiedenen Stationen, Tagesticket.

Per Boot zur Schlucht – **Bristol Steam Packet**: Sa/So, in den Schulferien tgl. ab Wapping Wharf oder Pero's Bridge. www.bristolpacket.co.uk, £ 5. Fahrten zwischen dem Stadtzentrum und Avon Gorge.

Abends & Nachts

Das Magazin »The Venue« gibt Veranstaltungstipps und listet Adressen der angesagtesten Clubs in Bristol und Bath (www.venue.co.uk).

Pub mit Geschichte – **The Llandoger Trow 8**: s. S. 102, King Street, Ecke Queen Charlotte Street. Bristols beliebtestes und vermutlich ä testes Pub.

Auf dem Schiff – **The Grain Barge 1**: Mardyke Wharf, Hotwell Road, www.grainbarge.co.uk, Di–So 12–23 Uhr. Das Pub der unabhängigen Bristol Beer Factory wird wegen der lokal gebrauten Real ales hoch geschätzt. Auf dem ehemaligen Lastkahn wird dazu deftige Kost serviert (£ 6,50–10).

Live Jazz – **The Old Duke 2**: King Street, Ecke Queen Charlotte Street. Für Fans des traditionellen Jazz ein Muss, da in diesem etablierten Club fast jeden Abend ein hörenswertes Live-Jazz-Konzert stattfindet.

Bristol: Adressen

Indie Club – **The Louisiana** 3: Wapping Road (Bathurst Terrace), Tel. 0117 926 59 78, www.thelouisiana.net. Vor allem angesagte *indie bands* treten gern im ›Louie‹ auf.

Legendärer Club – **Lakota** 4: 6 Upper York Street, Stokes Croft, www.lakota.co.uk, Fr und Sa 22–6 Uhr. Einst wichtigste Bühne für Bristol-Sound, steht noch immer für die Alternativszene, *drum'n'bass* und *underground*.

Club orientalisch – **Po Na Na Souk Bar** 5: Queen's Road 67A (am Clifton Triangle), Tel. 0117 925 62 25, www.bristolponana.com, Di–Fr bis 2, Sa bis 4 Uhr. Der Club mit marokkanischem Touch ist eine Top-Adresse in Clifton.

Kulturzentrum – **Arnolfini Arts Centre** 2: s. S. 100, Harbourside. Programm unter www.arnolfini.org.uk.

Multimedial – **Watershed Media Centre** 6: Harbourside, www.watershed.co.uk. Programmkino und Kunstausstellungen. Abends legen in der Watershed Bar DJs auf.

Theater experimentell – **Tobacco Factory** 7: Raleigh Road, Southville, www.tobaccofactorytheatre.com. Das Theater in der ehemaligen Tabakfabrik aus rotem Backstein ist bekannt für Shakespeare-Aufführungen und unterhaltsame Theaterabende.

Musical-Theater – **Bristol Hippodrome** 8: St Augustine's Parade, www.bristolhippodrome.org.uk. Das Theater zeigt alles querbeet: Musical-Erfolge aus dem Londoner Westend, Ballett, Oper und Shows.

Moderne Konzerthalle – **Colston Hall** 9: Colston Street, Tel. 0117 922 36 86, www.colstonhall.org. In der modernen Konzerthalle treten vor allem internationale Stars auf.

Konzerte – **St George's** 10: Great George Street (gegenüber Georgian House). Ehemalige Kirche mit exquisiter Akustik, regelmäßig Auftritte von Musikgruppen, u. a. Jazzkonzerte.

Infos & Termine

Feste & Festivals

St Paul's Afrikan Caribbean Carnival: Anfang Juli. Karibische Nächte in Bristols Eastside.

Harbour Festival: drei Tage Ende Juli/Anfang Aug. Volksfest im Hafen.

International Balloon Fiesta: vier Tage Anfang/Mitte Aug. Heißluftballons steigen vom Ashton Court Estate auf.

BrisFest: zwei Tage Ende Sept. im Ashton Court Estate. Buntes Programm aus Musik, Zirkus, Street Art, Theater und Comedy.

Stadtverkehr

s. auch Infobox, S. 98

Busse: Busse 8 und 9 nach Clifton.

Fähren: verkehren ganzjährig zwischen Zentrum und Broadmead sowie Bahnhof Temple Meads (s. S. 101).

Mein Tipp

Mud Dock Café 3

Der Name des beliebten Restaurants stammt aus Zeiten, bevor es den Floating Harbour gab – er ist recht präzise; sanft sanken die Boote bei Ebbe in den weichen Schlamm des ›Matschdocks‹ und konnten hier und da ausgebessert werden, ohne Schaden zu leiden. Heute ist im Untergeschoss ein trendiges Fahrradgeschäft, im Obergeschoss ein ebenso trendiges Restaurant mit bester anglo-mediterraner Küche und Terrasse mit herrlichem Blick über Bristols quirliges Zentrum (40 The Grove, Tel. 0117 934 97 34, www.mud-dock.co.uk/cafe, So–Di 10–17, Mi/Do 10–22, Fr 10–23, Sa 9–23 Uhr, Hauptgerichte £ 9–16).

Das Beste auf einen Blick

Westliches Wiltshire und Somerset

Highlights!

Stonehenge: Kultplatz und Massenspektakel, Rätsel und seit Jahrhunderten ein Ziel für Schaulustige – an Stonehenge kommt niemand vorbei, der Südwestengland bereist. S. 114

Wells: Zu Recht gilt die Bischofskirche der Kleinstadt als ein Meilenstein der englischen Kathedralbaukunst. S. 124

Auf Entdeckungstour

Der englische Landschaftsgarten – Stourhead: Der im 18. Jh. angelegte Landschaftsgarten war das Modell für viele Gärten dieser Art in ganz Europa – noch heute können Sie ihn wie vor 200 Jahren durchwandern. S. 116

Auf der Suche nach dem Gral – heilige Stätten in Glastonbury: Was ist Mythos, Legende und was ist Tatsache? Wer die Ruinen der Abtei von Glastonbury durchwandelt oder den Bergkegel des Glastonbury Tor besteigt, wird sich diese Frage immer wieder stellen. S. 122

Kultur & Sehenswertes

Salisbury Cathedral: In reinster Frühgotik erbaut, ist sie eine der schönsten englischen Kathedralen überhaupt. S. 112

Longleat: Heckenlabyrinth, Wildtiergehege und Vergnügungspark in adliger Hand – gegen Entgelt geöffnet fürs einfache Volk. S. 119

Hestercombe Gardens: Berühmt sind sie für den wunderhübschen Arts-and-Crafts-Garten des berühmten Architektenduos Jekyll und Lutyens. S. 127

Aktiv & Kreativ

Höhlentouren in der Cheddar Gorge: Exkursionen in die Unterwelt der Tropfsteinhöhlen unter fachkundiger Führung. S. 125

Wandern auf dem Küstenpfad: Landschaftliche Dramatik an der Exmoor-Küste erlebt man bei Wanderungen ab Lynton. S. 134

Genießen & Atmosphäre

Shoppen im Schuhdorf: Das Shoppingcenter von Clarks in Street verkauft mehr als gutes Schuhwerk. S. 121

Farmer's Market in Taunton: Hier kommen Köstlichkeiten der Region direkt vom Erzeuger zum Verbraucher: ob Gemüse, Käse, Cider oder Würstchen. S. 128

Quantock Hills: Idylle pur zwischen Hügeln und putzigen Dörfern. S. 128

Abends & Nachts

Haunch of Venison Pub: Das Pub in Salisbury hat eine uralte Geschichte – mindestens zwei Geister spuken gelegentlich hier. S. 114

Von Salisbury nach Somerset

Somerset gibt sich mit seinen Apfelbaumplantagen wie ein lieblicher Obstgarten. Cider und Käse sind die bekanntesten Produkte der Region, wunderbar geeignet für ein Picknick. Beginnen kann man die Reise in Salisbury, der Hauptstadt von Wiltshire. In der Grafschaft sind außer Salisbury Cathedral Sehenswürdigkeiten versammelt, die zu den berühmtesten Englands gehören: die prähistorische Kultstätte Stonehenge, der englische Landschaftsgarten Stourhead sowie Schloss und Park von Longleat.

Im Norden von Somerset liegen die Mendip Hills kaum mehr als 300 m über dem Meer. Das Kalksteinplateau erhebt sich allerdings derart abrupt aus dem ebenen Küstenland, dass die Hügel und die dramatische Schlucht Cheddar Gorge wie ein Stück ungebändigte Natur wirken. Rundum stößt man auf jede Menge Kult(ur): das berühmte Glastonbury und die Kathedralstadt Wells.

Im Westen der Grafschaft wird es still. Rund um Somersets Hauptstadt Taunton erstrecken sich eher unwirtliche Hügel mit moorigen Wiesen. Nach Norden trennen nur noch die Quantock Hills das Land von der breiten Meerenge des Bristol Channel.

Salisbury ► H 19

Der mittelalterliche Ortskern von Salisbury (ca. 40 000 Einw.) hat die Jahrhunderte nahezu unversehrt überdauert. Schon bei der Anfahrt von weitem zu sehen ist der Turm der frühgotischen Kathedrale, Englands höchster Kirchturm.

Salisbury Cathedral

www.salisburycathedral.org.uk, Kathedrale Mo–Sa 9–17, So 12–16 Uhr; Kapitelhaus Ostern–Okt. Mo–Sa 9.30–16.30, So 12.45–15.45, sonst Mo–Sa 10–16.30, So 12.45–15.45 Uhr, £ 6,50, Turm £ 8,50

Ebenmaß und Stilreinheit zeichnen die Kathedrale von Salisbury aus, die seit fast 800 Jahren auf dem grünen Rasen im Cathedral Close, der Domfreiheit, thront. Salisbury Cathedral ist ein Paradebeispiel für die englische Frühgotik Early English. 1220 wurde mit dem Bau begonnen und 1258 konnte die Kirche geweiht werden – es wurde fast ohne Bauunterbrechung gearbeitet. Sie besitzt exakt 8760 Säulen aus schwarzem Marmor von der Isle of Purbeck – die Zahl steht für die Stunden eines Jahres. Das Hauptschiff entspricht

---

Infobox

Somerset Visitor Centre
Roadchef Services, M5 South, Axbridge (an der Autobahn M5), Tel. 01934 75 08 33, Ostern–Okt. tgl., sonst Mo–Fr 9–17 Uhr

Internet
www.visitwiltshire.co.uk und **www.visitsomerset.co.uk**: Websites mit Informationen zu Sehenswertem, Events u. a. in der jeweiligen Grafschaft.

Verkehr
Die lokalen Busunternehmen bedienen das ländliche Wiltshire und Somerset nicht überall flächendeckend. First betreibt viele Linien (www.firstgroup.com), außerdem Wilts & Dorset-Buses (www.wdbus.co.uk).

Salisbury

in der Höhe exakt seiner Breite – mittelalterliche Zahlensymbolik allüberall. Der Turm, 1310–1333 entstanden, ist der höchste Englands und war im Lauf seiner Baugeschichte stets vom Einsturz bedroht: 123 m ragt er in den Himmel. Bei einer Tower Tour (Extra-Eintritt £ 8,50) kann man auf einer Wendeltreppe die Innenkonstruktion des aufwendig gesicherten Bauwerks besichtigen – nur für Schwindelfreie.

Zum Inventar gehört Historisches: u. a. eine Uhr von 1386, die älteste, die in Europa noch funktioniert, und im achteckigen Kapitelhaus die am besten erhaltene von vier Handschriften der Magna Charta, die die Barone König Johann Ohneland 1215 abgetrotzt hatten. Einer der wenigen Königstreuen unter den Adligen war der 3. Graf von Salisbury, William de Longespee, der 49-jährig 1225 als einer der Ersten in der Kirche beigesetzt wurde.

Market Square

Der mittelalterliche Marktplatz wird noch immer zweimal wöchentlich von Marktständen belebt, in der Südwestecke (Einmündung Silver Street) blieb als letztes Marktkreuz in Salisbury das Poultry Cross aus dem 15. Jh. erhalten; wie in vielen englischen Marktstädten ist es ein kleines pavillonähnliches Steingebäude.

Mompesson House

The Close, www.nationaltrust.org.uk, Mitte März–Okt. Sa–Mi 11–17 Uhr, £ 5,30

Das elegante Stadthaus, Baujahr 1701, mit der Kompletteinrichtung aus dem 18. Jh. diente als Drehort der Jane-Austen-Verfilmung »Sinn und Sinnlichkeit«. Besonders schön sind die Stukkaturen an Decken und Wänden, zeittypisches Mobiliar sowie die Eichentreppe. Das Haus besitzt außerdem eine kostbare Sammlung von Trinkglä-

sern. Der Garten mit Pergola und symmetrisch angelegten Kräuterbeeten ist eine Oase der Ruhe mitten in der Stadt.

Salisbury & South Wiltshire Museum

65 The Close, www.salisburymuseum. org.uk, Juni–Sept. Mo–Sa 10–17, So 12–17, übrige Zeit Mo–Sa 10–17 Uhr, £ 6

Das stadtgeschichtliche Museum im historischen King's House an der Domfreiheit, das bis auf das 13. Jh. zurückgeht und in Thomas Hardys Roman »Jude the Obscure« (dt. »Im Dunkeln«) eine Rolle spielt, lockt mit einer interaktiven Stonehenge-Ausstellung, archäologischen Funden aus Old Sarum, der Vorgängersiedlung von Salisbury, und einem William-Turner-Aquarell.

Spaziergang durch die Wiesen Watermeadows

Bei schönem Wetter sollte man einen etwa 20-minütigen Spaziergang unternehmen, um genau den Blick zu genießen, den einst John Constable (1776–1837) in seinen Gemälden verewigte: Die Kathedrale im Rücken geht man durch das High Street Gate und gleich links in den Queen Elizabeth Garden. Am Ende des Parks quert eine Brücke den Fluss neben einer Furt und man spaziert durch die Wiesen am Fluss bis zum Old Mill Hotel. Von hier aus geht der Blick noch genau wie vor 200 Jahren hinüber zu der auf ihrem Grün thronenden Kathedrale.

Übernachten

Viktorianischer Charme – **The Old Rectory:** 75 Belle Vue Road, Tel. 01722 50 27 02, www.theoldrectory-bb.co. uk, DZ £ 64–80 (inkl. Continental Breakfast). Hübsches viktorianisches Haus in einer ruhigen Einbahnstraße

113

Westliches Wiltshire und Somerset

mitten in Salisburys Zentrum: Ein B & B mit hellen geschmackvoll möblierten Räumen. Im Wintergarten wird das kontinentale Frühstück serviert. Kinder ab 12 Jahre.

Gemütlich und modern – **Webster's B & B:** 11 Hartington Road, Tel. 01722 33 97 79, Fax 017 22-42 19 03, www. websters-bed-breakfast.com, DZ ab £ 60. Das Haus mit fünf Zimmern bietet guten Service, gemütlich eingerichtete Zimmer und modernste Ausstattung, u. a. Breitbandanschluss für mitgebrachte Laptops und DVD/CD-Player sowie eine große Auswahl an Frühstücksvarianten.

Jugendherberge – **Milford Hill House:** Milford Hill, Tel. 0845 371 95 37, www. yha.org.uk, pro Person ohne Frühstück £ 16–28 ca. 10 Fußmin. östl. der Kathedrale, 200 Jahre altes denkmalgeschütztes Gebäude auf großem Grundstück. Die meisten Zimmer haben 2 oder 4 Betten.

Essen & Trinken

Thai-Küche – **Rai d'Or:** 69 Brown Street, Tel. 01722 32 71 37, www.raidor.co.uk, Menü £ 14,95, Hauptgerichte ab £ 8,25. Das in einem historischen Gasthaus untergebrachte Thai-Restaurant serviert nicht nur ausgezeichnete Curry-Spezialitäten und Wokgerichte, sondern auch Real Ale der lokalen Brauerei Stonehenge Ales aus Netheravon.

Lunch und Kunst – **Salisbury Arts Centre:** St Edmund's Church, Bedwin Street, www.salisburyartscentre.co.uk, Di–Sa 10–15 Uhr. Kommunale Kunstprojekte und schönes Café zum Lunch.

Abends & Nachts

Hier spukt's – **Haunch of Venison Pub:** 1–5 Minster Street (dem Marktkreuz

gegenüber). Bekannt ist das Pub aus dem 14. Jh. mit den eichengetäfelten Wänden wegen der Geister, die hier umgehen. Mit einem handgezapften Real Ale oder einer Kostprobe der 50 Sorten Malt Whisky kann der heutige Pub-Besucher seine Nerven beruhigen.

Infos & Termine

Touristeninformation
Salisbury Tourist Information Centre: Fish Row, Tel. 01722 33 49 56, Fax 42 20 59, www.visitwiltshire.co.uk/salisbury

Festival
Salisbury Festival: Ence Mai/Anfang Juni, www.salisburyfestival.co.uk. 14-tägiger Kulturevent und Kulinarisches.

Verkehr
Bahn: mit South West Trains (www. southwesttrains.co.uk) nach London Waterloo, Bristol, Exeter, Portsmouth. **Bus:** Busbahnhof Endless Street nordöstlich Market Square, Fernbusse National-Express, Busse nach Stonehenge und in die Umgebung.

Stonehenge ❗ ▶ H 18

An der A 303, 15 km nördl. von Salisbury, www.english-heritage.org.uk, Mitte März–Mai, Sept.–Mitte Okt. tgl. 9.30–18, Juni–Aug. 9–19,
Mitte Okt.–Mitte März 9.30–16 Uhr, deutschsprachige Audiotour, £ 7,80
Kultplatz und Massenspektakel, Rätsel und Unesco World Heritage Site – an Stonehenge kommt niemand vorbei, noch nicht einmal verkehrstechnisch, denn die Hauptstrecke nach Südwestengland, die A 303, führt genau hier in Sichtweite des Monuments entlang. Die 5000 Jahre alten Steinkreise stört es nicht, berühren können Besucher

Stonehenge

Hippies, Neudruiden und Schaulustige feiern die Sommersonnenwende in Stonehenge

die Steine ohnehin nicht mehr, sie werden von Zäunen geschützt. Es gibt sogar ernsthafte Erwägungen bei English Heritage, die Anlage an anderer Stelle als Kopie zu errichten, um dem Besucherstrom besser gerecht zu werden.

Was man heute weiß, ist eine Menge zur Chronologie, aber nichts über die Funktion der Anlage. Am längsten, nämlich seit 5000 Jahren, existiert an dieser Stelle ein Graben um ein Rund mit einem Durchmesser von 100 m, umgeben von einem äußeren Wall. Etwa tausend Jahre später kamen die sogenannten *bluestones* in das *henge* genannte Rund. Der Sage nach brachte sie Zauberer Merlin im Flug aus Wales herbei; sie stammen tatsächlich aus den Preseli Mountains in Südwales und wurden vermutlich großteils per Schiff über den Bristol Channel geschafft. Es handelt sich um graublauen Dolerit, ein kostbares Material, das auch für Steinäxte Verwendung fand. Vor rund 3500 Jahren erst wurden die heute dominierenden Sandsteinmonolithen mit den querliegenden Stürzen aufgestellt und zu dieser Zeit auch die *bluestones* versetzt, die heute einen Halbkreis im Innern des Sandsteinkreises bilden, der auf einen Altar Stone genannten einzelnen Stein ausgerichtet zu sein scheint.

Das Rätsel der Funktion des Steinmonuments ist ungelöst; ähnliche Bauten aus Holz, Woodhenges genannt, finden sich wenige Kilometer entfernt und vor der Ostküste Englands tauchte mittlerweile bei Niedrigwasser ebenfalls ein bisher unter dem Meeresspiegel verborgenes Woodhenge auf. Ob das bei des Rätsels Lösung helfen kann, ist fraglich, denn das Wissen der Vorzeit ist unwiederbringlich verloren, die Kette der Überlieferung seit langem unterbrochen. Doch Bedeutung als religiöse Stätte hat Stonehenge auch heute wieder: Wenn zur Sommersonnenwende um den 21. Juni über dem Heel Stone die Sonne aufgeht, versammelt sich die britische neopagane Szene zur feierlichen Begrüßung. Vielleicht wie vor 5000 Jahren? Vielleicht auch nicht. ▷ S. 119

Auf Entdeckungstour

Der englische Landschaftsgarten – Stourhead

Wer einen englischen Landschaftsgarten par excellence erleben will, sollte sich einen Rundgang durch das Anwesen von Stourhead gönnen. Hier sind alle Grundzutaten versammelt, die das Gesamtkunstwerk aus Natur und Kunst ausmachen.

Reisekarte: ▶ H 19

Dauer: Rundgang 3 km, ca. 3–4 Std. (ohne Hausbesichtigung)

Infos und Öffnungszeiten:
www.nationaltrust.org.uk, Garten tgl. 9–18 Uhr; Haus Mitte März–Okt. Fr–Di, Aug. tgl. 11–17 Uhr, £ 12,50 (Haus und Garten), £ 7,50 (Garten)

Lage: in Stourton, 12 km südlich von Frome, ausgeschildert

Ab 1740 angelegt, wurde der Landschaftsgarten von Stourhead zum Modell und Prototyp eines neuen Gartenkonzepts, das später auf dem Kontinent zahlreiche Nachahmer fand. Noch heute gehört er zu den berühmtesten Anlagen dieser Art. Geplant hat ihn kein professioneller Landschaftsarchitekt, sondern der Besitzer selbst, ein dilettierender Gentleman mit erlesenem und wohlhabendem Freundeskreis: der Bankier und Gemäldesammler Henry Hoare (1705–1785), genannt ›The Magnificent‹ (der Große).

Landschaft als Kunstwerk

Ein englischer Landschaftsgarten will durchwandert werden, von Aussichtspunkt zu Aussichtspunkt mit sorgfältig komponierten Blicken (Vistas). Unter Einbeziehung der Lichtverhältnisse im Jahreslauf und des Sonnenstands im Lauf eines Tages wird ein lebendiges Kunstwerk präsentiert, voller Verweise auf Literatur und Architektur der Antike sowie auf berühmte Gemälde. Der weit gereisten und kultivierten *upper class* des 18. und 19. Jh. waren diese Anspielungen geläufig. Auch Henry Hoare hatte auf seiner mehrjährigen Grand Tour, einer Bildungsreise durch Italien, die klassische Architektur und Kultur studiert – und setzte seine Eindrücke zu Hause begeistert um.

Ein geschwungener See

Anders als bei den aus Holland und Frankreich importierten Gartenkonzepten des 16. Jh. gibt es in Stourhead keine schnurgeraden Blickachsen, strikte Symmetrie wird vermieden, das Haus quasi als Nebensache an den Rand des Gartens verlegt. Beginnend am Walled Garden hinter dem Haus, führt der von Hoare vorgesehene Parcours um den See. Den River Stour ließ er zu einem See aufstauen, anmutig in

einer Serpentine geschwungen – der Maler William Hogarth rühmte dessen »line of beauty«. Die Ufer bieten immer neue überraschende Ansichten. Die kräftigen Farben der von späteren Besitzern angepflanzten Azaleen und anderer Exoten passen indes nicht immer ins Bild.

Obelisk und Grotte

Am Ende des Fir Walk (Föhrenwegs) gelangt man zum **Obelisken,** der 1839 einen baufälligen Vorläufer ersetzte. Eine Tafel an seinem Fuß erinnert an Henry Hoare II The Magnificent. Auf schattigen Wegen geht es zum See. Vom Damm kann man nach Osten in ein bewaldetes Tal blicken. Am Nordufer trifft man auf **The Grotto.** Im Innern des Rundbaus mit eigens aus Italien importierten Lavablöcken befinden wir uns im Reich der Quellnymphe und des Flussgottes, deren Statuen die Grotte ›beleben‹. Dazu passt der Blick aus dem Fenster auf den der Göttin Flora gewidmeten **Temple of Flora** am Ufer gegenüber – ohne Wasser kein Pflanzenwachstum.

Die ›englische Antike‹

Wenige Schritte weiter erinnert das reetgedeckte **Gothic Cottage** (1806) daran, dass man sich trotz antiker Anspielungen noch immer in England befindet. ›Nationale‹ Elemente wie dieses und Anspielungen auf die englische Geschichte wie die einige Kilometer entfernt auf einer Anhöhe thronende Turm **King Alfred's Tower** und das Marktkreuz Bristol Cross sorgten ganz bewusst für die Übersetzung des antiken Ideals in die englische Landschaft.

Architekturzitate aus dem klassischen Altertum

Dann steht der Spaziergänger unvermittelt doch wieder mitten im alten

Rom – vor dem **Pantheon** nämlich. Von der 1753/54 gebauten Miniaturausgabe des antiken römischen Bauwerks, in dem Marmorstatuen des englischflämischen Bildhauers John Rysbrack aufgestellt sind, öffnet sich der Blick zum Floratempel und zur **Palladian Bridge,** im Stil des italienischen Architekten Andrea Palladio errichtet. Hoare plante sie als rein perspektivisches Element, denn man kann den See auch anders trockenen Fußes umrunden. Der Anblick der Brücke lässt den Betrachter aber annehmen, Richtung Dorf setze sich das Gewässer fort.

Höhepunkt des Rundgangs ist der 1765 auf einem Steilhang über dem See gebaute **Temple of Apollo.** Die Anregung für den Rundtempel entnahm Hoare einem Buch in seiner Bibliothek: Der Tempel ist einem Stich in Robert Woods Werk »Ruins of Baalbec« nachgebildet. Von dem durch einen **Rock Arch** genannten Felsengang erreichbaren Rundbau bietet sich ein prächtiger Blick über den gesamten See.

Der klassische Blick am Schluss

Am Schluss erst, als Höhepunkt der Tour, erreicht man das 1765 aus Bristol hierher transportierte mittelalterliche Marktkreuz, **Bristol Cross.** Es markiert den Standort für den wohl am häufigsten fotografierten Blick in Stourhead: Die Ansicht des Pantheon mit der Palladianischen Brücke im Vordergrund ist dem Gemälde »Aeneas auf Delos« (National Gallery, London) von Claude Lorrain nachempfunden – die Vision einer idealen arkadischen Landschaft, das Paradies auf Erden in einer friedlichen Natur.

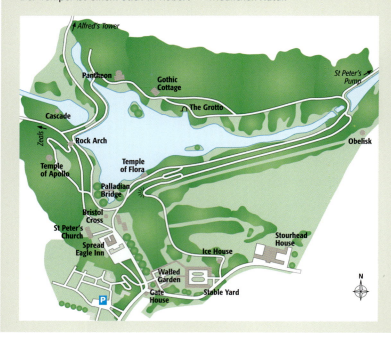

Frome und Longleat

Frome ► H 18

Inmitten von Hügeln am River Frome liegt die betriebsame Marktstadt im nördlichen Somerset genau richtig, um Besucher mit den Grundzutaten für ein Picknick zu versorgen.

An das Mittelalter erinnert die Gasse **Cheap Street** mit niedrigen Häuschen, in denen heute kleine Geschäfte zum Stöbern einladen, und dem schmalen Wasserlauf *(leat)* in der Mitte, ehemals der Abwasserkanal.

Ein steiler Aufstieg führt zu der wunderschönen Kirche **St John the Baptist** und dem in herrlicher Ruhe gelegenen Friedhof. Bemerkenswert sind die Reliefs und die Marienkapelle mit ihren Kalksandstein-Ornamenten.

Ausflug nach Longleat

Ca. 5 km südöstlich von Frome, www.longleat.co.uk, Haus: tgl. stdl. Führungen 10/11–15/17 Uhr, Park und Zoo: Mitte März–Okt. tgl. 10–15/16 Uhr, alle Attraktionen £ 27,50, nur Haus und Garten £ 13,50
Der 6. Marquis von Bath, Vater des heutigen Herrn des Hauses, machte 1946 Geschichte: Als erster englischer Vertreter der *upper class* öffnete er gegen Entgelt sein Anwesen Longleat House für Besucher.

Damit nicht genug, rief er ab den 1960er-Jahren ein profitables Business nach dem anderen ins Leben: Longleat Enterprises unterhält heute einen **Safaripark** mit Löwen, Giraffen und Zebras, einen Streichelzoo, eine Kindereisenbahn, einen Schmetterlingsgarten – das ganze Arsenal eines Vergnügungsparks und *fun for all the family* fanden Platz auf den rund 8900 ha Grund, ebenso ein familienfreundlicher Center Park mit Bungalows,

Schwimmbad, Ruderbootverleih usw. Das Konzept kam beim Volk so gut an, dass es Lord Bath viele Lords und Earls gleichgetan haben, die ihren Besitz angesichts fälliger Erbschaftssteuern nicht dem National Trust übereigneten und den Profit lieber selber machen wollten. Den **Landschaftsgarten** dieses Stately Home Business gestaltete einst im 18. Jh. ›Capability‹ Brown, weitere Highlights sind die formalen Gärten und vor allem das gigantische Heckenlabyrinth.

Das Schloss selbst, **Longleat House,** bis heute Domizil des Lord of Bath, ist ein klassizistischer Bau der englischen Frührenaissance, errichtet 1567–1580. In den 118 Zimmern finden sich Gobelins und kostbares Mobiliar, Kassettendecken, Wandtäfelungen und Marmorkamine, Seidentapeten und über 40 000 Bände in sieben Bibliotheken versammelt, bedeutende Gemälde holländischer, flämischer oder englischer Meister sowie von Tizian und Tintoretto.

Die jüngsten Gemälde stammen von Alexander Thynn, 7. Marquis von Bath, der den Titel 1992 erbte. Eine der Attraktionen der Schlossbesichtigung sind die vom Kamasutra inspirierten **Wandmalereien** des als exzentrisch geltenden Oxfordabsolventen, Althippies und Kunstmalers (Behind The Scenes/Mural Tours kosten einen Zusatzeintritt in Höhe von £ 5).

Einkaufen

Buntes Angebot – **Märkte:** jeden 2. Sa im Monat findet ein großer Farmer's Market und jeden Mi ein Flohmarkt in der Markthalle Cheese & Grain statt. Der Frome Country Market mit Produkten aus der Region wird jeden Do 8–12 Uhr (www.fromecountrymarket. co.uk) abgehalten.

Westliches Wiltshire und Somerset

Infos & Termine

Touristeninformation
Frome Tourist Information Centre: Frome Library, Justice Lane, Tel. 01373 46 57 57, www.frome-tc.co.uk

Festival
Frome Festival: Anfang Juli. Zehn Tage lang Musik aller Sparten, von Klassik über Jazz bis Folk Music aus aller Welt.

Verkehr
Bahn: Frome liegt an der Strecke London Paddington–Exeter–Penzance.
Bus: u. a. nach Shepton Mallet, Wells, Street.

Shepton Mallet ▶ G 18

Im Gefängnis von Shepton Mallet wurde während des Zweiten Weltkriegs das Domesday Book verwahrt, jenes Inventar, mit dem Wilhelm der Eroberer im 11. Jh. einen Überblick über den Reichtum des eroberten Landes (und eine Grundlage zur Besteuerung) schaffen ließ. Ein Hochsicherheitsgefängnis ist Cornhill Prison (1623) auch heute noch, das älteste im Land.

Aus der Blütezeit der ›Wollstadt‹ – zur Zeit der Sachsen hieß sie ›Scaep Ton‹, Sheep Town – stammt das kunstvolle Marktkreuz von 1500, und etliche alte Häuser im Zentrum künden vom Reichtum der Tuchmacher im 17. Jh. Sehenswert ist die Pfarrkirche St Peter and St Paul aus dem kristallinen, lokal gewonnenen Doulting-Stein mit einem Turm aus dem 14. Jh. und einer hölzernen Kassettendecke.

Essen & Trinken

Im Landhausstil – **Bowlish House:** Wells Road, Bowlish, Tel. 01749 34 20 22, www.bowlishhouse.com, So abends und Mo geschl., Lunch 2 Gänge ab £ 11,50, Dinner ab £ 18.95. Prachtvolles georgianisches Landhaus von 1732, zeitweise in Besitz vor Stephen Clark, dem Schuhfabrikanten, und heute ein stilvolles *restaurant with rooms.* Es werden auch sechs Zimmer (DZ ab £ 80) vermietet.

Im Bistrostil – **Blostins:** 29–33 Waterloo Road, Shepton Mallet, Tel. 01749 34 36 48, www.blostins.co.uk, Di–Sa 19–23 Uhr, 2 Gänge ab £ 17,95. Freundliches Bistro, das moderne britische Küche serviert.

Am Dorfweiher – **Strode Arms:** West Cranmore, Tel. 01749 88 04 50, ausgeschildert von der A 361 zwischen Shepton Mallet und Frome, Hauptgerichte £ 8–15. Nicht nur Eisenbahnfans, auch Pub-Liebhaber machen gern den Umweg über Cranmore. Das Strode Arms besticht durch idyllische Lage am Weiher, Atmosphäre sowie frische Küche und eine gute Real-Ale-Auswahl.

Aktiv & Kreativ

Unter Dampf – **East Somerset Railway:** www.eastsomersetrailway.com. April Sa/So, Juni und Sept. auch Mi, Juli/Aug. Mi–So. Zentraler Haltepunkt der knapp 4 km langen Strecke ist Cranmore Station.

Infos & Termine

Touristeninformation
Shepton Mallet Tourist Information Centre: 70 High Street, Tel. 01749 34 52 58, www.visitsheptonmallet.co.uk

Fest
Royal Bath & West Show: Ende Mai/Anfang Juni, www.bathandwest.com, Landwirtschaftsschau.

120

Glastonbury ▶ G 19

Glastonburys kleinem Stadtzentrum ist nicht auf den ersten Blick anzusehen, dass man sich hier in einer Hochburg der englischen Esoteriker befindet. Außer esoterischer Literatur werden diverse Therapien, Kurse und in mehreren Geschäften alternative Heilmittel angeboten. Die Auswahl an vegetarischen Restaurants bietet eine angenehme Abwechslung von der proteinreichen englischen Küche.

Glastonbury Lake Village Museum

The Tribunal, 9 High Street (im Obergeschoss des Tourist Information Centre), Mo–Sa 10–13, 14–15.15 Uhr, £ 2,50
Das Museum in einem historischen Bau aus dem 15. Jh., The Tribunal, beleuchtet anhand archäologischer Funde Legende und Wahrheit des Glastonbury-Mythos. Es vermittelt eine ziemlich ausgewogene Darstellung, die sich an die Fakten hält.

Somerset Rural Life Museum

Abbey Farm, Chilkwell Street, Di–Sa 10–17 Uhr, Eintritt frei
Das Regionalmuseum Somerset Rural Life Museum lässt das Alltagsleben auf dem Lande früherer Zeiten wieder erstehen, indem es althergebrachte Handwerkszweige vorstellt wie Käse- und Apfelweinbereitung oder Korbflechterei; gelegentlich finden Handwerksvorführungen statt.

Übernachten, Essen

Originell – **Who'd A Thought It Inn:** 17 Northload Street, Tel. 01458 83 44 60, www.whodathoughtit.co.uk, DZ £ 75. Das Pub (tgl. 12–14, 18–21 Uhr) bietet gut gezapfte Real Ales und vielfältige

Schuhe und mehr ▶ G 19

Clark's Village in Street, ca. 2 km südlich von Glastonbury, ist ein Shoppingparadies für Markenbewusste: Factory Outlets vieler bekannter Firmen, darunter des britischen Schuhfabrikanten J. Clark, reihen sich hier aneinander. In dem ausgedehnten Gelände sind aber nicht nur Schuhe, sondern allerhand Designerware zu haben, von Kleidung über Parfüm und Schokolade bis zu Glas und Porzellan – ein Shopping-Trip bei schlechtem Wetter ist gut investierte Zeit (www.clarksvillage.co.uk, April–Okt. Mo–Sa 9–18, sonst Mo–Sa 9–17.30, So 10–15, Do bis 20 Uhr). Das Shoe Museum illustriert 2000 Jahre Schuhgeschichte (40 High Street, Mo–Fr 10–16.45 Uhr).

Gerichte vom vegetarischen Gemüse-Curry £ 9,55 bis zum Kabeljau im Bierteig £ 10,95. Das Interieur erinnert an ein Museum – der Gasthof ist ein gemütlicher und kurioser Ort zum Ausruhen.

Infos & Termine

Touristeninformation

Tourist Information Centre: Glastonbury Tribunal Limited, 9 High Street, Tel. 01458 83 29 54, Fax 83 29 49, www.glastonburytic.co.uk

Festival

Glastonbury Festival: am letzten Juniwochenende, www.glastonburyfestivals.co.uk. Berühmtes Popmusik-Festival mit mehreren Open-Air-Bühnen in Pilton bei Glastonbury.

Verkehr

Bus: u. a. nach Wells, Street, Shepton Mallet.   ▷ S. 124

Auf Entdeckungstour

Auf der Suche nach dem Gral – heilige Stätten in Glastonbury

Was ist Mythos, Legende und was ist Tatsache? Wer die Ruinen der Abtei von Glastonbury durchwandelt, wird sich diese Frage immer wieder stellen. Begründete hier Josef von Arimathäa das englische Christentum und brachte er einen Kelch vom Blut Christi, den Gral, nach Britannien? Lag hier König Artus' Grab?

Öffnungszeiten: Glastonbury Abbey, www.glastonburyabbey.com, tgl. 9–16, Juni–Aug. 9–19 Uhr, £ 6; Chalice Well Gardens, www.chalcewell.org.uk, April–Okt. tgl. 10–17.30, sonst 10–16 Uhr, £ 3,60

Anfahrt: Shuttlebus zum Glastonbury Tor vom Stadtzentrum April–Sept.

Ohne Zweifel ist Glastonbury mit einer faszinierenden Legende verbunden, die alle Gralssucher auf den Plan ruft: Josef von Arimathäa, ein Onkel von Jesus, suchte als christlicher Missionar mit einer Gefolgschaft von zwölf Getreuen die Britische Insel auf. Bei sich hatte er den heiligen Gral, den Kelch, mit dem Jesus seinen Jüngern das Abendmahl gespendet und der das Blut des Gekreuzigten aufgefangen hatte. An einem Weihnachtsabend soll Josef seinen Wanderstab im heutigen Glastonbury in die Erde gesteckt haben, der sich in einen blühenden Weißdornbusch verwandelte. An der heiligen Stelle wurde die erste Kirche erbaut. Soweit die Legende.

Heiliger Brunnen und ein Hügel mit besonderer Ausstrahlung

Wir beginnen die Tour am Wearyall Hill zu Füßen des Glastonbury Tor, der etwa 1 km vom Marktplatz entfernt liegt. Hier soll, als Josef von Arimathäa den Kelch (chalice) des Abendmahls vergrub, eine Quelle entsprungen sein: **Chalice Well.** Dem wegen des hohen Eisengehalts rot gefärbten Wasser werden heilende Eigenschaften zugesprochen; hier und an der gegenüberliegenden Zapfstelle White Spring füllen viele Besucher mitgebrachte Behälter – eine gute Idee vor dem kräftezehrenden Aufstieg auf den steilen, 160 m hohen Hügel **Glastonbury Tor.** Der Aufstieg bis hinauf zur Turmruine der St-Michaels-Kapelle aus dem 15. Jh. führt uns vorbei an zwei uralten knorrigen Eichen, die nach den Königen im Alten Testament der Bibel Gog und Magog genannt werden, deren Alter sie vermutlich haben. Der Lohn der Mühen ist der weite Ausblick auf die flache Landschaft rundum, die bei jedem Wetter von einem eigenartigen Licht erfüllt scheint – spätestens hier werden sie spürbar, die spirituellen Kräfte, die *vibes,* dieses Ortes, oder nicht …?

Die älteste Kirche Englands?

Zurück zum Kloster, ob zu Fuß oder mit dem Shuttlebus, stehen wir vor den Ruinen der angeblich ältesten Kirche auf englischem Boden. Sie wurde als Klosterkirche im 7. Jh. errichtet. Die Nachfahren des heiligen Weißdornbuschs, **Holy Thorn,** blühen hier noch heute zu Weihnachten und im Mai. **Glastonbury Abbey** wurde zur Grabstätte der sächsischen Könige, es folgten die normannischen Eroberer, die den Bau der größten Abteikirche Englands begannen. Doch 1184 brannte sie fast vollständig aus. 300 Jahre dauerte der Wiederaufbau, doch unter Heinrich VIII. wurde die Abtei verkauft und zerstört. Die riesigen Ausmaße des Baus sind heute kaum zu erahnen.

Lag hier König Artus' Grab?

Aber die Legende geht weiter: Einige Jahre nach dem großen Brand, um 1190, sollen die Mönche eine aufsehenerregende Entdeckung gemacht haben: 6 m unter der Erde stießen sie auf zwei Eichensärge. In dem einen befanden sich die Gebeine eines Mannes, im zweiten die einer Frau. Ein graviertes Metallkreuz gab Aufschluss darüber, um wessen Grab es sich handelte: König Artus und Königin Guinevere. Da war kein Zweifel mehr möglich, es passt einfach zu gut: In der Artussage ist der König in Avalon, einer Insel im Totenreich der Helden begraben. Glastonbury, mit dem alten keltischen Namen Yinis Witrin (engl. Glassy Isle – dt. etwa Glasinsel), war in seiner frühsten Geschichte tatsächlich eine Insel, die aus dem Meer herausragte. Also, lautet die Schlussfolgerung, muss Glastonbury mit Avalon identisch sein!

Westliches Wiltshire und Somerset

Von Wells in die Mendip Hills

Wells ! ▶ G 18

Wells ist mit seinen knapp 10 000 Einwohnern vermutlich die kleinste ›City‹ Englands – ›City‹ darf sich in England jede Kathedralstadt nennen. Die Quellen, die in den Gärten des Bischofspalastes entspringen, gaben der Stadt ihren Namen. Herrlich sind die riesigen Zedern und Laubbäume in der Anlage. Am Wasser entlang führt ein idyllischer Wanderweg aus der Stadt ins umliegende Weideland hinaus.

Wells Cathedral

www.wellscathedral.org.uk, April–Sept. 7–19, sonst 7–18 Uhr, £ 6
Die Kathedrale hat für den Ruhm der Stadt gesorgt. Man entdeckt sie erst, wenn man aus der Innenstadt durch das alte Torhaus Penniless Porch tritt. Urplötzlich taucht der Bau hinter den kleinen Häuschen am Marktplatz auf. Vor ihrer Fassade mit den 300 horizontal angeordneten Kalksandsteinskulpturen und den ungewöhnlich kleinen Portalen breitet sich eine riesige Rasenfläche aus. Sie bietet Platz, um die Westfassade mit ihren breiten Türmen auf sich wirken zu lassen. Massiv ruht der Bau in sich selbst und scheint dabei so gar nicht in die Höhe zu streben. Die filigranen Figuren geben der Fassade eine ganz eigene, strenge Eleganz.

Erbaut wurde die Kathedrale zwischen dem 12. und 14. Jh.; sie ist eines der frühesten Beispiele englischer Gotik. Das Kirchenschiff wird vom Eindruck der berühmten Scherenbögen aus dem 14. Jh. geprägt. Die S-förmig geschwungenen Streben tragen das Gewicht des Vierungsturms. In den Querschiffen sind die Figurenkapitelle der Säulen besonders sehenswert: Ein alter Mann, der beim Diebstahl erwischt wird, ein anderer, der unter Zahnschmerzen leidet. Im nördlichen Querschiff finden sich die im frühen 13. Jh. entstandenen Figuren der sächsischen Bischöfe sowie eine 1390 geschaffene astronomische Uhr. Hier führen uralte ausgetretene Stufen, die ›Treppe von Wells‹, zum achteckigen Chapter House, dem 1319 erbauten Kapitelsaal mit einem feingliedrig gespannten Deckengewölbe, das von einem einzigen Mittelpfeiler ausgeht.

Vicar's Close

1348 wurde an der Nordseite der Kathedrale eine Reihenhausgasse gebaut, Vicar's Close: die erste in Europa, noch heute völlig intakt und in sich geschlossen. Der Erbauer, Bischof Ralph von Shrewsbury, wollte die Sänger seines Chors wohl geordnet untergebracht wissen. Bis heute bewohnen Angehörige des Bistums und Lehrer der Kathedralschule die geschichtsträchtigen Reihenhäuser.

Übernachten

Ländlich – **Stoneleigh House:** Westbury-sub-Mendip bei Wells, Tel./Fax 01749 87 06 68, www.stoneleigh.dial. pipex.com, DZ ab £ 70. Bauernhaus mit schönem Cottage-Garten, alter Schmiede und Ciderpresse. Zum Frühstück gibt es hausgemachte Marmelade und Eier von der Farm.
Mit Kamin – **Bed & Breakfast Infield House:** 36 Portway, Tel. 01749 67 09 89, Fax 67 90 93, www.infieldhouse.co.uk, DZ £ 68 für eine Nacht, bei längerem Aufenthalt wird der Preis reduziert. In einem geräumigen viktorianischen Stadthaus, zu Fuß 5 Min. vom historischen Zentrum entfernt, jedes Zimmer mit Kamin.

Einkaufen

Kunterbunt – **Markt:** jeden Sa vor dem Bischofspalast in der Town Hall.
Antiquitäten – **Antique Market:** In der Town Hall regelmäßig Sa/So.

Infos

Touristeninformation
Wells Tourist Information Centre: Wells Museum, 8 Cathedral Green Tel. 01749 67 17 70. Das Museum zeigt u. a. einen Bärenschädel aus Wooky Hole (www.wellsmuseum.org.uk).

Verkehr
Bus: Verbindungen nach Bristol, Glastonbury, Taunton, Cheddar.

Mendip Hills ▶ G 18

Wells liegt direkt südlich der Mendip Hills. In der Nähe lockt **Wookey Hole:** Tropfsteinhöhlen, unterirdische Seen und Felsformationen wurden zu einer Touristenattraktion ausgebaut, in der Dinosaurier und King-Kong, Feen und Teddybären eine Rolle spielen, um ein sehr junges Publikum anzusprechen (www.wookey.co.uk, Touren April–Okt. tgl. 10–17, Nov.–März 10–16 Uhr, Erw. £ 16, Kinder £ 11).
Von Wookey Hole führt eine gewundene schmale Straße bergauf zum Naturreservat **Ebbor Gorge,** das man auf Wanderpfaden vom Parkplatz aus erkunden kann, und zum Aussichtspunkt **Deer Leap** (s. Lieblingsort S. 126). Das Dorf **Priddy** ist bekannt für die Sheep Fair im August.

Cheddar Caves
www.cheddargorge.co.uk, Juli/Aug. tgl. 10–17.30, sonst 10.30–17 Uhr, letzter Einlass 30 Min. vorher, £ 18,50

Von Wells in die Mendip Hills

Die Tropfsteinhöhlen am Ausgang der Cheddar Gorge mit ihren effektvoll beleuchteten Sälen aus Stalagmiten und Stalaktiten, unterirdischen Seen und Labyrinthen sind sehenswert. Vor 4000 Jahren haben sich nicht nur Höhlenbären, sondern auch Menschen hier aufgehalten, wie Funde in der 1890 entdeckten Gough's Cave zeigen. Die 274 Stufen der Jacob's Ladder, nahe den Tropfsteinhöhlen, führen überirdisch zu einem schönen Aussichtspunkt.

Cheddar Gorge
Im Sommer fahren Sightseeingbusse von den Badeorten an der Küste herauf in die 3 km lange Schlucht (engl. *gorge*) – dann wird es eng und die wilden Ziegen verziehen sich. Die über 100 m hohen lotrechten Felswände bilden eine Herausforderung für Kletterer, die es gern alpin haben. Im Ort Cheddar am westlichen Ausgang der Schlucht locken neben einem hübschen Marktplatz und einer Kirche aus dem 14. Jh. Geschäfte mit lokalen Produkten, darunter der berühmte Käse.

Übernachten

Edles Landhaushotel – **Miller's at Glencot House:** Wookey Hole, Tel. 01749 67 71 60, www.glencothouse.co.uk, DZ ab £ 165 inkl. Continental Breakfast. Edles, luxuriöses Haus aus viktorianischer Zeit in herrlichem Landschaftsgarten, sehr englische Atmosphäre mit Cricketrasen und Afternoon Tea im Garten.

Essen & Trinken

Experimentell – **Wookey Hole Inn:** Wookey Hole, Tel. 01749 67 66 77, www.wookeyholeinn.com, DZ £ 90–100. Pub mit erfrischend experimen-

Lieblingsort

Picknick mit Aussicht – Deer Leap ▶ G 18
Der ideale Picknickplatz! Nach der kurvenreichen Anfahrt von Wookey Hole (s. S. 125) liegt dem Betrachter auf dem 244 m hohen Aussichtspunkt mit dem passenden Namen »Hirschsprung« halb Somerset zu Füßen, geprägt von der märchenhaften Silhouette der beiden Hügel Brent Knoll und Glastonbury Tor, die wie Inseln aus dem niedrigen Marschland der Somerset Levels ragen. Bei klarer Sicht sind die Quantock Hills oder gar jenseits des Bristol Channel das gar nicht so ferne Wales zu erkennen. Auf dem Grasland sitzend, kann man genüsslich ein Picknick verzehren. Als Verdauungsspaziergang bietet sich die Wanderung zum nahe gelegenen Naturschutzgebiet Ebbor Gorge an.

teller Küche und fünf geräumigen, im Ethnostil eingerichteten Zimmern mit Futon-Betten.

Einkaufen

Käseladen – **Cheddar Gorge Cheese Company:** The Cliffs, Cheddar Gorge, www.cheddargorgecheeseco.co.uk, tgl. 10–17 Uhr. Der ultimative Käseladen mit breitem Sortiment – nicht nur, aber vor allem und in vielen Varianten *Cheddar cheese*. Käsefabrik 10–16 Uhr (Eintritt £ 2,25).

Aktiv & Kreativ

Klettern und Höhlentouren – **Gorge X-treme:** Tel. 01934 74 23 43, www.ched dargorge.co.uk, ganzjährig und tgl. geöffnet. Neben Steilwandklettern auch 1- bis 2-stündige unterirdische Touren durch die Tropfsteinhöhlen der Cheddar Gorge unter sachkundiger Leitung.

Infos & Termine

Fest
Priddy Sheep Fair: im August in Priddy. Schafmarkt mit Volksfestatmosphäre.

Verkehr
Bus: lokale Busse ab Bridgwater nach Cheddar, stdl. Bus von Wells.

Taunton ▶ F/G 19

Die Hauptstadt von Somerset offenbart sich nicht unmittelbar als Schönheit, doch in der Hammett Street stößt man auf einige elegante Stadthäuser. Das Zentrum des historischen Stadtkerns bildet **Taunton Castle,** ehemals angelsächsische, dann normannische Festung. 2011 ist in die alten Mauern das Museum of Somerset (Di–Sa 10–17 Uhr, Eintritt frei) mit Exponaten zur Regionalgeschichte, darunter ein römischer Münzschatz, eingezogen.

Umgebung von Taunton

Burrow Mump ▶ G 19
Östlich von Taunton, Richtung Glastonbury, erhebt sich an der A 361 bei Burrowbridge ein von einer Kirchenruine gekrönter Hügel, nicht unähnlich dem Glastonbury Tor: Burrow Mump. Beide Worte bedeuten ›Hügel‹. Von oben überblickt man die weite, von Kanälen durchzogene Ebene der Somerset Levels mit Kopfweiden und Kühen, und in der Ferne ist Glastonbury Tor erkennbar. Die Weiden aus Somerset liefern übrigens das Gerüst für die Bärenfellmützen der Palastwache am Londoner Buckingham Palace.

Hestercombe Gardens ▶ F/G 19
www.hestercombe.com/gardens, Abzweig von der A 361 ca. 6 km nördlich von Taunton, ganzjährig tgl. 10–17.30 Uhr, £ 8,90
Gartenfans werden an Hestercombe Gardens nicht vorbeifahren: Sie umfassen eine der wenigen erhaltenen Gartenanlagen von Gertrude Jekyll und Edwin Lutyens. Dem namhaften Team aus Gärtnerin und Architekt gelang hier zu Beginn des 20. Jh. beispielhaft die harmonische Verbindung strenger architektonischer Elemente mit üppiger, farbig abgestimmter Bepflanzung.

Essen & Trinken

Bistrorestaurant – **Brazz:** Taunton Castle, neben Castle Hotel, ab £ 12. Das moderne Restaurant im Bistrostil bie-

Westliches Wiltshire und Somerset

Mein Tipp

Tafeln wie die Edelleute – Castle Hotel
Das Castle Hotel ist Tauntons kulinarisches Highlight und vielleicht das der gesamten Region: Zweifellos eines der besten Restaurants im West Country, bietet es ebenso unkomplizierte wie erstklassige Küche. *England at its best:* feinste Küche, Fisch, Ente, Lamm und Beef – deftige Fleischgerichte in Perfektion. Die Weinkarte lässt vergessen, dass man eigentlich etwas sparsamer speisen wollte (Castle Green, Tel. 01823 27 26 71, Fax 33 60 66, www.the-castle-hotel.com, Dinner 3 Gänge £ 47, DZ ab £ 139, Garden Rooms ab £ 199).

tet schnelle, leichte Küche, von Burger bis Lobster.

Einkaufen

Regionales – **Farmers' Market:** jeden Do 9–15 Uhr, High Street. Bauernmarkt mit lokalen Produkten, sehenswert!

Infos

Touristeninformation
Tourist Information Centre: Taunton Library, Paul Street, Tel. 01823 33 63 44, www.visitsomerset.co.uk

Verkehr
Bahn: First Great Western Trains von London Paddington über Bath und Bristol nach Taunton.
Bus: u. a. nach Glastonbury, Wells sowie nach Minehead und Yeovil.

Quantock Hills ▶ F/G 19

Die Quantock Hills könnte man als den Vorgarten des Exmoor bezeichnen: eine sanfte Hügellandschaft mit kleinen Flüssen, Freiflächen und Rotwild. Die typischen Quantock-Dörfer mit den urigen Häuschen unter Reetdach verströmen eine Atmosphäre ländlicher Idylle – hier kann man Ruhe finden, wandern und abends im lokalen Pub bei hervorragender ländlicher Küche den Tag Revue passieren lassen.

Nether Stowey oder **Holford** sind Ausgangspunkte für Wanderungen in den Quantock Hills, u. a. auf dem **Coleridge Way** (54 km, bis Porlock an der Küste). Von beiden Orten kann man den **Wills Neck** (ca. 400 m) ersteigen. Routenvorschläge im Information Centre Nether Stowey (in der Bibliothek).

Bishops Lydeard
Der Ort abseits der A 358 gibt einen Vorgeschmack auf die typischen Quantock-Dörfer. Die Dorfkirche ziert ein wunderschöner Turm im spätgotischen Perpendicular Style. Innen lohnt ein Blick auf die Bänke mit allegorischen Holzschnitzereien: Ein Pelikan füttert seine Jungen mit seinem eigenen Blut.

Cleeve Abbey
Bei Washford (Station West Somerset Railway), EH, April–Juni, Sept. 10–17, Juli/Aug. 10–18, Okt. 10–15 Uhr, £ 4,30
Die Abteiruinen aus dem 13. Jh. mit nahezu komplett erhaltenem Kreuzgang verströmen eine romantische Atmosphäre. Wandmalereien aus dem 15. Jh. zeigen die Heiligen Katharina und Margaretha.

Coleridge Cottage
In Nether Stowey, 35 Lime Street, www.nationaltrust.org.uk, Mitte März–Okt. Do–Mo 11–17 Uhr, £ 5

Quantock Hills

Über kleine Landstraßen gelangt man gen Norden nach Nether Stowey, ehemals Heimat des romantischen Dichters Samuel Taylor Coleridge. Sein »elendes Cottage«, wie seine Frau Sara das strohgedeckte Häuschen verfluchte, befindet sich heute im Besitz des National Trust. Müde Wanderer mögen an dieser Stelle daran denken: 1796 lief Coleridge von Bristol zu Fuß zu seinem neuen Zuhause.

Der Lyriker William Wordsworth bezog das wenige Meilen entfernte Alfoxton House bei Holford (heute Alfoxton Park Hotel). Die Romantiker Wordsworth und Coleridge erlebten hier als Nachbarn eine produktive Phase. Viele Freunde aus der Literaturszene kamen in den drei Jahren der Nachbarschaft zu Besuch: Man wanderte, diskutierte, schrieb. Die Intellektuellen waren verdächtig und Wordsworth wurde eines Tages aus Alfoxton House gewiesen. Coleridge schrieb seine besten Gedichte in den Quantocks, »The Rime of the Ancient Mariner« und »Kubla Khan«. Gemeinsam verfassten die Dichterfreunde das poetische Manifest der englischen Romantik, »Lyrical Ballads« (1798).

Übernachten

Geschmackvoll renoviert – **Bashfords Farmhouse B & B:** West Bagborough, ca. 5 km nördlich von Bishops Lydeard, Tel. 01823 43 20 15, www.bashfords farmhouse.co.uk, DZ ab £ 65. Komfortables Farmhouse-B & B, von einem Londoner Paar geschmackvoll eingerichtet, mit drei Zimmern. Zum Frühstück gibt es frisch gebackenes Brot, auf Wunsch wird Dinner angeboten.

Ländliches Idyll – **Parsonage Farm:** Over Stowey, Nether Stowey, Tel. 01278 73 32 37 Fax 73 35 11, www.par sonfarm.co.uk, DZ ab £ 60/80 ohne/mit Dusche/WC. Drei Zimmer in einem urigen Bauernhaus aus dem 17. Jh. Am Herdfeuer zubereitetes Frühstück mit Zutaten aus ökologischem Anbau, Eier von eigenen Hühnern, frischer Apfelsaft. Ideale Lage zum Wandern.

Essen & Trinken

Juwel der Region – **The Rising Sun:** West Bagborough, ca. 5 km nördlich von Bishops Lydeard, Tel. 01823 43 25 75, www.risingsuninn.info, Lunch £ 12–20, Dinner £ 16–20. Eines der bestgeführten Gastro-Pubs der Umgebung mit Kunstgalerie und ausgezeichnetem Essen: deftig-feine englische Landküche mit französischer Finesse.

Aktiv & Kreativ

Nostalgische Fahrt – **West Somerset Railway:** www.west-somerset-railway. co.uk. In Bishops Lydeard beginnt die 30 km lange Eisenbahnstrecke, auf der historische Dampf- und Dieselloks bis nach Minehead an der Küste fahren.

Abends & Nachts

Gemütlich-ländlich – **Plough Inn:** Holford. Das bei Wanderern beliebte Pub hat sogar einen Bezug zur literarischen Welt, denn hier verlebten Virginia und Leonard Woolf ihre Flitterwochen. Einfache stärkende Gerichte, gutes Bier.

Infos

Informationen

www.quantockonline.co.uk: kommerzielle Website mit Anzeigen von Unterkünften, Events, Pubs u. a., gute Infos zum Wanderweg Coleridge Way.

Exmoor National Park

Für Engländer hat das Exmoor magischen Reiz als Wild- und Jagdrevier für das begehrte und in England seltene Rotwild. Für die betuchte Country-Klientel ist die Jagdsaison im Exmoor gesellschaftlicher Höhepunkt, auch nachdem die Fuchsjagd mit Hunden 2004 verboten wurde. Man reist aus den umliegenden Grafschaften an, bucht mit seinen Begleitern eines der exquisiten Landhotels oder Inns und lässt's gut gehen. Laut und fröhlich geht es auf diesen Landpartien zu, und wem es gelingt, im September und Oktober eine schöne Unterkunft in der Region zu buchen, der wird sich der Hochstimmung der Jagdgesellschaften kaum entziehen können. Auf ungeteilte Zustimmung trifft dieser Zeitvertreib der Rotröcke indes nicht. Jahr für Jahr stehen die Tierschützer auf dem Plan, wenn zur Jagd geblasen wird.

Für Nichtjäger sind Wandern und Reiten die Hauptattraktionen im Exmoor National Park. 700 km^2 Hochmoor und romantische Heidelandschaft, dazwischen Flüsse, Wäldchen und Seen. Unmerklich verläuft die Grenze von Somerset und Norddevon durch den Exmoor National Park, doch weder Mensch noch Tier nehmen davon Notiz. Über 70 % des Landes befinden sich in Privatbesitz – dessen sollte man sich bewusst sein, wenn man seine Routen plant. Zwar gilt im Allgemeinen das Right of Way bzw. der Country Code, doch gibt es Einschränkungen, nicht nur zur Zeit der Rotwildjagd. Baden, Angeln und Campen sind nicht überall erlaubt. Doch ist die Wanderregion Exmoor so vielfältig und weitläufig, dass man zu jeder Jahreszeit mit zahlreichen Wandermöglichkeiten rechnen kann.

Zum Naturerlebnis zählt auch das Wetter: Ein eben noch sonniges Exmoor kann sich innerhalb kurzer Zeit in ein düsteres Abenteuer verwandeln. Wenn von der Küste Regen und Gewitter ins Land treiben, vor allem aber,

Infobox

Reisekarte: ▶ E/F 18/19

Auskunft

Exmoor National Park Centre: Dulverton, Tel. 01398 32 38 41, www.exmoornationalpark.gov.uk. Auskünfte zu Wanderwegen, Kartenmaterial. Weitere National Park Centres in Dunster und Lynmouth. Nützlich ist die in den Centres erhältliche Zeitschrift »The Exmoor Visitor« mit Veranstaltungstipps und Adressen für Outdoor-Aktivitäten. **TIC Combe Martin, North Devon:** Cross Street, Tel. 01271 88 33 19, www.visit combemartin.com März–Sept. tgl. 10–17 Uhr.

Internet

www.whatsonexmoor.co.uk: kommerzielle Website mit übersichtlichen Informationen zu Outdoor-Aktivitäten, Unterkunft, Essen & Trinken u. a.

Verkehr

Verbindungen mit öffentlichen Verkehrsmitteln im Innern des Exmoor sind spärlich bzw. nicht vorhanden, die Küstenorte sind besser angebunden. Informationen zum öffentlichen Nahverkehr im Exmoor – Bahn, Bus und spezielle saisonale Angebote für Wanderer – mit interaktiver Karte auf der Website www.exploremoor.co.uk.

Im Moor

Frei laufende Ponys streifen über die sanft gewellten Hügel im Exmoor

wenn der dichte Nebel fällt, hat ein Aufenthalt im Freien seine Tücken. Achtung: Wanderer im Moor sollten wirklich immer mit Wanderkarten und passender Outdoor-Ausrüstung laufen. Man kann auf den vielen Wegen zahlreiche Strecken kombinieren und leicht die Orientierung verlieren.

Im Moor

Dulverton ▶ F 19

Die Marktstadt ist die größte Ansiedlung im Moor und einer der besten Ausgangspunkte für Exkursionen im südlichen Exmoor. Die Nationalparkverwaltung ist hier untergebracht, es gibt Geschäfte mit Outdoorkleidung und Anglerbedarf, Tearooms und andere Infrastruktur. Von hier kann man bequem entlang dem Flussufer des River Barle wandern.

Wanderungen ab Dulverton

Eine beliebte Rundwanderung entlang dem River Tarr (18 km) führt von Dulverton zu den 8 km nordwestlich gelegenen **Tarr Steps,** einer mittelalterlichen Brücke aus Steinkeilen, die über den breiten, flachen Bach Tarr führt. Stärkung gibt's im lauschigen Tarr Farm Cafe, in der Nobelherberge Tarr Farm Inn (www.tarrfarm.co.uk) kann man außerdem übernachten.

Ab Tarr Steps bietet sich eine Rundwanderung von ca. 4 Std. über das gut 400 m hohe Heidemoor nach **Winsford Hill** an. Nicht aufgeben: Den Gipfel sieht man erst, wenn man ihn schon halb erklommen hat. Von oben hat man eine herrliche Aussicht – an klaren Tagen bis ins südliche Dartmoor. Das Auto kann man auf dem kostenpflichtigen Parkplatz von Tarr Steps stehen lassen.

Eine andere, 9 km lange Wanderung führt von Dulverton ins östlich gele-

Westliches Wiltshire und Somerset

gene **Brompton Regis.** Von dort aus kann man den See Wimbleball Lake erwandern (www.swlakestrust.org.uk).

Essen & Trinken

Für Weinfreunde – **Woods Bar and Restaurant:** 4 Bank Square, Tel. 01398 32 40 07, www.woodsdulverton.co.uk. Lunch ca. £ 12,50, Dinner ca. £ 16,50. Wirt Paddy Groves machte 2005 aus der ehemaligen Dorfbäckerei ein Pub – Bar und Restaurant sind getrennt, es wird regionales Bier ausgeschenkt. Aber das Plus von Woods ist die umfangreiche Weinkarte, hauptsächlich mit guten Tropfen aus Australien und Amerika. Die französisch inspirierte Küche lässt Gourmets aus Nah und Fern anreisen.

Winsford ▶ F 19

Das hübsche Örtchen eignet sich als Basis für Routen durch das östliche Moor. Winsford mit seinen Flüsschen, der Furt und den mindestens sieben Brücken ist eines der lohnendsten Reiseziele im gesamten Exmoor – neben der landschaftlichen Idylle locken die gastronomischen Highlights.

Übernachten, Essen

Die Unterkünfte im Exmoor sind unverhältnismäßig teuer und nicht nur zur Jagdsaison oft ausgebucht. Wer kurzfristig eine Unterkunft sucht, wird an der A396 Richtung Dunster fündig.
Plüschiger Jägertreff – **Royal Oak Inn:** in Winsford, Tel. 01643 85 14 55, www. royaloak-exmoor.co.uk, Bar menu ab £ 8,50, Steak vom Exmoor-Rind ab £ 16,50. DZ ab £ 116 (je nach Standard und Wochentag). Das Pub und Hotel in

dem romantischen Reetdach-Cottage ist der Magnet des Ortes und beliebt bei Saisonjägern, außerdem eine sehr englisch-plüschige Unterkunft mit acht Zimmern, ländliche Küche.
Für Jäger und Angler – **Karslake House:** Halse Lane, in Winsford, Tel./Fax 01643 85 12 42, www.karslake house.co.uk, DZ ab £ 85 (je nach Standard und Aufenthaltsdauer). Feines, kleines Country-Hotel mit Restaurant, sechs gemütliche Gästezimmer.

Essen & Trinken

Literarisch – **Royal Oak Inn:** Withypool, Gerichte £ 10–17. Das Pub im Dorf 5 km westlich von Winsford mitten im Moor hat besonderen Charme und bietet gutes Essen. Hier soll Richard Blackmore einige Kapitel seines Romans »Lorna Doone« verfasst haben, einer Räubergeschichte, der man im Exmoor auf Schritt und Tritt begegnen wird.
Wandererfreundlich – **Raleghs Cross:** Brendon Hill, Watchet, an der Kreuzung der B 3190 mit der B 3224 Elsworthy-Winsford, www.raleghscross. co.uk, Tel. 01984 64 03 43. Im südlichen Exmoor sind die Brendon Hills ein beliebtes Wandergebiet. Das rustikale Pub ist eine gute Einkehrmöglichkeit.

Exford ▶ F 19

Das exponiert in der Nähe der höchsten Erhebung Dunkery Beacon gelegene Exford gilt als guter Ausgangspunkt für Moorwanderungen. Diverse Wanderrouten im Norden dieses Ortes führen über Moor und Heide auf den über 500 m hohen Dunkery Beacon. Man kann es sich leichter machen, indem man in der Nähe parkt, doch der sanfte Anstieg wird von jedem Ausgangspunkt aus 2–3 km betragen.

Simonsbath ▶ E/F 19

Simonsbath (sprich: Simmensbath) liegt mitten im Jagdgebiet Exmoor Forest. Dass der ›Forest‹ gleichzeitig der kärgste Teil des Moores ist, ist kein Widerspruch: ›Forest‹ bedeutet meist, dass es sich um königliches Jagdgebiet handelt, und hat mit Bäumen wenig zu tun. Das Dorf hat eine bemerkenswerte Vergangenheit: 1818 kaufte eine Familie namens Knight den Forest und verpachtete das karge Land an Bauern. Sie ließ systematisch Straßen in alle Richtungen bauen, importierte Schafe und gewann mit ihren Pächtern nach und nach Ackerland, kurz: Sie schufen Infrastruktur in einer Region, die bis dato nie irgendwelches Einkommen abgeworfen hatte. Die Knights ließen ihren eigenen Familiensitz ummauern – Teile dieser Mauern stehen noch – und legten ca. 5 km nordwestlich des Ortes einen Teich an, Pinkworty Pond. Simonsbath wurde dank dieser Familie ein Verkehrsknotenpunkt, der das Landesinnere mit der Küste in Lynmouth verbindet.

Auch eine Sägemühle gehörte einst zum Knight-Besitz. Die restaurierte Mühle aus dem 19. Jh., die noch bis 1952 in Betrieb war, schneidet mit Wasserkraft – vorausgesetzt der Wasserstand stimmt – Holz aus dem Nationalpark, das zum Zaun- und Wegebau verwendet wird (Auskunft über Führungen beim National Park Centre).

Übernachten

Traditionsreich – **Simonsbath House Hotel:** Tel. 01643 83 12 59, www.simons bathhouse.co.uk, DZ £ 99–130, für Selbstversorger ab £ 130/Tag (bis zu drei Personen). Das älteste Haus am Ort (1654) mit schönem Blick ins Barle Valley.

Essen & Trinken

Populär – **Poltimore Arms:** ca. 6 km von Simonsbath Richtung South Molton, am Abzweig nach Brayford, Tel. 01598 71 03 81, www.poltimorearms.co.uk. Gerichte ab £ 12, Lunch unter £ 10, Real Ale. In dem einsam gelegenen, gemütlichen Pub isst man sehr gut, auch vegetarische Küche und Fisch, Biergarten.

Exmoor-Küste

Dunster und Dunster Castle ▶ F 18

www.nationaltrust.org.uk, Burg Mitte März–Okt., Garten ganzj. tgl. 11–17 Uhr, Burg und Garten £ 8,80, nur Garten £ 4,80

Die aus dem 11. Jh. stammende Burg wurde nach dem Bürgerkrieg im 17. Jh. von ihren Festungsvorrichtungen befreit, bis die Viktorianer sie in eine Art Rheinschloss verwandelten – es zeugt von Viktorias Liebe zu jener Region Deutschlands, die sie mit ihrem Gatten Albert bereist hatte. Das heutige Eigentum des National Trust liegt inmitten einer prächtigen Parkanlage. Von der Sonnenterrasse hat man einen wunderbaren Blick ins Land.

Bis in die 1950er-Jahre war das gesamte Städtchen **Dunster** jahrhundertelang Familienbesitz der im Schloss ansässigen Familie Luttrell. Solide ruht es am Fuß des Schlosshügels. In Dunster blühten Handwerk und Handel mit Wolle; der achteckige Yarn Market mit dem Marktkreuz von 1609 steht für diese Tradition. Die Cottages in der West Street waren die Häuser der Arbeiter, während die stolzen Stadthäuser in der High Street von den Händlern bewohnt wurden.

Westliches Wiltshire und Somerset

Minehead ▶ F 18

Minehead ist Endstation der West So-
merset Railway und mit 12 000 Ein-
wohnern die größte Stadt der Exmoor-
Region. Hier boomte in viktorianischer
Zeit der Tourismus: endlich eine Zug-
verbindung ans Wasser! Wer nach
Minehead kommt, sollte die steilen
Altstadtgassen und reetgedeckten
Häuschen rund um die hübsche Kirche
nicht verpassen.

Lynton & Lynmouth ▶ E 18

Lynton liegt hoch oben auf einer bewaldeten Klippe und war lange Zeit
durch seine Lage von der Umgebung
abgeschnitten. Gut 150 m tiefer und
erreichbar auch über die **Cliff Railway**,
eine hydraulisch angetriebene Zahn-
radbahn aus viktorianischer Zeit (1870),
liegt Lynmouth an der Mündung des
Lyn. Im 18. Jh. fand der englische Maler Gainsborough hier »einen der ent-
zückendsten Orte, die dieses Land für
einen Landschaftsmaler bereithält«. Es
ist also angemessen, diesen Ort ›malerisch‹ zu nennen … Und romantisch:
Der Dichter Shelley verlebte Anfang
des 19. Jh. hier seine Flitterwochen.

Übernachten

Romantisch – **The Gables B&B:** Dover-
hay, Porlock, Tel. 01643 86 34 32, www.
thegablesporlock.co.uk. Helle nette 4
Zimmer in einem Cottage im Dorf. DZ
£ 60–65, Familienzimmer £ 85.

Aktiv & Kreativ

Tierfarm – **Owl & Hawk Centre:** West
Lynch Farm, Allerford bei Porlock, Tel.
01643 86 28 16, www.exmoorfalconry.

co.uk. Kleintierfarm mit Falknerei und
Pferden, ideal für Familien mit Kindern
(Eintritt £ 8,50, Familie £ 25).

Infos

Touristeninformation
Lynton Tourist Information Centre:
Town Hall, Lee Rd., Tel. 0845 458 37 75
(aus UK), www.lyntonandlynmouth.
org.uk

Wanderungen mit Blick aufs Meer

Von Minehead führt der South West
Coast Path nach Westen bis nach
Combe Martin. Die A 39 begleitet ihn
bis Lynton und egal, wo man aussteigt
und wandert, hat man einen Blick auf
Felsen, die sich malerisch aus dem Wasser erheben. Zu den schönsten Strecken zählt der Abschnitt zwischen Porlock und Lynton, doch auch zwischen
Bossington und Hurtstone Point gibt es
weite Aussichten auf Küste und Moor-
landschaft.

Höhenwanderung von
Bossington ▶ F 18
Bossington ist idealer Ausgangspunkt
für eine in der Länge variable Höhen-
wanderung: Zum Selworthy Beacon
führt der Coastal Path nicht direkt am
Wasser entlang, sondern z. T. auf der
Binnenseite des Hügels. Über die Orte
Selworthy und Porlock hinweg blickt
man zum Dunkery Beacon im Exmoor.

Küstenwanderung von Porlock
▶ F 18
Von Porlock ist es nicht weit zum Hafen Porlock Weir. Hier kann man Stunden am Wasser herumtrödeln. Unru-
hige Geister wandern weiter auf dem
Küstenwanderweg Richtung Westen

134

Exmoor-Küste

Mein Tipp

Selworthy Village ▶ F 18
Ein Abstecher von Minehead in das hübsche Dorf Selworthy empfiehlt sich. Die märchenhaften gelben Cottages rund um eine Dorfwiese ließ Baron Holnicote 1810 für seine pensionierten Landarbeiter errichten. Heute ist Selworthy ein Museumsdorf und wird wie das gesamte 5000 ha große Anwesen Holnicote Estate vom National Trust betreut. Selworthys Tearoom liegt traumverloren und jenseits aller Wirklichkeiten in einem Garten versteckt, und Kittel und Häubchen tragende Damen teilen mit an Herbergseltern erinnerndem Gestus köstlichen Kuchen aus – typisch englisch oder typisch National Trust?

Die reetgedeckten Häuser von Selworthy Village stehen unter Denkmalschutz

bis Culbone (3 km) mit seiner winzigen Kirche mitten im Wald, wo einst Leprakranke wohnten. Wer ausdauernd ist, schafft es bis Malmesmead, dem Eingangstor zum Doone Valley, wo die Doone-Bande in Richard Blackmores Roman »Lorna Doone« (1869) lebte.

Watersmeet ▶ E 18
Bei einer Wanderung landeinwärts von Lynton am East Lyn River entlang zum Watersmeet House (NT) läuft man 5 km durch herrliches Waldgebiet, wo ein Weg zum Leuchtturm des Foreland Point am Küstenwanderweg führt.

Valley of the Rocks ▶ E 18
Wer in Lynton auf dem Küstenpfad Richtung Westen läuft, kommt zum Valley of the Rocks. Das schluchtenreiche Heideland ist übersät von merkwürdigen Felsformationen mit den seltsamsten Namen und wird von ›wilden‹ Ziegen und Schafen bevölkert.

135

Das Beste auf einen Blick

Dorset

Highlight!

Chesil Beach: Die fast 20 km lange natürliche Kieselbank von der Nordspitze der Isle of Portland und Abbotsbury ist eine geologische Besonderheit, ein Naturwunder mit Sogwirkung – nicht nur auf Touristen. S. 158

Auf Entdeckungstour

Geologie zum Anfassen – Lyme Bay: Zwischen Lyme Regis und Charmouth sind Fossilien an der Jurassic Coast besonders häufig. Gehen Sie auf die Suche, mit oder ohne Anleitung. S. 160

Mit Thomas Hardy in Wessex: Die meisten der Ende des 19. Jh. entstandenen und mehrfach verfilmten Romane des Schriftstellers spielen im Westen von Dorset, im alten Königreich Wessex. Besuchen Sie die wichtigsten Stationen im Leben von Thomas Hardy in und um Dorchester. S. 166

Kultur & Sehenswertes

Kingston Lacy: Das meisterhaft restaurierte Herrenhaus verbirgt einen Schatz erlesener Kunstwerke. S. 150

Der nackte Riese von Cerne Abbas: Aus angemessener Entfernung ist nicht zu übersehen, was das Besondere an diesem Monument ist. S. 164

Montacute House: Ein grandioses elisabethanisches Landhaus umrahmt von eleganten Gärten. S. 169

Aktiv & Kreativ

Studland Beach: Weißer Sand und munteres Strandleben an einem der schönsten Abschnitte der Purbeck-Halbinsel. S. 143

Wandern auf der Halbinsel Purbeck: Von Lulworth Cove aus führt der Coast Path zu den Naturwundern Durdle Door und Fossil Forest. S. 144

Genießen & Atmosphäre

Brauereibesichtigung: In Blandford Forum kommt man den Geheimnissen englischer Bierbrauer auf die Schliche. S. 150

Weymouth: Die Promenade mit den georgianischen Häusern verströmt nostalgische Seebadatmosphäre, ideal für den Abendspaziergang. S. 154

Austern aus Portland: Genießer schätzen die Austern der Fleet Oyster Farm. Hier werden sie ganz frisch serviert. S. 155

Abends & Nachts

Lighthouse: Gut etabliertes Kulturzentrum in Poole mit anspruchsvollem Programm. S. 143

Der Osten von Dorset

Wer aus Richtung London oder der Südostküste in der Grafschaft Dorset ankommt, hat den geschäftigen Teil Englands endgültig hinter sich gelassen – spätestens hier beginnt das, was sich die meisten unter ›West Country‹ vorstellen: stille Ländlichkeit und aufregende Natur. Mit einer Ausnahme: der Großraum Bournemouth-Christchurch-Poole mit mehr als 300 000 Einwohnern. Da Bournemouth ein Seebad mit hohem Vergnügungsfaktor ist, zieht es im Sommer nicht nur Badeurlauber und Familien an den langen Strand und zu den immer neuen Attraktionen eines typischen *seaside resort*. Westlich dieses ausgedehnten Ballungszentrums, nur eine Fährüberfahrt von Poole entfernt, ist man dann wieder mit sich und der Natur allein. Die Häuser und Steinmauern auf der Halbinsel Purbeck scheinen wie mit der kargen Landschaft verwachsen. Ein Abstecher von der Küste landeinwärts führt durch das üppige Grün des Stour Valley und Blackmoor Vale.

Bournemouth – Christchurch – Poole

Bournemouth ► H 19/20

Seebad und urbaner Ballungsraum zugleich, dazu Universitätsstadt mit Kongresszentrum – Bournemouth bietet für jeden etwas, ob betuchte Pensionäre, Konferenzbesucher oder Sprachschüler: 10 km Sandstrand, großzügige Gartenanlagen, Theater, Orchester, Kinos, Restaurants, Clubs und Discos sowie elegante Shopping-Paradiese mit Glaskuppeln. Vor allem an Wochenenden sind die Straßen bevölkert von jugendlichen Nachtschwärmern, die sich in den Clubs und Discos gemeinsam mit Sprachschülern aus ganz Europa die Nacht um die Ohren schlagen.

Bournemouth ist eine architektonische Schatzkiste des 19. und frühen 20. Jh. – weiße Villen balancieren an der Klippenkante, mehrstöckige, viktorianische Stadthäuser mischen sich mit Gebäuden des Art déco und der 1930er-Jahre. Die Geschichte der Stadt begann 1811, als sich der Gutsherr Louis Tregonwell in dem einsamen Heideland der Bucht ein Sommerhaus

Infobox

Internet
www.bournemouthandpoole.co.uk: ausführlicher Überblick über touristische Angebote an der Poole Bay.
www.ruraldorset.com: Internetseite für das Landesinnere von Ost-Dorset.

Verkehr
Flug: Flughafen Bournemouth 15 km nordöstlich, u. a. Flüge auf die Kanalinseln Jersey und Guernsey.
Bahn: von London Waterloo Station mit First Great Western Trains nach Bournemouth. Von der Küste ins Landesinnere verkehren Züge nur über Southampton–Salisbury.
Fähre: von den französischen Häfen Cherbourg und St Malo (Sommer) nach Poole Harbour.
Bus: Die lokale Busgesellschaft Wilts & Dorset bietet für die Region Bournemouth-Poole ein gutes Busnetz, ansonsten sind die Verbindungen eher spärlich. Infos: www.wdbus.co.uk.

Bournemouth – Christchurch – Poole

baute. Dazu pflanzte er Kiefern, die heute charakteristisch für die Silhouette von Bournemouth sind. Typisch sind auch *chines*, tief eingeschnittene, zum Meer offene, bewaldete Täler, die mit ihrem Kiefernbestand und immergrünem Unterwuchs aus Rhododendren oder anderen Exoten für wohltuendes Grün im Stadtbild sorgen.

Strandpromenade und Pier

Bournemouth ist ein typisches Seebad: Der kilometerlange Strand und die Promenade sind erstklassige Flaniermeilen, zwei Piers – einer davon in Boscombe – ragen ins Meer, Gartenanlagen mit Spazierwegen säumen die Klippen, Kabinenlifte fahren am West Cliff Strandmüde eine Etage höher und mitten ins Stadtzentrum mit dem üblichen Shoppingangebot einer High-Street-Fußgängerzone.

Oceanarium

www.oceanarium.co.uk, tgl. 10–18 Uhr, £ 9,95
Das Oceanarium am Pier ist eine Top-Attraktion vor allem für Familien mit Kindern. Das Aquarium zeigt spannend inszeniert Fische aus allen Kontinenten, besonders imponierend ist ein Unterwassertunnel.

Russell-Cotes Gallery

www.russell-cotes.bournemouth. gov.uk, Di–So 10–17 Uhr, Eintritt frei
Der Bau aus dem späten 19. Jh. am Steilhang mit Strandblick ist nicht nur architektonisch ein Kleinod. Was hier aus viktorianischer Sammlerleidenschaft und Reiselust zusammengetragen wurde, ist sehenswert und durchaus nicht nur an Regentagen einen Besuch wert. Die Villa versammelt beispielsweise Werke spätromantischpräraffaelitischer Maler des 19. Jh. sowie schönes Kunsthandwerk – aber auch Kitsch, vieles davon Souvenirs, die

Sir Merton und Annie Russell-Cotes aus aller Welt mitbrachten.

Übernachten

Als Seebad verfügt Bournemouth über Hunderte von Hotels und B & Bs, besonders im Stadtteil East Cliff.
Liebesnest – **Langtry Manor:** 26 Derby Road, East Cliff, Tel. 01202 55 38 87, www.langtrymanor.com, DZ ab £ 145. König Edward VII. traf sich hier mit der schönen Jersey Lily, der Schauspielerin Lillie Langtry, Schwarm der Jahrhundertwende-Society. Das plüschige Liebesnest in einer hübschen Villa mit 28 Doppelzimmern und Königssuite in Purpur liegt ruhig und verschwiegen in einer Nebenstraße.
Fachwerkstil – **Tudor Grange:** 31 Gervis Road, Tel. 01202 29 14 72, www.tudor grangehotel.com, DZ £ 60–100. Zehn Zimmer in einem schönen Fachwerkbau mit Blick aufs Meer, nobel eingerichtet in dunkler Eiche, in bester Lage in der Nähe von Strand und Innenstadt, gelegentlich am Abend Liveauftritte englischer Folkmusiker.
Günstig – **Amarillo Hotel:** 52 Frances Road, Tel. 01202 55 38 84, www.ama rillohotel.co.uk, £ 25–45 pro Person mit Frühstück. In einer ruhigen Nebenstraße mit Tennisplatz und Boulebahn im Park Knyveton Gardens vis-à-vis. Acht helle, großzügige, mit skandinavischem Touch eingerichtete Zimmer mit ein bis vier Betten.

Essen & Trinken

Meeresfrüchte satt – **Westbeach:** Pier Approach, Tel. 01202 58 77 85, http:// west-beach.co.uk, £ 12,75 *(Fish pie)* oder um £ 20 *(Rib eye steak)*. Hervorragender Blick aufs Strandleben durch die komplett verglaste Fensterfront,

Dorset

Lunch oder Dinner, Spezialität sind Fisch und Meeresfrüchte wie Hummer und Austern, aber es gibt auch leckere Steaks und schmackhafte vegetarische Alternativen.
Fish'n'Chips – **Chez Fred:** Seamoor Road, Westbourne, www.chezfred.co.uk, Tel. 01202 76 10 23. Viel gerühmtes Fastfood-Restaurant mit Alternativkost für Vegetarier und Leute, die keinen Fisch mögen, Bratfisch im Ausbackteig oder Fischfrikadelle, alles mit Pommes komplett mit grasgrünen *mushy peas* (Erbsenpüree) – bis £ 13.

Aktiv & Kreativ

Big Waves – **Surfen:** www.bournemouth-surfing.co.uk. Kurse, Adressen für Ausrüstungsverleih, Wetterbericht. Ein künstliches, 30 m langes Surf Reef lässt seit 2009 am Strand von Boscombe die Wellen höher schlagen und macht Boscombe Beach attraktiver.

Abends & Nachts

Bournemouth hat ein ausgeprägtes Nachtleben mit stets wechselnden Hotspots, die wichtigsten sind in der Firvale Road und an der Old Christchurch Road. Ein weiterer Schwerpunkt liegt im Stadtteil Boscombe.
Große Bühne – **O2 Academy:** 570 Christchurch Road, Boscombe, www.o2academybournemouth.co.uk. 1895 als Grand Pavilion Theatre eröffnet, ist in dem denkmalgeschützte Theaterbau die größte Showbühne in Bournemouth zu finden.

Infos & Termine

Touristeninformation
Bournemouth Tourist Information: Westover Road, Tel. 0845 051 17 00 (nur in GB), www.bournemouth.co.uk

Feste & Festivals
Classic Cars on the Prom: April–Sept jeden Sonntagnachmittag. Bewunderer und Besitzer treffen sich auf der Promenade zur Oldtimer-Auto-Schau.
Feuerwerk: jeden Fr im August gegen 23 Uhr.

Verkehr
Zu Anreise siehe Infobox S. 138.
Bahn: nach London Waterloo Station
Bus: gute Busverbindungen mit Wilts & Dorset (www.wdbus.co.uk).
Auto: Sandbanks Ferry verkürzt erheblich den Weg zur Purbeck Halbinsel (im Sommer oft überlastet).

Bournemouth – Christchurch – Poole

Am Strand von Bournemouth hat man den Pier im Blick

Christchurch ▶ H 19

Dorsets östlichster Küstenzipfel wäre vermutlich ein Vorort von Bournemouth geworden, wären da nicht die Flüsschen Stour und Avon, die sich gegen die Übernahme aus dem Westen verbünden: Christchurch liegt jenseits ihrer Mündung in verträumter Idylle. Die große Kirche von **Christchurch Priory** entstand auf den Ruinen der normannischen Festung, angefangen bei den romanischen Bögen bis zum spätgotischen Perpendicular Style der Marienkapelle. Die kunstvollen, bunten Fenster illustrieren das Leben der Jungfrau Maria. Die beste Aussicht genießt man von dem gut 40 m hohen Turm.

Essen & Trinken

Gemütlich – **Olde George:** 2a Castle Street, Tel. 01202 47 93 83. Gemütlich und altmodisch – das älteste Pub der Stadt stammt aus dem 17. Jh., englische Küche, u. a. Puddings.

Infos

Touristeninformation
Christchurch Tourist Information: 49 High Street, Tel. 01202 47 17 80, www.visitchristchurch.info

Verkehr
Bahn: Halt an der Strecke London Waterloo nach Bournemouth–Weymouth.

Dorset

Poole ► H 19/20

Ungetrübte Lebensfreude liegt gewissermaßen in der blau schimmernden Luft über dem zerklüfteten Becken des Naturhafens von Poole. Er darf sich rühmen, der nach Sidney größte Binnenhafen der Welt zu sein. Unmengen von Schiffen bewegen sich zwischen den kleinen Häfen und Buchten.

Poole Museum und Scaplen's Court

4 High Street, www.boroughofpoole. com/museums, April–Okt. Mo–Sa 10–17, So 12–17, Nov.–März Di–Sa 10–16, So 12–16 Uhr, Eintritt frei

Wer einen Regentag verbummeln möchte, kann das im Poole Museum tun, das in einem ehemaligen Hafenspeicher mit wunderbarem Blick aufs Wasser untergebracht ist. Der Schwerpunkt liegt auf Keramik und Schifffahrt, ältestes Exponat ist ein eisenzeitlicher Einbaum, der 1964 vor Brownsea Island entdeckt wurde.

Schräg gegenüber liegt das Stadthaus **Scaplen's Court,** dessen älteste Teile auf das 15. Jh. zurückgehen (im Aug. geöffnet, Eintritt frei); Garten im Tudor-Stil mit symmetrisch angeordneten Beeten (Mai–Sept.).

Hafenpromenade

Die Villen der 1930er- und 1960er-Jahre, die den nordöstlichen Rand der Hafenpromenade an Avenue und Sandbanks Road zieren, sind eine Augenweide: für England ungewöhnlich moderne Wohnhäuser, meist Zweitwohnsitze vermögender Hobbysegler – die schicke Marina ist nicht weit.

Brownsea Island

www.brownseaislandferries.com, April–Okt. tgl. 10–16.30 Uhr Fähre ab Poole Quay und Sandbanks, Fahrzeit 30 Min., NT, Bootsfahrt £ 9,50

Die größte der Inseln in der Lagune von Poole wird heute vom National Trust betreut und war einst die Wiege der Boy-Scout-Bewegung. Es gibt ein Outdoor Centre und ein Scout Museum, und auf Waldpfaden kann man den in England seltenen roten Eichhörnchen begegnen.

Übernachten

Toller Blick – **Harbour Heights:** Haven Road, Sandbanks, Tel. 01202 70 72 72, www.harbourheights.net, ab £ 110 pro Person. Rhode-Island-Feeling will es verbreiten, das architektonisch sehr ansprechende 4-Sterne-Hotel aus den 1920er-Jahren an der ›Millionaires Row‹ von Poole mit grandiosem Blick auf Poole Harbour.

Spitzenlage – **Saltings:** 5 Salterns Way, Tel. 01202 70 73 49, www.the-saltings. com, DZ ab £ 85. Exklusive Lage unweit dem Jachthafen an der Millionärsmeile, zwei helle Zimmer mit modernstem Komfort. Maritimes Flair, Kinder unerwünscht.

Essen & Trinken

Selbst geangelt – **Storm Fish:** 16 High Street, Tel. 01202 67 49 70, www.storm fish.co.uk, Hauptgericht ab £ 16, Lunch ab £ 9,50. Der Restaurantchef fängt selbst! Fisch frisch zubereitet in edlem Ambiente.

Gastro-Pub – **Cock & Bottle:** East Morden, ca. 10 km westl. von Poole an der B 3075, Tel. 01929 45 92 38, www.cock andbottlemorden.co.uk, Hauptgerichte £ 9–20. Schönes Country-Pub mit origineller Einrichtung zum Thema Oldtimer-Autos und -Motorräder. Getrennte Bereiche für Pub und Restaurant. Die Küche umfasst verfeinerte englische Klassiker wie Shepherd's Pie oder

Bournemouth – Christchurch – Poole

ham hock, aber auch Hausmacher-Chutneys zur Entenleberpastete.

Einkaufen

Farbenfrohe Vasen – **Poole Pottery Studio:** The Quay, www.poolepottery.co.uk, Mo–Sa 9–17.30, So 10.30–16.30 Uhr. Man kann beim Töpfern zusehen und Keramik im Shop einkaufen.

Aktiv & Kreativ

Wassersport – **FC Watersports Academy:** 4 Banks Road, Sandbanks, Tel. 01202 70 77 57, www.fcwatersports.co.uk. Segel-, Surf-, Kajakkurse und Ausrüstung.
Tagestouren per Boot – **Blue Line Cruises:** Poole Quay und Swanage, www.bluelinecruises.co.uk. Ausflüge nach Swanage mit Wandergelegenheit auf der Halbinsel Purbeck entlang der Jurassic Coast zu den spektakulären Felsen Old Harry. Beliebt: nächtliche Fahrten zum Freitagsfeuerwerk im August.
Hafenrundfahrten – **Dorset Cruises:** www.dorsetcruises.co.uk. Poole Quay. April–Sept. Mit den Schiffen der Dorset Belles Hafenrundfahrten.
Traumstrand – **Studland Beach:** Der Sandstrand im Osten der Purbeck-Halbinsel ist gut mit der Fähre von Sandbanks zu erreichen (Busverbindung Richtung Swanage von Bournemouth via Parkstone und Branksome).

Abends & Nachts

Gemütlich – **Antelope Inn:** 8 High Street, www.antelopeinn-poole.co.uk. Pub in historischer Kutscherherberge in der Altstadt, gelegentlich Livemusik.

Kulturzentrum – **Lighthouse:** 21 Kingland Road, gegenüber Busbahnhof und Dolphin Shopping Centre, www.lighthousepoole.co.uk. Gut etabliertes Kulturzentrum mit anspruchsvollem Programm: Konzerte, u. a. des Bournemouth Symphony Orchestra, das hier seine Heimstatt hat, sowie Kino, Tanz, Schauspiel und Kunstausstellungen.

Infos

Touristeninformation
Poole Tourist Information: Enefco House, Poole Quay, Tel. 0845 234 55 60 (nur aus GB), www.pooletourism.com

Verkehr
Fähre: von Poole Harbour zur Isle of Wight (Sommer) und auf die Kanalinseln Jersey und Guernsey.

Mein Tipp

Gartenkunst in Compton Acres
Die prächtige Anlage, die um 1929 angelegt wurde, ist einen Halbtagesausflug wert, denn es gibt immerhin sieben unterschiedliche Gärten zu sehen, darunter ein japanischer Garten, ein Fels- und Wassergarten, ein Heide-Garten – alle sind mit viel Liebe zum Detail gestaltet. In großer Vielfalt gedeihen Bäume, Sträucher und Blumen – darunter zahlreiche Exoten – vor dem Hintergrund der für diesen Küstenabschnitt charakteristischen Kiefernhaine, gekrönt von einem einzigartigen Seeblick (in Sandbanks, zwischen Poole und Bournemouth, www.comptonacres.co.uk, April–Okt. tgl. 10–17, sonst 10–15 Uhr, £ 6,95).

Dorset

Halbinsel Purbeck

▶ H 20

Die Landzunge der Isle of Purbeck schützt das südliche Hafenbecken von Poole vor südwestlichen Winden. Steinbrüche, in denen der helle Purbeck-Stein abgebaut wird, haben Narben in der Landschaft hinterlassen. Im Städtchen **Swanage** wurde im großen Stil mit dem Purbeck-Stein gehandelt. Seit dem Mittelalter benutzten englische Bauherren ihn im ganzen Land für Grabmäler, Kathedralen – wie z. B. die Londoner St Paul's Cathedral oder Salisbury Cathedral – und Repräsentationsbauten. Einige Häuser in Swanage haben Reimporte des verarbeiteten Steins in ihre Fassaden integriert: Das Portal der alten Town Hall zierte z. B. einst ein Londoner Stadthaus.

Wanderungen entlang der Küste

Zwischen Swanage und Kimmeridge lassen sich herrliche Wanderungen improvisieren – zahlreiche Parkplätze, Schilder und Aussichtspunkte sorgen

Traumstrand mit Felstor: die Bucht von Durdle Door

Halbinsel Purbeck

dafür, dass man sich in dem Gebiet nicht verläuft.

Beliebtester Ausgangspunkt für Wanderungen ist **Lulworth Cove** (im Sommer mit Tourist Information), ein kreisrunder Naturhafen und ein Paradies für Fossiliensucher mit erstaunlichen Felsformationen. Berühmt ist außerdem **Durdle Door**, ein natürliches Felstor im Wasser, und **Fossil Forest**. Kaum irgendwo wird ein Wanderer für relativ geringe Anstrengungen mit so viel spektakulärer Natur belohnt. Man sollte allerdings auf den Wegen bleiben: Zwischen Lulworth Cove und Kimmeridge liegt ein militärisches Sperrgebiet, das wegen Schießübungen nur am Wochenende und während der Schulferien geöffnet ist.

Kimmeridge Bay ist wegen ihrer Artenvielfalt unter Wasser ein Mekka für Meeresforscher; das Dorset Wildlife Trust Information Centre informiert über das hier lebende Meeresgetier, dem man sich schnorchelnd nähern kann (www.dorsetwildlifetrust.org.uk/snorkelling_trail.html). Von Kimmeridge geht es über sehr steile Passagen bis **St Aldhelm's Chapel**; die Kapelle aus normannischer Zeit thront auf dem Kliff, der Blick ist spektakulär.

Eine alternative Rundwanderung bietet sich vom Dorf **Kimmeridge** an: Am Clavel Tower, der die Ostseite der Bucht bewacht, vorbei nach Osten entlang der Küste bis Swyre Head, wo man landeinwärts Richtung Kingston abbiegt. Von hier aus kann man z. B. nach Corfe Castle wandern, um anschließend über Church Knowle und Steeple wieder zurück nach Kimmeridge zu laufen (ca. 8 km).

Übernachten

Auf dem Bauernhof – **Kimmeridge Farmhouse:** Kimmeridge, Tel. 01929 48 09 90, www.kimmeridgefarmhouse.co.uk, je nach Dauer und Komfort DZ ab £ 80. Schönes B & B in dem bäuerlichen Familienbetrieb von Annette und Jerry Hole mit Rinder- und Schafzucht auf 283 ha. Nicht weit vom Meer und bestens geeignet als Ausgangspunkt für Wanderungen zu den Naturwundern der Purbeck-Halbinsel, drei angenehme Zimmer.

Jugendherberge – **YHA Lulworth Cove:** School Lane, West Lulworth, Tel. 0845 371 93 31, lulworth@yha.org.uk, Erw. ab £ 16,40 im Schlafsaal. Einfache Unterkunft in schöner Lage mit Meerblick.

Dorset

Corfe Castle ► H 20

www.nationaltrust.org.uk, März und Okt. 10–17, April–Sept. 10–18, Nov.–Feb. 10–16 Uhr, £ 7,72
Die Ruinen von Corfe Castle thronen stolz und malerisch auf einem Hügel, nicht zu übersehen in der sonst weithin flachen Landschaft im Inneren der Purbeck-Halbinsel. Die ursprünglich unter Wilhelm dem Eroberer errichtete Normannenburg wurde schließlich zum Landsitz der Bankes-Familie, die später in Kingston Lacy (s. S. 150) residierte. 1646 machten Oliver Cromwells Truppen Corfe Castle fast dem Erdboden gleich, und wie es heißt, gelang ihnen dies nur durch Verrat. Zu Füßen des Burghügels quält sich heute sommers der Ausflugsverkehr zu den Stränden der Purbeck-Halbinsel durch die engen Gassen des Burgdorfs, vorbei an blumengeschmückten Häusern aus Purbeck-Stein. Bevor man sich an den Aufstieg zu den Ruinen macht, kann man sich im Castle View Visitors' Centre über die Burggeschichte sowie Geologie, Flora und Fauna der Halbinsel Purbeck informieren.

Ausflug nach Worth Matravers
Ganz aus Purbeckstein erbaut, fügt sich 8 km südlich von Corfe Castle der Ort Worth Matravers in die Landschaft ein. Ein Spaziergang führt hinab zum ehemaligen Steinbruch. Bergauf geht's zum Pub The Square & Compass (s. Lieblingsort S. 148).

Infos

Verkehr
Bahn: Eine Museumseisenbahn verkehrt zwischen Swanage und Norden (Park and Ride) mit Halt an Corfe Castle (April–Okt., www.swanagerailway.co.uk).

Wareham ► H 20

Verträumt liegt das Städtchen inmitten einer weiten Marschlandschaft am Fluss Frome, seine rechtwinkligen Straßenzüge stammen noch aus angelsächsischer Zeit. Viele kleine Geschäfte und Antiquitätenläden säumen die Hauptstraße. In der **St Martin's Church** am nördlichen Ende des Zentrums befindet sich neben blassen Fresken eine Darstellung des heiligen Martin aus dem 12. Jh.: Ritterlich teilt er mit dem Schwert seinen Mantel mit einem Bettler. Bemerkenswert ist der Sarkophag von T. E. Lawrence (»Lawrence von Arabien«, 1888–1935). Dem Dekan der Salisbury Cathedral gefielen die sexuellen Präferenzen des legendären Arabienkenners und Geheimdienstlers nicht, und so wurde sein steinernes Abbild in arabischem Gewand hierher in die St Martin's Church verbannt.

Das karg eingerichtete Cottage, in dem T. E. Lawrence nach seiner Rückkehr aus Arabien lebte, **Clouds Hill,** liegt 7 km westlich, bei Bovington und blieb fast unverändert wie zu seinen Lebzeiten (www.nationaltrust.org.uk, Ostern–Okt. Do–So 12–17 Uhr, £ 5).

Übernachten

Gartenhotel – **Priory Hotel:** Church Green, Tel. 01929 55 16 66, www.theprioryhotel.co.uk, DZ ab £ 205. Eines der schönsten Luxushotels der Region in herrlicher Lage am River Frome mit fantastischen Gärten.
Camping im Wald – **Wareham Forest Tourist Park:** North Trigon, Tel. 01929 55 13 93, Fax 55 83 21, www.warehamforest.co.uk, ganzjährig geöffnet, Zelt £ 7,50–17,25, Stellplatz £ 10,30–24. Schöner Kiefernwald für Camper und 200 Stellplätze für Caravans, beheizter Pool.

Infos

Touristeninformation
Purbeck Information & Heritage Centre: Holy Trinity Church, South Street, Tel. 01929 55 27 40, www.dorsetforyou.com/tourism

Verkehr
Bahn: Wareham ist Haltpunkt an der Strecke London Waterloo–Weymouth.

Ausflüge ins Landesinnere

Wimborne Minster ▶ H 19

Unweit von Bournemouth liegt die liebliche Marktstadt mit der **Kathedrale,** die dem Ort den Namen gab – das Münster. Hübsch ist das Schachbrettmuster aus weißem, grauem und braunem Stein. Hier kann man seine stilgeschichtlichen Kenntnisse unter Beweis stellen: massive normannische Bögen im Hauptschiff, der Obergaden im Perpendicular, die Fenster im Chor im Early English und die Krypta im Decorated Style. Die massigen Zwillingstürme der Kathedrale dominieren das Zentrum von Wimborne Minster. Im Jahre 1600 war während eines Gottesdienstes der hohe Kirchturm eingestürzt. Obwohl die Straßen voller Menschen waren, wurde niemand verletzt. Aus Respekt vor den Kräften des Himmels baute man die beiden neuen Türme etwas solider. Im Westturm befindet sich eine astronomische Uhr von 1320, die das Ptolemäische Weltbild wiedergibt (www.wimborneminster.org.uk, Mo–Sa 9.30–17.30, So 14.30–17.30 Uhr).

Berühmt ist **The Chained Library** über der Sakristei, eine Privatbibliothek, die ab 1686 ein jeder betreten durfte: eine der ersten öffentlichen Bibliotheken Englands! Das kostbare Lesegut ist angekettet (Ostern–Okt. 10.30–12.30 und 14–16, Winter nur Sa 10–12.30 Uhr).

Im **Priest's House** aus dem 16. Jh., direkt neben dem Tourist Information Centre, zeigt ein ausgezeichnetes Museum die Einrichtung unterschiedlicher Stilepochen. Zum Haus gehört ein von Mauern geschützter kleiner Garten (23–27 High Street, www.priest-house.co.uk, April–Okt. Mo–Sa 10–16.30 Uhr, £ 3,50).

Übernachten

Ländliche Ruhe – **Long Lane Farmhouse:** Long Lane, in Colehill, 2,5 km vom Stadtzentrum entfernt, Tel. 01202 88 78 29, www.longlanefarmhouse.co.uk, Bed & Breakfast DZ £ 60–80. Frei stehendes edwardianisches Haus etwas abseits gelegen, in ländlicher Ruhe.

Einkaufen

Kunsthandwerk – **Walford Mill Craft Centre:** Stone Lane, Tel. 1202 84 14 00, www.walfordmillcrafts.co.uk, Mo–Sa 10–17, So 11–16 Uhr. Kunsthandwerker der Dorset Craft Guild arbeiten in der ehemaligen Wassermühle und verkaufen ihre Produkte wie Schmuck oder Seidenstoffe, mit Bistro-Café.
Lokale Spezialitäten – **Farmers Market:** www.wimbornemarket.co.uk, Allendale Centre, Fr 8–14 Uhr. Regional produzierte Lebensmittel und Krammarkt.
Antiquitäten und Gebrauchtes – **Flohmarkt:** am Wochenende, Sa 7.30–14, So 8–14 Uhr. Der größte Trödelmarkt im ganzen Süden, bis zu 500 Stände bieten Waren feil.

Lieblingsort

Einkehr in der Zeitlosigkeit – Pub The Square and Compass
In diesem Pub ändert sich nichts – seit mindestens 25 Jahren dieselben abgenutzten Holztische, Zeichnungen und verblichenen Zeitungsausschnitte an den Wänden und in einem Nebenraum das kleine Fossilienmuseum, das in altmodischen Vitrinen Fossilienfunde aus 100 Jahren versammelt. Neben gutem Real Ale lokaler Brauereien gibt es eine große Auswahl von Apfelwein, zum Essen Kleinigkeiten und samstags manchmal Livemusik (in Worth Matravers, s. S. 146, 8 km südlich von Corfe Castle, www.squareandcompasspub.co.uk, Mo–Do 12–15 und 18–23, Fr–So 12–23 Uhr).

Dorset

Infos

Touristeninformation
Wimborne Minster Information Cen-tre: 29 High Street, Tel. 01202 88 61 16,
www.ruraldorset.com.

Verkehr
Bus: gute Verbindungen von Wimborne Minster nach Poole.

Kingston Lacy ► H 19

www.nationaltrust.org.uk, Haus:
Ostern–Okt. Mi–So 11–17, Park:
März–Okt. tgl. 10.30–18, im Winter
10.30–16 Uhr, Haus und Park £ 11,70
Auf der B 3082 erreicht man ca. 5 km
von Wimborne Minster Kingston Lacy,
einen der schönsten Landsitze Dorsets.
Erbaut wurde das Herrenhaus um 1665
von der Bankes-Familie, der man Corfe
Castle als Familiensitz abgenommen
hatte. In den 30er-Jahren des 18. Jh. erhielt das Herrenhaus ein Facelifting:
Die roten Ziegelmauern wurden in hellen Stein gekleidet, und in der Ein-
gangshalle glänzt ein Treppenaufgang
aus Carrara-Marmor. William Bankes
(1786–1855), Kunstkenner, Sammler
und Weltreisender, brachte aus Ägypten einen Obelisken, vom Kontinent
Gemälde von Tizian, Rembrandt und
Velázquez mit. Andere Mitglieder der
Familie Bankes hatten sich von van
Dyck und Reynolds porträtieren lassen.
Der National Trust übernahm den un-
geheuren Besitz des kinderlosen Erben
Ralph Bankes 1981. In mühsamer Arbeit restaurierten unzählige Fachleute
das Herrenhaus – und dokumentierten
dies bis ins letzte Detail. Mit Kingston
Lacy statuierte der Trust ein Exempel
seiner Arbeit. Neben Haus und Kunst
vermachte der letzte Besitzer dem
Trust 64 km² Land, u. a. Corfe Castle,
Badbury Rings und Studland Bay.

Ins Blackmoor Vale

Blandford Forum ► H 19

Die Marktstadt am River Stour mitten
in einer ländlich geprägten Region
wurde nach einem Brand 1731 einheit-
lich im georgianischen Stil wiederaufgebaut. Daran erinnert das Stadtmuseum **Blandford Town Museum** (http://
blandfordtownmuseum.org, Ostern–
Okt. Mo–Sa 10.30–16.30 Uhr). Das
Thema Mode im 18. Jh. behandelt das
Museum **The Blandford Fashion Museum** (www.theblandfordfashionmu
seum.com, Ostern–Okt. Mo, Do, Fr 11–
17, Okt.–Dez. 11–16 Uhr). Die Stadthäuser sind einen Blick wert und Blandford ist nicht nur an Markttagen ideal
zum Einkaufen.

Die 100 Jahre alte Brauerei **Hall &
Woodhouse** in Blandford St Mary südwestlich von Blandford Forum, Her-
steller der populären Badger-Biere,
gibt Besuchern Einblick in englische
Braumethoden – eine Kostprobe ist inklusive (Buchung Tel. 01258 48 60 04,
www.hall-woodhouse.co.uk, Führungen Mo–Sa 11 Uhr, £ 9).

Übernachten, Essen

Französisch inspiriert – **Museum:** in
Farnham, nordöstlich von Blandford
Forum, Abzweig von der A 354 in Mil-
lers Lane, Tel. 01725 51 62 61, www.
museuminn.co.uk, Hauptgerichte ca.
£ 14,50–22,50, Lunch ab £ 8,50, DZ
£ 110–180. Die ausgezeichnete französisch inspirierte Küche wird mit vielen
Kräutern verfeinert und verwendet lokale Produkte, oft aus Öko-Anbau.
Englisch rustikal – **Langton Arms:** in
Tarrant Monkton, nordöstlich von
Blandford Forum, ab Abzweig von der
A 354 ausgeschildert, www.thelangton
arms.co.uk, Tel. 01258 83 02 25,

150

Hauptgerichte £ 12,95–19,95. Beliebtes Gasthaus mit Zimmern unterm Reetdach (DZ £ 90), dessen Geschichte bis ins 17. Jh. reicht. Es gibt eine kleine Kunstgalerie mit Werken lokaler Maler und gute rustikale englische Küche in der Bar: Würstchen, *faggots* (£ 11,95, eine Art Leberknödel), Fisch im Backteig.

Einkaufen

Regionale Produkte – **Farmers' Market:** Blandford Forum, Corn Exchange, jeden 2. Fr im Monat 9–13 Uhr.

Infos & Termine

Touristeninformation
Blandford TIC: Riverside House, West Street, Blandford Forum, Tel. 01258 45 47 00, www.ruraldorset.com

Fest
Great Dorset Steam Fair: Ende Aug./ Anfang Sept., im nahen Tarrant Hinton. Dampfmaschinenschau (s. S. 74).

Verkehr
Bus: Verbindungen u. a. nach Shaftesbury, Wimborne und Poole, Weymouth und Dorchester.

Sturminster Newton
► H 19

Das malerische Städtchen Sturminster Newton liegt ca. 12 km nordwestlich von Blandford Forum. Relikte aus dem Mittelalter wie die sechsbogige Brücke über den River Stour und eine restaurierte Mühle aus dem 17. Jh. sind die Hauptattraktionen. Sturminster Newton Mill ist eine von rund 20 Mühlen am River Stour und wird heute von einer 100 Jahre alten Wasserturbine angetrieben (www.sturminsternewtonmuseum.co.uk, Ostern–Sept. Sa–Mo, Do 11–17 Uhr, £ 2).

Aktiv & Kreativ

Wandern am Fluss – **Stour Valley Way:** www.stourvalleyway.co.uk. An der Mühle in Sturminster Newton vorbei führt der Wanderweg, der dem mäandernden Flusstal des River Stour von Stourton bis Christchurch Priory folgt.

Übernachten

Luxus auf dem Lande – **Plumber Manor:** 2 km südlich von Sturminster Newton, Tel. 01258 47 25 07, www.plumbermanor.com, DZ £ 150–220. Luxuriöses Landhotel mit Restaurant (gute anglo-französische Landküche, Dinner 2 Gänge um £ 28). Man hat das Gefühl, in ein großzügiges, gastfreundliches *family home* zu kommen.

Abends & Nachts

Bier unterm Reetdach – **The Bull Tavern:** Town Bridge, www.thebullta vern.co.uk. Reetdach-Pub mit gemütlicher Einrichtung.

Shaftesbury ► H 19

Die Straße A 350 verläuft zwischen Blandford Forum und Shaftesbury entlang der Grenze zwischen Blackmoor Vale und Cranborne Chase und bietet spektakuläre Ausblicke in das Blackmoor-Tal. Am Rand des Tals, auf dem Sandsteinplateau von Cranborne Chase, liegt Shaftesbury, berühmt für seine Kopfsteinpflastergasse **Gold Hill.**

Dorset

Von hier oben offenbart sich ein fantastischer Blick über das parkähnliche Weideland des Blackmoor Vale. Immer wieder musste die Straße als Film- und Fernsehkulisse oder Motiv für Hochglanzprospekte herhalten.

König Alfred von Wessex baute strategisch, als er hier ein Kloster gründete: Shaftesbury Abbey. Äbtissin war seine Tochter. Gemeinsam mit der Abtei von Glastonbury besaß dieses Kloster mehr Land als die Krone. Außer der **St Peter's Church** ist kein Zeugnis des mittelalterlichen Glanzes erhalten. Im **Abbey Museum** sind die Gebeine Eduards des Märtyrers sowie Funde und Gegenstände der Alltagskultur zu sehen (www.shaftesburyabbey.org.uk, Ostern–Okt. tgl. 10–17 Uhr, £ 3).

Übernachten, Essen

Luxus pur – **Stock Hill:** in Gillingham, ca. 5 km nordwestlich von Shaftesbury, Tel. 01747 82 36 26, www.stockhillhouse.co.uk, DZ £ 265–325 inkl. Dinner. Wer sich nach gehobenem Luxus und kontinentaler Küche sehnt, macht sich auf zu Peter Hauser nach Gillingham. Der gebürtige Österreicher und seine Frau betreiben hier seit 1985 ein kleines Country-Hotel der feinsten Kategorie. Das Gemüse kommt aus dem eigenen Küchengarten, und die acht anheimelnd eingerichteten Gästezimmer lassen nichts zu wünschen übrig.

Für Genießer – **La Fleur de Lys:** Bleke Street, Shaftesbury, Tel. 01747 85 37 17, www.lafleurdelys.co.uk, Lunch £ 17, Dinner-Menü £ 27–33, DZ £ 125–165. Vorzügliche New English Cuisine in einem hübschen kleinen feinen Hotel mit sehr komfortablen Zimmern.

Im Grünen – **Blackmore Vale Caravan & Camping Park:** Sherborne Causeway, 3 km westlich von Shaftesbury, Tel. 01747 85 15 23, www.blackmore

valecaravanpark.co.uk, Stellplatz £ 10–16. Ebener kleiner Rasenplatz.

Infos

Touristeninformation
Shaftesbury Tourist Information Centre: 8 Bell Street, Tel. 01747 85 35 14, www.shaftesburydorset.com

Sherborne ► G 19

Abteikirche St Mary The Virgin

Die Abteikirche St Mary The Virgin bietet mit ihrem Fächergewölbe eines der schönsten Beispiele spätgotischer Perpendicular-Architektur. Ihre Gründung geht auf das Jahr 705 zurück, später wurde sie Kirche eines Benediktinerklosters. Was wir heute sehen, stammt bis auf das normannische Südportal aus ihrem Wiederaufbau im 15. Jh. Am nordöstlichen Ende der Kirche haben die Brüder Alfreds des Großen, Ethelred und Ethelbert, ihre Grabmäler. Im Klostergebäude befindet sich heute die bekannte Elite-Schule Sherborne School. Das nahegelegene **Almshouse** (1437) gilt als seltenes Beispiel für mittelalterliche Profanarchitektur. Die lang gestreckte Cheap Street des betriebsamen Marktstädtchens ist eine Fundgrube – lauter kleine Läden.

Sherborne Castle

www.sherbornecastle.com, Haus und Garten: April–Okt. Di–Do, Sa/So 11–16.30 Uhr, £ 10

Zwei Schlösser stehen sich außerhalb von Sherborne gegenüber: Olde Castle und New Castle (heute Sherborne Castle). Gemeinsam ist ihnen die Verbindung mit Sir Walter Raleigh. Der Günstling Elisabeths hatte der Königin die Burg aus dem 12. Jh. gewissermaßen ›abgeschwatzt‹. Als Seefahrer und

Ins Blackmoor Vale

Kopfsteinpflastergasse mit Aussicht: der Gold Hill in Shaftesbury

Parlamentarier musste er häufig zwischen Devon und London reisen – was war da günstiger als ein Wohnsitz in Dorset? Weil er nichts dafür bezahlen musste, verlor er wohl schnell die Lust an der feudalen Unterkunft. So baute er sich 1594 am Fuß der Burg den Jagdsitz zu einem stattlichen, modernen Herrenhaus um: New Castle.

Old Castle

www.english-heritage.org.uk, Juli/ Aug. tgl. 10–18, April–Juni, Sept. 10–17, Okt. 10–16 Uhr, £ 3,50
Die alte Burg fiel den Truppen Oliver Cromwells zum Opfer. Ihnen verdanken wir die romantischen Ruinen, die zwischen Zedern und Laubbäumen gegenüber dem See zu sehen sind, Teil der Konzeption der Gartenlandschaft von Lancelot ›Capability‹ Brown, den die Digbys, Raleighs Nachfolger, im 18. Jh. für die Gestaltung dieses schlichten, großzügigen Parks engagierten.

Übernachten, Essen

Gediegen – **The Grange at Oborne Restaurant & Hotel:** in Oborne, ca. 2 km östlich von Sherborne, Tel. 01935 81 34 63, www.thegrangeatoborne.co.uk, Menü £ 28 (zwei Gänge) bis £ 35 (drei Gänge), DZ ab £ 105–165. Das Country-House-Hotel in einem 200 Jahre alten Haus mit Park bietet großzügige Zimmer und ein sehr gutes Restaurant.

Infos

Touristeninformation
Sherborne Tourist Office: 3 Tilton Court, Digby Road, Tel. 01935 81 53 41, www.sherbornetown.com.

Verkehr
Bahn: Sherborne ist Haltepunkt an der Hauptstrecke London Waterloo–Salisbury–Exeter.

Der Westen von Dorset

Die Naturwunder der Jurassic Coast lassen sich im Westen Dorsets besonders gut besichtigen und fesseln nicht nur Geologie-Interessierte und Dino-Fans. Abseits des sommerlichen Strandgetümmels von Weymouth oder der West Bay bei Bridport lädt das stille Landesinnere rund um Dorchester zu literarischen Streifzügen nach Wessex ein, auf den Spuren der Romanhelden von Thomas Hardy. Hier trifft man auf idyllische Dörfer, Marktstädte und Cottages, die mit ländlichem Charme und guter Gastronomie locken.

Die Jurassic Coast an der Lyme Bay

Auch wenn die Jurassic Coast – von der Unesco als Welterbe gelistet – schon bei den Old Harry Rocks auf der Halbinsel Purbeck (s. S. 144) beginnt, das Zentrum der einzigartigen Küste mit Erinnerungen an Jahrmillionen der Erdgeschichte liegt rund um Weymouth und Lyme Regis: Zu den Höhepunkten gehören die Kiesbank Chesil Beach, die fossilienreichen Klippen rund um Lyme Regis, der höchste Punkt der Küste am Golden Cap und die eindrucksvolle rote Wand des East Cliff in Bridports West Bay.

Weymouth und Umgebung ▶ G 20

Weymouth ist das wohl eleganteste Seebad der Südküste. Seine georgianischen Häuserzeilen vor dem Hintergrund der waldigen Hügel sind ein optischer Genuss. Auf der Promenade setzen die bunt bemalte Statue von Georg III. und der noch buntere Clocktower zu Ehren von Queen Victoria farbige Akzente. Auch der alte Hafen ist bunt und lebendig: In umgebaute Speicher und schöne alte Häuser sind Pubs und Restaurants eingezogen. König Georg III. nutzte den Strand von Weymouth 1796 zu ersten Experimenten mit dem Bad im kalten Meerwasser – das erste Seebad war gekürt. Neue Lorbeeren erhielt Weymouth als Austragungsort für die Segelwettkämpfe der Olympiade im Sommer 2012.

Am Hafen

Stets lebhaft geht es am **Brewer's Quay** zu: Einkaufszentrum, Cafés, Geschäfte und Restaurants sind äußerst ansprechend. Eine Besucherattraktion ist das **Time Walk Museum**, in dem man eine Wanderung durch Weymouths Geschichte mit allen Sinnen absolviert, hörend, riechend und schmeckend (Hope Square, wegen Umbau vorübergehend geschl.).

Infobox

Internet
www.westdorset.com: touristisch wichtige Infos über West-Dorset.
www.jurassiccoast.com: gut gemachte Darstellung der Geologie der gesamten Welterbe-Küste mit Links zu den touristisch relevanten Infos.

Verkehr
Bahn: Heart of Wessex Line von Westbury über Dorchester nach Weymouth (www.heartofwessex.org.uk).
Bus: im Sommer Jurassic Coast Bus Service, Fahrplan: www.jurassiccoast.com.

Die Jurassic Coast an der Lyme Bay

Die Festung **Nothe Fort** aus dem 19. Jh. trumpft mit Kanonen, einer stattlichen Waffensammlung und Militärgeschichte von den Römern bis zum Zweiten Weltkrieg. Direkt an der Hafeneinfahrt platziert, bieten sich von hier aus beste Blicke auf den Schiffsverkehr und das Meer (www.nothe fort.org.uk, April–Okt. tgl. 10.30–17.30, übrige Zeit So 11–16 Uhr, £ 6).

Sea Life Park
Im Lodmoor Country Park östlich der Esplanade, www.sealife.co.uk, tgl. 10–17 Uhr, ab £ 20 je nach Event, Online-Buchung möglich
Der Sea Life Park ist bei jedem Wetter ein spannendes Ziel: In den riesigen Aquarien schwimmen Haie und andere Meerestiere, und das Tropenhaus ist mit 33 °C ein angenehmer Ort zum Aufwärmen. In der ›Shark-Academy‹ lernt man alles über Haie, ansonsten lohnt eine Begegnung mit Seehunden und Pinguinen.

White Horse of Osmington
Östlich von Weymouth, bei Osmington, fällt die in den Kalkhang ›eingeritzte‹ 80 m große Reiterfigur ins Auge. König Georg III.? Man weiß es nicht.

Isle of Portland
Der weiße Kalkstein der Isle of Portland hat es weit gebracht – bis New York kam er, wo er der UN-Zentrale Glanz verleiht. Seit Jahrhunderten wird dieser Stein hier abgebaut. Die Insel ist nur durch einen Damm mit Weymouth verbunden. Mit **Portland Castle** hat sich Heinrich VIII. an dieser Stelle verewigt, es ist eines der eindrucksvollsten Schlösser des Tudor-Königs mit Blick auf den Hafen von Portland (April–Juni, Sept. tgl. 10–17, Juli/Aug. 10–18, Okt. 10–16 Uhr, EH, £ 4,70). Am Südende von Portland kann man den Leuchtturm **Portland Bill Lighthouse**

Mein Tipp

Austern satt – Fleet Oyster Farm
Die Austern, die am Strand von Portland gezüchtet werden, haben spezielle Eigenschaften, da sind sich Experten sicher. Dank der kräftigen Strömung wachsen sie offensichtlich ganz besonders gut. Aus London reist man sogar an, um das Buffet der Fleet Oyster Farm zu kosten – so gut schmecken Fisch und Meeresfrüchte hier: neben Austern auch Jakobsmuscheln, Langusten, Krebse und Edelfische. Die Fleet Oyster Farm bietet besten, fangfrischen Fisch zum Einkauf, und im Restaurant Crab House Café serviert man Fischgerichte zum Preis von £ 15–25,50 (Ferrymans Way, Portland Road, Wyke Regis, Tel. 01305 78 88 67, www.crab housecafe.co.uk).

besteigen und sich an dem atemberaubenden Blick auf wirbelnde Wasser erfreuen (www.trinityhouse.co.uk, April–Juni So–Do, Juli–Sept. So–Fr 11–17 Uhr, £ 4).

Übernachten

Viele Pensionen liegen direkt am Strand an der Brunswick Terrace oder abseits der Esplanade mit ihrem Verkehrslärm.
Elegant – **The Wilton Guesthouse:** 5 Gloucester Street, nahe Einkaufszentrum, Tel. 01305 78 28 20, www.the wiltonguesthouse.co.uk, DZ £ 55–85. Moderne Ausstattung in einem edlen georgianischen Stadthaus mit historischer Atmosphäre – einst wohnte der Butler von König Georg III. hier: hohe

Dorset

Mein Tipp

Route mit Aussicht
Auf dem Weg von Burton Bradstock nach Abbotsbury bieten sich, nachdem die Straße die Anhöhe erklommen hat, fantastische Ausblicke voraus auf den schmalen Landstreifen im Meer, Chesil Beach, und die einsam aufragende Kapelle St Catherine's, die auf einem Hügel zwischen Ort und Küste liegt. Damit nicht genug – ein Abzweig den Hang hoch nach Ashley Chase, und man kann auf der lang gezogenen Hügelkuppe, auf der ein vorzeitliches *hillfort* lag, bis zum **Hardy Monument** wandern, Denkmal nicht für den berühmten Romancier, sondern für einen Vizeadmiral in der Schlacht von Trafalgar. Dabei hat man stets die atemberaubende Küstenlinie vor Augen.

Decken und Kamine in einigen der sechs Zimmer, aber auch moderner Komfort wie Internet und DVD-Player, geräumig sind die Familienzimmer.
Panoramablick aufs Meer – **Branscombe Lodge Cottage:** Tel. 01305 82 3 00, www.oldhigherlighthouse.com, Unterkunft für Selbstversorger, max. vier Personen (Mindestalter: 16 Jahre), £ 425–660/Woche, Nov.–März Shortstay (drei Nächte) möglich (£ 240). Ideal als Domizil für *birdwatcher*: Der ehemalige Petroleumspeicher neben The Older Lighthouse, einem von drei Leuchttürmen an der Spitze von Portland Bill, bietet von der ersten Etage einen überwältigenden Rundumblick aufs Meer, der Leuchtturm selbst dient auch als vogelkundliche Beobachtungsstation.

Essen & Trinken

Frischer Fisch – **Perry's:** 4 Trinity Road, Tel. 01305 78 57 99, www.perrysrestaurant.co.uk, Lunch £ 12,50–17,95, Dinner (3 Gänge) £ 22,50. Frische und lokale Herkunft sind in diesem guten Fischrestaurant mit Blick auf den Hafen garantiert, ob Jakobsmuscheln oder Fisch – alles direkt aus Portland und aus der Lyme Bay.

Aktiv & Kreativ

Tauchexkursionen – **Underwater Explorers:** 15 Castletown, Portland, Tel. 01305 82 45 55, www.underwaterexplorers.co.uk. Tauchschule und Ausrüstungsverleih.
Tauchen und Schnellboote – **Fathom & Blues:** 262 Portland Road, Wyke Regis, Tel. 01305 76 62 20, www.fathomandblues.co.uk. PADI-Tauchkurse und -exkursionen, Powerboat Driving.
Segeln – **Weymouth and Portland National Sailing Academy (WPNSA):** Osprey Quay, Portland, www.wpnsa.org.uk. Die führende Segelschule, Kurse für Anfänger und Fortgeschrittene, Jachtcharter.

Infos

Touristeninformation
Weymouth Tourist Information Centre: Pavilion Theatre, The Esplanade, Tel. 01305 78 57 47, www.visitweymouth.co.uk

Verkehr
Bahn: von London Waterloo via Dorchester South, Bournemouth und Poole nach Weymouth, mit der Heart of Wessex Line nach Bristol.
Bus: Verbindungen in die Umgebung, u. a. nach Dorchester und Lyme Regis.

Die Jurassic Coast an der Lyme Bay

Fähre: Autofähren zu den Kanalinseln Jersey und Guernsey.

Abbotsbury ▶ G 20

Abbotsbury ist ein Juwel an der Küste. Das hübsche Dorf mit seinen reetgedeckten Häusern aus dem gelben, eisenhaltigen Stein der Region liegt kompakt und gemütlich im sanften Hügelland. Von dem ehemaligen Benediktinerkloster steht nur noch die riesige Scheune, *tithe barn*. Heute ist hier ein Streichelzoo für Kinder, die **Abbotsbury Children's Farm,** wo Kinder unter elf Jahren u. a. Spielzeugtraktor fahren und Pony reiten können (Church Street, Abbotsbury, Ostern–Anfang Sept. tgl. 10–17/18, Sept./Okt. 10–17 Uhr, Erw. £ 9, Kinder £ 7,50).

Wer Antiquitäten liebt, hat in Abbotsbury vielleicht Glück: Mehrere Läden – wie in so vielen Orten in Dorset – bieten sich zum Stöbern an. Der Weg hinauf zur Seefahrerkapelle St Catherine's wird mit einem weiten Blick auf die Küste und das Land belohnt.

Abbotsbury Swannery
New Barn Road, Abbotsbury, www.abbotsbury-tourism.co.uk, Mitte März–Okt. tgl. 10–17/18 Uhr, £ 10,50

In der Lagune von Chesil Beach liegt in zauberhafter Idylle die von Benediktinern gegründete Abbotsbury Swannery, zu Deutsch ›Schwanenanstalt‹. Hunderte von Schwänen haben ihr Wildnis-Dasein aufgegeben und leben, brüten und überwintern hier unter besonderem Schutz. Dass alle Schwäne in Großbritannien offiziell Eigentum der Queen sind, wissen schon die Schulkinder, die stolz zum Füttern der Tiere hierher kommen.

Seit dem Mittelalter lebt in Abbotsbury eine Schwanenkolonie

Dorset

Abbotsbury Subtropical Garden

www.abbotsbury-tourism.co.uk,
Sommer tgl. 10–17/18, Winter 10–16
Uhr, 22. Dez.–1. Jan. geschl., £ 10,50
Abbotsbury Subtropical Garden hält,
was sein Name verspricht. Bekannt ist
der Garten für die Magnolien und Kamelien, die bereits ab März in Blüte
stehen, und für die exotischen Pflanzen, die der Earl of Ilchester 1750 von
seinen Asien- und Amerikareisen mit-
brachte. Besonders empfindliche Arten können sich im Mikroklima der
Kiesel von Chesil Beach entfalten, die
wie ein riesiger Radiator kältere Temperaturen ausgleichen. Der Garten ist
zu jeder Jahreszeit überwältigend – ob
Rhododendren, Kamelien, Bambus-
oder Bananenpflanzen – der Garten
blüht das ganze Jahr, im Shop kann
man auch Pflanzen kaufen.

Chesil Beach! ► G 20

Der natürliche, 18 km lange Kiesel-
damm von Chesil Beach ist ein einzigartiges geologisches Phänomen. Bis zu
14 m hoch und nicht breiter als 200 m,
schützt er die Küste davor, abgetragen
zu werden. Und er stellt bei Südwest-
wind eine immense Gefahr für Segler
dar – unzählige Wracks liegen vor der
Küste. Denn ist ein Boot erst einmal
auf die Kieselbank gelaufen, sind Ret-
tungsversuche lebensgefährlich: Die
Strömung zieht dem Gestrandeten die
Beine weg … Und es ist diese wuchtige
Zugströmung in den Kieselsteinen des
Chesil Beach, die man schon von weitem hört. Immer wieder, immer wieder.

Bridport und West Bay
► G 19

In der Hafenstadt Bridport wurden im
17. und 18. Jh. Taue hergestellt. Zur
Dehnung spannte man Hanf und
Flachs zwischen den Häusern. Alles
über das Seilerhandwerk erfährt man
im **Bridport Museum** (The Coach
House, Gundry Lane, www.bridport
museum.co.uk, April–Okt. Mo–Sa 10–
17 Uhr, Eintritt frei). Sehenswert ist
auch das Stadtzentrum aus georgianischer Zeit.

West Bay

An der West Bay, wo das Hafenareal
zum attraktiven Wohngebiet ausgebaut wurde, bietet sich vom **Jurassic
Pier** ein ausgezeichneter Blick auf die
eindrucksvolle Silhouette der Küste,
zugleich ein Panorama auf Jahrmillionen der Erdgeschichte. An klaren Tagen reicht die Aussicht von den roten,
rund 170 Mio. Jahre alten Steinwän-
den des East Cliff bis zum Bill of Portland. Im Westen kann man hinter dem
nur 165 Mio. Jahre alten West Cliff in
der Ferne das Golden Cap ausmachen.

Übernachten, Essen

Populär – **The Bull Hotel:** 34 East Street,
Bridport, Tel. 01308 422878, www.the
bullhotel.co.uk. Geschmackvoll eingerichtete Zimmer (DZ £ 110–235) und
gutes Restaurant (Lunch 12–15, Dinner
18.30–21.30 Uhr, Sa/So ganztags), mit
breiter Palette von Fish pie (£ 10) bis
Rib eye steak (£ 18).

Essen & Trinken

Feine Fischküche – **The Riverside
Restaurant:** West Bay, Tel. 01308 42 20
11, www.thefishrestaurant-westbay.
co.uk, Lunch-Menü Di–Fr 2 Gänge
£ 19,55, 3 Gänge £ 26. An der West Bay
lässt sich in diesem Lokal in lockerer Atmosphäre hervorragend zubereiteter
Fisch verspeisen.

Die Jurassic Coast an der Lyme Bay

Mein Tipp

Wanderung zum Golden Cap
Besonders schön ist die Küste östlich von Lyme Regis. Das höchste Kliff Südenglands, das Golden Cap, ragt hier 191 m aus dem Wasser. Startpunkt der Wanderung ist der National-Trust-Parkplatz am Langdon Hill. Man erreicht ihn, indem man 300 m hinter Morcombelake, unmittelbar nachdem der mehrspurige Abschnitt der A 35 Lyme Regis–Chideock endet, rechts in die enge Muddyford Lane abbiegt. Dann hält man sich sofort links, den Hinweisen ›Golden Cap Car Park‹ folgend. Vom Parkplatz geht es zunächst durch den schönen Wald von Langdon Hill. Dann folgt ein steiler Anstieg auf das Golden Cap (3 km). Hier ist die Aussicht spektakulär: Man überblickt die gesamte Lyme Bay bis Portland und das Inland.

Nach dem Abstieg vom Cap folgt man einem Reitweg (Bridleway) mit der Beschilderung ›St Gabriel‹ und wandert über Weiden an den Ruinen der St Gabriel's Chapel vorbei bis St Gabriel's House. Das einsam gelegene ehemalige Bauernhaus wird heute vom National Trust als Ferienunterkunft vermietet. Hier wechselt man rechts auf den Fahrweg Richtung Morcombelake, den man nach ca. 20 m durch ein Gatter nach rechts wieder verlässt.

Es geht über feuchte Wiesen und durch lichten Wald, der im Frühsommer voller Bärlauch *(wild garlic)* und blauer Hasenglöckchen *(bluebells)* steht. So gelangt man zum hübschen Cottage der Filcombe Farm, wo ein Schild über ein Gatter nach Langdon Hill weist. Über die Wiese steuert man leicht nach rechts den Hang aufwärts und umrundet Langdon Hill nach Übersteigen eines weiteren Gatters links herum. Der Fahrweg führt zurück zum Parkplatz (insgesamt ca. 6 km).

Gemütliches Fischlokal – **The Anchor Inn:** High Street, Burton Bradstock südlich von Bridport, High Street, Tel. 01308 89 72 28, www.dorset-seafood-restaurant.co.uk. Ins beliebte Anchor Inn geht man zum Fischessen in allen Preisklassen, von einfachen Gerichten um £ 8 bis Hummer (£ 24). Solide Bar mit Auswahl lokaler Real Ales und Ciders.

Infos

Touristeninformation
Bridport Tourist Information Centre: 47 South Street/Ecke Church Street, Tel. 01308 42 49 01, www.westdorset.com

Lyme Regis ▶ G 19

Lyme Regis wird im Sommer eng: Dann gesellen sich zu den Bewohnern dieser eleganten, kleinen Stadt die Sommergäste – Fußgänger, Kinder und Hunde tummeln sich in den winzigen Straßen, die leider nicht für Autos gesperrt sind. Die schmale Coombe Street windet sich aufwärts vorbei an kleinen Cafés, netten Lädchen und der restaurierten **Town Mill,** einer idylli- ▷ S. 163

Auf Entdeckungstour

Geologie zum Anfassen – Lyme Bay

Rund um Lyme Regis werden Fossiliensammler wachsam: Hier lohnt es sich, auf die Suche zu gehen. Aus dem Sedimentgestein wurden Dinosaurierknochen und tellergroße Ammoniten geborgen – aus der Zeit vor 200 Mio. Jahren, als in England tropisches Klima herrschte.

Reisekarte: ▶ G 20

Infos und Öffnungszeiten: Dinosaurland Fossil Museum, Coombe Street, Lyme Regis, www.dinosaurland.co.uk, März–Okt. tgl. 10–17 Uhr, Nov.–Feb. nicht tgl., Erw. £ 5, Kinder £ 4 Charmouth Heritage Centre, www.charmouth.org, tgl. 10.30–16.30 Uhr, Eintritt frei. Fossilienexkursionen ab Charmouth Heritage Centre, Dauer 2 Std., £ 7

Hinweis: Wer auf eigene Faust Fossilien am Strand sammelt, muss sich stets über die Gezeiten informieren, sonst besteht Lebensgefahr.

Im Jahre 1811 stürmte es an Dorsets Südküste. Der Wind peitschte an die Klippen von Lyme Regis. Das Gemisch aus Kalksandstein, Tonerde und Sand gab nach, ein Stück Küste brach ab. Als die zwölfjährige Mary Anning, deren Familie vom Verkauf von Fossilien lebte, am nächsten Tag auf die Suche ging, machte sie einen sensationellen Fund: das vollständige Skelett eines 11 m großen Ichthyosaurus, eines im Meer lebenden, fleischfressenden Reptils. Als das Tier starb, sank der Körper zu Boden, wurde von Ablagerungen am Meeresboden begraben – die Knochen versteinerten, wurden zu Fossilien, ebenso wie die Spuren vieler anderer Lebewesen, Pflanzen oder Tiere, die zu jener Zeit lebten.

Erdgeschichte im Zeitraffer

Zwischen Exmouth im Westen und den Old Harry Rocks vor der Halbinsel Purbeck im Osten zieht sich über 155 km die Jurassic Coast, Südenglands Beitrag zum Weltnaturerbe der Unesco. An den schroffen Steilabbrüchen kann man die Erdgeschichte wie im Zeitraffer ablesen. Die ältesten Klippen aus der Triaszeit (250 Mio. Jahre alt) sind an Orcombe Point bei Exmouth zu finden – sie gelten als Relikte einer Wüste. Die beeindruckenden roten Sandsteinkliffs, die lotrecht an Bridports West Bay aufragen, entstammen ebenfalls einem Wüstenklima, das in der Jurazeit vor ca. 170 Mio. Jahren herrschte. ›Nur‹ 140 Mio. Jahre alt sind die Kalkklippen von Portland, die als berühmter Baustoff, Portland Stone, in alle Welt verschifft wurden. Die Kreidezeit vor rund 90–120 Mio. Jahren brachte ein weiches Gestein hervor, aus denen das Meer Formationen erodierte wie die kreisrunde Bucht Lulworth Cove oder die säulengleichen Old Harry Rocks.

Dinosaurland in Lyme Regis

Lyme Regis ist der Ort, wo alles begann, wo die reichen Funde den Wissenschaftlern des 19. Jh. wichtige Erkenntnisse über die Entwicklung der Lebewesen auf der Erde lieferten. Auch heute ist der kleine Badeort der beste Ausgangspunkt, um sich über die einzigartigen Schätze der Jurassic Coast zu informieren. In dem privaten Fossilienmuseum Dinosaurland, das in einer ehemaligen Methodistenkapelle eingerichtet ist, wird man flugs in die Filmwelt des »Jurassic Park« versetzt. Hier stellt der Paläontologe und erfahrene Fossiliensucher Steve Davies viele lokale Funde aus, und man kann das Auge für die Details schärfen, bevor man selbst auf Suche geht. Denn noch immer geben die Klippen nach Winterstürmen nach, und es werden immer wieder ganze Saurierskelette gefunden – ein bisschen Glück und ein geschultes Auge ist alles, was man braucht. Die dicht beieinander liegenden Fossilienfundplätze an der Lyme Bay sind von Lyme Regis aus gut erreichbar.

Fundgrube Charmouth Beach

Häufig von Erfolg gekrönt ist die Suche am Strand von Charmouth, 1,5 km östlich von Lyme Regis. Im Heritage Coast Centre führt eine interaktive Ausstellung auch Kinder hervorragend in das Thema ein, und im Laden kann man schöne Fossilienstücke als Souvenir kaufen – oder auch einen Hammer ausleihen und sich einer Exkursion anschließen. Dabei lernt man zu erkennen, ob es sich bei den nach Stürmen oder Klippenabbrüchen vom Meer angespülten Fragmenten um Steinbrocken oder um Fossilien handelt. Immer wieder liegen am Strand Donnerkeile, wie man die charakteristischen Teile von Belemniten nennt, oder die schö-

161

nen spiralförmigen Gehäuse von Ammoniten, beides tintenfischähnliche Wesen, die zur Jura- und Kreidezeit vor rund 195 Mio. Jahren die Meere bevölkerten. Experten erkennen gleich, wo der Hammer angesetzt werden muss, um ein schönes Stück freizulegen. Sein Souvenir zu finden und genug Stücke für andere übrig zu lassen ist Ehrensache. An Klippen zu hämmern ist schon aus Sicherheitsgründen tabu: Wer das tut, riskiert es, einen gefährlichen Erdrutsch auszulösen.

Mit Ammoniten gepflastert – Monmouth Beach

Geht man Richtung Monmouth Beach gleich westlich von The Cobb in Lyme Regis, trifft man bei extremen Niedrigwasserständen auf einen wie mit Ammoniten gepflasterten Strandabschnitt, genannt Ammonite Pavement. Am Monmouth Beach, am Golden Cap – entlang der gesamten Jurassic Coast bis zur Isle of Purbeck hämmert es noch heute, hierher pilgern ganze Familien und Schulklassen ebenso wie Einzelgänger mit schweren Rucksäcken. Sie alle hat das Schatzsucherfieber gepackt. Immerhin: Für schöne und gut präparierte Stücke lassen sich auf Sammlerbörsen Höchstpreise erzielen.

Wildnis unter Naturschutz – Undercliff

Die instabilen Klippen rund um Lyme Regis sind nicht ungefährlich: Die Undercliff Richtung Axmouth ist heute Naturschutzgebiet. Als Folge von Erdrutschen entstand eine Wildnis, die heute ungestörter Lebensraum einer seltenen Flora und Fauna ist. Eine Wanderung durch das Gebiet sei nur Abenteurernaturen empfohlen, erst recht unterhalb der Klippen von Black Ven östlich von Lyme Regis, wo man leicht von der Flut abgeschnitten werden kann.

Wer sucht, der findet: Ammoniten am Monmouth Beach, Lyme Regis

schen Wassermühle, die für Besucher noch in Gang gehalten wird (www.townmill.org.uk, Ostern–Okt. Di–So, sonst nur Sa/So 11–16 Uhr, £ 2,50). Von dort ist es nicht weit zum **Fossilienmuseum Dinosaurland** in einer ehemaligen Methodistenkirche (s. Entdeckungstour S. 160).

Die Stadtrechte und den stolzen Zusatz ›Regis‹ (›des Königs‹) erhielt das Fischerdorf Lyme im Jahr 1284 durch Eduard I. Es folgten Handelsprivilegien, ein Stadtrat und ein eigenes Gericht; in dem sicheren Handelshafen wurden Wollprodukte aus Somerset verschifft und Schiffbau betrieben. Über all das berichtet das Stadtmuseum **Lyme Regis Museum**, übrigens das Geburtshaus von Mary Anning, neben der Touristeninformation (www.lymeregismuseum.co.uk, Ostern–Okt. Mo–Sa 10–17, So 11–17, übrige Zeit Mi–So 11–16 Uhr, £ 3,75).

Die literarischen Bezüge zur Stadt sind vielfältig: Jane Austen liebte Lyme Regis. Sie lebte zeitweilig im Bay Cottage an der Parade und machte die Stadt zum Schauplatz in ihrem 1818 erschienenen Roman »Persuasion« (dt. »Überredungskunst«). Die Romanfigur Louisa Musgrove stürzt von der seit dem Mittelalter bestehenden Hafenmole, **The Cobb,** und verletzt sich schwer. Auch John Fowles (1926–2005) lebte hier – sein Roman »Die Geliebte des französischen Leutnants« spielt an der Küste von Lyme Regis. Die Verfilmung mit Meryl Streep in den 1980er-Jahren brachte den Ort weltweit auf die Kinoleinwand.

Übernachten

Ferienhausagentur – **Lyme Bay Holidays:** Wessex House, Uplyme Road, Tel. 01297 44 33 63, www.lymebayholidays.co.uk. Große Auswahl schöner Fe-

rienwohnungen und Cottages in der gesamten Region oder direkt in Lyme.

Aktiv & Kreativ

Eingelocht – **Golf:** Timber Hill, Tel. 01297 44 29 63, www.lymeregisgolfclub.co.uk. 18-Loch-Platz.

Nicht verpassen – **Fossiliensammeln:** s. Entdeckungstour S. 160.

Infos

Touristeninformation
Lyme Regis Tourist Information Centre: Church Street, Tel. 01297 44 21 38, www.lymeregis.org, www.westdorset.com

Verkehr
Bus: nach Dorchester und Weymouth, Küstenbuslinie X53 Weymouth–Exeter (nur im Sommer).

Dorchester ▶ G 20

Dorchester ist mit 15 000 Einwohnern die kleinste Provinzhauptstadt in Südengland. Noch heute ist die Anlage der Stadt, die bei den Römern Durnovaria hieß, von dieser Zeit geprägt. Ausgrabungen zeigen die Struktur einer mittelgroßen Stadtanlage. Bäder, Brunnen, Mosaikböden, Wandmalereien und Grabanlagen lassen sich nachweisen. Die auf dem Stadtgebiet ausgegrabene Römervilla, **Roman Town House,** zeigt mehrere Mosaikböden aus dem 4. Jh. und man vermutet, dass Dorchester zu Römerzeiten ein Zentrum dieser Kunst war. Dass die Römer mehr Sinn für Straßenbau bewiesen als später die Angelsachsen, bestätigt sich einmal mehr: Ein ›Highway‹, die Via Iceniana, verband London mit Exeter.

Dorset

Dorset County Museum
High West Street, www.dorsetcounty museum.org, April–Okt. Mo–Sa 10–17 sonst 10–16 Uhr, £ 6,50
Die geologische Beschaffenheit des Landes, die Naturgeschichte und das römische Dorchester sind im Museum der Grafschaft in einer anschaulichen Sammlung präsentiert; Hauptattraktion ist allerdings der Thomas Hardy Room (s. Entdeckungstour, S. 166).

Maiden Castle
Menschen der Eisenzeit waren es, die 3 km südlich von Dorchester auf dem porösen Kalkstein, der das Land um die Stadt prägt, das riesige Maiden Castle errichteten: Diese ovale Hügelfestung, ein vierfacher Erdwall mit vier bis fünf Ringen, bis zu 25 m hoch und knapp 1000 m lang, gehört zu den bedeutendsten prähistorischen Zeugnissen Europas aus der Zeit vor über 2000 Jahren. Den Römern diente Maiden Castle als Amphitheater (frei zugänglich).

Poundbury
Bridport Road, am westlichen Ortsausgang von Dorchester, www.pound burytown.com
Es war einmal ein Prinz, der hasste moderne Häuser aus Glas und Beton und liebte alles, was alt war und ihn an seine Vorfahren erinnerte. Am Westrand der Stadt Dorchester besaß er 160 ha Farmland, das zum Herzogtum Cornwall gehörte. Eines Tages kamen die Leute von Dorchester zu ihm und sagten: Unsere alte Stadt ist zu klein, wir brauchen neue Häuser. Neue Häuser? Sollte das malerische Dorset mit seinem winzigen alten Hauptstädtchen durch neue Häuser verbaut werden? Das konnte der Prinz nicht zulassen. Da kam ihm eine Idee …
   Wenn man durch die Gassen von Poundbury schlendert, könnte man meinen, dass die Geschichte des Ortes

so anfing. Mit dem Bau der Modellsiedlung des *urban village* wurde 1992 begonnen. Die kleine, verwinkelte Siedlung mit idyllischen Wohnhäusern, Kopfsteinpflaster und einem Saum aus Farm- und Parklandschaft verrät erst auf den zweiten Blick, dass sie auf dem Reißbrett des Architekten und Prinzenfreundes Leon Krier entstanden ist. Eine Fälschung ohne Original: Hinter dem antiken Look der mit heimischem Stein verblendeten Außenmauern winden sich Kabelanlagen, die jeden Digitalfreak vor Neid erblassen lassen. Nicht eine einzige Antenne, geschweige denn eine Satellitenschüssel ist zu sehen (s. auch S. 57).

Ausflüge in die Umgebung

Athelhampton House ▶ H 19
Bei Puddletown, ca. 8 km östlich von Dorchester, an der A 35, www.athelhampton.co.uk, März–Okt. So–Do 10.30–17, sonst So 11 bis zur Dämmerung, £ 12
Die Geschichte des Hauses und seiner Familien ist über tausend Jahre alt und der Tudor-Landsitz befindet sich seit über 500 Jahren in privater Hand. Natürlich verkehrten Thomas Hardy und seine Frau Emma hier – seine Familie führte Steinmetzarbeiten am Haus durch. Besonders sehenswert ist die Great Hall mit ihren Glasfenstern und Steinbögen. Im formalen, architektonischen Garten dominieren die 110 Jahre alten Eibenpyramiden; Mauern und Hecken begrenzen die schlichten Gärten, die sich durch einzigartigen alten Baumbestand auszeichnen.

Naked Giant ▶ G 19
Die Fahrt zum ›Nackten Riesen‹ führt über das idyllische Dörfchen Cerne Abbas, der Weg zum Aussichtspunkt mit

164

Dorchester

Mein Tipp

Evershot: Wie im Film ▶ G 19
Zwischen Beaminster und Dorchester liegt Evershot, das aus nur einer Dorfstraße mit intakter historischer Fassade besteht. Hier wurde Jane Austens Roman »Emma« verfilmt: »Thanks to the people of Evershot«, heißt es im Abspann – viele Dorfbewohner wirkten als Statisten mit, und man rühmt sich, kaum jemand habe ein Kostüm gebraucht. Das Austen-Feeling ist käuflich: Wer sich in dem Luxushotel Summer Lodge einmietet und vor den Kaminen in der gepflegten Lounge beim Tee entspannt, fühlt sich angenehm ins 18. Jh. versetzt. Das Essen ist vorzüglich, die Zimmer großzügig und das gesamte Erlebnis vom Feinsten (**The Summer Lodge,** Tel. 01935 48 20 00, www.summerlodge hotel.co.uk, DZ ab £ 253).
Die preiswertere Alternative in Evershot ist das **Acorn.** Das frühere Inn hat sich zum Gastro-Pub mit Gästezimmern gewandelt (Tel. 01935 832 28, www.acorn-inn.co.uk, DZ £ 99–149). Hier speist man sehr gute, innovative Landküche mit Fisch- und Wildspezialitäten der Region.

Parkplatz ist ausgeschildert. Splitternackt und keulenschwingend zieren die weißen, am Boden markierten Umrisse des ›Riesen von Cerne Abbas‹ das Weideland, ihre Ausmaße umfassen rund 60 m. Warum ist er hier? Und seit wann? Niemand weiß es genau, obwohl man ihn wegen der gewaltigen Ausmaße seines Geschlechts für ein Fruchtbarkeitssymbol hält. Heute ist dieses ungelöste Rätsel Eigentum des National Trust.

Minterne Gardens ▶ G 19
www.minterne.co.uk, März–Okt. tgl. 10–18 Uhr, £ 5
Begibt man sich von Cerne Abbas auf die A 352 Richtung Sherborne, erreicht man nach 3 km Minterne Magna. Kurz vor dem Ort kann man Lord Digby bzw. seinem herrlichen Landschaftsgarten aus dem 18. Jh. einen Besuch abstatten. Minterne Gardens in einem sanft zulaufenden Talkessel, dem Minterne Valley, ist seit 350 Jahren im Besitz der Churchills und der Digbys. Außer dem klassischen englischen Park wurde in jüngerer Zeit ein dichter Dschungel angelegt. Die empfindlichen, exotischen Pflanzen müssen eng beieinander stehen, da sie keinen Wind vertragen. Stolz ist die Familie auf die alte Metasequoia, deren Samen die Vorfahren im 19. Jh. aus dem Himalaya mitbrachten. Minterne Gardens ist besonders schön im April/Mai zur Rhododendronblüte und im Herbst zur Laubfärbung. Das Herrenhaus war auch Drehplatz für die Verfilmung der Liebesgeschichte von Rosamunde Pilcher (»Und plötzlich war es Liebe«). Die passende Location für echte Hochzeitspaare, die das gesamte Haus für ihre Feier mieten können (£ 1650).

Übernachten

Stadthotel – **Casterbridge Hotel:** 49 High East Street, Dorches- ▷ S. 168

Auf Entdeckungstour

Mit Thomas Hardy in Wessex

Eine Runde durch Dorsets kleine Hauptstadt und durch ihre ländliche Umgebung führt zu den wichtigsten Schauplätzen im Leben eines der meistgelesenen und -verfilmten englischen Autoren des 19. Jh.

Info: www.hardysociety.org.uk. Broschüren und Termine für Führungen von Blue Badge Guides durch Dorchester im Tourist Office, s. S. 168.

Öffnungszeiten: Dorset County Museum, High West Street, Dorchester, www.dorsetcountymuseum.org, April–Okt. Mo–Sa 10–17 sonst 10–16 Uhr, £ 6,50
Max Gate, Alington Avenue, Dorchester, www.maxgate.co.uk, April–Sept. Mo, Mi, So 14–17 Uhr, £ 4
Hardy's Birthplace, Higher Bockhampton, www.nationaltrust.org.uk, Mitte März–Okt. Mi–so 11–17 Uhr, £ 5

Thomas Hardy nimmt seine Leser mit auf die Reise in die fiktive Landschaft Wessex, benannt nach dem angelsächsischen Königreich unter Alfred von Wessex im 9. Jh. In 14 Romanen und 50 Kurzgeschichten zeichnet der Schriftsteller ein Bild des ländlichen Alltags im 19. Jh., er schildert das geruhsame Leben in der Kleinstadt und den Lebenskampf von Bauern und Schafscherern, praxisnah und parabelhaft. Seine selbstbewussten Frauengestalten, die so gar nicht dem viktorianischen Ideal entsprachen, haben im 20. Jh. auch im Film Furore gemacht, allen voran Tess of the d'Urbervilles.

Hardys ›Casterbridge‹

Jeder Ort, jeder Hügel, jede Bucht in Hardys Wessex hat eine Entsprechung in der Wirklichkeit. Dorchester heißt bei Hardy ›Casterbridge‹. Hier begann er im Alter von 16 Jahren seine Ausbildung zum Architekten. Thomas Hardy wacht als Figur auf dem Sockel am oberen Ende der High West Street über die Stadt, in der so viele Schauplätze seiner Romane liegen. Die heutige Barclays Bank in der South Street wurde als prächtiges Stadthaus jenes angesehenen Heuhändlers Henchard identifiziert, der in »The Mayor of Casterbridge« (1886, dt. »Der Bürgermeister von Casterbridge«) einen schwerwiegenden Fehler begeht, der seine Karriere abrupt beendet, und auch die Flaniermeile Antelope Walk oder Maumbury Rings im Süden der Stadt, Reste eines vorzeitlichen Ringbaus (henge), spielen eine Rolle im Roman. Das Dorset County Museum in der High West Street widmet Thomas Hardy eine Dauerausstellung mit Exponaten aus der umfassenden Sammlung von Manuskripten, Tagebüchern, Fotografien und Gemälden sowie einer Replik seines Arbeitszimmers.

Am Schreibtisch des Bestsellerautors

Das Original von Hardys Arbeitszimmer befindet sich etwa 1,5 km östlich der Stadt in der Alington Avenue. Das Haus Max Gate, das er und seine Frau 1885 bezogen, hatte der Architekt Hardy selbst entworfen. Hier lebte der Dichter bis an sein Lebensende. Zwei Räume und die Hall sind Besuchern zugänglich, eingerichtet mit Originalmöbeln. In der kleinen Villa aus rotem Backstein schrieb der Erfolgsautor seine berühmtesten Romane.

Ein Cottage auf dem Lande

Hardys Geburtshaus in Higher Bockhampton, 4 km nordöstlich von Dorchester, ist ein reetgedecktes Cottage wie aus dem Bilderbuch. Hardys Vater hatte es eigenhändig gebaut – er war schließlich Steinmetz. Hier wurde Thomas Hardy 1840 geboren und schrieb seine frühsten Werke. »A Pair of Blue Eyes« entstand nach der Begegnung mit Emma Gifford, später seine erste Frau, »Far From the Madding Crowd« (1874, dt. »Am grünen Rand der Welt«) ist die Geschichte einer mittellosen jungen Frau, die durch Erbschaft reich wird und zwischen drei Verehrern wählen muss. Das Wohnhaus und der hübsche Garten sind zu besichtigen.

Das Herz blieb in Wessex

Hardy starb 1928. Sein Herz wurde auf dem Friedhof der St Michael's Church in Stinsford, dem Nachbarort von Higher Bockhampton, bestattet. In der kleinen mittelalterlichen Landkirche wurde er getauft, hier befinden sich auch die Gräber seiner beiden Ehefrauen. Die Asche des Dichters, der nach seinem Roman »Jude the Obscure« (1895, dt. »Im Dunkeln«) nur noch Lyrik verfasste, fand einen Ehrenplatz in Westminster Abbey, London.

Dorset

ter, Tel. 01305 26 40 43, www.caster bridgehotel.co.uk, DZ £ 110–135. Mit 14 geschmackvoll eingerichteten Zimmern.

Idyllisch im Dorf – **White Cottage Bed & Breakfast:** Athelhampton, ca. 8 km östlich von Dorchester, Tel. 01305 84 86 22, www.white-cottage-bandb.co.uk, DZ £ 70–120. Charmantes Reetdachhaus mit zwei blumigen Zimmern und einer Suite in Lauflage zu Athelhampton House (s. S. 164). Die Frühstückseier legen die B&B-eigenen Hennen.

Essen & Trinken

Gastro-Pub – **The Brace of Pheasants:** in Plush, ca. 25 km nördlich von Dorchester, Tel. 01300 34 83 57, www.braceofpheasants.co.uk. Gute Landküche, Wild- und Fischgerichte (£ 9–15) sowie Desserts vom Feinsten in herrlichster Countryside: Das Pub ist ein kulinarisches Glanzlicht der Region.

Historisches Ambiente – **Royal Oak:** Long Street, Cerne Abbas, Tel. 01300 34 17 97, Lunch und Dinner Hauptgerichte £ 9–18. In dem 500 Jahre alten Gasthaus werden Fisch und Wild serviert, gemütliche Kaminfeuer und gute Auswahl an Real Ales.

Infos

Touristeninformation
Dorchester Tourist Information: Antelope Walk, Tel. 01305 26 79 92, www.westdorset.com. Eine Broschüre mit Schauplätzen der Hardy-Romane und Erzählungen ist hier erhältlich, ebenso archäologische und geologisch interessante Routenvorschläge durch Dorset.

Verkehr
Bahn: von London Waterloo mit First Great Western Trains nach Dorchester

South, von Bristol nach Dorchester West. Beide Bahnhöfe liegen zentral.
Bus: Verbindungen nach Weymouth, Lyme Regis und Poole.

Beaminster ▶ G 19

Das nette Städtchen Beaminster ist eine gute Basis, um den lieblichen Westen von Dorset zu erkunden. Es liegt geschützt inmitten von Hügeln in einer Senke und verströmt viel kleinstädtisch-idyllisches Flair. Das **Marktkreuz** markiert den zentralen Platz in Beaminster, rundum laden kleine Läden zum Bummel.

Der Turm der **St Mary's Church** im Tudorstil gilt als einer der schönsten im West Country. Eindrucksvolle Reliefs zieren die Nordseite des Turms. In der Kirche finden sich die Grabstätten der Strode-Familie, einst Herren des nahe gelegenen Parnham House.

Beaminster Museum
Whitcombe Road, Tel. 01308 86 36 23, www.beaminstermuseum.org, Ostern–Sept. Di, Do, Sa 10.30–13 und 14–16.30, So 14–16.30 Uhr, £ 1
Lokalgeschichte steht im Mittelpunkt des Beaminster Museum, untergebracht in einer ehemaligen Nonkonformisten-Kirche von 1729. Das Museum mit seinem abwechslungsreichen Mix aus Archäologie, Geologie und Historie der Region ist ein idealer Aufenthaltsort an Regentagen.

Ausflüge in die Umgebung

Mapperton House and Gardens
www.mapperton.com, Garten April–Okt. So–Fr 11–17 Uhr, Haus Anfang Juli–Anfang Aug. und Bank Holidays Mo–Fr 14–16.30 Uhr (letzter

*Einlass 16 Uhr), Haus und Garten £ 9,
nur Garten £ 5*
Das herrlich versteckt gelegene Tudor-Anwesen Mapperton House and Gardens ist bis heute im Besitz von Earl und Countess Sandwich und wird als Gutshof bewirtschaftet – mit Baumallee, Kirche (All Saints' Church), Stallungen, Taubenturm und Hühnern. Auf der Rückseite des Hauses, das noch privat genutzt wird, bieten sich ungeahnte Freuden: Terrassengärten, Brunnen, Grotten, Fischteiche und eine Orangerie.

Mangerton Mill
*Östlich der A 3066 zwischen Beaminster und Bridport, Tel. 01308 48 52 24,
Di–So 11–17.30 Uhr*
Die schmalen Heckenwege sind gut für Entdeckungen, nicht nur der ländlichen Gastronomie. Die Wassermühle Mangerton Mill sieht noch ganz so aus, als sei alles geblieben wie anno 1966, als der letzte Müller den Dienst quittierte. Dazu gehören ein idyllischer Mühlteich, wo man Forellen angeln kann, ein Tearoom, ein Atelier und kleine Lädchen. Zu Demonstrationszwecken rumpelt noch von Zeit zu Zeit das Wasserrad.

Eggardon Hill
Wer beim Blick über den Heckenrand im Gebiet zwischen A 3066 und A 356 eine eigentümliche Bergsilhouette ortet, hat wahrscheinlich Eggardon Hill vor Augen, Standort eines vorzeitlichen *hillforts.* Einen schönen Blick hat man vom Garten des Marquis of Lorne Inn in Nettlecombe.

Montacute House
*www.nationaltrust.org.uk, Haus:
Mitte März–Okt. Mi–Mo, Aug. tgl.
11–16, Park: Ostern–Okt. Mi–Mo 11–
17, sonst Mi–So 11–16 Uhr, Haus und
Park £ 10*

Ein lohnender Ausflug führt nach Montacute House bei Yeovil im südlichen Somerset. In prachtvollem Glanz erstrahlt das elisabethanische Landschloss, das im späten 16. Jh. für Sir Edward Phelips errichtet wurde, der immerhin Speaker im Unterhaus war. Die Long Gallery von Montacute House ist die längste in England, mit 60 herrschaftlichen Porträts aus der Stuart- und Tudorzeit, Leihgaben der Londoner National Portrait Gallery. Die formalen elisabethanischen Gärten mit Obelisken, Mauern, in Form geschnittenen Hecken *(Topiary)* und Pavillons sind sehenswert – ein Spaziergang im Park bietet sich an.

Übernachten, Essen

Gediegen – **Beaminster Bridge House Hotel:** 3 Prout Bridge, Tel. 01308 86 22 00, www.bridge-house.co.uk, DZ ab £ 126, Hauptgerichte £ 15–21. Erstklassiges Hotel im ehemaligen Pfarrhaus, mit gutem Restaurant.
Schöne Atmosphäre – **The Three Horseshoes Inn:** Dugberry Hill, Powerstock, Tel. 01308 48 53 28, www.three horseshoesdorset.co.uk. Nach Wiedereröffnung unter neuer Leitung mit vielgelobter Küche (Hauptgerichte ca. £ 10–20) und einigen Zimmern.

Infos & Termine

Informationen
www.beaminster.org.uk: Website mit Infos zu Unterkünften, zum Museum und Festival sowie zur Stadtgeschichte.

Festival
Beaminster Festival: Ende Juni/Anfang Juli, www.beamfest.org.uk. Eine Woche lang Konzerte, Theater, Bildende Kunst

Das Beste auf einen Blick

Der Süden von Devon

Highlight!

Haytor Rocks: Von der Höhe des Dartmoor sieht man bei schönem Wetter meilenweit – bis hinaus aufs Meer. S. 209

Auf Entdeckungstour

Auf den Spuren von Agatha Christie: In ihrer Heimat an der englischen Riviera hat die wohl bedeutendste Krimiautorin des Landes, Agatha Christie, ihre Spuren hinterlassen. Folgen Sie ihrer Fährte rund um Torquay. S. 186

Das feine Leben auf dem Lande – Saltram House: Der Landsitz am Stadtrand von Plymouth blieb seit dem 18. Jh. nahezu unverändert erhalten und gewährt Besuchern interessante Einblicke in die Gepflogenheiten des Age of Elegance. S. 204

Kultur & Sehenswertes

St Peter's Cathedral: Eine der schönsten Kathedralen Englands und innen wie außen eine Augenweide. S. 173

Totnes: Das geschichtsträchtige Marktstädtchen trumpft mit einer bunten High Street, mit alternativem Flair und einer normannischen Burg. S. 189

Aktiv & Kreativ

Radeln im Exe-Tal: Die Radtour führt von Exeters Quayside am Kanal entlang zum Schleusencafé. S. 176

Badeausflüge an der Küste der South Hams: Verschwiegene Buchten entdeckt man am Südwestzipfel der Halbinsel zwischen Salcombe und Hope. S. 196

Paddeltour auf dem River Tamar: Begegnungen mit Tarka dem Otter nicht ausgeschlossen – Flusspaddeln im Takt von Ebbe und Flut zwischen Morwellham und Cotehele. S. 203

Genießen & Atmosphäre

Sidmouth: Nostalgische Seebad-Atmosphäre und Klippenwanderungen an Devons Jurassic Coast. S. 183

Paignton & Dartmouth Steam Railway: Bei einer Fahrt unter Dampf entlang der weit geschwungenen Torbay genießt man Panoramablicke auf Meer und Strand. S. 188

Lustleigh: Im Bilderbuchdörfchen am Rand des Dartmoor stehen Reetdachhäuser um den Dorfanger. S. 211

Abends & Nachts

Nightlife in Torquay: Bars, Cafés und Clubs rund um den Hafen und an der Strandpromenade sind Tummelplatz der mondänen Nachtszene an der englischen Riviera. S. 188

The Fishermen's Arms: Am Hafen von Plymouth geht am Wochenende die Post ab, das gemütliche Pub schenkt lokale Biersorten aus. S. 202

Devons Kanalküste

Die Grafschaft Devon ist das Herzstück des West Country, sein wirtschaftliches und kulturelles Zentrum, und Devons Kanalküste steckt voller historischer Reminiszenzen: Hier lief die englische Flotte zur Schlacht gegen die Armada aus, hier setzten die Begründer des modernen Amerika, die Pilgrim Fathers, Segel, und hier amüsiert man sich in den mondänen Seebädern der englischen Riviera.

Ein kulturelles Highlight ist die Kathedral- und Universitätsstadt Exeter, während man im Navy-Stützpunkt Plymouth fast an jeder Straßenecke von militärischer Geschichte und Gegenwart eingeholt wird. In Süd-Devon liegen nicht nur städtische Ballungszentren, sondern einige der schönsten Naturlandschaften Englands: Die Klippen der Jurassic Coast (s. auch S. 154) reichen bis an die Exe-Mündung im Osten von Devon, Welterbe der Erdgeschichte – schließlich hat Devon nicht ohne Grund einem ganzen Erdzeitalter seinen Namen geliehen. Weiter westlich reiht sich an der 30 km langen Bucht Torbay Sandstrand an Sandstrand, im Süden ragen die Landzungen der South Hams in den Kanal, der hier für ein extrem mildes Klima und üppige Pflanzenpracht sorgt.

Exeter ► F 19/20

Offensichtliches Wahrzeichen von Exeter (ca. 120 000 Einw.) ist seine gotische Kathedrale, eine der schönsten des Landes. Aber versteckt zwischen modernen Shopping Centres und mehrspurigen Verkehrsadern trifft man auf weniger offensichtliche Sehenswürdigkeiten: Reste der römischen Stadtmauer, kleine Kirchen aus rotem Sandstein oder schwarz-weiße Fachwerkhäuser mit vorkragenden Obergeschossen, Spuren der langen Geschichte der Universitätsstadt am River Exe.

Denn Exeter blickt auf eine Vergangenheit als prähistorische, keltische und später von den Römern ausgebaute Siedlung zurück. Isca Dumnoniorum hieß es, damals die westlichste Römersiedlung Britanniens, ausgestattet mit Bädern, Basilika, Marktplatz. Einige Jahrhunderte später gründeten die Angelsachsen ein Kloster und bauten mehrere Kirchen, von denen nur noch die Grundmauern stehen. Exeter – auch die Kathedrale – erlitt im Zweiten Weltkrieg bei den *Baedeker raids,* deutschen Bombenangriffen auf touristische Ziele, erhebliche Schäden, und der größte Teil der Altstadt musste neu aufgebaut werden.

Infobox

Internet
www.visitdevon.co.uk: umfassende Informationen über die gesamte Grafschaft – Aktivitäten, Essen & Trinken, Unterkunft sowie Attraktionen in Natur und Kultur lassen sich suchen und finden.

Verkehr
Bus: Nahverkehr per Bus u. a. mit Stagecoach Devon, www.stagecoachbus. com/devon. Eine Karte mit den Busverbindungen von zahlreichen lokalen privaten Anbietern gibt das Devon County Council heraus, detaillierte Strecken- und Fahrpläne: www.devon. gov.uk/bus_ maps.htm.

Exeter

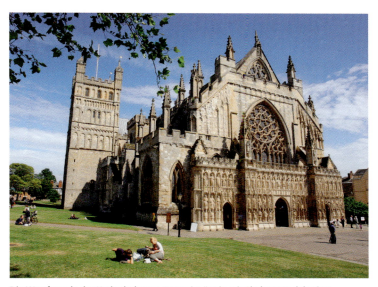

Die Westfassade der Kathedrale von Exeter ist üppig mit Skulpturen dekoriert

Im Zentrum

St Peter's Cathedral 1
www.exeter-cathedral.org.uk, Mo–Sa 9–16.45 Uhr, £ 5
Die St Peter's Cathedral bildet seit jeher mit ihren von historischen Häusern gesäumten Rasenflächen den Mittelpunkt der Stadt. 1110 begann der Bau der normannischen Kathedrale am Ort der zerstörten sächsischen Abteikirche. Im 13. und 14. Jh. wurde im Stil der Gotik weitergebaut. Dabei wurden die beiden normannischen Türme als Querschiff in den neuen gotischen Bau einbezogen. Die Westfassade ist ein Höhepunkt hochgotischer Architektur. Drei übereinander gestaffelte Skulpturenreihen sind ihr als breites Band vorgesetzt: in der untersten Reihe Engel, darüber die Könige, unter ihnen Alfred, Athelstan, Wilhelm der Eroberer und Richard II., oben thronen die Apostel. Die Figuren waren übrigens ursprünglich farbig gefasst.

Betritt man den riesigen Bau, blickt man in das längste gotische Gewölbe der Welt (105 m). Wo sich die Gewölberippen der Fächer treffen, sind farbige Schlusssteine gesetzt. Jeder erzählt eine Geschichte, darunter die der Ermordung des Bischofs von Canterbury, Thomas Becket. Fahrbare Vergrößerungsspiegel erlauben eine nähere Betrachtung. Eine Astronomische Uhr von 1485 im Nordarm des Querschiffs zeigt das Weltbild jener Zeit: Sonne und Mond kreisen um die Erde.

Die Kathedrale ist reich an figürlichen Darstellungen und Skulpturen, prächtigen Grabmälern und Kapellen. Ein Blick nach oben zur Nordseite des Mittelschiffs zur Minstrel Gallery mit musizierenden Engeln lohnt sich, und das Chorgestühl ist eine wertvolle Schnitzarbeit: Die mythologischen Sze-

173

Exeter

Sehenswert
1 St Peter's Cathedral
2 Mol's Coffee House
3 The Ship Inn
4 Guildhall
5 RAMM
6 Rougemont Castle
7 Underground Passages
8 Custom House
9 Quay House Visitor Centre
10 Alte Exe-Brücke
11 The House that Moved
12 St Mary Steps
13 Stadtmauer

Übernachten
1 Southernhay House Hotel
2 Park View Hotel
3 Raffles
4 University Halls and Residence
5 YHA Youth Hostel

Essen & Trinken
1 Michael Caine's
2 Jack in the Green
3 Tea on the Green

Einkaufen
1 Gandy Street
2 Princesshay Shopping Centre
3 Farmers' Market

Aktiv & Kreativ
1 Stadtführungen
2 Saddles and Paddles

Abends & Nachts
1 The Cavern Club
2 Double Locks
3 Phoenix Arts Centre
4 Northcott Theatre
5 Exeter Picture House

nen auf den Miserikordien (1260) gehören zu den ältesten im Land. Eine Zeichnung aus dem Besitz Heinrichs III. war wahrscheinlich die Vorlage für die besonders interessante Schnitzerei eines Elefanten, die auf der Chor-Südseite ausgestellt ist. Der herrliche, holzgeschnitzte Bischofsthron (um 1315) ragt 18 m in die Höhe, der prachtvollste in ganz England. Eine Führung durch die St Peter's Cathedral sollte man sich nicht entgehen lassen.

Der Domplatz
Die Domfreiheit, Cathedral Close, ist von historischen Häusern gesäumt. Der Blick fällt auf **Mol's Coffee House** 2, heute ein elegantes Ladengeschäft, neben der turmlosen St Martin's Church aus rotem Sandstein. Der hübsche Domplatz ist durch die St Martin's Lane mit der High Street verbunden. In dieser Gasse hat das gemütliche Pub **The Ship Inn** 3 die Ursache seines Ruhms kultiviert: Es zehrt von seinem Ruf als Sir Francis Drakes Lieblingspub.

High Street
Im Einkaufsgewimmel der High Street fällt der Arkadengang vor der **Guild-**

hall 4 kaum ins Auge: Das Rathaus stammt aus dem Jahr 1330 und ist damit das älteste Verwaltungsgebäude Englands, das noch in Gebrauch ist. Möchte man einen Blick auf die historischen Porträts und den mittelalterlichen Saal im Innern werfen, erkundigt man sich am besten in der Visitor Information nach den aktuellen Öffnungszeiten.

RAMM 5
Queen Street, www.rammuseum.org.uk, Di–So 10–17 Uhr, Eintritt frei
Das Royal Albert Memorial Museum (kurz: RAMM) zeugt von der viktorianischen Sammelleidenschaft: Heutige Besucher erhalten Einblick in Devons Botanik und Geologie, können archäologische Fundstücke aus der Frühzeit betrachten oder impressionistische Landschaftsgemälde des späten 19. Jh. Außerdem finden Wechselausstellungen statt.

Rougemont Castle 6
www.exetercastle.co.uk
Rougemont Castle, heute nur noch rote Mauerreste in einem wunderschönen Park, die vor allem als Kulisse für

Konzerte und andere Events dienen, war eine der vielen normannischen Festungen in Südengland. Wilhelm der Eroberer ließ die Burg zur Bewachung der Bevölkerung Exeters bauen: Mehr als zwei Jahre nach Wilhelms Krönung widersetzte sich die Stadt noch immer der normannischen Herrschaft.

Underground Passages 7
Eingang Paris Street, Princesshay Shopping Centre, Juni–Sept. Mo–Sa 9.30–17.30, Okt.–Mai Di–Fr 11.30–17.30, Sa 9.30–17.30, So 11.30–16 Uhr, letzte Führung jeweils 1 Std. vor Schließung, £ 5,50
Nichts für Klaustrophobiker ist ein Ausflug in die engen mittelalterlichen Gewölbe der Underground Passages. Die unterirdischen Kanäle wurden im 14. Jh. errichtet und versorgten die Stadt mit Wasser. Auf der anderthalbstündigen Tour gehören ein bisschen Nervenkitzel und Geistergeschichten natürlich mit zum Vergnügen.

The Quayside

Der Reichtum von Exeter gründete sich auf seine Rolle als Ausfuhrhafen für Wolltuche. Aus dem Dartmoor (s. S. 208) im Landesinneren kam die Rohwolle zum Waschen und Aufbereiten in die Mühlen am River Exe. Die Komtess von Wear und Besitzerin von Top-

Der Süden von Devon

sham sorgte lange Zeit dafür, dass die Verschiffung ab Topsham und nicht von The Quay in Exeter geschah, indem sie den River Exe blockierte. Das prächtige **Custom House** 8 (1680) an Exeters Quayside – das Zollhaus im holländischen Renaissancestil – diente der Taxierung und Zwischenlagerung der Waren. Mit dem Bau eines Kanals wurde das Transportproblem schließlich gelöst, Topsham (s. S. 181) wurde bedeutungslos und der Handel mit den vornehmlich holländischen Tuchkäufern wurde direkt am Quay von Exeter abgewickelt. Nach dem Bau moderner Apartmentblocks und der Topsanierung der alten Speicherhäuser sind im frühen 21. Jh. schicke Geschäfte und Cafés eingezogen.

Quay House Visitor Centre 9
46 The Quay, April–Okt. tgl. 10–17, Nov.–März Sa, So 11–16 Uhr, Eintritt frei
Das in einem historischen Speicherhaus untergebrachte Besucherzentrum Quay House Visitor Centre zeichnet die Stadtgeschichte von Exeter in einem informativen Film nach – hier kann man sich vor dem Besuch des Stadtzentrums einen Überblick über die wichtigsten Sehenswürdigkeiten verschaffen.

Vom Quay zum Zentrum

Auf dem Weg zwischen The Quay und Zentrum spaziert man durch Exeters Stadtgeschichte: vorbei an der **alten Exe-Brücke** 10 (12. Jh.), die schon im 14. Jh. zu eng wurde. Heute steht sie auf dem Trockenen und wird umbrandet von Verkehr.

Ein paar Schritte weiter fällt ein hohes schmales, krummes Fachwerkhaus auf: **The House that Moved** 11. Das Gebäude aus der Tudorzeit wurde 1963

komplett Balken für Balken an diese Stelle transferiert und so vor der Zerstörung gerettet – daher der Name ›Das Haus, das umzog‹. Den Turm der Kirche **St Mary Steps** 12 aus rotem Sandstein schräg gegenüber ziert die Matthew The Miller Clock mit Darstellungen der vier Jahreszeiten und einem Glockenspiel mit drei Figuren. Neben der Kirche steigt die älteste und wahrscheinlich steilste Straße von Exeter, **Stepcote Hill,** in Stufen – nur für Fußgänger – Richtung Zentrum an.

Auf der Market Street hält man sich rechts und nach Überqueren der verkehrsreichen South Street trifft man hinter dem Southgate Hotel auf die aus Römerzeiten erhaltene **Stadtmauer** 13. Folgt man nun Southernhay, dem eleganten Straßenzug aus dem 18. Jh. mit viel Grün in der Mitte, trifft man auf die Touristeninformation und das 2007 eröffnete **Princesshay Shopping Centre** mit seiner Front aus Glasbausteinen.

Radtour an der Exe-Mündung

Insgesamt 10 km bis Turf Pub, www. turfpub.net, BBQ April–Sept.(bei gutem Wetter mit Voranmeldung)
Eine reizvolle und an Wochenenden viel frequentierte Fahrradstrecke führt ohne große Steigungen durch die vogelreichen Flussmarschen der Exe-Mündung auf Treidelpfaden am Kanal entlang, vorbei an zahlreichen Schleusen. Es geht zunächst von Exeter Quay flussabwärts durch den Riverside Valley Park zum Double Locks Pub. Das Schleusencafé mit Biergarten eignet sich für eine erste Rast nach ca. 3 km (www.doublelocks.com, Gerichte wie Bangers & mash oder Beefburger £ 9,95). Nach weiteren 4 km und Unterquerung der Autobahnbrücke der

Exeter

M 5 ist der Anleger der Passagierfähre (Fahrradmitnahme, Mi–Mo April–Sept.) hinüber nach Topsham erreicht, Lock Keepers Cottage, wo man ebenfalls Einkehrmöglichkeiten findet. Die Tour führt immer am Ufer entlang, mit Ausblicken auf die Marschen der Exe-Mündung. Am Pub The Turf, wo der Fahrradweg endet, besteht eine weitere Gelegenheit zum Einkehren.

Übernachten

Historische Eleganz – **Southernhay House Hotel** ![1]: 36 Southernhay East, Tel. 01392 43 90 00, www.southern hayhouse.com. Nur zehn Zimmer – alle individuell im Boutique-Hotel-Stil eingerichtet (EZ/DZ £ 150–240) in einem georgianischen Stadthaus aus dem Jahr 1805 im eleganten georgianischen Southernhay-Viertel.

Am Park – **Park View Hotel** ![2]: 8 Howell Road, Tel. 01392 27 17 72, www.parkviewexeter.co.uk, DZ ab £ 60–72. Die 12 Zimmer verteilen sich auf zwei benachbarte Häuser, ruhige Lage am Bury-Meadow-Park, aber dennoch zentrumsnah und in der Nähe zweier Bahnhöfe. Die preiswerteren Zimmer verfügen nicht über eigene Dusche/WC. Empfehlung zum Frühstück: Probieren Sie *haddock* (Schellfisch) oder *kippers* (geräucherter Hering)! Internetzugang für Gäste in der Lounge.

Viktorianisch – **Raffles** ![3]: 11 Blackall Road, Tel. 01392 27 02 00, www.raffles-exeter.co.uk, DZ ab £ 76. Viktorianisches Stadthaus nicht weit vom Bahnhof Exeter Central; Antiquitäten sorgen für eine gediegene Atmosphäre. Das Frühstück bietet, wo es möglich ist, Zutaten aus ökologischem Anbau.

Auf dem Campus – **University Halls and Residence** ![4]: www.exeter.ac.uk, Tel. 01392 21 15 00, nur außerhalb des Semesters, d. h. März/April und Juli–Sept., EZ ab £ 28,95, DZ ab £ 49,95 (Zimmer ohne Bad).

Jugendherberge – **YHA Youth Hostel** ![5]: Mount Wear House, 47 Countess Wear Road, Tel. 0845 371 95 16, www.yha.org.uk, DZ Erw. £ 42. Die Herberge in einem historischen Landhaus mit modernem Anbau aus dem 17. Jh. liegt ca. 4 km außerhalb, aber es fährt ein Bus ins Zentrum (15 Min. zur Haltestelle), 2- bis 8-Bett-Zimmer und Familienzimmer.

Essen & Trinken

Spitzenküche – **Michael Caine's** ![1]: Royal Clarence Hotel, Cathedral Yard, Tel. 01392 22 36 38, www.abodehotels.co.uk/exeter, tgl. Lunch und Dinner, Taster Menu £ 65, Hauptgerichte ab ca. £ 25. Das Gourmetrestaurant der Spitzenklasse gegenüber der Kathedrale von Starkoch Michael Caine ist eine Institution der modernen britischen Küche. Günstiger ist das Café Bar nebenan (Tel. 01392 22 36 26), angeschlossen ist auch ein Feinschmeckerladen.

Exzellentes im Grünen – **Jack in the Green** ![2]: in Rockbeare, an der A 30 wenige Kilometer östlich von Exeter, Tel. 01404 82 22 40, www.jackinthe green.uk.com, Mo–Do 11.30–14, 18–21.30, Fr/Sa 11.30–14.30, 18–22, So 12–21.30 Uhr, Hauptgerichte £ 18,50–19,50. Exzellente moderne englische Küche in einem eleganten Gastro-Pub der Spitzenklasse – ob Bar Food wie *Fish pie* oder *sausages* für £ 10–15 oder Fünf-Gänge-Menüs (£ 42,50). Auch Puddings sind eine Spezialität: Probieren Sie in jedem Fall die urenglische Variante Sticky Toffee Pudding.

Devon Cream Tea – **Tea on the Green** ![3]: 2 Cathedral Close, Mo–Sa 9–18, So 9–17 Uhr. Hier gibt's guten Devon Cream Tea mit Blick auf den Domplatz. Das Haus, eines der ältesten an der

177

Der Süden von Devon

Macht Spaß und hält fit: Bowling bei strahlendem Sonnenschein

Domfreiheit, geht auf das Jahr 1530 zurück.

Einkaufen

Mehrere Shopping Centres beherrschen die nur für Busse befahrbare Fußgängerstrecke **High Street** mit den üblichen Ladenketten, entlang **Fore Street** gibt es einige Second-Hand- und an der **Quayside** Antiquitäten- und Kunsthandwerksläden mit gehobenem Angebot. **Magdalen Road** empfiehlt sich für lokale kulinarische Spezialitäten.
Schicke Accessoires – **Gandy Street** 1: winzige Gasse mit kleinen Geschäften.
Designermode – **Princesshay Shopping Centre** 2: hypermoderner gläserner Einkaufskomplex mit den Filialen besonders von Modewarenketten.
Regionalprodukte – **Farmers' Market** 3: am Südende der High Street (Ecke South Street/Fore Street), Do 9–14 Uhr. Wochenmarkt.

Aktiv & Kreativ

Informativ – **Red Coat Guided Tours** 1: Stadtführungen mit Treffpunkt vor der Kathedrale oder am Quay, ganzjährig und tgl. Themenwanderungen, Info: www.exeter.gov.uk.
Exe-Tour zu Wasser oder zu Land – **Saddles and Paddles** 2: No 4, King's Wharf, The Quay, www.sadpad.com. Wem der Sinn nach einer Paddeltour auf dem Kanal (ca. 15 km) steht oder wer per Rad auf dem Treidelpfad das Double Locks Pub oder Powderham Castle (s. S. 180) ansteuern möchte, kann hier Fahrräder (£ 15/Tag) bzw. Kanus und Kajaks (Einerkajak £ 35/Tag, Zweierkajak £ 45/Tag) mieten und bekommt auch noch eine Wegbeschreibung dazu.

Exeter

Abends & Nachts

Exeters Clubs sind studentisch und preiswert, ausgenommen am Quay.

Piraten-Pub – **The Ship Inn** `3`: s. S. 174, 1–3 St Martin's Lane. Dieses Pub kultiviert nicht nur die Ursache seines historischen Ruhms – Sir Francis Drake lobte es seinerzeit –, sondern zeichnet sich auch durch gute lokale Biersorten und kräftigende Snacks aus.

Livemusik im Keller – **The Cavern Club** `1`: 83–84 Queen Street, Tel. 01392 49 53 70, www.exetercavern.com. Tagsüber Pub, abends fast immer Livemusik – Rock, World Music, Folk, Indie.

Szenepub am Kanal – **Double Locks** `2`: Canal Banks, Alphington, Tel. 01392 25 69 47, Mo–Sa 11–23, So 12–22.30 Uhr. Junges lebendiges Szene-Pub mit guten Bieren vom Fass, beliebte Raststation, donnerstags Jazz.

Kulturzentrum – **Phoenix Arts Centre** `3`: Bradninch Place, Gandy Street, Tel. 01392 66 70 80, www.exeterphoenix. org.uk, Mo–Sa 10–23 Uhr, Küche 11.30–15, 17.30–19.30 Uhr. Theater, Livemusik, Performance, Café/Bar mit Real Ale, gutem Kaffee, serviert preiswerte kleine Gerichte.

Theater – **Northcott Theatre** `4`: Stocker Road, Tel. 01392 49 34 93, www. exeternorthcott.co.uk. Hervorragendes Programm: Tanz/Ballett, Schauspiel, Musical.

Kino – **Exeter Picture House** `5`: 51 Bartholomew Street West, www.picture houses.co.uk (Sammelseite). Gutes Programmkino mit schönem Café bzw. abends Bar, ideal zum Entspannen.

Infos & Termine

Touristeninformationen
Exeter Visitor Information & Tickets: Dix's Field (am Princesshay Shopping Centre), Tel. 01392 66 57 00, www.exe ter.gov.uk, www.exetershopping.org, www.heartofdevon.com (für Exeter und Umland). April–Sept. Mo–Sa 9–17, sonst 9.30–16.30 Uhr. Theater-/Konzert-Ticketverkauf, Buchung von Unterkünften.

Quay House Visitor Centre `9`: 46 The Quay, Tel. 01392 27 16 11. Nur Auskunft und Broschüren.

Feste & Festivals
Exeter Festival of South West England Food and Drink: Mitte April, Northernhay Gardens und Exeter Castle. Produzenten aus der Region und Kostproben aus Restaurantküchen.

Devon County Show: zweite Maihälfte, Westpoint Arena, an der A 3052. Landwirtschaftsmesse mit u. a. Schafescheren, Hütehundvorführungen, Pferdespringen und Traktorenrennen sowie Ausschank von lokalem Bier und Cider.

Exeter Summer Festival: Ende Juni/Anfang Juli, verschiedene Locations in der Stadt. Jazz, Blues, Klassik, Cabaret und Straßentheater.

Verkehr
Flug: Der Flughafen liegt 8 km östlich der Stadt. www.exeter-airport.co.uk
Bahn: Exeter besitzt drei Bahnhöfe: Der wichtigste ist St David's – hier halten die Züge von London Paddington Richtung Plymouth (mit First Great Western). In Exeter Central halten die South West Trains von London Waterloo (über Salisbury). Die Tarka Line Exmouth–Barnstaple führt via Exeter Central und St David's (www.carfree daysout.com).
Bus: Busbahnhof Paris Street nahe High Street.
Auto: Parkplätze sind extrem schwer zu finden, am ehesten an der Quayside. Gut ausgebautes Park-and-Ride-Angebot für Einkaufslustige (www. devon.gov.uk/park_and_ride).

Der Süden von Devon

In der Umgebung von Exeter

Killerton House ► F 19

www.nationaltrust.org.uk, Haus: Mitte März–Okt. tgl. 11–17 Uhr, Park: ganzjährig 10.30–19 Uhr, Haus und Park £ 8,40

In Killerton House, ca. 15 km nördlich von Exeter (A 396), möchte man am liebsten gleich selbst einziehen. Der im 18. Jh. von John Johnson gebaute Landsitz liegt schlicht und elegant in einem zur Landschaft geöffneten Park. Im Wohnhaus herrscht die Atmosphäre echten Familienlebens. Die Familie Acland führte hier seit dem 18. Jh. bis zur Übergabe an den National Trust im Jahr 1944 das Leben des politisch engagierten Landadels, allerdings traditionsgemäß im House of Commons. Richard Acland, 15. Baron Acland, trug den Wandel der englischen Gesellschaft nach dem Zweiten Weltkrieg nicht nur mit Fassung, sondern förderte ihn sogar. Landbesitz war seiner Meinung nach ohnehin nicht mehr zeitgemäß, wie er mit der Gründung seiner eigenen Partei Common Wealth zum Ausdruck brachte. Durch die Erbschaftssteuer hatte sich der Besitz der Familie bereits verringert. Als Richard Acland das beachtliche Anwesen Killerton House dem National Trust übereignete, war es die bis dahin größte Schenkung (6880 ha) in dessen Geschichte, eine Sensation in der Presse. Der Erhalt des erstmals 1242 verzeichneten nahezu autark funktionierenden Landsitzes mit über 20 Höfen, einem Dorf, dem Wohnsitz und Park der Acland-Familie ist der ungebrochenen Zuwendung der Familie, später dann dem Einsatz des National Trust zu verdanken.

Beachtlich ist die Kostümsammlung mit Mode aus dem 18. bis 20. Jh. In wechselnden Ausstellungen werden an die 9000 Kleidungsstücke gezeigt. Ein ausgedehnter Spaziergang in den zauberhaften Gartenanlagen ist ein Genuss. Die Bärenhütte (1808) aus Flechtwerk, Holz, buntem Glas und Muscheln diente Mitte des 19. Jh. tatsächlich einem Hausbären als Unterkunft. Außerdem sind ein Felsgarten, ein Eishaus, eine Kapelle und eine Buchenallee zu entdecken, zudem bietet Killerton ein gutes Restaurant.

Powderham Castle ► F 20

www.powderham.co.uk, Busverbindung ab Exeter, Mitte Juli–Ende Aug. So–Fr 11–17.30, Ostern–Mitte Juli und Sept./Okt. 11–16.30 Uhr, £ 10,50

Seit 600 Jahren ist das zinnengekrönte Gebäude inmitten des ausgedehnten Wildparks mit Blick über die Exe-Mündung der Sitz der Familie Courtenay, der Earls of Devon. Die 1391 gebaute und vor allem im 18. Jh. zum prächtigen Landsitz mit Rokoko-Stukkaturen ausgebaute Burg war Schauplatz mancher Scharmützel und vieler Skandale – William Courtenay und sein Cousin William Beckford, der Erbauer von Beckford's Tower bei Bath (s. S. 93), hatten nicht nur verwandtschaftliche Beziehungen. Seit 1959 ist der Herrensitz, wo heute der 18. Earl of Devon mit seiner Familie lebt, fürs Publikum geöffnet und zu einem Ausflugsziel umgestaltet, mit großer Anziehungskraft vor allem für Familien mit Kindern: Der Abenteuerspielplatz in Form einer Holzburg sowie ein Kleintierzoo sind ganz darauf zugeschnitten. Einen Besuch wert ist das Herrenhaus wegen seines Interieurs aus dem 18. Jh., das man im Rahmen von Führungen zu sehen bekommt.

In der Umgebung von Exeter

Topsham ► F 20

6 km von Exeter, häufige Bahn- und Busverbindungen

In Topsham (sprich: toppschm) fühlt man sich sofort nach Holland versetzt – die schmucken Häuser mit den geschwungenen Giebeln am Kai zeugen von den engen Handelsbeziehungen in die Niederlande im 18. Jh., als sich zahlreiche Kaufleute hier niederließen. The Strand zieht sich am Wasser entlang, einst die wichtigste Straße. Bis zum Bau eines Kanals fungierte Topsham zwangsläufig als Exeters Hafen. Gemütliche Pubs laden heute hier zur Einkehr, die Gassen zum Bummeln.

Die **Kirche** von Topsham 50 Stufen hoch über dem Wasser ist ein guter Aussichtspunkt – von hier reicht der Blick weit nach Westen übers vogelreiche Marschland und Great Haldon zu den Hügeln des Dartmoor.

Topsham Museum

www.devonmuseums.net/topsham, 25 The Strand, Aug. Sa–Do, April–Juli u. Sept./Okt. Sa–Mo, Mi, Do 14–17 Uhr, Eintritt frei

Neben der Seefahrtsgeschichte von Topsham widmet sich die Ausstellung einem berühmten Hollywoodstar: Vivien Leigh, die als Scarlett O'Hara in »Vom Winde verweht« 1939 zum Weltstar wurde. Da ihr erster Ehemann aus Topsham stammte, kamen einige Erbstücke wie Filmkostüme und andere Erinnerungen an die Schauspielerin in das kleine Museum.

Aktiv & Kreativ

Birdwatching – **Bowling Green Marsh:** Südlich von Topsham, von der Ortsmitte gut zu Fuß erreichbar. Okt.–März Beobachtungsfahrten per Boot zu den zahlreich überwinternden Zugvögeln.

A La Ronde ► F 20

www.nationaltrust.org.uk, Mitte März–Juni und Sept./Okt. Sa–Mi, Juli/Aug.tgl. 11–17 Uhr, £ 7,20

Fährt man von Exeter nach Exmouth, so stößt man abseits der A 376 am Ende eines schmalen Wegs auf ein ›Eccentric House of Shells‹, wie A La Ronde sich auch beschreibt. Das sechzehnseitige Haus ist tatsächlich ein wunderbares Beispiel für Exzentrik und für die relative Freiheit wohlhabender Engländerinnen im 18. Jh. Zwei Junggesellinnen, die Kusinen Jane und Mary Parminter, begaben sich auf die damals übliche Grand Tour auf den Kontinent. ›Europe in ten years‹ wurde zum Reisekonzept der beiden Angelsächsinnen: Frankreich, Deutschland, die Schweiz und Italien. Nach ihrer Rückkehr, fanden sie, passten sie nicht mehr in ein gewöhnliches englisches Haus. Ob sie ihrer Inspiration durch die byzantinische Basilika San Vitale von Ravenna folgten oder eines der im 18. Jh. beliebten *cottages ornées* Pate stand – sie ließen sich ein ziemlich ungewöhnliches Haus bauen: A La Ronde.

Ringförmig umschließen die Wohnräume die achteckige Halle mit Glaskuppel. Zimmer um Zimmer offenbart sich die Lust am Außergewöhnlichen. Praktischer Zweck des Rundbaus: Man konnte dem Tageslicht folgend die Lichtverhältnisse der Räume stets optimal nutzen. Krönung ist der Muschelfries in den obersten Stockwerken und der Lichtkuppel; die von den Ladies in minuziöser Kleinarbeit angebrachte Dekoration aus Vogelfedern, Schnecken und Muscheln kann heute nur mit Hilfe beweglicher Kameras von unten aus in Augenschein genommen werden. Selbst gebastelt im allerbesten Sinn des Wortes wirkt dieses Paradies der Parminter-Ladies, die in ihrem Testament festlegten, dass es nur an weib-

181

Der Süden von Devon

liche Erben übergeben werden solle. Das verhinderte nicht, dass sich ein pensionierter Kirchenmann, Reverend Reichel, im 19. Jh. hier wohlfühlte und gleich eine Reihe technischer Neuerungen veranlasste, u. a. einen Essensaufzug, eine Zentralheizung und ein Schlafzimmer mit Blick aufs Wasser.

Bicton Park ▶ F 20

www.bictongardens.co.uk, ca. 12 km südöstlich von Exeter, 2 km nördlich von East Budleigh, April–Okt. tgl. 10–18, Nov.–März 10–16.30 Uhr, £ 7,95
Sehenswert für Gartenfans sind der 25 ha große englische Landschaftsgarten, ein italienischer Garten und eines der ältesten Palmenhäuser in England, eine Muschelsammlung in einem Flintstein-Haus am Ende einer Felsschlucht voller subtropischer Baumfarne. Bemerkenswert sind die Bäume im Arboretum: eine tasmanische Zeder, ein indischer Bohnenbaum, ein mexikanischer Wacholderbaum, chilenische Araukarien und weitere Raritäten.

Ottery St Mary ▶ F 19

Die stattliche Kirche von Ottery St Mary wird gelegentlich mit der Kathedrale von Exeter verglichen – kein Wunder, sie wurde 1338 als Kollegienkirche für den Bischof von Exeter errichtet. Die astronomische Uhr aus dem 14. Jh. gleicht denen in Wells und Exeter. In einem Haus gegenüber der Kirche wurde der romantische Dichter Samuel Taylor Coleridge 1772 in eine kinderreiche Familie geboren – sein Vater war Pfarrer und Schulmeister. Das Porträt des Dichters und einige Zeilen seines berühmten Gedichts »The Rime of the Ancient Mariner« sind auf der Kirchenmauer verewigt.

Devons Jurassic Coast
Exmouth und Lympstone
▶ F 20

Das beschauliche Seebad **Exmouth** dient den Bewohnern von Exeter an Sommerwochenenden als beliebtes Naherholungsgebiet. Doch hat es nicht nur zwei Meilen goldenen Sandstrand mit dem üblichen Unterhaltungsangebot, sondern auch einen netten Hafen und ein reiches Vogelleben an der Exe-Mündung. Von Vogelkennern geführte Bootstouren zwischen November und März widmen sich den Scharen von Zugvögeln, die hier rasten. Im Sommer kann man überdies häufig Seehunde beobachten.

Lympstone ist ein niedliches Dorf nördlich von Exmouth mit krummen Gassen und niedrigen Häuschen unter hohen Kaminen, wo noch alles am rechten Platz ist: Bahnhof, Dorfladen, Tearoom und nicht zuletzt mehrere Pubs, wo man ins Gespräch mit den *locals* kommt. Überragt wird das Dorf von dem italienisch anmutenden Backsteinturm **Peters Tower,** den man als Unterkunft mieten kann (www.land marktrust.org.uk). Der Blick auf die Exe-Marschen zum Sonnenuntergang ist bezaubernd, wenn die Ebbe einsetzt und die Watvögel ihr Trillerkonzert beginnen. Ein Rad-/Fußweg, der über Lympstone führt, beginnt an der Exmouth Railway Station.

Infos

Touristeninformation
Exmouth TIC: Travelworld, Rolle Street, Tel. 01395 22 22 99, www.exmouth-guide.co.uk

Verkehr
Bahn: Avocet Line Exeter–Exmouth mit Halt in Lympstone.
Bus: von Exmouth nach Sidmouth und Exeter.

Budleigh Salterton ▶ F 20

Die Sommerfrische am Meer mit roten Sandsteinklippen hinterm Strand, einer schönen Strandpromenade, properen Häuschen und einer geschäftigen High Street ist von Exmouth (Phear Park) aus auch per Radweg, teilweise auf einer ehemaligen Bahntrasse, erreichbar (Buzzard Way, ca. 7,5 km).

Sidmouth ▶ F 20

Ein bisschen verschlafen, mit eleganten Regency-Häusern, ohne überbordendes Nachtleben und mit zwei schönen Stränden – Sidmouth ist ein durch und durch unspektakuläres nettes kleines Seebad. Turbulenter wird es lediglich, wenn Musiker und Fans aus der Folkszene zur weithin berühmten Sidmouth Folk Week eintreffen. Mit Sidmouth als Basis lassen sich die Natursehenswürdigkeiten der Jurassic Coast erwandern, die sich an der Küste von Ost-Devon bis Exmouth fortsetzt. Die von roten Klippen gerahmten Kiesstrände geben bei Ebbe weite Sandflächen frei, beliebt bei Familien.

Infos & Termine

Touristeninformation
Sidmouth TIC: Ham Lane, Tel. 01395 51 64 41, www.visitsidmouth.co.uk

Festival
Sidmouth Folk Week: Anfang August, www.sidmouthfolkweek.co.uk

Verkehr
Bus: von Sidmouth nach Exmouth und Exeter.

Beer und Beer Head
▶ F/G 20

Beer ist ein aktiver Fischerhafen, der als Schmugglernest eine große Vergangenheit hatte, wobei das Höhlensystem der Beer Quarry Caves (www.beerquarrycaves.co.uk, April–Sept. tgl. 10–17 Uhr, £ 6,80) gute Dienste leistete. Das Labyrinth ist der Rest eines Steinbruchs, der den begehrten hellen Baustein Beer Stone lieferte, u. a. für die Kathedrale von Exeter. Die weiße Klippe Beer Head (130 m) ist eine der markantesten der Jurassic Coast.

Torbay – die englische Riviera

Eine einzigartige Facette der englischen Südküste bildet der etwa 30 km lange, klimatisch milde Küstenstreifen rund um die Torbay zwischen Brixham und Torquay. Begrenzt durch die Flussmündungen von Dart im Süden und Exe im Norden zieht das Konglomerat aus den Seebädern Brixham, Torquay und Paignton heute nicht wie einst nur Erholungsbedürftige und Rentner an, sondern alle, die den Riviera-Effekt auf Englisch genießen möchten. Torquays Glanz stiehlt dem kleineren Badeort Paignton ein wenig die Schau, während sich Brixham sein Hafenambiente bewahren konnte.

Torquay ▶ Karte 2, T 5

Die palmengesäumte Promenade, die Hotels und die eleganten viktoriani-

183

Der Süden von Devon

schen Villen, die Bars und Restaurants, die mondäne Atmosphäre und die Vergnügungsmaschinerie aus Bingo-Hallen und Autoskootern geraten zu einer einzigartigen Kombination aus Exotik und *Englishness*. Wer jemals die Fernsehserie »Fawlty Towers« mit Ex-Monty-Python-Star John Cleese in der Rolle des neurotischen Hoteliers Basil Fawlty gesehen hat, hat einen Begriff von Torquay – unübertroffen treffend karikierte die Serie die leicht verklemmte, kühle Atmosphäre englischer Seebadhotels.

Um den Hafen

Das überschaubare Zentrum von Torquay bildet der Hafen, an dem sich während der Saison Tag und Nacht die Menschenmassen tummeln. Der berühmte **Pavillon** mit der Kupferkuppel, einst gesellschaftlicher Treffpunkt, lebt heute von den Geschäften. Gleich hinter den Klippen mit den Hotels beginnt der schönste Strand, **Abbey Sands.** Im Hochsommer hat er mit der klösterlichen Ruhe der Torre Abbey, von der er seinen Namen hat, nichts gemeinsam.

Torre Abbey

The King's Drive, www.torre-abbey. org.uk, bis voraussichtlich 2013/2014 wegen Renovierung geschl.
Die normannische Klosteranlage Torre Abbey wurde im 16. Jh. Opfer der Zerschlagung der Klöster durch Heinrich VIII. Nur die *tithe barn,* die Zehntscheune, wo die Bauern ein Zehntel ihrer Ernte als Steuer ablieferten, blieb erhalten. Torre Abbey Mansion dient heute als Kunstgalerie und Museum. Der Park ist eine beliebte Freizeitoase.

Torquay Museum

529 Babbacombe Road, www.torquay museum.org, ganzj. Mo–Sa 10–17, Mitte Juli–Sept. zusätzlich So 13.30– 17 Uhr, £ 5,15

Das lokalhistorische Museum in einem für diesen Zweck 1875 gebauten schmucken Gebäude enthält Sammlungen zu Archäologie und Geologie der Region, u. a. Funde aus Kents Cavern sowie Victoriana. Auch der Krimiautorin Agatha Christie (s. S. 186) ist eine kleine Ausstellung gewidmet.

Kent's Cavern

Ilsham Road, www.kents-cavern. co.uk, Führungen Juli–Aug. tgl. 9.30– 16.30, März–Juni, Sept./Okt. 9.30–16, Nov.–Feb. 10–15.30 Uhr, die Ghost Tour Mi–Fr 18.30 Uhr ist besonders populär (ab 8 Jahre), Tel. 01803 21 51 36, Besuch nur mit Führung £ 8,95
Die 2 Mio. Jahre alten Höhlen Kent's Cavern wurden schon in der Steinzeit genutzt. Abends ist es besonders unheimlich, zwischen den Stalagmiten und Stalaktiten zu wandeln. Die Höhlen sind bis heute eine bedeutende archäologische Fundstelle und Teil des English-Riviera-Geo-Park-Projekts.

Cockington Court

www.cockingtoncourt.info, Läden tgl. ca. 9–16 Uhr
Am westlichen Stadtrand von Torquay liegt Cockington Court, umgeben von dem weitläufigen Cockington Country Park. In den Räumen des Herrenhauses haben sich Kunsthandwerker eingerichtet: Textilkunst (Quilts), Kalligrafie, Töpferei, Schmiedekunst und Glasbläserei werden hier gepflegt und schöne Stücke zum Verkauf angeboten.

Babbacombe

Der Ort nördlich von Torquay besitzt die schönsten Klippen, wo sich Hotels mit Meerblick aneinanderreihen. Den Strand Oddicombe Beach erreicht man mit einer Seilbahn, die die bewaldeten Klippen hinab direkt zum Kieselstrand mit den farbenfrohen Badehäusern fährt.

Torbay – die englische Riviera

Im Hafen von Torquay haben über 400 Boote und Jachten Platz

Übernachten

In einem Seebad wie Torquay mangelt es nicht an Hotels und B&Bs; die schönste Lage ist oberhalb der Strände Richtung Babbacombe.

Besser als sein (Fenseh)ruf – **Best Western Gleneagles:** Asheldon Road, Wellswood, Tel. 01803 29 36 37, www.hotel-gleneagles.com. Das Hotel in schöner Lage, von dessen ehemaligem Besitzer Monty Python-Star John Cleese seine Inspiration teilweise bezog, ist mittlerweile renoviert und mit 41 Zimmern wiedereröffnet. DZ ab £ 75. Mit Pool und Basil's Bar.

Essen & Trinken

Mit Stern – **The Elephant Brasserie:** 3 Beacon Terrace, Tel. 01803 20 00 44, www.elephantrestaurant.co.uk, Mo geschl., Brasserie Di–Sa 12–14, 18.30–21, The Room Di–Sa 19–21 Uhr (nur im Sommer, Reservierung obligatorisch). Das mit Stern ausgezeichnete Restaurant ›Room‹ im ersten Stock beschert zur Aussicht auf den Hafen erstaunliche Geschmackserlebnisse wie Seebarsch plus Artischocke oder Steinbutt mit Pastinakenpüree. Zum Lunch in der Brasserie eine Etage tiefer gibt es Menüs mit klassischen Gerichten wie Fishpastete auf Elephant-Art oder Rinderfilet für £ 18–23,50, im ersten Stock mit Hafenaussicht (The Room) rechne man für ein 3-Gänge-Menü ab £ 55.

Fangfrischer Fisch – **No 7 Fish Bistro:** 7 Beacon Terrace, Tel. 01803 29 50 55, www.no7-fish.com, Nov.–Mai So, Mo geschl., Juni, Okt. So geschl., Mi–Sa Lunch 12.15–13.45, Juli–Sept. tgl. abends geöffnet, Hauptgerichte ab £ 12,75. Als Familienbetrieb geführtes beliebtes Restaurant von ▷ S. 188

185

Auf Entdeckungstour

Auf den Spuren von Agatha Christie

Rund um das mondäne Seebad Torquay stößt man auf eine Häufung von Kriminalschauplätzen. Kein Wunder, stammt doch die Grand Old Lady des englischen Kriminalromans, Agatha Christie, von hier.

Reisekarte: ▶ Karte 2, S/T 6

Infos und Öffnungszeiten: Torquay Museum, s. S. 184.

Greenway, www.nationaltrust.org.uk, März–Juli und Sept./Okt. Mi–So, Aug. Di–So 10.30–17 Uhr, £ 8,75

Anreise Greenway: per Fähre von Totnes, Torquay, Brixham, Dartmouth (www.greenwayferry.co.uk); per Bahn bis Churston und 3 km zu Fuß (www.dartmouthrailriver.co.uk) oder per Vintage Bus ab Paignton und Torquay (März–Okt. Mi–So)

Agatha Christies Romanhelden begegnet man an der Südküste von Devon auf Schritt und Tritt: Hercule Poirot, der belgische Meisterdetektiv mit den kleinen grauen Zellen, und Miss Marple, deren effektivste Waffe außer ihrem Regenschirm der messerscharfe Verstand ist, entfalten ihr Talent am besten in einer geschlossenen Gesellschaft, in der eine Person der Mörder ist ...

Mondänes Leben in Torquay

Als Agatha Mary Clarissa Miller kam die spätere Krimiautorin als Tochter eines reichen Amerikaners und einer britischen Adligen 1890 in Torquay zur Welt. Das Stadtmuseum Torquay Museum widmet ihr eine umfangreiche Ausstellung. Fotos zeigen sie und ihre Familie, ihren ersten Mann Archibald Christie und ihren zweiten, den Archäologen Max Mallowan, dem sie zu Ausgrabungen u. a. nach Ägypten folgte. Ihre Reiseeindrücke verarbeitete sie in »Mord im Orientexpress« und »Tod auf dem Nil«.

Mysteriöse Affären

Während des Ersten Weltkriegs arbeitete Agatha Christie, wie für Mädchen aus gutem Haus üblich, als Krankenschwester, was ihr Zugang zum Giftschrank und Kenntnis über tödliche Wirkstoffe verschaffte. Im Alter von 21 Jahren schrieb sie ihren ersten Erfolgsroman: »Mysterious Affair at Styles« (dt. »Das fehlende Glied in der Kette«). Danach folgten 74 Romane und 33 Theaterstücke, darunter der berühmte Dauerbrenner »The Mouse Trap« (dt. »Die Mausefalle«). Das Stück wird seit 1952, als es zum Geburtstag der Queen Mother uraufgeführt wurde, im Londoner Westend gespielt. Agatha Christie gilt als die erfolgreichste englische Autorin aller Zeiten.

Mord im Bootshaus – Greenway

Die Fans von Agatha Christie werden eine Fahrt mit dem Dampfzug der Paignton & Dartmouth Steam Railway entlang der Torbay nicht missen wollen, der unter Agatha Christies Anwesen Greenway durch einen Tunnel fährt. Ebenso authentisch ist die Anreise mit dem historischen Omnibus der 1940er-Jahre (Vintage Bus). Nach Agatha Christies Tod 1976 zuletzt von ihrer Tochter bewohnt, kam Greenway im Jahr 2000 in die Hände des National Trust. Das herrschaftliche Haus hoch über dem Fluss ist mit Erinnerungsstücken an die Autorin eingerichtet. Eine besondere Augenweide ist der verwunschene Garten am Steilhang zum Fluss hin mit seinen kostbaren Pflanzen. In Greenway arbeitete Agatha Christie zwar nie, aber als Inspiration diente ihr u. a. das Bootshaus. Im Roman »Dead Men's Folly« (dt. »Wiedersehen mit Mrs. Oliver«) nimmt hier ein Versteckspiel nach typischer Christie-Manier seinen Anfang: Man führt ein Stück auf, bei dem eine junge Dame die Rolle der Ermordeten spielt. Aus der Rolle wird bald tödlicher Ernst.

16.50 ab Paddington ...

Wenige Kilometer von Greenway ist Churston bei Brixham ein anderes Ausflugsziel für Agatha-Christie-Fans. Die Autorin stiftete die farbigen Fenster auf der Ostseite der St Mary's Church. Auch dieses Dorf war Schauplatz eines Mordes, des dritten in »Die Morde des Herrn ABC«. Agatha Christie kam oft hierher, um sich in der Bar des Olde Churston Court mit Freunden zu treffen oder um Zwischenstation auf ihrer Fahrt per Zug nach London Paddington zu machen, die in Churston mit dem Einstieg begann. Heute verkehrt hier die Paignton & Dartmouth Steam Railway.

187

Der Süden von Devon

dauerhaft guter Qualität, das sich bei seiner Tageskarte vor allem Frische und Einfachheit verschreibt, serviert wird superfrischer Fisch von Scholle bis Dorsch.

Einfach, aber lecker – **Hanbury Fish & Chips:** Princess Street, Babbacombe, Tel. 01803 31 46 16, www.hanburys. net. Erstklassige Fish'n'Chips (ab £ 9,45), traditionsreicher Familienbetrieb, Portionen auch zum Mitnehmen. Große Auswahl an weiteren typisch englischen Gerichten. Das Lokal ist mit historischen Balken und Mauerwerk eingerichtet – sehr urige Atmosphäre.

Abends & Nachts

Sehen und gesehen werden – **Appleby's Bar:** Heritage Hotel, Shedden Hill, www.heritagehoteltorquay.co.uk. Beliebt ist die Terrasse an der Strandpromenade mit Blick auf den Strand Abbey Sands vor allem im Sommer, häufig Livemusik.

Cocktails und mehr – **Port Salut:** 1 Palk Street (am Hafen), www.portsalutbar. com. Fr/Sa bis 2 Uhr. Schicke Bar mit Brasserie-Lokal.

Klassisches Pub – **Hole in the Wall:** 6 Park Lane, www.holeinthewalltor quay.co.uk. Sehr schönes Pub – es stammt aus dem Jahr 1540 und gilt als das älteste der Stadt – mit Real Ale und stimmungsvoller Atmosphäre, bei akustischer Livemusik.

Infos & Termine

Touristeninformation
Torquay Tourist Office: Vaughan Parade (am Hafen), Tel. 0844 474 22 33 (5 p/Min.), www.englishriviera.co.uk

Fest
Torbay Carnival: vorletzte oder letzte Juliwoche. Schreiend bunter Festumzug ab Palace Theatre, www.torbay carnival.co.uk.

Verkehr
Bahn: First Great Western Trains von London Paddington nach Torquay und weiter nach Paignton mit Umsteigen in Newton Abbot oder Exeter.

Paignton ▶ Karte 2, T 5

Hauptattraktionen von Paignton sind der viktorianische Pier von 1899 und Oldway Mansion an der Torquay Road. Der Sohn des mit Nähmaschinen reich gewordenen Isaac Singer ließ sich Anfang des 20. Jh. das imposante Gebäude mit 100 Zimmern zum Traumpalast ausbauen – Vorbild war unter anderem das Schloss des Sonnenkönigs in Versailles (Tearoom im Untergeschoss). Der Spaziergang durch den symmetrisch angelegten Garten und den kleinen Park daneben lohnt sich.

Aktiv & Kreativ

Zugfahrt mit Meerblick – **Paignton & Dartmouth Steam Railway:** www.dart mouthrailriver.co.uk. Die Dampfeisenbahn fährt ca. 10 km entlang der Torbay (April–Okt.).

Infos

Touristeninformation
Paignton Tourist Information Centre: The Esplanade, Tel. und Web s. Torquay

Brixham ▶ Karte 2, T 6

Die bescheidene Hafenstadt wurde wie Paignton erst in der Nachkriegszeit als Ferienort entdeckt. Im malerischen Hafen liegt ein Nachbau von Francis Drakes **Golden Hind,** jenem Schiff, mit dem der Held aus Devon die Welt umsegelte: Überraschend klein wirkt das originalgroße Segelschiff, das von seinem Heimathafen aus bisweilen auf Tour geht (www.goldenhind.co.uk). Am Kai in Brixham erinnert ein Denkmal an den Landgang von Wilhelm von Oranien, Hollands Statthalter und ab 1688 englischer König.

Vom Hafen führt hinter dem Berry Head House Hotel ein Weg zur Steilküste von **Berry Head,** dem Südzipfel der Torbay. Dieses hoch gelegene Naturschutzgebiet ist Brutstätte und Heimat vieler Seevögel und bietet einen herrlichen Ausblick über die Küste.

Übernachten

Geheimnisvoll – **Olde Churston Court Inn:** in Churston, ca. 3 km westlich von Brixham, Tel. 01803 84 21 86, www.churstoncourt.co.uk, DZ ab ca. £ 90. Gasthaus mit altenglischem Flair: Ritterrüstungen und dunkle Eiche prägen die Atmosphäre im Schankraum. Agatha Christie war oft zu Gast (s. Entdeckungstour S. 186). Übernachten kann man in ehrfurchtgebietenden Betten aus dunklem geschnitztem Holz.

Infos & Termine

Touristeninformation
Brixham Tourist Information Centre: Hob Nobbs Gift Shop, The Quay, Tel. und Web s. Torquay

Fest
Brixham Trawler Race: eine Woche Mitte Juni. Die Fangboote der Fischer liefern sich spannende Rennen in der Torbay.

Totnes ► Karte 2, S 5

Totnes ist so etwas wie das New-Age-Zentrum von Devon und machte als ›Transition Town Totnes‹ Schlagzeilen in Sachen Energiewende – ein überaus quirliger und lebensfroher Hort der Kreativität. Das historische Städtchen besteht hauptsächlich aus einer einzigen steilen, mit Geschäften gesäumten, schnurgeraden Hauptstraße und einigen idyllischen Gassen. Laut der »Historia Regum Britanniae« (1136), verfasst von dem normannischen Bischof Geoffrey of Monmouth, soll Brutus, der Urenkel des Aeneas, ausgerechnet in Totnes gelandet sein und der Insel Britannien seinen Namen gegeben haben. Der Brutus Stone, unscheinbar im Pflaster der Fore Street (gegenüber Atherton Lane), gilt als ›Grundstein‹ des Reiches Britannien, und hier wird noch heute jedes neue Oberhaupt der Monarchie verkündet. Noch heute? Die letzte Verkündung liegt immerhin mehr als ein halbes Jahrhundert zurück – doch was ist ein halbes Jahrhundert in England?

Im historischen Zentrum
Der Torbogen mit Uhrturm – nach einem Brand 1990 originalgetreu wiedererrichtet – **East Gate Arch** markierte im Mittelalter den Eingang zur Stadt. Etwas unterhalb trifft man auf das putzige Fachwerkhaus aus dem 16. Jh., das heute das **Totnes Museum** mit Exponaten zur Stadtgeschichte beherbergt, u. a. wird auch an Charles Babbage erinnert, in den 1820er-Jahren immerhin der Erfinder eines Vorläufers heutiger Computer (70 Fore Street. Mitte März–Okt. Mo–Fr 10.30–17 Uhr, £ 2).

Sehenswert ist auch die **Kirche St Marys** (15. Jh.) mit ihrem 40 m hohen gestuften Turm und im Innern dem sehr fein ziselierten Lettner (Chor-

189

Der Süden von Devon

schranke), der aus Stein gefertigt wurde (tgl. 8.45–17 Uhr).

Totnes Castle
www.english-heritage.org.uk, April–Juni, Sept. tgl. 10–17, Juli/Aug. 10–18, Okt. 10–16 Uhr, £ 3,40
Ganz oben über den dicht gedrängt am Hügel stehenden Häuschen bietet die normannische Festung Totnes Castle einen wunderbaren Blick über die Stadt und das Tal des River Dart.

Einkaufen

Mein Tipp – **Sharpham Vineyard and Cheese Dairy:** s. Kasten S. 192.

Aktiv & Kreativ

Unter Dampf – **South Devon Railway:** www.southdevonrailway.org. Historische Dampfzüge fahren zwischen Totnes und Buckfastleigh entlang dem River Dart (Ostern–Okt.).
An der Küste entlang – **Bootsausflüge:** Am Flusshafen von Totnes, am Steam Quay, legen Ausflugsschiffe nach Dartmouth ab, die unterwegs Anwesen wie Sharpham und Greenway (s. S. 187) passieren (1 Std. 15 Min.).

Infos

Touristeninformation
Totnes Tourist Information Centre: The Town Mill, Coronation Road, Tel. 01803 86 31 68, www.totnesinformation.co.uk

Verkehr
Bahn: Totnes liegt an der Strecke von London Paddington über Plymouth nach Penzance (www.firstgreatwestern.co.uk).

Bus: von Totnes nach Dartmouth und Torquay.
Fähre: Dartmouth–Kingswear.

Dartington Hall
▶ Karte 2, S 5

Wenige Kilometer nördlich von Totnes liegt Dartington Hall Estate, das auf einem Spazierweg am Fluss auch zu Fuß erreichbar ist (s. S. 192). Zurück nach Totnes kann man den Bus nehmen.

Die Millionärin Dorothy Elmhirst und ihr Mann Leonard erwarben das Anwesen 1925, um einen Traum zu verwirklichen. Sie gründeten eine Schule, die Schule machte: Reformpädagogisches Konzept, Ganzheitlichkeit und Kreativität standen im Mittelpunkt. Berühmte Schriftsteller, Architekten, Choreografen und Bildhauer gaben sich ein Stelldichein oder schickten ihre Kinder zum Studieren, wie Bertrand Russell und Sigmund Freud. 1961 wurde aus der Stiftung der Elmhirsts eine Kunstschule ins Leben gerufen, Dartington College of Arts, seinerzeit in Europa einzigartig. Noch heute finden Veranstaltungen wie die Dartington International Summer School oder Kultur-Events statt.

High Cross House
www.dartington.org, High Cross House März–Dez. Mi–So 10.30–17 Uhr, £ 3,50; Garten: ganzjährig zugänglich, Spende von £ 3 erbeten
Der weiße Kubus, ein hochkarätiger Bau der Moderne, vom US-Schweizer Architekten William Lescaze 1932 entworfen, beherbergt das Archiv und die Kunstgalerie von Dartington. Angrenzend liegt der Park mit Henry-Moore-Skulpturen und das graue Gebäude

Der Nachbau von Sir Francis Drakes Golden Hind im Hafen von Brixham

Der Süden von Devon

Mein Tipp

Erlesene Käse – Sharpham Vineyard and Cheese Dairy
Sharpham ist in ganz England Inbegriff für guten Käse. Sharpham Vineyard and Creamery, ein kleines Weingut mit Käserei außerhalb des Dorfes Ashprington, stellt ganz besondere Köstlichkeiten her. Beim Blick auf die grünen Hügel glaubt man sich beinahe im Moseltal – nur ziehen hier in der Ferne am Horizont Segelboote vorbei. Im Laden werden Rot- und Weißweine aus eigenem Anbau sowie hervorragende Käsesorten verkauft. Tafeln an der Bio-Käserei gegenüber erläutern den Herstellungsprozess, den man durch Fenster verfolgen kann. Die friedfertigen Blicke der wohlgenährten Jersey-Kühe am Wegesrand bestätigen ohnehin die einwandfreie Herkunft der Milchprodukte. Von der Holzveranda des Cafés bietet sich ein schöner Blick über den Weinberg auf das tiefe Tal des River Dart (bei Ashprington, 5 km südlich von Totnes, Tel. 01803 73 22 03, www.sharpham.com, Einkauf beim Erzeuger mit Imbiss und Verkostung, März–Dez. Mo–Sa, Juni–Aug. tgl. 10–17 Uhr).

der Dartington Hall selbst, deren Ursprünge bis ins 15. Jh. zurückgehen.

Essen & Trinken

Kräuterküche – **White Hart Bar & Restaurant:** Dartington Hall, Tel. 01803 84 71 11, www.dartington.org, Küche tgl. 12–14, 18–21 Uhr. Gepflegte Atmosphäre und Öko-Kost (ca. £ 11–16).

Einkaufen

Glaswaren, Keramik, Schmuck – **Dartington Cider Press Centre:** Shinners Bridge, Dartington, Mo–Sa 9.30–17.30, So 10.30–16.30 Uhr. Verkauf von Biowaren und Kunsthandwerk, offene Ateliers, mehrere Restaurants.

Aktiv & Kreativ

Spaziergang am Fluss – **Dartington Hall River Walk:** Ein gut ausgeschilderter Spazierweg am Fluss verläuft zwischen Dartington Hall und Totnes (ca. 3 km, 45 Min.). Günstig ist die Hinfahrt per Bus von Totnes nach Dartington, zurück kann man gemächlich spazieren.
Fahrradverleih – **Hot Pursuit:** 26 The Stables, Totnes Industrial Estate, Tel. 01803 86 51 74, www.hotpursuit-cycles.co.uk. Mo–Sa 9–17 Uhr. £ 15/Tag. Besonders empfehlenswert: Dart Valley Trail nach Ashprington und Sharpham (11 km Hin- und Rückweg) oder (andere Richtung) nach Dartington.

Dartmouth ▶ Karte 2, S/T 6

Einen Besuch im Städtchen Dartmouth sollte man mit Muße angehen. Hier bietet sich eine heitere Szenerie: ein tiefes, natürliches Hafenbecken mit unzähligen Jachten, Segel- und Fischerbooten, die tiefgrünen Steilufer sind mit schönen Häusern und Villen bestückt. Auf dem Nordhügel thront das Royal Naval College; hier bildet die Kriegsmarine ihren Nachwuchs aus – traditionsgemäß schickt die Royal Family ihre Söhne aufs College nach Dartmouth.

Das Städtchen hat eine lange Geschichte und begann als normannischer Handelshafen; die Eroberer führten hier Waren – vor allem Wein – aus

Frankreich ein. Als Attraktion im mittelalterlichen Stadtkern gilt The Butterwalk, ein vierstöckiges Fachwerkgebäude aus dem 17. Jh., das reich ist an Schnitzereien und dessen überhängende Geschosse von elf Granitsäulen getragen werden.

Dartmouth Castle

www.english-heritage.org.uk, April–Juni, Sept. tgl. 10–17, Juli/Aug. 10–18, Okt. 10–16, sonst Sa, So 10–16 Uhr, £ 4,70

Dartmouth Castle erreicht man am Ende der Lower Street von der Bayard's Cove aus. Etwa 20 Min. dauert der Fußweg hinauf zur Festung – die Alternative ist eine Fähre von Dartmouth Quay. Die Burg entstand auf Wunsch Eduards IV. als Verteidigungsstützpunkt und wurde Ende des 15. Jh. als erste für Kanonen ausgebaut. Am gegenüberliegenden Ufer steht der ebenfalls von Eduard gewünschte Turm der zweiten Burg. Für den Bau der Anlagen versprach der König der Stadt jährlich £ 30 – auf immer und ewig.

Übernachten

Hafenblick – **Royal Castle Hotel:** 11 The Quay, Tel. 01803 83 30 33, www.royal castle.co.uk, DZ £ 165–220. Das traditionsreiche Hotel liegt am Hafen, mitten im Zentrum des touristischen Interesses, 25 unterschiedlich gestaltete Zimmer – von minimalistisch bis plüschig, viele davon mit Hafenblick. Gemütliche Bar.

Essen & Trinken

Spitzenküche – **The Angel:** 2 South Embankment, Tel. 01803 83 94 25, www. angeliquedartmouth.co.uk, Di–So, im

Winter Mi–So, Lunch 2–3 Gänge £ 22,50–25, Hauptgerichte à la carte ab £ 17. Das Restaurant in coolem Design an der Hafenzeile gegenüber der Fähre ist der kulinarische Stolz von Dartmouth, auch nachdem der berühmte Fernsehkoch John Burton-Race einem anderen den Herd überlassen hat. Frisches Seafood ist nur eine der Spezialitäten des Luxus-Restaurants.

Aktiv & Kreativ

Kombitouren Boot und Bahn – **Dartmouth Steam Railway and Riverboat Company:** www.dartmouthrailriver.co. uk. Vor Dartmouth aus kann man eine Schiffspartie (2 Std.) nach Totnes unternehmen. Flussaufwärts entlang der malerischen Ufer des River Dart ist die Fahrt ein besonderer Genuss. Je weiter man ins Landesinnere vordringt, umso stiller werden die grünen Ufer. Eine Fähre bringt die Fahrgäste von Dartmouth nach Kingswear zur nostalgischen Dampfeisenbahn (April–Okt.), der Paignton & Dartmouth Steam Railway, die bis in die Torbay fährt.

Infos

Touristeninformation
Dartmouth Tourist Information: The Engine House, Mayor's Avenue, Tel. 01803 83 42 24, www.discoverdart mouth.com

Verkehr
Bus nach Torquay via Totnes, ab Kingswear via Paignton/Brixham.
Fähre: Dartmouth–Kingswear, Passagierfähre am Quay; eine Autofähre verkehrt 1 km flussaufwärts.
Parken: Parkplätze in Dartmouth sind im Sommer rar; es gibt ein Park-and-Ride-System (£ 5).

Lieblingsort

Ein Hauch von Riviera – Overbeck's Garden in Salcombe
▶ Karte 2, R 7
Kein Zweifel: Italien liegt hier, in den tief eingeschnittenen Meeresarmen der vom milden Golfstrom verwöhnten Südküste der Grafschaft Devon. Die Pflanzenpracht in diesem subtropischen Garten an einem nach Süden geneigten Steilhang beweist es – Palmen und Yuccalilien, exotische Gewächse, von Insekten umschwirrt, verbreiten süße Düfte. Den Blick auf Segelboote in der Bucht gibt es als Dreingabe (www.nationaltrust.org.uk, Garten Mitte März–Okt. tgl., sonst Sa/So 11–15 Uhr, £ 6,70).

South Hams

▶ Karte 2, R/S 6/7

Die South Hams winden sich wie ein grüner, satter Gürtel aus saftigem Weideland um den südlichen Rand des Dartmoor. Eingegrenzt von den Flüssen Plym im Westen und Dart im Osten, birgt diese weniger frequentierte Gegend einige traumhafte Dörfer und aufregende Küstenlandschaften.

Unerschöpflich sind auch hier die stillen Landstraßen mit ihrem weiten Blick über Land und Wasser. Die Küstenwanderwege scheinen unberührt und führen immer wieder über die Mündung kleiner Flüsse landeinwärts. Durch die von Flüssen und winzigen Straßen zerklüfteten Landstriche kann eine Autofahrt jenseits der A 379 tückisch werden. Doch ist man am Ziel angekommen, belohnen Ruhe, freundliche Aufnahme und das Gefühl, etwas Besonderes entdeckt zu haben.

Kingsbridge

Größter Ort der South Hams und wichtigstes Einkaufszentrum für die Region ist das Marktstädtchen Kingsbridge. Schöne, gut erhaltene Tudor-Bauten, elisabethanische und georgianische Häuser finden sich entlang der steilen Fore Street. Südwestlich liegen Fischerdörfer wie Thurlestone und Hope mit hübschen Cottages, Hope Cove ist die schönste Badebucht weithin.

Infos

Touristeninformation
Kingsbridge Information Centre: The Quay, Tel. 01548 85 31 95, www.welcomesouthdevon.co.uk. Infos über die gesamte Region South Hams.

Verkehr
Bus: von Kingsbridge Verbindung nach Plymouth via Dartmouth sowie nach Salcombe.

Salcombe ▶ Karte 2, R 7

Ein Hauch italienische Riviera weht über Salcombe. Schicke Villen liegen verstreut und diskret an den Steilhängen und winzige Buchten, die nur bei Ebbe freiliegen, entzücken gut betuchte Segler. Man spürt das noble Ambiente gut gefüllter Bankkonten mehr, als dass man es sieht.

Ein Spaziergang hinauf zum **Overbeck's Garden** (s. links) empfiehlt sich, mit Blick über den weit verzweigten Meeresarm, der sich bis Kingsbridge ins Land hinein verästelt. Dass sich der Erfinder Overbeck dieses Fleckchen Erde für seinen Ruhesitz wählte, kann ihm niemand verübeln. Sein Haus voller Curiositäten ist zu besichtigen.

Übernachten

Campen auf den Klippen – **Karageen Caravan & Camping Park:** Bolberry, westlich von Salcombe, Tel. 01548 56 12 30, Fax 56 01 92, www.karrageen.co.uk. Ende März–Sept., Stellplatz £ 14–29. Fantastische Lage auf den Klippen oberhalb von Hope Cove (ca. 1,5 km entfernt), kleiner Laden und Imbiss, schattenlose Wiese für Zelte und Wohnwagen, sechs stationäre Caravans (£ 310–550 pro Woche).

Aktiv & Kreativ

Großes Angebot – **Wassersport:** Die Küsten der South Hams sind ideale Surf-, Segel- und Tauchreviere, Info in Bigbury, Kingsbridge und Salcombe.

Der Süden von Devon

Mein Tipp

Burgh Island – nur bei Flut eine Insel ▶ Karte 2, Q/R 7
Bei Ebbe kann man von Bigbury-on-Sea zu Fuß hinüberspazieren, bei Flut besorgen die eigentümlichen einzigartigen hochbeinigen *sea tractors* den Transport von Besuchern nach Burgh Island. Die Insel selbst ist ein grünes Idyll mit Sandstränden und Felsküste, auf dem sich ein architektonisches Juwel befindet: Burgh Island Hotel, ein einzigartiges Art-déco-Gebäude (1929), perfekter Schauplatz für einen Mord à la Agatha Christie – die hier tatsächlich einen ihrer Romane spielen ließ: »Das Böse unter der Sonne«. Natürlich kein Geheimtipp – dem Hotel haftet das Flair seiner Vergangenheit an. Die Londoner High Society, Stars und Schriftsteller trafen sich in diesem exzentrischen Gästehaus des Unternehmers Archibald Nettlefold und übten sich in Intellekt und Dekadenz. Gerettet wurde der heruntergekommene Bau von Beatrice und Tony Porter – ein Londoner Paar aus der Modeszene, das hier gekonnt sein Faible für Art déco in einem Nobelhotel und Restaurant einsetzt (Burgh Island Hotel, Bigbury-on-Sea, South Hams, Tel. 01548 81 05 14, www.burghisland.com, Sunday Lunch £ 48, Dinner (Krawatte erforderlich!) £ 57, DZ £ 400–640).

Segelbootverleih und -kurse – **Island Cruising Club:** Island Street, Tel. 01548 53 11 76, www.icc-salcombe.co.uk. U. a. Ausflugsfahrten mit Skipper.
Zu einsamen Stränden – **Bootstouren:** Vom Hafen, Fore Street, Ausflugsfahrten zu Badebuchten der Hope Cove auf der Westseite des Landvorsprungs.
Birdwatching – **Slapton Ley National Nature Reserve:** www.slnnr.org.uk. An der Ostküste der Start Bay unweit der A 379 liegt Devons größtes geschütztes Schilfgebiet. Das ganze Jahr über kann man hier eine große Zahl interessanter Arten beobachten. Brutvögel sind u. a. Haubentaucher, Schilf- und Teichrohrsänger sowie der seltene Seidensänger.

Infos

Touristeninformation
Salcombe Tourist Information Centre: Council Hall, Market Street, Tel. 01548 84 39 27, www.salcombeinformation.co.uk

Verkehr
Bus: nach Kingsbridge.
Fähren: im Sommer Passagierfähren Salcombe–Kingsbridge mit Rivermaid (Tel. 01803 83 44 88) und East Portlemouth (auf der anderen Seite des Meeresarms, Tel. 01548 84 20 61) vom kleinen Hafen Salcombe an der Fore Street.

Wanderung zum Bolt Head ▶ Karte 2, R 7

Von Overbeck's Garden (s. S. 194) aus bietet sich eine Rundwanderung zur Landspitze Bolt Head und zurück im Landesinneren via Sharptor an (5 km). Auf dem Küstenwanderweg kann man vom Bolt Head aber auch weiter bis Bolt Tail wandern (11 km). In den zerklüfteten Schieferfelsen nisten Seevögel, und auf weichem Boden läuft man durch wilden Thymian, Heide und Wildblumen. Bolt Head dient im Frühjahr und Herbst Zugvögeln als Sammelplatz. Die gesamte Küste ist ein Paradies für Vögel und zieht Ornithologen in Scharen an – *birdwatching* ist britischer Nationalsport.

Plymouth ► Karte 2, P 5/6

Die geschäftige Hafenstadt Plymouth, mit über 256 000 Einwohnern Devons größte Stadt, ist keine Schönheit, hat jedoch hinter ihrer modernen Fassade Besuchern durchaus einiges an Seefahrerromantik und Sehenswertem zu bieten. Für die Menschen aus dem Umland fungiert Plymouth als Shoppingmetropole. Die Innenstadt zwischen Royal Arcade und Universität ist Fußgängerzone: Zwischen der Markthalle Plymouth City Market im Westen, die schon bessere Tage gesehen hat, und der 2007 eröffneten Drake Circus Shopping Mall im Osten reihen sich die Filialen aller denkbarer Ladenketten aneinander.

Plymouth ist nicht nur einer der ältesten Häfen Englands, sondern war auch der bedeutungsvollste: Hier lag Francis Drakes Flotte 1588 zum Aufbruch gegen die spanische Armada vor Anker. 1928 wuchsen Plymouth Dock und Sutton offiziell zur Stadt Plymouth zusammen: Aus zwei Marinehäfen wurde der größte Kriegshafen Englands. Zwischen den Mündungen der Flüsse Tamar im Westen und Ply im Osten erstreckt sich die Stadt auf einem Kalksteinplateau und gewährt einen weiten Blick über den Plymouth Sound, jene Bucht, die Cornwall von Devon trennt. Plymouth hatte im Zweiten Weltkrieg unter deutschem Bombenhagel sehr gelitten, und das Zentrum zwischen Royal Parade und Citadel Road verströmt den diskreten Charme grauer Betonarchitektur der 1950er- und 1960er-Jahre. Als Verteidigungsstützpunkt und Residenz der Royal Artillery und der Royal Navy wird die Stadt auch heute noch vom Militär geprägt – im Sund liegen Kriegsschiffe vor Anker, und nahe der Zitadelle treffen Frühaufsteher bisweilen auf Rekruten beim Morgenappell.

Aber Plymouth ist auch Universitätsstandort und das Plymouth Arts College vermittelt der harten Militärstadt etwas kulturelle Leichtigkeit. Das zum Campus gehörende 2007 errichtete Roland Lewinsky Building des dänischen Architekten Henning Larsen ist mit seiner kupferverkleideten Front ein attraktiver Blickfang im Verkehrsgewühl des Drake Circus.

Barbican und Sutton Harbour

Mayflower Steps und Plymouth Mayflower 1

Für Englands furchtlose Helden, Kapitäne, Admiräle, Freibeuter, Sklavenhändler, Entdecker und Pilgerväter war der Hafen von Plymouth ein schicksalsträchtiger Ort. Auch der aus der abenteuerlichen »Meuterei auf der Bounty« bekannte Tyrann Captain William Bligh begann sein Leben als *local boy* in Plymouth. An den Hafen grenzt das Viertel Barbican, belebt durch Restaurants und kleine Geschäfte.

Ein historisch bedeutsamer Ort sind die Mayflower Steps am Sutton Harbour. Wo heute Ausflügler die Boote zu einer Kreuzfahrt im Sund oder den River Tamar hinauf besteigen, betraten einst 102 puritanische, aus Glaubensgründen aus den liberalen Niederlanden geflüchtete Menschen ihr Schiff und brachen auf in eine bessere

Plymouth

Sehenswert

1. Mayflower Steps und Multimedia-Ausstellung Plymouth Mayflower
2. The National Marine Aquarium
3. Elizabethan House
4. Plymouth Gin/Blackfriars Distillery
5. Merchant's House Museum
6. Royal Citadel
7. Statue des Sir Francis Drake
8. Smeaton's Tower
9. Plymouth City Museum & Art Gallery

Übernachten

1. Cliff House
2. Premier Travel Inn
3. Berkeleys of St James
4. Old Pier

Essen & Trinken

1. Tanners
2. Platters
3. Barbican Pizza & Pasta Bar
4. Tudor Rose Tea Room & Gardens

Einkaufen

1. Plymouth City Market
2. Drake Circus Shopping Mall

Aktiv & Kreativ

1. Tinside Lido Swimming Pool
2. Bootsausflüge
3. Sandford & Down Sports

Abends & Nachts

1. The Fishermen's Arms
2. The Thistle Park Tavern
3. Theatre Royal
4. Plymouth Arts Centre

Welt, nach Amerika. Kapitän Cooks Reisen in die Südsee, nach Australien und in die Antarktis nahmen von diesem Punkt aus ihren Lauf, und im 19. Jh. setzten die Siedler von hier aus nach Australien über. Kein Wunder, dass es weltweit mindestens 40 Orte mit Namen Plymouth gibt.

Im Obergeschoss der Touristeninformation erinnert **Plymouth Mayflower,** eine gut gemachte Multimedia-Ausstellung, an die Ereignisse von Sutton Harbour und beleuchtet Hintergründe und Alltagsleben jener Fundamentalchristen, die allen Widerständen zum Trotz nach Nordamerika übersiedelten. In der 3. Etage (Lift) bietet sich vom Balkon ein erstklassiger Blick über Hafen und Stadt – gut für eine erste Orientierung (April–Okt. Mo–Sa 9–17, So 10–16, Nov.–März Mo–Fr 9–17, Sa 10–16 Uhr, £ 2).

The National Marine Aquarium 2
Rope Walk, Coxside, www.national-aquarium.co.uk, April–Okt. tgl. 10–18, Nov.–März 10–17 Uhr, letzter Einlass 1 Std. vor Schließung, £ 11,75

Das 1998 eröffnete moderne Gebäude aus Glas, Holz und Stahl dominiert die Silhouette des Sutton Harbour, hinter den Masten der zahlreichen Segeljachten. The National Marine Aquarium ist eine Augenweide, und ein Besuch empfiehlt sich besonders mit Kindern. Es ist das größte Aquarium im Königreich und beherbergt mehr als 5000 Meerestiere. Besondere Anziehungskraft auf Besucher haben die Haie, die im Mittelpunkt der Aktivitäten stehen.

Elizabethan House 3
Haus: 32 New Street, April–Sept. Di–Sa 10–17 Uhr, £ 2,50; Garten: Mo–Sa 9–17 Uhr, Eintritt frei
In der New Street stehen die meisten gut erhaltenen Häuser des Barbican-Viertels, darunter Elizabethan House, hervorragendes Zeugnis elisabethanischer Architektur: So wohnte man als Kapitän der Königin ... Etwa 50 m oberhalb auf der linken Seite liegt der Eingang zu den Elizabethan Gardens mit in Renaissancemanier symmetrisch angelegten Hecken, Blumenrabatten, Treppen, Mauern und Bänken.

Plymouth Gin/Blackfriars Distillery 4

60 Southside Street, www.plymouth gin.com

Seit 1793 wird in dem Gebäude in der Southside Street Wacholderschnaps destilliert. Inzwischen gehört das traditionsreiche Unternehmen zu einem Weltkonzern in Sachen Spirituosen; mit Cocktail-Lounge (ab 18 Jahre).

Merchant's House Museum 5

33 Andrew Street, April–Sept. Di–Sa 10–17 Uhr, £ 2,50

Etwas deplatziert wirkt die schmucke Fachwerkfassade des Merchant's House neben der sinistren Betonfront des Gerichtsgebäudes an der Palace Street. Das Haus blieb nahezu vollständig aus elisabethanischer Zeit erhalten. Eine Ausstellung in dem Fachwerkbau illustriert die bewegte Stadtgeschichte.

Royal Citadel 6

Mai–Sept.

Eine riesige, wenig einladend wirkende Festung bewacht den Plymouth Sound – seit dem Jahr 1666. Plymouth war als einzige Stadt im Südwesten während des Civil War fest in der Hand der Parlamentarier, Cromwells Anhängern. Die Festung der Krone sollte die wild entschlossenen Anti-Monarchisten einschüchtern.

The Hoe

An der windigen Pracht-Esplanade Plymouth Hoe sind Erinnerungsstücke der britischen Militärgeschichte versammelt, die einem den Atem rauben können, wenn es der Wind nicht schon tut. Neben dem gigantischen weißen Naval War Memorial wirken das **Armada-Denkmal** und die **Statue des Sir Francis Drake** 7 fast schon bescheiden, ebenso die Statue zweier Flieger, die Plymouth im Blitzkrieg verteidigten. Die Inschrift des Armada-Denkmals: »He blew with his winds and they were scattered« spielt auf die merkwürdigen Wetterverhältnisse während der Schlacht zwischen der spanischen Armada und der von Drake geführten englischen Navy an. Es heißt, dass der englische Held bei Auftauchen der

199

Der Süden von Devon

Spanier am Horizont zunächst ›ganz cool‹ seine Bowlingpartie zu Ende spielte. Unterdessen drehte der Wind, und England bereitete den Spaniern eine klägliche Niederlage. Und so wähnte man auf englischer Seite, hier sei ganz ohne Zweifel eine göttliche Hand im Spiel gewesen …

Ein Lichtblick auf dem kargen Plateau ist der 24 m hohe fröhlich rotweiß gestreifte Leuchtturm von 1759. **Smeaton's Tower** 8 steht erst seit 1882 auf The Hoe, ursprünglich blinkte er auf einem Riff weit draußen auf See (Di–Sa 10–12, 13–15 Uhr, £ 2,50). Unterhalb der Klippe lockt bei schönem Wetter der **Tinside Lido Swimming Pool** 1, ein im Art-déco-Stil neu erstandener Meerwasserpool, zum Bad.

Im Zentrum

Plymouth City Museum & Art Gallery 9

Drake Circus, Tel. 01752 30 47 74, Di–Fr 10–17.30, Sa 10–17 Uhr, Eintritt frei
Prunkstück des städtischen Museums ist die Cottonian Collection, eine Sammlung von Gemälden, Porzellan und anderen Kunstgegenständen, die William Cotton im 18. Jh. zusammentrug und dem Museum ebenso wie seine Bibliothek 1845 vermachte. Besonders sehenswert sind mehrere Porträts von Sir Joshua Reynolds, darunter auch ein Selbstporträt; die Malerpalette des 1723 in Plympton bei Plymouth geborenen berühmtesten Porträtisten des 18. Jh. und Gründungsmitglieds der Royal Academy gehört ebenfalls zum Inventar.

Übernachten

Die Citadel Road und Nebenstraßen bieten eine Fülle von kleinen Hotels und Guest Houses. Mit etwas Glück kann man ohne Reservierung ein Zimmer finden – auf *vacancies*-Schilder achten!

Mit Meerblick – **Cliff House** 1: in Kingsand, ca. 20 km südlich von Torpoint/Plymouth, Devonport Hill, Tel. 01752 82 31 10, www.cliffhouse-kingsand.co.uk, DZ £ 80–90, auch Cottage-Vermietung (ab £ 325 pro Woche). Exquisites B & B, nicht weit von Mount Edgcumbe (s. S. 207), wunderbarer Seeblick (aus Cornwall) auf den Plymouth Sound.

Verlässlich – **Premier Travel Inn** 2: 28 Sutton Road, Tel. 0871 527 88 82 (10 p/Min.), www.premiertravelinn.com, DZ ab £ 74 ohne Frühstück. Standardisierte Zimmereinrichtung und verlässlicher Service zum günstigen Preis.

First-Class-Frühstück – **Berkeleys of St James** 3: 4 St James Place East, Tel. 01752 22 16 54, www.onthehoe.co.uk, DZ ab £ 60. Ruhige Lage, doch nah am Zentrum, die fünf Zimmer haben fast alle Bad/WC, Frühstück mit Option für Vegetarier, Produkte aus Öko-Anbau.

Freundlich und unkompliziert – **Old Pier** 4: 20 Radford Road, Tel. 01752 30 97 97, www.oldpier.co.uk, DZ ab £ 55. Sehr freundlicher, aufmerksamer Service, besonders empfehlenswert sind die renovierten Zimmer mit Bad/WC.

Essen & Trinken

Gourmetküche – **Tanners** 1: Finewell Street, Tel. 01752 25 20 01, www.tannersrestaurant.com, Di–Sa 12–14, 19–21.30 Uhr, 2-Gänge-Lunchmenü £ 16 bzw. 3-Gänge £ 20, Dinner Hauptgerichte £ 16–26. Das Lokal im ehemaligen Priesterdomizil aus dem 15. Jh., Prysten House, neben St Andrew's Church, ist die beste Adresse für Feinschmecker in Plymouth: ungewöhnliche Kombinationen zeichnen die Küche der Gebrüder Tanner aus.

Fisch satt – **Platters** 2 : 12 The Barbican (gegenüber Dartington Crystal), Tel. 01752 22 72 62, www.platters-restaurant.co.uk, tgl. 12–23 Uhr, Seafood-Grill (Heilbutt, *prawn,* u. a.) £ 16,95, Fish'n'Chips £ 9,95. Fischküche zum Sattwerden zu guten Preisen.

Italienisch – **Barbican Pizza & Pasta Bar** 3 : 40 Southside Street, www.barbicanpastabar.co.uk, tgl. 11.30–spät, Pasta £ 7,50–10,50, Pizza £ 7,95–10,95, verschiedene Fleischsorten vom Holzkohlengrill ab £ 10. Italienische Küche, wie man sie sich nur wünschen kann – sehr populär bei Einheimischen wie Touristen; auch ideal zum Kaffeetrinken.

Englisch – **Tudor Rose Tea Room & Gardens** 4 : 36 New Street, www.tudorrosetearoom.co.uk, Mo–Fr 9–17, Sa/So 9–18 Uhr. In einem Haus von 1640 mit original Eichenholztreppe werden u. a. Ploughman's Lunch (£ 5,95) und Devonshire Cream Tea (£ 5,50) serviert. Hübscher Garten im Innenhof.

Einkaufen

Diverse kleine Shops finden man in den Kopfsteinpflastergassen des Barbican-Viertels.

Überdachter Markt – **Plymouth City Market** : Frankfort Gate, Mo/Di, Do–Sa 8–17.30, Mi 8–16.30 Uhr. Markthalle mit Fisch- und anderen Ständen, aber auch viel Krimskrams und Ramsch sind hier im Angebot.

Shoppen unter Glas – **Drake Circus Shopping Mall** 2 : Drake Circus, www.drakecircus.com, Mo–Mi, Fr/Sa 9–18, Do 9–20, So 10.30–16.30 Uhr. Gläserne Einkaufspassage mit den üblichen Mode-, Schuh- oder Elektronikwaren diverser Ketten.

Aktiv & Kreativ

Schwimmbad – **Tinside Lido Swimming Pool** Hoe Road, Mai–Sept. Mo–Fr

Treffpunkt zum Lunch: die Straßencafés am Hafen von Plymouth

Der Süden von Devon

12–18, Sa/So 10–18 Uhr. Der unbeheizte Meerwasser-Swimmingpool ist ein cooler Treff an der Promenade.

Bootsausflüge 2: Mai–Sept. starten Boote ab Mayflower Steps oder Phoenix Wharf zu Hafenrundfahrten, nach Calstock, Morwellham Quay, auf dem River Yealm und Plymouth Sound. **Tamar Cruising** www.tamarcruising.com (auch Mount Edgcumbe); **Soundcruising,** www.soundcruising.com.

Tauchausflüge – **Sandford & Down Sports** 3: Ecke Central Road/Pier Street, West Hoe, Tel. 01752 26 62 48, www.sandfordanddown.co.uk. Laden für Taucherbedarf, Kurse (PADI) und Ausrüstungsverleih. Plymouth ist eine gute Basis für Ausflüge zu einem künstlichen Riff, der ehemaligen Fregatte The Scylla in Whitsand Bay.

Abends & Nachts

Plymouth ist Navy-Standort, und das hat einen gewissen Einfluss auf das Nachtleben. Außer im Barbican spielt es sich um die Union Street westlich von The Octagon ab: Hier sind viele Clubs, Imbiss- und Take-away-Läden.

Gutes Bier aus der Region – **The Fishermen's Arms** 1: Lamb Hay Street (abseits Lamb Hay Hill), Tel. 01752 66 14 57, www.thefishermansarms.com, Mo 18–23, Di–Sa 11.30–14.30, 17–23, So 12–23 Uhr. Gut versteckt liegt das Pub mit hervorragendem Real-Ale Angebot lokaler Brauereien aus dem Südwesten. Auch ein ambitioniertes Restaurant (Mo–Sa ab 18.30 Uhr, Hauptgerichte £ 16–21).

Livemusik – **The Thistle Park Tavern** 2: 32 Commercial Road, Coxside, www.thistlepark.com. Das Lokal im Brauhaus bietet gute Real Ales und muntere Atmosphäre, dazu jeden Fr/Sa Livemusik. Authentische Thai-Küche serviert das Restaurant im Oberge-

schoss (Hauptgerichte £ 8–10, für Reis extra ca. £ 2).

Schauspielhaus – **Theatre Royal** 3: Royal Parade, www.theatreroyal.com. Das moderne Theater in dem wenig ansprechenden Bau bietet renommierte Aufführungen einschließlich Experimentellem auf der Studiobühne.

Kunst und Kultur – **Plymouth Arts Centre** 4: 38 Looe Street, www.plymouthartscentre.org. Kino, verschiedene Kulturevents, Bistro-Café mit vegetarischem Angebot.

Infos & Termine

Touristeninformation

Plymouth Mayflower Tourist Information & Exhibition Centre 1: 3–5 The Barbican, Tel. 01752 30 63 30, www.visitplymouth.co.uk, April–Okt. Mo–Sa 9–17, So 10–16, Nov.–März Mo–Fr 9–17, Sa 10–16 Uhr

Verkehr

Bahn: Bahnhof nördlich vom Zentrum; Züge nach Bristol und Penzance sowie von London Paddington mit First Great Western Trains (www.firstgreatwestern.com); Züge der Tamar Valley Line befahren das landschaftlich schöne Tal des River Tamar (www.carfreedaysout.com, www.tamarvalley.org.uk) nach Calstock und Gunnislake.

Busse: in alle Richtungen, auch ins Dartmoor und ins Umland, ab Busbahnhof Bretonside.

Stadtverkehr: Dreh- und Angelpunkt des Stadtbusverkehrs ist Royal Parade, am Eingang zur Shoppingmeile und Fußgängerzone.

Fähre: mit Brittanyferries nach Roscoff/Frankreich (s. S. 21). Ganzjährig verkehrt die Personenfähre Cremyll Ferry nach Mount Edgcumbe. Die Autofähre Torpoint Ferry über den Tamar verkürzt den Weg nach Cornwall.

Umgebung von Plymouth

Paddeltour auf dem River Tamar ▶ Karte 2, P 5/6

www.canoetamar.co.uk, April–Ende Sept.; £ 25/Person zwischen Cotehele (Start und Ziel, mit Parkplatz) und Morwellham, geführte 3-Std.-Touren
Was ist angemessener, als sich historischen Orten wie Cotehele (s. S. 207) oder Morwellham Quay (s. unten) auf dem Wasser zu nähern? Bot dies doch in alter Zeit den besten Verkehrsweg im Süden Devons mit seinen tief ins Land hineinreichenden Buchten. Vom Wasser des Tamar getragen, im Takt von Ebbe und Flut, ist das Paddeln unter fachkundiger Anleitung in den Kanadierkanus ein stilles Vergnügen und ein unvergessliches Erlebnis.

Morwellham Quay
▶ Karte 2, P 5

20 km nördlich von Plymouth, Ziel von Ausflugsbooten ab Plymouth (s. S. 202) und von Kanutouren auf dem River Tamar (s. oben). www.morwellham-quay.co.uk, tgl.10–17/17.30 Uhr, £ 7,95
In viktorianischer Zeit lag am River Tamar der größte Ausfuhrhafen für Kupfer im gesamten Königreich. Morwellham Quay gehört mit der dazugehörigen Mine seit 2007 zum Unesco-Welterbe. Vor allem für Familien ist der Drehort der BBC-Serie »Edwardian Farm«, die vorführt wie man früher lebte, ein beliebtes Ausflugsziel: Es gibt einen Bauernhof mit Tieren und Pferdekutschen, ein Schmiedehammer ist in Aktion, und altertümlich geklei-

dete Menschen entführen in vergangene Zeiten vor über 150 Jahren.

Buckland Abbey
▶ Karte 2, P 5

Ca. 15 km nördlich von Plymouth bei Yelverton, www.nationaltrust.org.uk, Mitte März–Okt. tgl. 10.30–17.30, Mitte Feb.–Mitte März und Nov. Fr–So 11–16.30, Adventszeit tgl. 11–16.30 Uhr, £ 8,05
Die ehemalige Zisterzienserabtei Buckland Abbey aus dem 13. Jh. blieb von der Zerstörung der Klöster durch Heinrich VIII. verschont – dieser hatte den Landbesitz bereits Sir Richard Grenville zugesagt. Dessen gleichnamiger Enkel baute das Anwesen in einen Landsitz um. Dann musste er verkaufen. Durch einen Mittelsmann erzielte er den damals stolzen Preis von £ 3500. Zu seinem Ärger entpuppte sich der Käufer als Sir Francis Drake – sein Rivale bei Hof und zur See. In Drakes Wohnzimmer blickt ein Porträt des Abenteurers auf die Besucher hinab. Im Sommer können diese beim Bowling Drakesches Lebensgefühl nachempfinden.

In Buckland Abbey befindet sich noch heute eine Trommel, die mit Drake auf der Golden Hind um die Welt gesegelt ist. Wenn England in Not ist und jemand diese Trommel rührt, heißt es, wird Sir Francis kommen und England wieder retten. Eine andere Version der Legende berichtet allerdings, dass der Klang der Trommel Francis Drake erwecken und zu einem prächtigen Bankett rufen wird. Der Besuch in dem 700 Jahre alten Anwesen lohnt: Ausstellungen, Spaziergänge durch elisabethanische Parks, Kräutergarten, Werkstätten lokaler Kunsthandwerker. Außerdem gibt es Restaurant und Shop sowie einen Rätsel-Parcours für Kinder.   ▷ S. 207

Auf Entdeckungstour

Das feine Leben auf dem Lande – Saltram House

Der Landsitz Saltram House, heute am Stadtrand von Plymouth, blieb nahezu unverändert erhalten wie im 18. Jh., der Zeit von Jane Austen und Joshua Reynolds, die die feine Gesellschaft auf dem Lande so treffend porträtiert haben – Jane Austen in ihren Romanen, der Maler Joshua Reynolds mit seinen Bildern.

Reisekarte: ▶ Karte 2, P/Q 6

Infos und Öffnungszeiten: www.nationaltrust.org.uk, März/April–Okt. Sa–Do 12–16.30 Uhr, £ 9,40

Anfahrt: Plympton bei Plymouth, ca. 5 km östlich des Zentrums, zwischen A 38 und A 379, Abzweig am Kreisel in Marsh Mills.
Bus ab Plymouth, Royal Parade, Richtung Plympton.

Nirgendwo in Europa gab es im 18. Jh. eine so wohlhabende Oberschicht wie in England, nicht unbedingt Adlige, aber immer Landbesitzer, die *landed gentry*. Die feine Gesellschaft auf dem Lande vertrieb sich die Zeit mit wechselseitigen Besuchen auf den Landsitzen von Freunden, Bekannten oder Fremden gleicher Stellung – man besichtigte Haus und Garten, schmiedete Heiratspläne, musizierte, spielte Karten, flirtete und tauschte gesellschaftliche Neuigkeiten aus.

Gesellschaftsleben im 18. Jh.

Empfangen wird der Besucher heute im Prinzip nicht viel anders als einst die Gäste einer Abendgesellschaft oder eines Balls. Freundlich nehmen ehrenamtliche Mitarbeiter des National Trust dem Gast Rucksäcke, Kamerataschen und andere Gepäckstücke ab, der so erleichtert das Flanieren durch die Räume beginnen kann. Um den Tudor-Kern wurde der Grundriss von Saltram im 18. Jh. so geändert, dass die Gesellschaftsräume um ein zentrales Treppenhaus herum angeordnet sind, was bei Festlichkeiten weitaus praktischer war als lange Korridore.

Reynolds-Porträts

Mit den einstigen Bewohnern von Saltram House macht man am besten Bekanntschaft, wenn man eines der Porträts betrachtet, die Sir Joshua Reynolds von der Familie des Hauses anfertigte. Der aus Plympton stammende Maler war ein Freund des Hausherrn John Parker und regelmäßig zu Gast auf dessen Landsitz. Reynolds war nicht gerade ein unbedeutender Zeitgenosse: Er war Präsident der Royal Academy und hochgeschätzter Porträtist der vornehmen Gesellschaft des 18. Jh. Reynolds selbst wurde von seiner Malerkollegin und Freundin Ange-

lika Kauffmann porträtiert, deren Bilder ebenfalls vertreten sind. Zum Inventar gehören zahlreiche weitere wertvolle Gemälde – Reynolds beriet den Hausherrn auch beim Gemäldekauf.

Repräsentativer Speisesaal

Im Speisesaal *(Dining Room)* versammelte man sich zum Souper. Die Gäste wurden von einer Heerschar livrierten Personals bedient. Nach dem Dessert zogen sich die Damen in ein anderes Zimmer zurück, während die Herren weiter Trinksprüche ausbrachten, rauchten und die politische Lage diskutierten. Dass der Speisesaal in Saltram ursprünglich als Bibliothek geplant war, verraten nur die Gemälde an der Decke. Das Speisezimmer wurde nachträglich hierher verlegt, um näher an der Küche zu sein.

Küche der Superlative

Die aus drei Räumen bestehende Große Küche *(Great Kitchen)* auf der Nordseite des Hauses haben die Gäste seinerzeit wohl nicht inspiziert, aber für heutige Besucher ist sie eine Sehenswürdigkeit: die Vorratskammer, die eigentliche Kochküche mit dem riesigen Eisenherd und einem ganzen Bataillon von kupfernen Pfannen, Töpfen und Tegeln und schließlich die *scullery,* die Spülküche mit Spülbecken aus Kupfer (darin kühlte das Wasser nicht so schnell ab), und einer Holzwanne zum Spülen von Porzellan.

Salon von Robert Adam

Prunkstück in Saltram House ist der Salon, allein durch seine Dimension wichtigster Raum für gesellschaftliche Anlässe. Hier fanden Bälle statt, hier hängen kostbare Gemälde und die Innenraumgestaltung ist vom Feinsten. Sie oblag wie in den übrigen Ge-

205

sellschaftsräumen dem Kultdesigner des 18. Jh., Robert Adam (1728–1792), dessen elegant-schlichter Klassizismus Schule machte: Türstücke, Medaillons sowie Stuckdecken und -wände in zarten Pastelltönen, unaufdringlich, hell und freundlich. Dazu eine Möblierung mit Chippendale-Stühlen, an der Decke Kristalllüster. Nicht umsonst wurden Szenen der Verfilmung von Jane Austens Roman »Verstand und Gefühl« in diesem Haus gedreht. Frances Parker, die Hausherrin von Saltram, pflegte regen Briefkontakt mit der Autorin.

Eine Runde durch den Park

Zum festen Besichtigungsprogramm der Gäste gehörte damals wie heute ein etwa einstündiger Spaziergang durch den Garten. Der Rundweg führt über die fast 400 m lange **Lindenallee** *(Lime Avenue)* zu einer immergrünen Steineiche und einem Bauwerk mit Aussicht auf die Landschaft am äußersten Ende des Parks: **Castle Folly** ist eines von mehreren *follies*, Staffagearchitektur, wie sie im 18. Jh. so beliebt war. Das achteckige Gartenhaus erinnert an einen mittelalterlichen Burgturm. In der originalgetreu restaurierten **Orangerie** von 1775 mit ihren gigantischen *sash windows,* mit Seilen bewegten Schiebefenstern, überwintern wie vor 250 Jahren Orangen- und Zitronenbäume und andere empfindliche Kübelpflanzen. Zitrusfrüchte oder Weintrauben waren im 18. Jh. als gesuchte Raritäten Bestandteil festlicher Tafeln. Auf dem Weg zurück zum Haus fällt der Blick über weite Rasenflächen und perfekt platzierte Baumsolitäre, wie Esskastanien, Blutbuchen oder stattliche Pinien, zur 1776 gebauten Kapelle, in der heute die **Chapel Gallery** zeitgenössische Kunst zeigt. Die Südseite des Hauses blickt auf die offene Landschaft – eine pastorale Idylle, in der ein Zaun nur stören würde. Diese Funktion übernimmt der **Ha-ha,** ein tiefer Absatz im Gelände, der dem Vieh den Zugang verwehrt und dem Auge den Blick auf die Landschaft öffnet. Das riesige Parkareal des Saltram Estate rundum bis hinunter zum Flussufer ist kostenfrei zugänglich und eines der beliebtesten Ausflugsziele der Stadtbewohner für einen ausgedehnten Sonntagsspaziergang.

In der Küche von Saltram House glänzen Kupfertöpfe und -pfannen aus dem 18. Jh.

Umgebung von Plymouth

Cotehele ▶ Karte 2, P 5

St Dominick bei Calstock, von Calstock 2,5 km Fußweg am Fluss, www.nationaltrust.org.uk, Mitte März–Okt. Sa–Do 11–16 Uhr, £ 9
Grimmig und vornehm thront der Tudor-Landsitz aus Granit über dem Garten am Steilhang des Tamar, der mit jedem Schritt hangabwärts zu einem tieferen Dschungel wird. Seit mehr als sechs Jahrhunderten ist die legendäre Familie des Earl of Mount Edgcumbe hier ansässig. Im Haus tickt die älteste Uhr Englands. Mittelalterliches Drama kommt Besuchern angesichts des mit Waffen und Trophäen geschmückten Rittersaals in den Sinn. Durch ein Fenster in der oberen Etage erspäht man die im Saal Ankommenden. In den Privatgemächern finden sich Durchblicke zu den Repräsentationsräumen. Nur allzu lebhaft kann man sich vorstellen, wie in diesen Zimmern im Mittelalter gelauscht und intrigiert wurde. Ungewöhnlich ist die reiche Sammlung von Brüsseler und Antwerpener Tapisserien, welche in fast allen Räumen die Wände bedecken. Wie diese Wandteppiche in den Besitz der Familie gerieten, ist bis heute ungeklärt.

Antony House ▶ Karte 2, P 6

Bei Torpoint, www.nationaltrust.org. uk, Haus: April/Mai, Sept./Okt. Di–Do, Juli/Aug. Di–Do, So 13–17 Uhr, Garten: April–Okt. Di–Do, Juli/Aug. auch So 12–17 Uhr, £ 8,10; Woodland Garden (nicht National Trust): März–Okt. Di–Do, Sa/So 11–17.30 Uhr, £ 5
Das Haus aus dem frühen 18. Jh. besticht schon von außen durch seine perfekten Proportionen, seine majestätische Symmetrie und die immense Größe – innen bezaubert die feine, gediegene Wohnkultur der Carew-Fami-

lie. 1961 überließ Sir John Carew Pole das Haus dem National Trust. Damit wurden die Privaträume der Familie drei Tage pro Woche der Öffentlichkeit zugänglich. Sein Sohn und dessen Familie bewohnen das Haus heute, und zwischen antikem Mobiliar findet man Indizien modernen Lebens: Die Familienfotos in der Bibliothek, ein digitaler Wecker oder ein halb gelesener Roman neben dem Bett erinnern uns daran, dass wir nicht in einem Museum, sondern bei einer Familie zu Gast sind. Die geschmackvollen Heckengärten mit der ausgesucht schönen Beeten wirken wie weitere Zimmer des Hauses. Ein Hochgenuss ist ein Barfuß-Spaziergang auf den Graswegen des angrenzenden Antony Woodland Garden (separater Eingang am nordöstlichen Rand des Anwesens).

Mount Edgcumbe
▶ Karte 2, P 6

Country Park, Cremyll, südlich von Torpoint, www.mountedgcumbe. gov.uk, Haus und formale Gärten: April–Sept. So–Do und an Feiertagen 11–16.30 Uhr, £ 7,20; Landschaftsgarten: tgl. 8 Uhr bis Dämmerung
Das malerische Herrenhaus aus dem Besitz der Familie des Earl of Mount Edgcumbe am Plymouth Sound diente bereits häufig als Filmkulisse, u. a. für die Verfilmung des Jane-Austen-Romans »Mansfield Park« und für Romanzen von Rosamunde Pilcher. Das Anwesen liegt nur einen Katzensprung von Plymouth entfernt – aber auch Katzen nehmen lieber die Fähre ab Cremyll. Besonders der Landschaftsgarten auf einer Landzunge, rundum von Meer umschlossen, Earl's Gardens mit exotischen und alten Bäumen wie einer 400 Jahre alten Linde, sowie die Formal Gardens sind sehenswert.

Dartmoor

Infobox

High Moorland Visitor Centre

Tavistock Road, Princetown, Tel. 01822 89 04 14, tgl. 10–17 Uhr. Das größte Visitor Centre des Dartmoor informiert in mehreren Ausstellungsräumen über das Moor und den Nationalpark, im Shop kann man Karten oder Outdoor-artikel kaufen und Näheres zu den Freizeitaktivitäten im Moor erfragen. Weitere Information Centres:

Postbridge Information Centre: Parkplatz an der B 3212 nach Two Bridges, Tel. 01822 88 02 72, Ostern–Sept. tgl. 10–17, Okt. 10–16 Uhr

Haytor Information Centre: Parkplatz bei Haytor Vale an der B 3387, Tel. 01364 66 15 20, April–Okt. tgl. 10–17, Nov.–Feb. Do–So 10.30–15.30, März 10–16 Uhr

Internet

www.dartmoor-npa.gov.uk: Die Website stimmt ein auf einen Besuch im Moor, u. a. mit Videos zur Natur und Kultur; auch Tipps für Aktivitäten, speziell zum Wandern, Liste sehenswerter Orte im Moor.

Verkehr

Zahlreiche Bus- und Zugstrecken verbinden ausschließlich im Sommer die Orte im Dartmoor. Das Dartmoor-Sunday-Rover-Ticket berechtigt dabei zu unbegrenzten Fahrten durch das Moor. Fahrpläne für Busse und den Sunday Rover sowie Tickets sind im High Moorland Visitor Centre erhältlich. Informationen zu Bus- und Zugverbindungen auch unter: www.traveline.info.

Knapp 500 m über dem Meeresspiegel erhebt sich das Granitplateau des Dartmoor – es gilt als letzte Wildnis Südenglands und wird von rauen Winden, überdurchschnittlich viel Regen, häufigem Nebel und bisweilen Schnee heimgesucht. Und von der Literatur: Seit man Romane, Geistergeschichten und Reiseliteratur schreibt, ziehen Dichter und Autoren sämtliche Register, um den undurchschaubaren Charakter des Moores in Worte zu fassen.

Das Dartmoor ist eine Wildnis von Menschenhand und seit 1951 Nationalpark – Ergebnis einer ökologischen Katastrophe, deren Ursachen Jahrtausende zurückreichen (s. S. 48). Im Moor finden sich Überreste Hunderter Dörfer aus der Steinzeit mit kreisförmigen Hütten, Steinalleen, Steinkreisen, Stallanlagen, Monumenten und Grabmälern. Mit der Entdeckung des größten Zinnvorkommens Europas im 12. Jh. gewann das Dartmoor als Industrieland an Bedeutung. Die Zinnschürfer, *tinners,* konnten ihre Ware nur in ganz bestimmten Marktstädten mit königlichem Siegel zum Verkauf anbieten, den *stannary towns,* manche, wie Widecombe, kamen so zu Reichtum.

Verkehrswege durch das Moor sind rar, der Osten ist dichter besiedelt als der einsame Westen; rechts und links der A 382, die die nördliche A 30 mit der A 38 im Südosten verbindet, führen verwinkelte Landstraßen zu Kirchen und mittelalterlichen Dörfern mit malerischen Brücken aus groben Steinplatten, den Packhorse Bridges. Im Westen ist das Moor karger, dramatischer, einsamer. Bereisen lässt es sich nur mit einer Landkarte in der Hand (des Beifahrers): Innerhalb des Straßenrings kreuzen zwei Hauptstraßen das Moor, ein Gewirr kleiner Landstraßen verbindet die Dörfer miteinander. Folgen Sie möglichst den Beschilderungen – viele der kleineren Wege und Straßen enden im Nichts.

Dartmoor National Park

Haytor Rocks! ▶ Karte 2, R/S 4

Von Torquay und Newton Abbot ist es nur ein Katzensprung zu einem der höchsten Punkte im Dartmoor, Haytor (457 m) bzw. Haytor Rocks. An schönen Sommertagen wimmelt es von Ausflüglern, die der fantastischen Aussicht wegen kommen. Dass hier früher Granit in großem Stil abgebaut wurde, davon zeugen noch die Reste von Schienen – auch sie natürlich aus Granit –, auf denen die schwer beladenen Loren einst zu Tal rollten. Im Dorf **Haytor Vale** wird im Moorlands Hotel an Agatha Christie erinnert, die hier an ihrem ersten Roman schrieb.

Widecombe-in-the-Moor

▶ Karte 2, R 4

Wie an den Hang geklammert liegt das Dorf Widecombe-in-the-Moor im Osten des Moors. Wegen seiner Kirche aus dem 16. Jh. ist es Ziel vieler Ausflügler. Die Zinngilde finanzierte den riesigen Granitturm der ›Kathedrale des Moors‹, Widecombe war eine *stannary town,* Drehscheibe des Zinnhandels. Aus grauem Dartmoorgranit gebaut ist auch The Church House neben der Nationalparkzentrale mit dem Baujahr 1537. Das Haus war eine Zeit lang Brauerei, dann Dorfschule, dient inzwischen als Dorfgemeindehaus und gehört heute dem National Trust.

Mein Tipp

Wo das Kaminfeuer nie verlöscht – Warren House Inn
Riesige Kaminfeuer brennen im Dartmoor überall – auch im Warren House Inn an der Straße von Princetown nach Moretonhampstead, 3 km nördlich von Postbridge. Einst stand das Pub auf der gegenüberliegenden Straßenseite. Als es Stein für Stein versetzt wurde, trug man angeblich die brennenden Scheite über die Straße und legte sie in den neuen Kamin. Niemals, heißt es, dürfe die Glut des Feuers im Moor erlöschen. Der Wirt und die Holzmassen, die in dem kleinen Pub mit seinem riesigen Kamin anzutreffen sind, bestätigen dies: 6 t Holz werden hier pro Jahr zum Wohl der sich wärmenden Gäste aufgelegt. Gutes Real Ale, stärkende kleine Gerichte wie Würstchen mit Pommes und Bohnen (£ 7,50) oder Dartmoor-Lamm (£ 12,50) – ideal nach einer Moorwanderung durch Wind und Wetter (Tel. 01822 88 02 08, http://warrenhouseinn.co.uk, Mo–Sa 11–23, So 11–22.30, Nov.–Ostern Mo/Di 11–17 Mi–Sa 11–23, So 12–22.30 Uhr).

In der Nähe ist das Dörfchen **Buckland-in-the-Moor,** ein reetgedecktes Idyll besonders sehenswert.

Übernachten

Camping und mehr – **River Dart Country Park:** südlich von Buckland-in-the-Moor bei Ashburton, Tel. 01364 65 25 11, www.riverdart.co.uk, April–Ende Sept. Stellplatz/2 Personen je nach Saison £ 18–26,50, ganzjährig wird B & B

Der Süden von Devon

angeboten: DZ £ 95–130. Auf den über 36 ha Fläche des Anwesens Holne Park hat der Abenteuerspielplatz River Dart Adventures Platz gefunden, eine Riesenattraktion für Kinder (April–Sept., Eintritt für Tagesgäste). Camper haben außerdem Zugang zu einem Swimmingpool, angeboten werden auch Paddeln, Angeln oder Wandern.

Termin

Widecombe Fair: 2. Di im Sept. Große Kirmes in Widecombe-in-the-Moor, www.widecombefair.com. Schau mit historischen Traktoren und ländliche Sportarten wie Heuballenrollen, Hütehundwettbewerb etc.

Princetown und Two Bridges ▶ Karte 2, Q 4

Bekannt ist die Stadt **Princetown** mitten im Moor durch das von weitem sichtbare Gebäude des Dartmoor Prison. Es wurde von Kriegsgefangenen aus den Napoleonischen Kriegen gebaut. Dazu musste der Wald im Moor abgeholzt werden. Als die Zwangsarbeiter im Jahre 1809 mit dem Bau fertig waren, durften sie ›einziehen‹. 1852 wurde das Gefängnis als zivile Strafanstalt in Betrieb genommen. Im Dartmoor Prison Heritage Centre kann man sich Schauriges und Kurioses aus der Geschichte des noch heute in Betrieb befindlichen Gefängnisses zu Gemüte führen (www.dartmoor-prison.co.uk, tgl. 9.30–12.30, 13.30–16.30, Fr und So nur bis 16 Uhr, £ 3).

Übernachten

Urgemütlich – **Two Bridges Hotel:** Two Bridges, 2 km östlich von Princetown,

Tel. 01822 89 05 81, www.twobridges.co.uk, DZ £ 140–190. Das Hotel bot schon 1770 drei Attraktionen: einen Kartoffelmarkt vor dem Hotel, Ringwettkämpfe und Alkohol. Die Wände der Bar sind mit Fotos der Royals und prominenter Besucher, Moorszenen und Kuriosa dekoriert. Die Amerikanerin Wallis Simpson, für die Eduard VIII. 1936 auf den Thron verzichtete, liebte dieses Hotel.

Moretonhampstead und Umgebung ▶ Karte 2, R 3, S 4

Die wichtigsten Verkehrswege durch das Moor treffen in der Marktstadt **Moretonhampstead** zusammen, ein betriebsamer Ort mit Einkaufs- und Einkehrmöglichkeiten. Westlich da-

Dartmoor National Park

Eine Packhorse Bridge führt bei Postbridge über den East Dart River

von, nördlich der B 3212, liegt **Chagford,** ein großes Dorf mit freundlichem Pub. In den Geschäften gibt es alles, was man im Moor an Kleidung und Ausrüstung braucht. Südlich von Moretonhampstead Richtung Bovey Tracey liegt das liebliche Dorf **Lustleigh:** reetgedeckte Cottages, rosenüberwucherte Vorgärten, ein Dorfplatz mit altem Baumbestand. Im Primrose Cottage genießen Sie tea time wie aus dem Bilderbuch (Mi–Mo 10.30–17.30 Uhr, Tel. 01647 27 73 65, www.primroseterooms.co.uk).

Übernachten, Essen

Kulinarisches Highlight – **Gidleigh Park:** Chagford, Tel. 01647 43 23 67, www.gidleigh.com, 3-Gänge-Menü £ 47,50 (Lunch), £ 99 (Dinner), DZ ab £ 325. Als eines der zehn besten Country-Hotels der Insel verwöhnt das Hotel und Feinschmeckerrestaurant, das unter der Leitung von Michael Caine zwei Michelinsterne errang, seit Jahrzehnten seine Klientel.

Landgasthaus – **Ring o' Bells Inn:** North Bovey, südwestlich von Moretonhampstead, Tel. 01647 44 03 75, www.ringofbells.net, Gerichte £ 9–14, DZ ab £ 85–130. Die Geschichte des Landgasthauses mit Reetdach und krummen Wänden am Dorfanger von North Bovey reicht ins 13. Jh. zurück.

Übernachten

Schaukelig – **The Gate House:** North Bovey, südwestlich von Moretonhamp-

211

Der Süden von Devon

stead, Tel. 01647 44 04 79, www.gate
houseondartmoor.com, DZ £ 80–84.
Edles, idyllisches B & B in einem historischen Haus mit großem Granitkamin
und drei Gästezimmern unterm Reetdach, den Afternoon Tea gibt's auf
Wunsch am Pool.

Castle Drogo ► Karte 2, R 3

*www.nationaltrust.org.uk, Mitte
März–Okt. tgl. 11–17, sonst. Sa, So
11–16 Uhr, £ 8,40*
Beinahe bedrohlich thront Castle
Drogo im Norden des Moores über
dem River Teign, 1974 von den Erben
des Teehändlers Julius Drewe dem National Trust übergeben. Mit Kolonial-
waren verdiente sich Drewe eine goldene Nase und konnte sich 1889 im Alter von 33 Jahren zur Ruhe setzen.
Innerhalb von sechs Jahren hatte er im
ganzen Land knapp 600 Geschäfte
seiner Ladenkette eröffnet. Da Julius
Drewe so furchtbar gern adelig gewesen wäre, verfolgte er mit Eifer seinen
Stammbaum – und tatsächlich tauchte
da ein normannischer Baron namens
Drogo de Teign auf, nach dem das
nahe gelegene Drewsteignton im
12. Jh. benannt worden war. Nachdem
die wünschenswerten Ahnen gefunden waren, fehlte dem Millionär nur
noch das Schloss. *No problem* – Drewe
engagierte den damals gefragtesten
Architekten Englands, Edwin Lutyens
(1869–1944), der ihm eine massive
Trutzburg aus Granit hinstellte. 1930
war Castle Drogo vollendet – Englands
jüngste Burg. Ein Besuch in dem mit
allen Annehmlichkeiten der Neuzeit
eingerichteten ›Mittelalterbau‹ lohnt
schon allein wegen der Ausblicke von
der Höhe und wegen des Parks. Auch
im Innern hat Lutyens sein gestalteri-
sches Genie unter Beweis gestellt. Besonders beeindruckend: die Küche.

Lydford Gorge ► Karte 2, Q 3

*www.nationaltrust.org.uk, Mitte
März–Sept. 10–17, Okt. 10–16 Uhr,
£ 5,90*
Auch Lydford hat seine normannische
Festung, berühmter aber ist Lydford
Gorge, eine 3 km lange Schlucht an
den waldigen Ufern des Flusses Lyd.
Der Strom des White-Lady-Wasserfalls
stürzt wenig *ladylike,* sondern tosend
und schäumend rund 30 m in die Tiefe.
Zur Kurzweil gibt es einen Shop und
zur Stärkung nach der feuchten Wanderung einen Tearoom.

Abends & Nachts

Uriges Pub – **The Castle Inn:** Lydford,
Tel. 01822 82 02 41, www.castleinn
dartmoor.co.uk. Gemütlichkeit im Stil
der Tudorzeit verspricht das rustikale
Pub mit Steinfußböden und unver-
putzten Granitwänden, zudem gute
Regionalküche und Real Ale vom Fass.

Okehampton

► Karte 2, Q 2/3

Das Marktstädtchen am Nordrand des
Dartmoor lohnt nicht nur zum Einkaufen einen Halt. Über dem Ort thront
die normannische Burgruine **Okehampton Castle** (April–Juni, Sept. 10–
17, Juli/Aug. 10–18 Uhr, EH, £ 3,80),
und im Zentrum widmet sich das **Museum of Dartmoor Life** dem Alltagsleben früherer Zeiten (Ostern–Ende Okt.
Mo–Sa 10.15–16.30 Uhr).

Die auch liebevoll ›Dartmoor Pony‹
genannte **Dartmoor Railway** verkehrt
mit Dampfloks zwischen Okehampton
und dem früheren Steinbruch Meldon
Quarry (www.dartmoor-railway.co.uk,
Ostern–Mitte Sept. Sa/So).

Tavistock

Infos

Touristeninformationen
Okehampton Tourist Information Centre: 3 West Street (neben White Hart Hotel), Tel. 01837 530 20, www.okehamptondevon.co.uk

Tavistock ▶ Karte 2, P 4

Tavistock am Fluss Tavy ist die größte Stadt des westlichen Moores. Im 11. Jh. stand hier das wohlhabendste Benediktinerkloster des West Country – sein Landbesitz reichte bis zu den Scilly-Inseln. Nach der Zerschlagung des Klosters durch Heinrich VIII. im 16. Jh. schrumpfte der Besitz allmählich auf die Abteikirche St Eustachius zusammen, 1425–1450 im Perpendicular Style errichtet. Nachdem 1796 in der Region Kupfervorkommen entdeckt wurden, begann der Wandel Tavistocks zur Industriestadt quasi über Nacht – davon ist in dem beschaulichen Städtchen heute kaum noch etwas zu spüren.

Einkaufen

Markthalle – **Pannier Market:** Di–Sa 9–16.30 Uhr. In der Halle haben Stände mit Lebensmitteln, aber auch Ramsch und Trödel Platz. Freitags findet der Tavistock Country Market statt und bringt lokale landwirtschaftliche Produkte zum Verkauf.

Abends & Nachts

Mitten im Moor – **Elephants Nest:** in Horndon, nördlich von Tavistock, Tel. 01822 81 02 73, www.elephantsnest.co.uk, Gerichte £ 10–20. Gemütliches Pub mit guter Küche und Real Ales im Herzen des westlichen Dartmoor.

Mein Tipp

Delikatessen von Creber's
Betritt man den Laden in dem historischen Fachwerkhaus in Tavistock, hat man die Qual der Wahl angesichts der überbordenden Regale in dem altehrwürdigen Geschäft. Sie sind bis unter die Decke gefüllt mit Spezialitäten vor allem aus dem West Country: Schachteln, Dosen, Gläser, Flaschen. Wer ein kulinarisches Souvenir von seiner Reise sucht, wird hier fündig: ob Gebäck, Fudge, Wein oder Käse. An der Frischetheke ist zudem alles zu haben, was man für ein zünftiges Picknick braucht (48, Brook Street, Tavistock, www.crebers.co.uk, Mo–Sa 9–17 Uhr).

Infos & Termine

Touristeninformationen
Tavistock Tourist Information Centre: Town Hall Building, Bedford Square, Tel. 01822 61 29 38

Fest
Goose Fair: zweiter Mi im Okt. Die Gänsekirmes von Tavistock geht auf das 12. Jh. zurück. Heute breiten Hunderte von Händlern ihre Waren aus, und es herrscht Rummelplatzatmosphäre in der Stadt.

Verkehr
Bus: Bis auf die Sommermonate, s. dazu Infobox S. 208, verkehren Busse oft nur ein- bis zweimal pro Woche zwischen Tavistock, Moretonhampstead oder Okehampton sowie nach Gunnislake, Plymouth und Exeter (www.devon.gov.uk/buses.htm).

213

Das Beste auf einen Blick

Der Norden von Devon und Cornwall

Highlights!

Clovelly: Das an den Hang gebaute Fischerdorf bezaubert mit malerischen Gassen und dem winzigen Hafen. S. 220

Tintagel: Ein Muss für Romantiker ist Tintagel Castle – vielleicht erblickte Legendenkönig Artus hier das Licht der Welt. S. 223

Auf Entdeckungstour

Mit Reverend Hawker in Morwenstow: Dem Leben und Werk eines exzentrischen Landfarrers kommen Spaziergänger auf die Spur, die an der trutzigen Granitkirche von Morwenstow zu einer kurzen Rundwanderung starten. S. 224

Kultur & Sehenswertes

Rosemoor Garden: Gartenfans sollten am Schaugarten der Royal Horticultural Society nicht vorbeifahren – man kann immer etwas dazulernen. S. 218

Lanhydrock House: Der herrschaftliche Landsitz mit Long Gallery und herrlichem Park am Rand des Bodmin Moor ist einen Ausflug wert. S. 232

Bedruthan Steps: Atemberaubende Klippenszenerie nordöstlich von Newquay. S. 236

Aktiv & Kreativ

Surfen: Ob in Woolacombe bei Ilfracombe in Devon oder in Newquay in Cornwall – am Atlantik rollen die Brecher am schönsten. S. 218 und S. 236

Radtour auf dem Tarka Trail: Geruhsam radelt man durchs Landesinnere, mit schönen Ausblicken auf die wasserreiche Landschaft der Flüsse Taw und Torrington. S. 219

Genießen & Atmosphäre

Zu Gast beim Fischkoch: Keiner bereitet Fisch so zu wie Rick Stein – davon sind seine Fans überzeugt. Testen Sie es selbst in seinen vier (!) Restaurants in Padstow. S. 227

Gastro-Pub mit Klasse: Ein Landgasthaus mit bester Küche ist Springer Spaniel bei Launceston. S. 233

Bierchen am Strand: Die Hausbrauerei von Driftwood Spars an der Bucht von Trevaunance lockt nach einer Küstenwanderung zu kühlem Bier und leckeren Fischgerichten. S. 239

Abends & Nachts

After Surf in Newquay: In der Partymetropole der Surfer stärkt man sich zum Sonnenuntergang mit coolen Drinks auf der Terrasse. Die Auswahl an Cafés ist groß. S. 237

Die Nordküste von Devon

Die familienfreundlichen Seebäder der Barnstaple Bay an der Nordküste von Devon ziehen vor allem im Juli und August viele Feriengäste an, aber auch die Surfer Community hat die meilenweiten flachen Sandstrände mit den langen Brechern längst für sich entdeckt. Outdoor-Begeisterte unternehmen Tagesausflüge in den nahe gelegenen Exmoor National Park (s. S. 130). Im vor Wind geschützten Binnenland gilt es neben grünen Flusstälern mit fahrradfreundlichen Wegen üppige Gärten zu entdecken, die mit subtropischer Pracht locken. Im Süden begrenzt das markante Klippenplateau von Hartland die Bucht von Barnstaple. Hier machen sich Wanderer auf den Weg in die wilde Natur, zu schroffen Küsten und pittoresken Dörfern.

Infobox

Internet
www.northdevon.com: Infos über die Küste von Nord-Devon und Exmoor, Suche und Buchung von Unterkünften, Events u. a.

Verkehr
Zug: Die Tarka Line quert das Landesinnere zwischen Barnstaple und Exeter, Fahrplan unter www.carfreedaysout.com.
Bus: u. a. mit Stagecoach Devon (www.stagecoachbus.com) oder First (www.firstgroup.com), Eine Karte mit den Busverbindungen lokaler Anbieter gibt das Devon County Council heraus, Streckenübersicht unter www.devon.gov.uk/bus_maps.htm.

Ilfracombe ▸ E 18

Wer in der Hochsaison aus dem stillen Exmoor nach Ilfracombe fährt, empfindet den Kontrast zum Naturidyll als jähen Schock: Strandvergnügen, Fish'n' Chips und jede Menge Rummel. Wahrzeichen des Seebads sind die zwei umgekehrten weißen Blumentöpfen ähnelnden Kuppeln des Landmark Theatre, das außer der Touristeninformation auch ein Kino, Theater und andere Freizeit- und Vergnügungseinrichtungen beherbergt. Vor den viktorianischen Häuserfronten an der Promenade breiten sich gepflegte Blumenrabatten aus. Den netten kleinen Hafen krönt die Silhouette der mittelalterlichen Kapelle mit Leuchtturm auf dem Lantern Hill. Eine Besonderheit sind die Tunnel Beaches, die man nur über in den Fels gehauene Gänge erreichen kann (s. S. 218).

Wer sich in diesem Seebad einmietet, hat dank der guten touristischen Infrastruktur eine geeignete Basis für Ausflüge in die Umgebung, ob auf dem North Devon Coast Path bis zur Bucht von Lee oder bis Combe Martin an der Grenze zum Exmoor, stets mit Blick auf die verheißungsvolle Silhouette von Lundy Island. Westlich von Ilfracombe liegen von **Woolacombe** bis **Braunton Burrows** beste Surferstrände.

Lundy Island ▸ D 18/19

Lundy Shore Office, The Quay, Bideford, Tel. 01271 86 36 36, www.lundy island.co.uk, Fähren ab Ilfracombe Quay April–Okt.
Wer dem Seebadrummel entfliehen möchte, mache sich auf nach Lundy. Die Felseninsel etwa 15 km vor der

Ilfracombe

Weist Schiffen an der Küste von Devon den Weg: der Leuchtturm von Hartland Point

Küste ist ein Paradies für Vögel und Robben, wird vom Landmark Trust verwaltet und zieht vorwiegend Naturfreunde an. Übernachten kann man nur nach Voranmeldung. Ein Spaziergang über die Insel ist ein Erlebnis: Der Boden ist so weich, dass man nie wieder auf etwas anderem laufen möchte. Lundy Island ist auch von Barnstaple und Clovelly per Boot zu erreichen.

Übernachten

Ferienwohnungen – **Lincombe House:** Lee, bei Ilfracombe, Tel. 01271 86 48 34, www.lincombehouse.co.uk, 2–6 Personen £ 225–655//Woche je nach Saison. Das Farmhaus liegt im Dorf oberhalb der herrlichen Bucht Lee Cove und verfügt über drei mit allem für Selbstversorger Wichtigen ausgestattete Apartments. Das 4-Personen-Apartment Hillymouth hat den schönsten Blick ins Fuchsia Valley.
Geschützt campen – **Hidden Valley Touring Park:** Tel. 01271 81 38 37, www.hiddenvalleypark.com, Stellplatz für Zelte und Caravans £ 15–40/Tag. Der von Laubbäumen gesäumte Platz liegt naturschön in einem windgeschützten Tal zwischen Braunton und Ilfracombe.

Essen & Trinken

Kunst am Bau – **11 The Quay:** 11 The Quay, Tel. 01271 86 80 90, www.11thequay.co.uk, Hauptgerichte £ 12,50–24,50. Die vom britischen Gegenwartskünstler Damien Hirst gestalteten Räume haben das Restaurant mit Blick auf den Hafen und das Meer berühmt gemacht. Hirsts Werke sind vielleicht nicht jedermanns Geschmack, aber die Speisen sind vorzüglich.

Aktiv & Kreativ

Familienfreundlich – **Woolacombe Beach** Der beliebteste Sandstrand

217

Der Norden von Devon und Cornwall

Mein Tipp

Königlich gärtnern – RHS Rosemoor Garden ▶ E 19

Gartenfans sollten einen Halt in Great Torrington einplanen, denn hier demonstriert der Garten der Royal Horticultural Society (RHS, Königliche Gartenbaugesellschaft) erfolgreiches Gärtnern unter den extremen Klimabedingungen der regenreichen Küste von Devon. Gemüsegärten, seltene Bäume, formale Gärten in unterschiedlichen Farbkompositionen und vor allem ein Rosengarten mit 200 Sorten gehören zum Spektrum (Great Torrington, www.rhs.org.uk, April–Sept. tgl. 10–18, sonst 10–17 Uhr, £ 7,50).

weit und breit mit einer Länge von 3 Meilen liegt in Woolacombe westlich von Ilfracombe.
Surfschule – **Nick Thorn Surf Academy:** The Boathouse, in Woolacombe, Tel. 01271 87 13 37, www.nickthorn.com. Surf-Kurse (halber Tag £ 30) beim Altmeister Nick Thorn, außerdem Coasteering und Ausrüstungsverleih.
Durch den Tunnel an den Strand – **Tunnels Beaches:** www.tunnelsbeaches.co.uk, Eingang Bath House, tgl. Ostern–Sept. 10–17.30, Sommerferien 10–18.30, Okt. Di–So 10–16.30 Uhr, £ 2,50; der Liegestuhl am Strand ist gratis. Wer ein eigenes Kajak mitbringt, findet Gelegenheit für Touren entlang der Küste
Outdoor-Abenteuer – **H2Outdoor:** Tel. 0778 980 74 24, www.h2outdoor.co.uk. Von Surfen und Coasteering über Meerkajakfahrten bis zu Ausritten zu Pferd diverse organisierte Aktivitäten an der Küste von Nord-Devon.

Infos

Touristeninformation
Ilfracombe Tourist Information Centre: Landmark Theatre, Sea Front, Tel. 012 71 86 30 01, www.visitilfracombe.co.uk
Woolacombe Tourist Information Centre: The Esplanade, Tel. 01271 87 05 53, www.woolacombetourism.co.uk

Verkehr
Bus: nach Exeter und Plymouth sowie Lynton, Minehead und Barnstaple.

Barnstaple und Umgebung ▶ E 19

Barnstaple ist ein Verkehrsknotenpunkt an der Mündung des River Taw, der hier auf einer Brücke überquert werden muss. Im Stadtzentrum bieten die Markthalle Pannier Market in der High Street und die Gasse Butcher's Row Gelegenheit zum Einkauf von regionalen Waren. Einblick in die Lokalgeschichte vermittelt das **Museum of North Devon** neben der Long Bridge aus dem 13. Jh.; das Gebäude beherbergt auch die Touristeninformation.

Arlington Court

www.nationaltrust.org.uk, Mitte März–Okt. tgl. 11–17, Mitte Feb.–März u. Nov./Dez. Sa, So 11–13 Uhr, Haus und Park £ 8,30

15 km nordöstlich von Barnstaple liegt Arlington Court, einer der wenigen Landsitze der Gegend. Die letzte, 1949 verstorbene Besitzerin Rosalie Chichester brachte als passionierte Sammlerin von ihren ausgedehnten Reisen auf Vaters Jacht auch lebende Souvenirs mit, darunter Pfauen und Ponys, die heute den Park bevölkern. Im Haus kann man Schiffsmodelle und andere exotische Dinge betrachten. Auch rund 50 Kut-

Barnstaple und Umgebung

schen gehören zum Inventar, und es werden Fahrten mit dem Pferdegespann durch den Park angeboten.

Marwood Hill

www.marwoodhillgarden.co.uk, März–Sept. tgl. 10–17, Okt. 11–16 Uhr, £ 5,50

Ein wahres Gartenparadies tut sich ca. 6 km nordwestlich von Barnstaple in Marwood Hill auf. Schwerpunkt des in einem Tal angelegten Gartens sind Sumpfpflanzen und andere wasserliebende Gewächse, aber es gibt auch einen Steingarten – Farbenpracht fast das ganze Jahr über.

Tapeley Park

Instow, zwischen Barnstaple und Bideford, www.tapeleygardens.com, Ende März–Okt. So–Fr 10–17 Uhr, £ 5

Im Zentrum von Tapeley Park steht ein stattliches georgianisches Herrenhaus aus rosa Backstein (nicht zu besichtigen). Gärten und Park werden nach ökologischen Gesichtspunkten bewirtschaftet (Permakultur). Ein formal angelegter Terrassengarten, der in einen italienischen Garten mit Palmen und Springbrunnen übergeht, ein halbrundes Seerosenbecken und ein Sommerhaus mit den in England allgegenwärtigen Eiben sind einige Höhepunkte dieser vielfältigen Gartenlandschaft.

Tarka Trail

www.devon.gov.uk/tarkatrail, www.tarka-country.co.uk

»Tarka der Otter«, das 1927 erschienene, bis heute populäre Kinderbuch von Henry Williamson, hat dem Fernwanderweg den Namen gegeben. Er führt in einer Achterschleife mit Zentrum Barnstaple 290 km durch Devon, davon rund 52 km als Radweg: Zwischen Braunton und Meeth via Barnstaple und Bideford windet er sich entlang den Flüssen Taw und Torrington,

teils auf stillgelegten Bahntrassen – geruhsames Radeln mit Ausblicken auf die wasserreiche Landschaft.

Museum of British Surfing

The Yard, Caen Street, Braunton (neben Braunton Museum), www. museumofbritishsurfing.org.uk, Di–So 11–17 Uhr £ 3,75

In dem 2012 eröffneten Museum erfährt man alles über die Geschichte des Surfens – seit Captain Cooks Zeiten. Schöne Stände liegen gleich nebenan.

Übernachten

Für Kunstliebhaber – **Broomhill Art Hotel:** Muddiford Road, ca. 5 km nördlich von Barnstaple, Tel. 01271 85 02 62, www.broomhillart.co.uk, DZ £ 65 (außer Fr/Sa dann nur 2 Nächte Halbpension inkl. Lunch DZ £ 235). Das Hotel mit Skulpturengarten bietet Zimmer im Mix aus witzig-bunter moderner Kunst und altmodischer Victoriana.

Aktiv & Kreativ

Fahrradverleih – **Tarka Trail Cycle Hire:** am Bahnhof von Barnstaple, Tel. 01271 32 42 02, www.tarkabikes.co.uk, April–Okt., 3-Gang-Rad ab £ 10,50/Tag.
Surfen und mehr – **Skern Lodge Outdoor Centre:** in West Appledore bei Bideford, Tel. 01237 47 59 92, www. skernlodge.co.uk. Von Abseiling über Kanufahren bis Surfen.

Infos

Touristeninformation

Barnstaple Tourist Information Centre: Museum of North Devon, The Square, Tel. 01271 37 50 00, www.staynorthdevon.co.uk, www.barnstaple.co.uk

219

Der Norden von Devon und Cornwall

Verkehr
Bahn: Von Barnstaple nach Exeter fahren die Züge der Tarka Line, Infos unter www.carfreedaysout.com.

Clovelly ❗ ▶ E 19

Das an den Hang gebaute Fischerdorf gilt als Postkartenschönheit, steil, stolz und gepflegt. Seit 250 Jahren ist es mit knapp 100 Häusern und 350 Einwohnern in Familienbesitz und seit 100 Jahren steht es unter Denkmalschutz. Der Besuch der Dorfidylle ist kostenpflichtig (£ 6,50). Immerhin schließt der Eintrittspreis die Parkgebühr und den Besuch des Visitor Centre sowie zweier Sehenswürdigkeiten im Dorf ein: Das **Fisherman's Cottage** zeigt das Fischerleben in den 1930er-Jahren, und das **Kingsley Museum** erinnert an Charles Kingsley, der in Clovelly seinen Roman »Westward Ho!« schrieb und Anregungen für das Kinderbuch »Water Babies« sammelte. Ob das Hinab- oder das Hinaufsteigen der steilen kopfsteingepflasterten Dorfstraße anstrengender ist, ist schwer zu sagen. Den Transport besorgten früher Esel, heute haben Schlitten sie ersetzt und in der Hochsaison ein Landrover, der gegen Entgelt müde Besucher befördert.

The Quay, der Kai für den geschützten Hafen, einst der sicherste an der Südwestküste, wurde bereits im 14. Jh. gebaut. Man lebte von der Fischerei, vor allem aber vom Schmuggel und der Ausbeute aus gestrandeten Schiffen.

Clovelly Court Gardens
April–Sept. tgl. 10–16 Uhr
Eine Attraktion für Garten- und Gemüsefreunde sind die Clovelly Court Gardens oberhalb der Siedlung neben der Kirche (13. Jh.) und dem verwunschen wirkenden Kirchhof. Hinter hohen Mauern vorm Seewind geschützt, gedeihen hier ein klassischer viktorianischer Garten und in Gewächshäusern empfindliche Obst- und Gemüsesorten.

Wanderung nach Hartland Point

Wenige Meilen westlich von Clovelly ragt die Spitze des breiten Felsplateaus Hartland Point ins Meer. Die einfachste Lösung wäre, mit dem Auto zu fahren, doch die Wanderung von Clovelly nach Hartland Point führt 11 km an herrlicher Küste entlang. Am Hartland Point bekommt man einen Vorgeschmack von der kornischen Westküste: riesige, zerklüftete Felsen mit Wasserfällen und Möwen, die im Wind spielen. In der Tiefe donnern die Wellen gegen das schwarz glänzende Gestein. Die bizarren Felsen erinnern an Illustrationen aus dem Erdkundelehrbuch – wie hingemalt ragen sie aus der Brandung.

Übernachten

Im Dorf – **New Inn Hotel:** High Street, Tel. 01237 43 13 03, Fax 01237 43 16 36, newinn@clovelly.co.uk, DZ ab £ 104. Das Haus aus dem 18. Jh. liegt an der steilen Dorfstraße, die zwölf Zimmer sind klein, aber hell.
Am Hafen – **Red Lion Hotel:** am Hafen, Tel. 01237 43 12 37, redlion@clovelly. co.uk, DZ ab £ 134 (B & B), inkl. Dinner £ 192,50–232. Die elf freundlichen Zimmer in dem historischen Gasthaus verströmen romantische Atmosphäre.

Infos

Touristeninformation
Clovelly Visitor Centre: Tel. 01237 43 17 81, www.clovelly.co.uk, tgl. 9.30–17.30 Uhr

Hartland

Den Hafen von Clovelly schützt eine mächtige Mole

Verkehr
Bus: Verbindung nach Bideford und Barnstaple.

Hartland ▶ D/E 19

Hartland Quay
5 km westlich vom Dorf Hartland befinden sich in Hartland Quay die Überreste eines alten Hafens: Sir Francis Drake und Walter Raleigh gehörten zu den Finanziers dieses versunkenen Ortes. Von Stürmen gebeutelt, hat die lose Ansammlung von Häusern überlebt. Die einzigen Bauten weit und breit an dieser unwirtlichen Küste scharen sich um das Hartland Quay Hotel.

Das **Shipwreck Museum** gegenüber erzählt traurige Geschichten von gekenterten Schiffen und Schiffbrüchigen (Ostern–Okt. tgl. 11–17 Uhr, £ 1). Und tatsächlich: Bei Ebbe sieht man unweit der schroffen Felsklippen noch einen rostigen Schiffsbug aus dem Meer ragen.

Hartland Abbey
www.hartlandabbey.com, Garten Ostern–Anfang Okt. So–Fr 11.30–17 Uhr, Haus Mi, Do, So, Juni–Sept. So–Do 14–17 Uhr, £ 9,50

Etwas außerhalb vom Dorf Hartland liegt Hartland Abbey. Das Country House inmitten einer Parklandschaft aus dem 18. Jh. enthält noch Reste des 1539 aufgelösten Augustinerklosters. Auf schattigen Pfaden spaziert man durch einen Wald mit Blick aufs Meer, vorbei an Farnen und Sumpfpflanzen.

Übernachten

Zum Entspannen – **Hartland Quay Hotel:** Tel. 01237 44 12 18, www.hartlandquayhotel.com, DZ £ 90. Meeresrauscher und Einsamkeit garantiert, umgeben von karger Klippenszenerie, 17 Zimmer, die meisten mit Meerblick. Zum Ensemble gehört die Wreckers Retreat Bar: im maritimen Stil mit Wrackteilen eingerichtet.

Die Nordküste von Cornwall

Nach mildem Auftakt in den Familienbadeorten an der Barnstaple Bay in Nord-Devon (s. S. 218) zeigt sich der Atlantik an der Nordküste von Cornwall von seiner rauen Seite. Kalte Winde und schroffe Küsten, wildes Meer und viel Natur erwarten Besucher hier. Surfer sind entzückt ob der lang anrollenden Brecher und freuen sich über den wärmenden Wetsuit. Aber vor allem Wanderer finden hier ihr Glück: dramatisches Küstenpanorama und eine intakte Flora – Wildblumen und Heidekraut an den Klippen. Von dschungelartigen Wäldchen werden die kleinen Flüsse gesäumt, die sich in engen Tälern *(combes)* zwischen den baumlosen Steilhügeln den Weg ins offene Meer bahnen. Über allem thront die sagenumwobene Ruine Tintagel Castle, und mit ihr König Artus – in dem Kultort des West Country am Leben erhalten und vielfach in klingende Münze umgesetzt.

Bude ▶ D 19

Der Wohlstand des kleinen Marktstädtchens ist in vielerlei Hinsicht auf Sand gebaut. In der Mitte des 19. Jh. war der kalkreiche Sand Hauptexportgut ins Landesinnere, wo er die sauren Böden verbessern half – 1825 eröffnete man eigens zu diesem Zweck sogar einen Kanal.

Auch ein auf Sand gebautes ›Castle‹ hat Bude. Der Erfinder und Ingenieur Sir Goldsworthy Gurney (1793–1875) ließ es 1830 bauen – es steht auf einem Betonsockel, damals eine Novität. Heute ist in dem Gebäude das **Castle Heritage Centre** zur Lokalgeschichte untergebracht (www.thecastlebude. org.uk, Ostern–Okt. tgl. 11–17, sonst 10–16 Uhr, £ 3,50).

Mit einer seiner Erfindungen sorgte Sir Goldsworthy Gurney 1841 für Licht im Londoner Unterhaus – daran erinnert die 9 m hohe Pyramidenskulptur aus Beton, deren Spitze mit Hilfe von Glasfaseroptik leuchtet, **The Bude Light 2000.** Und schließlich ist Bude durch seine stadtnahen breiten, sauberen Sandstrände, Summerleaze Beach und den von flachen Felsen gesäumten Crooklets Beach, eine Attraktion für Surfer und junge Familien.

Wandern auf dem South West Coast Path

Etwa 4 km südlich von Bude erstreckt sich die Widemouth Bay, die man auf dem South West Coast Path erwandern

Infobox

Internet
www.visitcornwall.com: Portal der Touristeninformationen für ganz Cornwall.

Verkehr
Bahn: Zwischen Newquay und Par an der Kanalküste verkehren Züge der Atlantic Coast Line (www.carfreedays out.com). First Great Western verbindet zahlreiche Orte in Cornwall, Fahr- und Streckenpläne unter www. cornwallpublictransport.info, Stichwort Rail.
Bus: Auf der Internetseite www.corn wallpublictransport.info kann man einen regionalen Streckenplan (County Map bzw. Route Map) herunterladen.

kann – mit Blick auf die typischen Fels-
faltungen im Schiefer der nördlichen
Steilküste. Noch weiter südlich ist bald
die Bucht Crackington Haven erreicht,
deren kleiner Hafen eingezwängt zwischen steilen Felswänden liegt.

Infos & Termine

Touristeninformation
Bude Tourist Information Centre: The
Crescent, Tel. 01288 35 42 40, www.
visitbude.info. Im selben Gebäude wid-
met sich das Canal Visitor Centre der
Geschichte des Bude Canal.

Festival
Bude Jazz Festival: Ende Aug., www.
budejazzfestival.co.uk. Wird 2012 aus-
gesetzt, Infos zu 2013 auf der Website.

Verkehr
Bus: nach Exeter und Plymouth.

Boscastle ▶ Karte 2, M 3

Der in einer tief ins Land eingeschnittenen Felsbucht verborgene Fischerhafen machte im August 2004 Schlagzeilen, als nach starken Regenfällen eine
Flutwelle großen Sachschaden anrich-
tete. Heute ist der malerische Ort erneut attraktives Ziel für Küstenwande-
rer und Autotouristen gleichermaßen.
Beliebt ist die Küstenwanderung von
Boscastle nach Tintagel (10 km, hin per
Bus, zurück wandern).

Museum of Witchcraft
www.museumofwitchcraft.com,
Ostern–Halloween Mo–Sa 10.30–
17.30, So 11.30–17.30 Uhr, £ 4
Magische Anziehungskraft besitzt das
Museum of Witchcraft mit seiner Fülle
spannender Exponate, die meist aus
Privatsammlungen stammen und u. a.

Einblick gewähren in die Arbeit der ak-
tiven Wicca-Hexenszene in England.
Nicht ausgespart wird das Thema He-
xenverfolgung und Folter.

Infos

Touristeninformation
Boscastle Visitor Centre: The Harbour,
Tel./Fax 840 25 00 10, www.visitbos
castleantintagel.com

Tintagel ! ▶ Karte 2, M 3

Tintagel ist einen Besuch wert, auch
wenn – oder gerade weil? – das Küs-
tendorf seit dem 19. Jh. als Touristenattraktion ausgebaut wird.

Tintagel Old Post Office
www.nationaltrust.org.uk, Mitte
Feb.–März und Okt. tgl. 11–16,
April–Sept. 10.30–17.30 Uhr, NT, £ 3,50
Wahrscheinlich das älteste Gebäude
des Dorfs – es soll aus dem 14. Jh. stammen – ist das urige steinummauerte
und eingedeckte Gebäude mit seinem winzigen schieferumfriedeten
Garten. Nicht nur ein Blickfang, sondern auch den Besuch wert.

King Arthur's Great Halls
Fore Street, Sommer tgl. 10–17,
sonst 11–15 Uhr, £ 3
Der neugotisch anmutende graue Gra-
nitbau an einer Straßenecke sieht wenig spektakulär aus. 1930 ließ ihn der
romantisch veranlagte, Artus-begeis-
terte Puddingfabrikant Thomas Glass-
cock bauen. Heute verwandeln sich in
King Arthur's Great Halls vor den Augen der Besucher die Legenden über
König Artus in virtuelle Wirklichkeit,
und die leuchtenden Tugenden der Tafelrunde erscheinen in 72 Glasfenstern
im William-Morris-Stil. ▷ S. 226

223

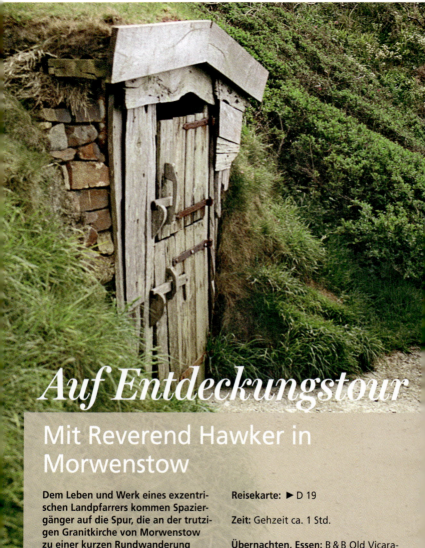

Auf Entdeckungstour

Mit Reverend Hawker in Morwenstow

Dem Leben und Werk eines exzentrischen Landpfarrers kommen Spaziergänger auf die Spur, die an der trutzigen Granitkirche von Morwenstow zu einer kurzen Rundwanderung starten – wie einst Robert Stephen Hawker, der von 1834 bis 1875 die Gemeinde als Pfarrer führte.

Reisekarte: ▶ D 19

Zeit: Gehzeit ca. 1 Std.

Übernachten, Essen: B & B Old Vicarage, Tel. 01288 33 13 69, www.rshawker.co.uk, pro Person £ 45; Bush Inn, Rectory Farm Tearoom tgl. 11–17 Uhr.

Ein wenig Melancholie liegt über Morwenstow, dessen Friedhof lebendiger scheint als der winzige Ort selbst. Man hat das Gefühl, am Ende der Welt zu sein – tatsächlich liegt der Ort an der Grenze zwischen Cornwall und Devon.

Keltische Heilige und archaische Dämonenhäupter

Die Kirche, in der Pfarrer Hawker predigte, ist ein Ort von archaischem Reiz. Die Heilige Morwenna lieh Kirche und Ort ihren Namen, eine von vielen keltischen Heiligen, die der römische Kirchenkalender nicht kennt. Die Kirche aus grauem Granit, die seit Jahrhunderten dem Küstenwind trotzt, ist rund 1000 Jahre alt. Im Halbdunkel des Innern glotzen zwischen normannischen Hundszahnfriesen die steinernen Köpfe von Vögeln, Widdern und Menschen auf die Kirchgänger herab. Die meisten der einfachen Säulen stammen aus dem 12. Jh.

Letzte Ruhe für Namenlose

Auf dem Weg zur Kirche durchquert der Besucher den Kirchhof, einen grasbewachsenen Steilhang mit verwitterten Grabsteinen, über den der Seewind bläst und wo im Frühling Primeln und Veilchen blühen. Nicht selten beerdigte der Pfarrer hier Schiffbrüchige, 1843 die ganze Mannschaft des schottischen Frachters Caledonia, der er die Galionsfigur aufs Grab setzte. Pfarrer Hawker setzte sich bisweilen über Konventionen hinweg. So predigte er bei Sturm in Gummistiefeln und Wollpullover und eilte mit seiner Gemeinde zusammen an die Klippen, wenn es einen Schiffbruch gegeben hatte.

Ein Bett im Pfarrhaus

Seinen Ruf als Exzentriker begründete Hawker durch den von ihm veranlassten Umbau des Pfarrhauses: Die vier Schornsteine ließ er den Kirchtürmen seiner ehemaligen Dienststellen nachempfinden. Heute kann man in The Vicarage übernachten, die Besitzer Jill und Richard Wellby vermieten drei Zimmer im ehemaligen Pfarrhaus.

Dichterklause in der Steilwand

Links an der Kirche vorbei führt ein Pfad vom Parkplatz Richtung Meer bis zum Coast Path (Eichelsymbol), dem man nach links folgt. In der Ferne ist Lundy Island zu erkennen. Beim Blick in die Tiefe stellt sich angesichts der grauen scharfzackigen Riffe unweigerlich ein Schaudern ein – wenn ein Schiff an diese Küste getrieben wurde, gab es kein Entrinnen. Fast übersieht man kurz darauf die Stufen hinab zu Hawker's Hut, der Holzhütte hoch über einem nadelspitzen Riff (s. Foto links). Aus angeschwemmten Schiffsplanken hatte sich Hawker hier einen Ausguck direkt in die Klippen der Steilküste hineingebaut. Hier saß er, schrieb Gedichte und Balladen und rauchte dazu wie viele seiner Zeitgenossen sein Opiumpfeifchen. Hawker war ein Visionär, er glaubte nicht nur an Gott, sondern an magische Kräfte. Seine Gedichte spiegeln das Leben an der wilden, den Elementen ausgesetzten Küste. Das berühmteste, »The Song of the Western Men«, ist zur Hymne des West Country geworden.

Dschungeltal mit Meeresrauschen

Der Pfad senkt sich nun in ein Tal hinab. Nach steilem Abstieg folgt man dem Pfad am Bach entlang taleinwärts. Zwischen meterhohem Farn und krumm gewachsenen Bäumen führt der Weg auf eine Weide, hinter deren höchstem Punkt verlockend das Gasthaus Bush Inn auftaucht. Von hier aus sind es nur ein paar hundert Meter auf der Straße zurück zur Kirche.

Der Norden von Devon und Cornwall

Tintagel Castle
ca. 600 m Fußweg ab Dorf, www. english-heritage.org.uk, April–Sept. tgl. 10–18, Okt. 10–17, sonst 10–16 Uhr, £ 5,20

Ganz gleich, was dran sein mag an Sagen und Legenden: Ein Ausflug nach Tintagel Island und Tintagel Castle ist ein Erlebnis. Ausgrabungen dokumentieren, dass man hier im 5. Jh. gut zu leben wusste; Scherben aus dem Mittelmeerraum zeugen von spätrömischem Luxus und lassen vermuten, dass Öle, Wein und andere Güter importiert wurden. Die Burgmauern, zwischen denen wir heute klettern, stammen aus dem 13. Jh., einer Zeit, in der die Legenden um König Artus äußerst lebendig waren. Sollte der Bau dieser normannischen Festung auf dem Grund einer heiligen Stätte der britisch-keltischen Besiegten die neue Herrschaft symbolisieren? Dramatisch ist dieser Ort noch heute: Tief unten tobt das Meer, und hoch oben pfeift den Besuchern der Wind um die Ohren (s. S. 68).

Wandern auf dem South West Coast Path

Atemberaubende Ausblicke bieten sich vom ca. 12 km langen Teilstück des Küstenpfads (Eichelsymbol) zwischen Tintagel und **Port Isaac** (s. Lieblingsort S. 228).

Die felsgerahmte malerische Bucht **Trebarwith Strand** ist nur über eine äußerst abschüssige, enge Stichstraße erreichbar.

Bei dem hübschen Hafenörtchen Port Isaac liegt **Port Gaverne,** das mal gerade in seine winzige Bucht passt und einst ein geschäftiger Hafen für Kalksand und Schiefer war, der aber vor gut 100 Jahren durch die Eisenbahn an Bedeutung verlor.

Übernachten

Auf den Klippen – **Headland Camp Site:** Tel. 01840 77 02 39, Fax 01840 77 09 25, www.headlandcaravanpark.co. uk. Stellplatz £ 12–15. Für Camper ist der flache Rasenplatz in Laufentfernung vom Dorf und mit Blick aufs Meer ein beliebtes Anlaufziel. Die ungeschützte Lage hat bei Sturm, Wind und Regen ihre Tücken. Wochenweise vermietet werden stationäre Wohnwagen mit allem Komfort.

Essen & Trinken

Alte Mühle – **The Mill House Inn:** in Trebarwith, Tel. 01840 77 02 00, www.the millhouseinn.co.uk, ganzjährig geöffnet, Lunch £ 5–12, Hauptgerichte ca. £ 15–20. Nicht direkt am Meer, sondern ein bisschen landeinwärts oberhalb der engen Bucht von Trebarwith liegt die ehemalige Mühle aus dem 18. Jh., in der noch bis 1930 Mehl gemahlen wurde. Gute moderne englische Küche mit lokalen Zutaten, viel Fisch, Lamm und Geflügel, Livemusik im Sommer.

Beliebt – **Golden Lion:** Fore Street, Port Isaac, Tel. 01208 88 03 36, www.gol denlionportisaac.co.uk, tgl. 12–14.30, 18.30–21.30 Uhr, Fischgerichte um £ 15, sonst um £ 6,50. Im Untergeschoss ein altmodisches Pub, das beliebt ist bei Touristen und *locals* gleichermaßen, die an der Bar ihr Ale oder einen Cider schlürfen. Dort gibt es zur Lunchzeit leckere Kleinigkeiten wie Ploughman's Lunch oder frische Krabben-Sandwiches. Im Obergeschoss werden zum Dinner beste Fischgerichte serviert.

Urig – **Port Gaverne Hotel:** in Port Gaverne, Tel. 01208 88 02 44, www.port gaverne-hotel.co.uk. Gute lokale Küche. Pub mit winziger ›Captain's Cabin‹, Bar food £ 9–14,50. Restaurant £ 10–25. Auch 16 Zimmer, DZ £ 95–120.

Abends & Nachts

Für den Sundowner – **Port William Pub:** in Trebarwith, www.theportwilliam. co.uk, direkt am Klippenpfad. Mit Blick auf den Sonnenuntergang von der Glasveranda. Gutes Real Ale.

Infos & Termine

Touristeninformation
Tintagel Visitor Centre: Bossiney Road Car Park, Tel. 01840 77 90 84, www.visitboscastleandtintagel.com. Mit multimedialer Ausstellung zur Geschichte von Tintagel im Heritage Centre.

Festival
Boscastle Festival of Food, Arts and Crafts: Anfang Okt. in Boscastle. Zwei Tage lang Kunstausstellungen, Schaukochen und Märkte.

Verkehr
Bus: von Bude nach Boscastle, von Camelford und Boscastle nach Tintagel.

Padstow ▶ Karte 2, K/L 4

In den engen Gassen des Hafens an der tief eingeschnittenen Camel-Mündung drängen sich in der Saison die Besucher, und Gourmets mit gut gefülltem Geldbeutel und großem Appetit reisen von weitem an zu Rick Stein's Seafood-Imperium (s. S. 78). Die Küste südwestlich von Padstow ist mit Sandstränden gesegnet. Der schönste ist Constantine Bay, wo die Atlantikwellen einrollen – Surfer lieben es. Große Sanddünen geben diesem Strand seinen besonderen Appeal.

Prideaux Place
www.prideauxplace.co.uk, Haus: Führungen Ostern, Mitte Mai–Okt. So–Do

13.30–1c, Park: 12.30–17 Uhr, Haus und Park £ 7,50, Park £ 4

Der Herrensitz oberhalb von Padstow ist einen Besuch wert: Zinnengeschmückt thront er inmitten seines Wildparks mit Blick auf die Mündung des River Camel, erbaut zu Zeiten Königin Elizabeths I. Ende des 16. Jh. unter Sir Nicholas Prideaux. Sein Nachfahre Peter Prideaux-Brune bewohnt das Haus heute mit seiner Familie – besser gesagt sechs der 81 Zimmer. Die mit Wandtäfelungen und Stuckdecken ausgestatteten Prunkräume, die Bibliothek mit Harry-Potter-Flair und das elegante stuckverzierte Treppenhaus mögen manchem bekannt vorkommen – das Haus diente schon häufig als Drehort, u. a. für Verfilmungen von Rosamunde Pilchers Romanen.

Rundwanderung über die Klippen

Von Padstow aus kann man eine schöne Rundwanderung (ca. 9 km) unternehmen: Auf den Klippen führt der Coastal Path zur Hawkers Cove. Von dort blickt man auf Doom Bar, jene tückische Sandbank, die schon unzähligen Schiffen zum Verhängnis wurde. Über Stepper's Point am Ende der Landzunge läuft man bei Foxhole landeinwärts Richtung Crugmeer und kommt schließlich wieder an den Parkplatz von Prideaux Place.

Radtour auf dem Camel Trail

Von Wenford Bridge im Bodmin Moor nach Wadebridge und von dort weiter bis Padstow folgt der Camel Trail dem Lauf des gleichnamigen Flusses über 29 km bis an die Mündung ins Meer. Bis auf die Ortsdurchfahrt Wadebridge

227

Lieblingsort

Ruhe vor dem Sturm – Port Isaac ▶ Karte 2, L 4

Ein winziger Ort, der sich in eine enge Bucht zwischen hohen Klippen zwängt, eine steile Teerstraße, an der sich dicht an dicht weiß gekalkte Cottages mit stufig angelegten Minigärten reihen. Bei Ebbe ruhen die Boote im Sand. Am Kai ist umso mehr los: ein Pub neben dem anderen, dazwischen schicke Fischrestaurants. Was hier aufgetischt wird, ist garantiert frisch. Bei Sturm ist das winzige Port Isaac der ruhige Hafen im Chaos der Urnatur, an dessen Kaimauer die Wellen des Atlantiks branden. Im 19. Jh. war der Hafen ein Zentrum der *pilchard*-Fischerei, als die Sardinen ausblieben, galt es Schiefer zu verschiffen. Heute werden viele der malerischen Cottages an den steilen engen Sträßchen als Ferienhäuser und -apartments vermietet.

verläuft der Radweg abseits von Straßen auf der Trasse einer stillgelegten Bahnlinie, und in dem stillen, autofreien, naturschönen Flusstal hat man Gelegenheit zur Beobachtung von Wasservögeln. Zwischenstationen zur Einkehr findet man abgesehen von Wadebridge allerdings kaum (also nicht vergessen, alles Nötige fürs Picknick einzupacken). Am beliebtesten ist das Teilstück Padstow–Wadebridge mit herrlichen Ausblicken über Flussmündung und Küste. Ruhiger ist das Teilstück Richtung Bodmin (9 km) und besonders anspruchsvoll die Strecke von dort auf die Höhen des Moors bis Wenfordbridge (Fahrradverleih s. S. 231).

Übernachten

Stadthaus – **St Petroc's:** 4 New Street, Tel. 01841 53 27 00, www.rickstein. com, DZ £ 150–235. Attraktives, kleines Hotel mit zehn Zimmern. Der Blick

Tidenplan beachten!
Unbedingt zu beachten ist der starke Wechsel der Gezeiten – in den 6 Std. 30 Min. zwischen dem höchsten und dem niedrigsten Wasserstand steigt das Wasser um bis zu 10 m! Bevor man sich auf den Strandspaziergang begibt, ist es ratsam, sich die Zeiten des höchsten und niedrigsten Wasserstands einzuprägen. Am besten besucht man die meisten Strände bei einsetzender Ebbe. Der Zugang zu manchen Buchten ist bei Flut abgeschnitten, an anderen Buchten verschwindet der Strand bei Flut unter Wasser (Tidenplan ist in den Touristeninformationen ausgehängt oder in der Tageszeitung veröffentlicht, im Internet: news.bbc. co.uk/weather/coast_and_sea/tide_tab les).

geht über die Dächer der Stadt oder auf die Flussmündung – mit sparsamer Eleganz und Liebe zum Detail eingerichtete Räume, in unaufdringlichem zeitlosem Design. Billiger sind die drei Zimmer über Rick Stein's Café, Middle Street, aber nur mit Blick nach hinten (£ 97–145).
Wohnen im ehemaligen Farmhaus – **Ballaminers House:** in Little Petherick, 5 km südlich von Padstow, Tel. 01841 54 09 33, www.ballaminershouse.co. uk. Das schmucke Steinhaus aus den 1830er-Jahren in erhöhter Lage mit Blick auf Dorf und Umland hat noch viele historische Details bewahrt. Die Apartments werden in der Hauptsaison nur wochenweise vermietet (£ 1500–2400), auch das ehemalige Stallgebäude wurde zum Ferienhaus umgebaut. Gönnen Sie sich zum Einzug einen Cream Tea mit Scones!

Essen & Trinken

Der Klassiker – **The Seafood Restaurant:** Riverside, Tel. 01841 53 27 00, www.rickstein.com, tgl 12–14.30, 18.30–22 Uhr, 3-Gänge-Lunchmenü £ 30. Das älteste und feinste unter Rick Steins Restaurants, mit dem er seine Karriere in Padstows Gastroszene begann. *Fine dining,* exquisiteste Fischküche wahr und klar nach den Prinzipien des Kochpaptes zubereitet.
Edelimbiss – **Stein's Fish & Chips:** South Quay, Tel. wie oben, Mo–Sa 12–14.30, 17–19, Fr, Sa 17–21, So 12–15 Uhr, Fish'n'Chips £ 9,95–12,95. Das günstigste Etablissement des Rick-Stein-Imperiums – ein edler Imbiss, der Fish'n'Chips in authentischem Rinderschmalz ausbäckt wie in der guten alten Zeit – außer *cod* und *haddock* kann man auch *monkfish* in Ausbackteig bekommen und ein bisschen Petersilie obendrauf statt Essig.

Pizza und Pasta – **Rojano's:** 9, Mill Square, Tel. 01841 53 27 96, www.roja nos.co.uk, tgl. 12–14 und ab 18 Uhr, £ 4–23. Das ideale Lokal für alle, die keinen Fisch mögen, authentische gute Pizza und leckere Pastagerichte, auch zum Mitnehmen.

Aktiv & Kreativ

Räder für die ganze Familie – **Trail Bike Hire:** South Quay, Tel. 01841 53 25 94, www.trailbikehire.co.uk. Fahrradverleih mit praktischem Zubehör für Kinder wie Sitz und Anhänger; Räder Erw. £ 12/Tag, Kinder £ 5–8/Tag, Tandems; Helme werden gestellt.
Mountainbikes – **Padstow Cycle Hire:** South Quay, Tel. 01841 53 35 33, www. padstowcyclehire.com. Moutainbikes £ 15/Tag, Räder Erw. £ 13/Tag, Kinder £ 6/Tag, Hundeanhänger; Helme gratis.
Fahrradverleih – **Bridge Bike Hire:** Wadebridge, Tel. 01208 81 30 50. www. bridgebikehire.co.uk, Fahrradverleiher auf halber Strecke des Camel Trail (s. S. 227), Räder Erw. ab £ 11/Tag,
Kochschule – **Padstow Seafood School:** Riverside, Tel. 01841 53 27 00, reserva tions@rickstein.com. Rick Steins Kochschule veranstaltet Kurse – hier lernt man eine Scholle zu filetieren oder diffizile Garmethoden – richtig für Fischköche und solche, die es lernen wollen.

Infos & Termine

Touristeninformation
Padstow Tourist Information Centre: Red Brick Building, North Quay, Tel. 01841 53 34 49, www.padstowlive.com

Feste
Paddy 'Obby 'Oss (Padstow May Day): 1. Mai. Traditionelles Frühlingsfest.
Royal Cornwall Show: Juni, in Wade-

bridge, www.royalcornwallshow.org. Traditionelle Landwirtschaftsschau mit buntem Rahmenprogramm.

Verkehr
Bus: nach Bodmin und Newquay, nach Wadebridge und Bodmin Parkway (Haltepunkt der Züge London–Penzance).

Bodmin Moor

Bodmin Moor ist Cornwalls einziges großes Moor und ähnelt dem berühmteren Dartmoor in seinem Wesen und Aussehen: windige Höhen, schroffe Granitkanzeln, häufig Nebel, viele Schafe und wenig Bäume (s. S. 48).

Bodmin ► Karte 2, M 5

Bodmins frühere Bedeutung ist ihm heute kaum anzumerken: Aus der guten alten Zeit geblieben sind das düstere ehemalige Gefängnis **Bodmin Jail** (www.bodminjail.org, Ostern–Okt. 10–18 Uhr, £ 6,50; mit Bar und Restaurant) – nichts für schwache Nerven. Fröhlich pfeifend startet die Dampfeisenbahn **Bodmin & Wenford Railway** auf ihre ca. 10 km lange Tour (www.bodmin andwenfordrailway.co.uk, Juni–Sept. tgl., sonst s. Fahrplan auf der Website).

Auf dem Camel Trail zur Weinprobe
Wo sie Schienen der Bodmin & Wenford Railway enden, geht es auf der ehemaligen Bahntrasse, dem Camel Trail, per Rad oder zu Fuß weiter. Von Boscarne Junction bietet sich ein Besuch im Camel Valley Vineyard an. Das Weingut, dessen Reben 1989 gepflanzt wurden, produziert Weißwein und Champagner *made in Cornwall* (ca. 30

231

Der Norden von Devon und Cornwall

Min. Fußweg ab Boscarne Junction, www.camelvalley.com, Ostern–Sept. Mo–Sa, sonst Mo–Fr 10–17 Uhr).

Infos

Touristeninformation
Bodmin Tourist Information Centre: Shire Hall, Tel. 01208 766 16, www.bodminlive.com

Lanhydrock House

▶ Karte 2, M 5

5 km südöstlich von Bodmin, www.nationaltrust.org.uk, Haus: März, Okt. Di–So 11–17, April–Sept. 11–17.30; Garten: ganzjährig tgl. 10–18 Uhr, Haus und Garten £ 10,70
Lanhydrock House, ein mehrfach umgebautes Landhaus mit Ursprüngen im 16. Jh., gilt als kultureller Höhepunkt der Region: Zunächst ein Spaziergang durch die Parklandschaft mit Buchenalleen, dann der Eintritt durch das Torhaus in den ummauerten Garten mit auffällig in Form gestutzten Eiben, die wie schwebende Kegel auf dem millimeterfein geschnittenen Rasen wirken.

In den 49 zu besichtigenden Räumen des Hauses herrscht viktorianischer Geschmack: Königin Viktorias Liebe zu Deutschlands Prestigeporzellan aus Meißen spiegelt sich auch in diesem Landhaus der Oberschicht. Vergnüglich ist ein Gang durch den riesigen Küchentrakt und die oberen Familienräume. In der 35 m langen Long Gallery ist die gewölbte Stuckdecke mit den Tierdarstellungen sehenswert.

Besonders im Frühjahr lohnt ein Spaziergang durch den Park: dann blühen Rhododendren und Magnolien in Fülle! Im Sommer ist der Park ideal zum Picknicken.

Vom Jamaica Inn zu den Hurlers ▶ Karte 2, N 4

Fast direkt an der vierspurigen Straße A 30 liegt bei Bolventor das berühmte Pub **Jamaica Inn** (www.jamaicainn.co.uk). Doch wurde die einstige Kutscherherberge schon durch den Tourismus, den der gleichnamige Roman von Daphne du Maurier (s. S. 70) in Schwung brachte, entzaubert – im Roman ist Jamaica Inn der Sitz einer Schmugglerbande. Als junges Mädchen hatte sich die Autorin bei einem Reitausflug von Jamaica Inn aus im Nebel verirrt, was offenbar ihre Fantasie anregte. Immerhin kann man heute noch hier einkehren sowie das Museum of Smuggling besuchen, das mit Erinnerungen an Daphne du Maurier und ihre Bestsellerstory aufwartet.

Am Kreuzungspunkt beim Jamaica Inn muss sich der Reisende übers Moor entscheiden: Verlockend ist der Abzweig nach Süden Richtung St Cleer. Die schmale Straße passiert den legendären See **Dozmary Pool**, in dessen Fluten angeblich König Artus' Schwert versank, und folgt dem Ufer des River Fowey, der eine Folge von Stromschnellen bildet, die **Golitha Falls.** In der dicht bewaldeten Schlucht, die man auf Wegen erkunden kann, fühlen sich Fischotter wohl.

Bei Minions trifft man auf Bergwerksruinen und drei eindrucksvolle Steinkreise aus der Vorzeit, **The Hurlers.** Hebt man den Blick, sieht man hinauf zum Gipfel Stowe's Hill und dem rätselhaften **Cheesewring** (s. Lieblingsort S. 234).

Launceston ▶ Karte 2, O 3

Die Hügellage von Launceston im Binnenland erinnert an ein französisches Provencestädtchen. Die verschachtelte

Bodmin Moor

Innenstadt am Ufer des Tamar River wird von den Ruinen einer normannischen Burg gekrönt, **Castle Terrible.** Mit ihr wie mit zahllosen anderen Wehranlagen in Südengland manifestierte Wilhelm der Eroberer seinen Willen zur Macht. Die **St Mary Magdalene's Church** ist außen mit unzähligen kleinen Ornamenten aus Stein übersät. Ihre Ostseite ziert ein Relief der Maria Magdalena. Wem es gelingt, in einem Wurf eine Münze in dem Reliefvorsprung zu platzieren, dem geht laut Volksmund ein Wunsch in Erfüllung.

Essen & Trinken

Gastro-Pub – **Springer Spaniel**: in Treburley, an der A 388 zwischen Launceston und Callington, Tel. 01579 37 04 24, www.thespringerspaniel.org.uk, tgl. 12–13.45, 18.30–20.45, Fr/Sa bis 0 Uhr, Bar Lunch £ 7,50–10 Hauptgerichte £ 10–17. Gemütlich eingerichtetes Country Pub mit dunklen Holztischen. Die vielfach ausgezeichnete Küche verwendet regionale Zutaten zu äußerst fantasievollen Kreationen wie Stroganoff in Pilzsahnesauce mit Cashewkernen (£ 10,25) oder Koriander-Zitronen-Hühnchen (£ 13,95).

Infos

Touristeninformation
Launceston Tourist Information Centre: Market House Arcade, Tel. 01566 77 23 21, www.visitlaunceston.co.uk

Camelford und Umgebung ▶ Karte 2, M 3

Camelford – da denkt man doch gleich an Camelot und König Artus. An der Furt über den River Camel stand aber nicht das Schloss, in dem die Tafelrunde tagte. Doch eine Schlacht hat hier stattgefunden, wie archäologische Funde bei **Slaughterbridge**, der Brücke über den Fluss Camel (an der Straße B 3314 nördlich von Camelford), belegen. Der sächsische König Egbert schlug an der Stelle im späten 9. Jh. die Kelten. Darauf weist die Inschrift auf einem Stein hin, den man bei einem Spaziergang inspizieren kann. Der Spazierweg zu King Arthur's Stone beginnt am **Arthurian Centre** (www.arthur-online.com, Ostern–Okt. 10–17 Uhr, £ 3,50), nach dessen Besuch man rätselt, ob nicht die Schlacht von Camlann hier stattgefunden haben könnte. In der Artuslegende endet sie mit dem Zweikampf zwischen Mordred und Artus, bei dem Mordred kurz vor seinem Tod König Artus noch mit der vergifteten Spitze seines Schwertes verletzt.

Wanderungen Rough Tor und Brown Willy ▶ Karte 2, M/N 4

Camelford ist ein guter Ausgangspunkt für eine Wanderung zu den beiden höchsten Tors im Bodmin Moor. Tors nennt man im West Country die Granitkanzeln und Steintürme, die wie von Riesenhand aufgestapelt aussehen – in Wirklichkeit entstanden sie durch natürliche Erosionsprozesse.

6 km sind es in südöstlicher Richtung zum **Rough Tor**, dem zweithöchsten Punkt des Moors (400 m). Erstaunlich sind die unterschiedlichen Perspektiven, wenn man sich den bizarren Felstürmen nähert: Sie wirken mal groß, mal klein, mal nah, mal fern, obwohl sich der Abstand beim Wandern nur langsam verändert.

Die Magie des Orts hat schon die Steinzeitmenschen fasziniert, die hier gesiedelt haben, wie Ausgrabungen belegen. Vom Rough Tor kann man weitere ca. 3 km durch das Tal des De

233

Lieblingsort

Auf der Kippe – Cheesewring im Bodmin Moor ▶ Karte 2, N 4
Wenn man ihn sieht, hält man unwillkürlich den Atem an: Der Cheesewring (dt. Käsepresse, rechts hinten im Bild) scheint zu kippen – keine Sorge, bereits 1860 wurde dem vom Granitabbau geretteten Monument an einer Ecke eine Stütze gegeben. Damals schon war der Steinstapel am Stowe's Hill bei Minions im südöstlichen Bodmin Moor eine Sehenswürdigkeit, die Besucher zweifeln ließ: Ist dies das Werk von Menschen oder gar von Riesen? Dass die Steinstapel das Ergebnis natürlicher Erosion sind, glaubten die Menschen vor 4000 Jahren wahrscheinlich auch nicht: Sie wählten sich genau diesen markanten Punkt in der Landschaft als Kulisse für eine ihrer Kultstätten. Von den drei Steinkreisen The Hurlers fällt der Blick direkt auf die Granitkanzel mit dem Cheesewring.

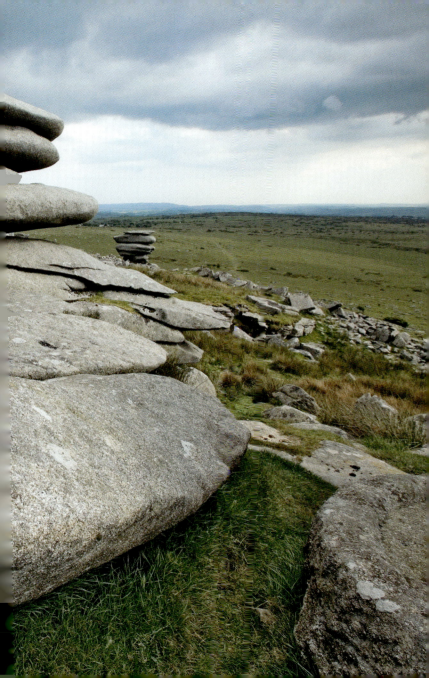

Der Norden von Devon und Cornwall

Lank River wandern, um den höchsten Tor des Bodmin Moor, **Brown Willy** (420 m), zu ersteigen.

Infos

Touristeninformation
Camelford Tourist Information Centre: North Cornwall Museum, The Clease, Tel. 01840 21 29 54. April–Sept. Mo–Sa 10–17 Uhr

Newquay ▶ Karte 2, K 5

Hauptsehenswürdigkeit von Newquay sind seine Strände, und davon gibt es gut ein Dutzend. Newquay hat alles, was ein Badeort braucht: Imbisse, Discos, Restaurants, Shopping- und Sportangebote sowie Hotels *en masse*. Die gesamte Küste ist fest in der Hand der Surfer – der Küstenabschnitt zwischen Watergate Bay und Perranporth ist ihr Hauptrevier. Ausrüstung leiht man sich vor Ort am Strand. Die feierlustige Jugend zieht es im Sommer in Scharen hierher und so ist Newquay kein Ort für Ruhesuchende.

Blue Reef Aquarium
Towan Promenade, www.bluereef aquarium.co.uk, März–Okt. tgl. 10–17 Uhr, Nov.–Feb. 10–16 Uhr, £ 9,75
Bei dem Rundgang durch die Tunnelaquarien scheinen die Besucher der tropischen Unterwasserwelt ganz nahezukommen – ideal für Regentage und für Familien mit Kindern.

Die Strände von Nord nach Süd
Wie gigantische Kulissen ragen nordöstlich von Newquay bei Carnewas die Felsbrocken der **Bedruthan Steps** bei Ebbe aus dem flachen Sand der Bucht. Der Ab- und Aufstieg ist anstrengend – aber wegen der herrlichen Blicke lohnend. Erholen kann man sich im Tearoom des National Trust. Die weitgeschwungene flache sandige Bucht **Watergate Bay** ist schicker Treff für Surfer und Zuschauer. Doch Surf Spot Nr. 1 gespickt mit Imbissen, Ausstattern, Unterkünften und After-Surf-Cafés ist **Fistral Beach** im Westen der Stadt. Der sehr schöne **Crantock Beach** eine Bucht weiter ist weniger überlaufen. Beim Schwimmen sollte man den Bereich der Flussmündung mit gefährlichen Strömungen meiden (NT, Parkgebühr).

Im gigantischen Dünenmeer von **Holywell** ca. 5 km südwestlich von Newquay käme man sich vor wie in der Sahara, wäre nicht Meeresrauschen zu hören. Zu Fuß sind es von hier auf dem Küstenpfad etwa 8 km bis **Perranporth,** dessen 3 km langer, breiter Sandstrand im Sommer Pilgerziel für Familien mit Kindern, Surfer und andere Wassersportfans ist. Hier ragt der riesige Felsbogen Arch Rock aus dem Sand.

Übernachten

Boutiquehotel mit Aussicht – **The Harbour Hotel:** North Quay Hill, Tel. 01637 87 30 40, www.harbourhotel.co.uk, DZ £ 80–154. Das kleine Hotel mit persönlicher Note thront hoch über der Stadt. Alle Zimmer haben Balkon – und herrliche Ausblicke wahlweise auf die Strände rundum oder den Hafen. Die Ausstattung mit modernstem Komfort – WiFi-Anschluss, DVD-Player, Flachbildschirm – macht den Luxus perfekt.

Essen & Trinken

Restaurant mit Sozialfaktor – **Fifteen Cornwall:** Watergate Bay, Tel. 01637 86 10 00, www.fifteencornwall.com, tgl. Lunch 3 Gänge ca. £ 28, Dinner Tasting Menu £ 60. Das Lokal von Fernseh-

Newquay

Surfen Lernen in Newquay
Haben Sie schon immer davon geträumt, auf dem Brett zu stehen und auf den Wellen aus dem weiten Ozean zu reiten? Die klassische Methode, nur das Brett, das Meer und Sie? Newquay ist die Surfermetropole Englands schlechthin – wo, wenn nicht hier, kann man diese Sportart mit hohem Suchtfaktor von Grund auf lernen. Sogar Prince Charles soll es in jungen Jahren mal hier probiert haben. Dass ein wenig Unterricht nützlich sein kann, erfährt man beim Zuschauen, wenn die weniger professionellen Wellenreiter immer wieder baden gehen. Die Surfschulen in und um Newquay sind Legion, die meisten operieren auch mit mobilen Ständen an den Stränden der Region wie Portreath, Perranporth und Polzeath. Man sollte eine von der British Surfing Association anerkannte Schule wählen, die über qualifizierte Lehrer verfügt. Entlang Fistral Beach und anderswo in Newquay reihen sich die Shops, wo man Ausrüstung wie Boards und Wetsuits leihen kann und Tipps erhält, wo die Wellen gerade am besten rollen (Webcams und Wetterbericht, Surf Report, Events und News im Internet u. a.: www.a1surf.com und www.magicseaweed.com).

koch und Bestsellerautor Jamie Oliver lässt in der Küche jugendliche Dropouts als Lehrlinge mit an den Herd; man kocht italienisch Inspiriertes.

Aktiv & Kreativ

Shops und Unterricht – **Surfen:** Diverse Surfschulen bieten Komplettangebote inkl. Unterkunft an, Surf Shops verleihen Ausrüstung, oft direkt am Strand..

Coasteering, Windsurfen u. a. – **Ebo Adventure:** Building 75, Penhale Training Camp, Holywell Bay, Tel. 0800 781 68 61, www.eboadventure.com. Wellenreiten, Wind- und Kitesurfen, Coasteering und Meerkajak.
Kitesurfen u. a. – **Extreme Academy:** www.watergatebay.co.uk/extremeacademy.htm. Neben Brettsurfen auch Kitesurfen und Traction Kiting, Pakete inkl. Unterkunft/Verpflegung.
Für MTB-Fans – **Mobius bike trails:** Tel.

Der Norden von Devon und Cornwall

08456 43 06 30, www.mobiusonline. co.uk. Mountainbiketouren.

Abends & Nachts

Beliebter Treff – **Chy/Koola:** 12 Beach Road, Towan Beach, www.thekoola. com, bis 2/3 Uhr. Clubnächte, ob Drum 'n'Bass, House oder Latin. Im Restaurant Chy eine Etage höher mit toller Aussicht aufs Meer gibt es den ganzen Tag über schmackhafte Kleinigkeiten zur Stärkung (£ 4,50–18,95).
Kneipe mit Terrasse – **Central:** Central Square, Tel. 01637 87 83 10, www.the centralnewquay.co.uk. Sehr populäres Pub, das Leben spielt sich bei schönem Wetter auf der Terrasse ab.

Infos & Termine

Touristeninformation
Newquay Tourist Information Centre: Marcus Hill, Tel. 01637 85 40 20, www. visitnewquay.org

Feste & Festivals
Run to the Sun: Ende Mai/Anfang Juni, www.runtothesun.co.uk. Marathonlauf ab Trevelgue Holiday Park.
Relentless Boardmasters: Anfang Aug., www.boardmasters.co.uk. Musik- und Surffestival an Fistral Beach und Watergate Bay mit Skate- und vor allem mit spannenden Surf-Wettbewerben – ein großer Event.
Lowender Peran Festival: Mitte Okt., in Perranporth, südwestlich von Newquay. Events rund um die keltische Sprache und Kultur Cornwalls, www. lowenderperan.co.uk.

Verkehr
Flug: Flughafen Newquay 10 km nordöstlich; Flüge nach London.
Bahn: Atlantic Coast Line von New-

quay nach Par (www.carfreedaysout. com) mit Anschluss an die Hauptroute London–Penzance.

St Agnes ▶ Karte 2, J 6

Die Schornsteinruinen der stillgelegten Zinnminen erinnern an die Industrie, die noch vor nicht allzu langer Zeit das Gesicht dieser Region Cornwalls prägte: Zinn- und Kupferabbau waren auch in St Agnes vor rund 100 Jahren die Haupterwerbszweige. Neben der trutzigen Kirche (19. Jh.), den grauen Cottages und der steilen Gasse Stippy-Stappy findet man das beliebte und kuriose **Pub Railway Inn** mit seiner Sammlung von Schuhen, angefangen vom Schneeschuh bis zu Fußbekleidung ›gewöhnlicher‹ Leute und von Berühmtheiten aus aller Welt.

Einen guten Aussichtspunkt bildet **St Agnes Beacon** (200 m), bei klarem Wetter mit Blick ins Bodmin Moor, auf Cornwalls südliche Küste und sogar den Felsenberg St Michael's Mount.

Die romantische felsgerahmte Bucht **Trevaunance Cove** bei St Agnes war einst als Hafen für den Zinntransport vorgesehen – das Vorhaben scheiterte allerdings an den starken Atlantikbrechern.

Infos & Termine

Feste & Festivals
St Agnes Giant Bolster: im Mai (May Bank Holiday). Umzug mit überdimensionierten Masken in Erinnerung an eine lokale Sage um den Riesen und die hl. Agnes.
St Agnes Carnival: im Aug. Weniger aufwendig als die großen Karnevalsumzüge in den Seebädern, aber dafür umso kreativer, www.stagnescarnival. co.uk.

Verkehr

Bus: Verbindungen nach Perranporth, Truro, www.westerngreyhound.com

Portreath ▶ Karte 2, H 7

Südlich von St Agnes liegt Portreath, eine Bucht mit einem kleinen Hafen und oft gut besucht, auch Surfer finden an den Stränden kraftvolle hohe Wellen. Einsamkeit erlebt man auf den Wanderwegen über National-Trust-Gebiet entlang der Küste von Godrevy über Hell's Mouth, einem Kessel aus schwarzem Fels und tosender Brandung unterhalb des 70 m hohen Kliffs, bis Navax Point, von wo aus man bereits die Bucht von St Ives (s. S. 242) sieht.

Redruth ▶ Karte 2, J 7

›Red‹ bedeutet auf Kornisch Furt und ›ruth‹ (ruyth) rot. Ihren Namen ›Rote Furt‹ verdankt die alte Marktstadt Redruth im Hinterland der Nordwestküste vermutlich einem kleinen, unterirdischen Fluss, dessen Wasser durch die Minenarbeit rot verfärbt wurde. Bereits im Altertum förderten hier *tinners* das kostbare Zinn. Gemeinsam mit dem Nachbarort Camborne war Redruth das Zentrum des Zinn- und Kupferbergbaus: 1850 wurden hier zwei Drittel des Kupfers weltweit gefördert, und in 350 Minen schufteten über 50 000 Arbeiter. Der Geschichte des Bergbaus ist in der Kirche **St Euny's** ein düsteres Denkmal gesetzt: Hier befindet sich ein besonders langer Tisch für die vielen Särge, die nach Minenunfällen erheblichen Raum in der Kirche beanspruchten.

Zu Recht besinnt sich Redruth auch auf seine architektonischen Qualitäten: In der Innenstadt findet man einige schöne georgianische Stadthäuser, und die Fußgängerzone Fore Street bietet mit ihren kleinen Geschäften gute Einkaufsmöglichkeiten.

East Pool Mine

www.nationaltrust.org.uk, in Pool, zwischen Redruth und Camborne, Osterr., Mai, Sept./Okt. Mo, Mi–Fr, So, Juli–Aug. Mi–Mo 11–17 Uhr, £ 6,30

Wie in einer Zinnmine früher gearbeitet wurde, dokumentiert man in East Pool anhand von Führungen. Eine der *beam engines,* Maschinen, die sich in den hohen Gebäuden befanden und das Drainagewasser abpumpten, wird noch betrieben. **Trevithick Cottage,** das Wohnhaus des Erfinders Richard Trevithick, der solche und andere (Dampf-)Maschinen für den Bergbau entwickelte, ist in Penponds südwestlich von Redruth zu besichtigen (April–Okt. Mi 14–17 Uhr, Eintritt frei).

Hausbrauerei am Strand – Driftwood Spars

Das maritim eingerichtete Pub im ehemaligen Hafenspeicher unten an der wunderschönen Bucht von Trevaunance bietet leckere Fischgerichte, aber auch deftige, fein gewürzte Würstchen. Viele Gäste kommen wegen des hausgebrauten preisgekrönten Biers – eine echte Spezialität. Wer Folk- und andere Livemusik aus Cornwall hören will, sollte sich Fr und Sa ab 22 Uhr vormerken (Trevaunance Cove, St Agnes, Tel. 01872 55 24 28, www.driftwoodspars.com, 12–14.30, 18.30–21 Uhr, Hauptgerichte ab £ 8,95–17, DZ £ 86–110).

Das Beste auf einen Blick

Der Westen von Cornwall

Highlights!

St Ives: Auf drei Seiten vom Meer umgeben, trumpft die malerische Hafenstadt mit einer hochkarätigen Galerie moderner Kunst und schönen Badestränden. S. 242

St Michael's Mount: Der Inselberg schwebt wie eine Fata Morgana über der Mount's Bay, verheißungsvoll und in stets wechselndem Licht. Im Takt von Ebbe und Flut wirkt er mal näher, mal weiter entfernt. S. 254

Auf Entdeckungstour

St Ives und die Kunst der Moderne: Wer die englische Kunst der Moderne studieren will, muss nach St Ives – hier kann man bis heute auf den Spuren der Künstler wandeln, Ateliers besichtigen, Galerien besuchen und sich vom Licht verzaubern lassen. S. 244

Magisches Penwith – Zeugnisse der Vergangenheit: Eine Entdeckungsfahrt auf schmalen Sträßchen über windige Kuppen führt zu Hinterlassenschaften aus grauer Vorzeit – Steinkreise und -alleen, Menhire und Quoits liegen kaum irgendwo so dicht wie im Inneren der Halbinsel. S. 250

Kultur & Sehenswertes

Land's End: Das Ende der englischen Welt ist hier zwar noch lange nicht, aber die schroffe Klippenszenerie ist sehenswert. S. 248

Minack Theatre: Freilichttheater gibt es viele, aber dieses hier hat das offene Meer als Kulisse. S. 249

Lizard Point: Ein Leuchtturm mit Museum markiert Englands südlichsten Punkt und warnt Schiffe vor den gefährlichen Riffen rund um The Lizard. S. 260

Aktiv & Kreativ

Wanderung zum Frenchman's Creek: Verschwiegene Flussufer entdeckt man in den Fußstapfen der Schriftstellerin Daphne du Maurier. S. 264

Genießen & Atmosphäre

Isles of Scilly: Die Inselchen südwestlich von Land's End sind das perfekte Ziel für den Ausstieg auf Zeit. S. 256

Trebah Garden: Im milden Golfstromklima gedeihen Exoten und schaffen Dschungelatmosphäre. S. 265

Abends & Nachts

Turk's Head: Das beliebte Pub in Penzance ist ein gemütlicher Treff bei ein paar Drinks. S. 253

The Ship Inn: In der Hafenkneipe in Porthleven auf der Lizard-Halbinsel brandet das Meer direkt vor der Tür. S. 260

Magische Landschaft am Meer

Jenseits der Hayle Bay beginnt der wilde Westen von Cornwall. In die Hafenstadt St Ives zogen in den 1930er- und 1940er-Jahren die Künstler aus London, nicht nur wegen des Lichts, sondern auch weil das Leben hier billiger war. Damals war die Halbinsel Penwith arm, aber reich an Steinen – zwischen grünen Wiesen, entlang schmaler Sträßchen liegen sie als Natursteinmauern, bisweilen stehen sie schon seit prähistorischer Zeit zu Kreisen oder Menhiren aufgestellt. Strände sucht man auf der Nordseite von Penwith vergeblich, dafür ragen die Schornsteine von Industriedenkmälern – der Zinn- und Kupferminen – in den Himmel. Das Traumziel für viele – Land's End – lässt sich als Funpark erleben oder auf Küstenpfaden erwandern. Südlich von Englands äußerstem Westzipfel macht Cornwall seinem Ruf als Land der schönen Strände wieder alle Ehre – von Porthcurno bis Mount's Bay gibt die Flut bei Ebbe geschützte Sandbuchten frei, die ihresgleichen suchen. Das gilt auch für die zerklüf-

tete und wesentlich grünere Halbinsel The Lizard, südlichster Zipfel Englands, der mit ländlicher Idylle und hohen Klippen lockt. Weiter draußen, wie ins Meer gestreute Steine, liegen die Scilly-Inseln, berühmt für mildes Klima und Abgeschiedenheit – ideal für einen Ausstieg auf Zeit.

St Ives! ▶ Karte 2, G 7

Die Missionarin Ia, so lautet die keltische Sage aus dem 5. Jh., habe auf einem Blatt die Irische See überquert, in der Bucht von St Ives eine Siedlung erbaut und dieser ihren Namen gegeben. So sagenhaft wie diese Geschichte ist auch die Karriere des kleinen Ortes aus dicht aneinandergeklammerten, grauen Granithäuschen. Einst spielte St Ives eine führende Rolle in der kornischen Fischerei. Ein Pfarrer wusste zu berichten, dass der penetrante Fischgeruch bisweilen die Kirchturmuhr zum Stehen brachte. Das schreckte erholungssuchende Städter nicht: Als St Ives in den 1880er-Jahren an das Eisenbahnnetz angeschlossen wurde, avancierte es im Nu zur beliebten Sommerfrische. Ein Segen für die Fischer, denn als die Sardinenschwärme verschwanden, hatte der Tourismus längst neue willkommene Einnahmen in die Stadt gebracht. Heute gibt es Fisch fast nur noch in den vielen kleinen Restaurants, die neben Galerien und Geschäften die Gassen am Hafen beleben.

Künstler und Literaten entwickelten eine ganz besondere Beziehung zu St Ives. Bis zu ihrem zwölften Lebensjahr verbrachte Virginia Woolf hier ihre Sommerferien, und die Eindrücke und Naturerlebnisse bewegten sie ihr Leben lang. Rosamunde Pilcher lässt

Infobox

Internet
www.visit-westcornwall.com: Infos von Kerrier (Lizard) bis Land's End.

Verkehr
Bus: Ab Penzance werden die Penwith-Halbinsel, St Ives, die Orte an der Mount's Bay und die Region Helston per Bus bedient. Günstige Tagestickets (Ride Cornwall Ticket). Streckenplan unter www.cornwallpublictransport.info, Unterpunkt Route Maps.

viele ihrer Romane in ihrer Heimat um St Ives spielen, und Daphne du Mauriers lebhafteste Kindheitserinnerung blieb das Ritual um den Fang der Sardinenschwärme: Jedes Jahr im August wimmelte es an den Ufern der Bucht nur so von silbern glänzenden Sardinen. Die Schwärme wurden von einem Wachposten erwartet. Mit dem Ruf »Hevva, Hevva!« (Schwarm) versetzte dieser den ganzen Ort in Bewegung und in blitzartiger Geschwindigkeit strömte eine Flotte von Fischerbooten zum Beutezug aus.

Es sind heute weniger Fischer und Fischhändler als Künstler und Touristen, die in lauen Sommernächten den Hafen bevölkern. Das Licht ist tatsächlich etwas Besonderes: Gleich von drei Seiten wird es vom Wasser reflektiert und verleiht der Bucht und den Hügeln ihr eigenartiges Leuchten. Der Strand gehört zu den schönsten von Cornwall. Maler und Bildhauer finden in dieser intensiven UV-Bestrahlung und dem milden Klima, was sie suchen: ein einfaches Leben, vielfältige Natur, wildes Meer, Abgeschiedenheit und die Gemeinschaft mit anderen Künstlern.

Übernachten

Traumhafte Lage – **Blue Hayes Private Hotel:** Trelyon Avenue, Tel. 01736 79 71 29, www.bluehayes.co.uk, DZ £ 170–240. Kleines, feines Luxushotel. Helle Farben, große Zimmer, Terrasse mit herrlichem Blick auf Stadt und Meer haben die Trelyon Suite und die Master Suite. 5 Min. Fußweg sind es zum Strand.

Mit Charakter – **The Old Count House:** Trenwith Square, Tel. 01736 79 53 69, www.theoldcounthouse-stives.co. uk, DZ £ 80–95. Rustikales Granithaus (Baujahr 1825) in ruhiger Lage mit neun Gästezimmern – Bed & Breakfast mit Postkartenblick über die Bucht von St Ives. ▷ S. 247

Das ehemalige Fischerdorf St Ives zählt zu den schönsten Ferienorten Cornwalls

243

Auf Entdeckungstour

St Ives und die Kunst der Moderne

Wer die englische Kunst der Moderne studieren will, muss nach St Ives – hier kann man bis heute auf den Spuren der Künstler wandeln, Ateliers besichtigen, Galerien besuchen und sich vom Licht verzaubern lassen.

Infos und Öffnungszeiten
Tate St Ives: Porthmeor Beach, Tel. 01736 79 62 26, www.tate.org.uk/stives, März– Okt. tgl. 10–17, Nov.–Feb. Di–So 10–16 Uhr, £ 6,50, Kombiticket mit Hepworth Museum £ 10

Barbara Hepworth Museum & Sculpture Garden: Barnoon Hill, Tel. 01736 79 62 26; Website und Öffnungszeiten wie Tate, £ 5,50
Galerie der St Ives Society of Artists: Norway Square, Tel. 01736 79 55 82, www.stisa.co.uk, März–Anfang Jan. Mo–Sa 10.30–17.30, im Sommer auch So 14.30–17.30 Uhr, Eintritt frei
Bernard Leach Pottery Studio: Higher Stennack, www.leachpottery.com, Tel. 01736 79 97 03, Mo–Sa 10–17, So 11–16 Uhr, £ 5,50

Neben Newlyn an der Südküste war St Ives der zweite Fischerhafen in Cornwall, der Ende des 19. Jh. zum Künstlerort avancierte – schon 1883 hatte James McNeill Whistler sich vom unvergleichlichen Licht des auf drei Seiten vom Meer umgebenen Hafens verzaubern lassen, und um die Jahrhundertwende zum 20. Jh. hatte sich eine umfangreiche Künstlerkolonie etabliert. In den 1920er-Jahren war es zum massenhaften Ansturm von Künstlern nach Cornwall gekommen, die Studios in ehemaligen Fischlagern und Werkstätten in der Back Street West mieteten und oft genug aus Geldmangel im Gasthaus Sloop Inn mit Bildern bezahlten. Um die Mitte des 20. Jh. war der kleine Fischerort an der Westküste Cornwalls sogar Brennpunkt der britischen Kunstszene – hier wurde er ausgetragen, der Streit zwischen gegenständlicher und abstrakter Kunst.

Ein Flaggschiff der Moderne

Wie ein Flaggschiff der Moderne thront die **Tate Gallery** über dem Strand von Porthmeor in St Ives. Dass das renommierte Londoner Kunstmuseum ausgerechnet in St Ives 1993 seine zweite Dependance errichtete, hat einen guten Grund: Viele Kunstwerke der Sammlung stammen von den Künstlern von St Ives – von Patrick Heron (1920–1999), dem großen abstrakten Maler Englands (er schuf auch das farbige Glasfenster im Eingangsbereich), oder dem englischen Klassiker der Moderne, Ben Nicholson (1894–1982). Im Museum bietet sich Gelegenheit, ihre Werke am Ort und im Licht ihrer Entstehung zu betrachten. Wechselnde Ausstellungen, die Sammlung und zahlreiche Veranstaltungen ziehen Besucher in die einzigartig am Porthmeor Beach gelegene

Galerie. Außerdem gibt es ein wunderbares Café mit Blick aufs Meer!

Ein Skulpturengarten voller Atmosphäre

1939 zog eine Künstlerfamilie von London ins abgelegene Cornwall: Der Maler Ben Nicholson und seine Frau, die Bildhauerin Barbara Hepworth, und ihre 5-jährigen Drillinge. Sie kamen auf Einladung eines Freundes für den Sommer – und blieben nach Ausbruch des Zweiten Weltkrieges. Ben Nicholson trennte sich 1949 von seiner Frau und zog neun Jahre später weg aus St Ives. Barbara Hepworth blieb, um in ihrem Atelier in St Ives weiter zu hämmern und monumentale Skulpturen zu schaffen. Die Inspiration dazu schöpfte sie u. a. aus den steinernen Zeugen vergangener Kulturen auf der Halbinsel Penwith, die jahrtausendealten Relikte der Megalithkultur. Im **Barbara Hepworth Museum & Sculpture Garden**, dem ehemaligen Haus, Atelier und Garten der Künstlerin, die 1975 bei einem Brand in ihrem Haus ums Leben kam, ist eine schöne Auswahl ihrer eleganten Stein- und Bronzeplastiken ausgestellt. Das Museum ist klein und kompakt, die Atmosphäre in Haus und Garten gibt Aufschluss über das Anliegen der Künstlerin, ihr Formgefühl und ihre Auseinandersetzung mit Materialien.

Gegenständlich kontra abstrakt

Die **St Ives Society of Artists,** 1927 gegründet, präsentierte zunächst in verschiedenen Ateliers die Werke zeitgenössischer Maler, Grafiker, Bildhauer. 1945 zog sie in die hellen und lichten Räume der ehemaligen **Mariners Church** am Norway Square um, wo sie bis heute lokale Künstler ausstellt. Erst 1905 fertiggestellt, war die Kirche mangels Gemeinde – die Mehrzahl der

Fischer in St Ives waren Methodisten – an die Künstler verkauft worden. Die Krypta war ursprünglich der Gruppe der Abstrakten vorbehalten. Aber die traditionsbewusste Society wollte sich nicht auf die neue gegenstandslose Kunst einlassen. Die Auseinandersetzung endete 1949 mit einer Sezession: Ben Nicholson und Barbara Hepworth verließen mit anderen Vertretern der Avantgarde die Society und gründeten ihre eigene Gesellschaft: Penwith Society of Arts.

Töpferkunst aus Fernost

Zum Freundeskreis der Nicholsons gehörte auch der Töpfer Bernard Leach (1887–1979). Er hatte seine Kunst in Fernost bei japanischen Töpfermeistern gelernt und kam 1920 mit Töpfermeister Shoji Hamada nach St Ives. Sie brachten eine spannende neue Ästhetik mit, die die moderne Keramikkunst beflügelte. Bernard Leach war es, der Generationen von europäischen Töpfern die jahrhundertealten japanischen Dekortechniken nahebrachte, die raue charaktervolle Rakuware oder die wie zufällig aufgetragenen Glasuren. Leach arbeitete 60 Jahre lang in St Ives, und in seinem Geist führen seine Nachfolger auch heute die **Bernard Leach Pottery** in Higher Stennack 2 km außerhalb von St Ives, wo man sich eine Ausstellung ansehen und Werke seiner Schüler kaufen kann.

Üppiges Grün umgibt die Kunstwerke im Barbara Hepworth Sculpture Garden

Essen & Trinken

Mit Terrasse am Strand – **Porthminster Beach Cafe:** Tel. 01736 79 53 52, www.porthminstercafe.co.uk, im Winter Mo geschl., Sommer tgl. Lunch 12–16, Dinner ab 18 Uhr, Lunch ab £ 10, Dinner Hauptgerichte £ 17–20. Der Schwerpunkt liegt auf hervorragender mediterran-asiatischen Küche mit frischem Fisch und köstlichen Alternativen. Am blütenweißen Porthminster Beach.

Hafenblick – **Alba:** Old Life Boat House, Wharf Road, Tel. 01736 79 72 22, www.thealbarestaurant.com, Lunch tgl. 12–14, Dinner ab 18 Uhr, Lunch mit Tapa-Angebot, Kleinigkeiten um £ 3,75/Portion, abends Hauptgerichte £ 13.50–23,50. Im ehemaligen Lifeboat House mit Hafenblick gibt es auf zwei Etagen moderne britische Küche, darunter interessante vegetarische Alternativen zu dem reichen Angebot an Fisch. Günstiges Festpreismenü zum Lunch (£ 10) und zum frühen Dinner 18–19.30 Uhr (2 Gänge £ 15,95, 3 Gänge £ 18,95).

Frisch auf den Tisch – **Seafood Cafe:** 45 Fore Street, Tel. 01736 79 40 04, www.seafoodcafe.co.uk, Lunch, z. B. Fischsuppe ca. £ 5, Hauptgerichte Dinner ab £ 7,50 – Preis je nach Tagesfang. Wie der Name verrät: Im Seafood Cafe geht es um Fisch, Fisch, Fisch – und zwar frisch vom Boot. Aber hier gibt es auch Steaks und Geflügel, und das alles erschwinglich. Das Konzept: Man sucht sich in der Kühltheke aus, was man möchte, und es wird frisch und ganz individuell zubereitet.

Aktiv & Kreativ

Surfen – **Shore Surf:** St Ives Bay Holiday Park, 73 Loggans Road, Hayle, Tel. 01736 75 55 56, www.shoresurf.com. Surfschule, mit Minibus-Service in der St Ives Bay.

Mal- und Zeichenkurse – **St Ives School of Painting:** Back Road West, Tel. 01736 79 71 80, www.stivesartschool.co.uk. Unterricht bei professionellen Malern und Zeichnern.

Abends & Nachts

Künstlerkneipe – **Sloop Inn:** Fish Street. Direkt am Hafen, bucklig und mit niedrigen Decken, gilt das Gasthaus von ca. 1312 als eins der ältesten in St Ives. Erst war es Treff der Fischer, dann der Künstler, deren Werke noch heute hier ausgestellt werden.

Infos & Termine

Touristeninformation

St Ives Tourist Information: The Guildhall, Street An Pol, Tel. 01736 79 62 97, www.stivestic.co.uk

Festival

September Festival: Mitte Sept., www.stivesseptemberfestival.co.uk. Zwei Wochen Musik von Jazz bis Metal.

Verkehr

Bahn: Stichstrecke von St Erth an der Route London–Penzance nach Norden bis nach St Ives.
Bus: ganzjährig Verbindungen u. a. nach Hayle, Newquay, Penzance.

Halbinsel Penwith

Hier ist England definitiv zu Ende: Am Westzipfel der rauen Penwith Halbinsel zwischen St Ives und der Mount's Bay liegt Land's End. Von St Ives folgt man der Küstenstraße, B 3306, in Richtung Zennor, Pendeen und St Just – und ist im Nu mit sich und der Welt allein.

Der Westen von Cornwall

An der Küstenstraße von St Ives nach Land's End

Zennor ▶ Karte 2, G 7
Der Schriftsteller D. H. Lawrence lebte und arbeitete mit seiner Frau Frieda von Richthofen in der Abgeschiedenheit von Zennor, doch wurde das Paar im Ersten Weltkrieg, wegen der Beziehung zu Deutschland unter Spionageverdacht, aus der Grafschaft ausgewiesen. Das urige Dorf mit dem Wayside Museum in einer Wassermühle kann als Startpunkt für Wanderungen entlang der schroffen Küste dienen (April, Okt. tgl. 11–17, Mai–Sept. 10.30–17.30 Uhr).

Geevor Tin Mine ▶ Karte 2, F 8
Pendeen, www.geevor.com, mit Shop und Café, April–Okt. So–Fr 9–17, sonst 9–16 Uhr, £ 9,95
Zwischen Pendeen und St Just liegen abseits der B 3306 an der Küste Industriedenkmäler aus der Zeit des Zinnabbaus dicht an dicht – seit 2007 sind sie als Unesco-Welterbe gelistet. Im Geevor Tin Mine Heritage Centre dokumentieren Ausstellungen in Gebäuden neben einer authentischen Zinnmine aus dem 18. Jh. das entbehrungsreiche und harte Leben der Bergleute.

Levant Mine and Beam Engine ▶ Karte 2, F 8
Levant Rd., Trewellard bei Pendeen, Tel. 01736 78 61 56, www.national trust.org.uk, die Maschinen stehen unter Dampf: Mitte Feb.–Okt. So–Fr 11–17 Uhr, £ 6,30
Die Levant Mine besticht nicht nur mit dramatischer Klippenlage am Coast Path, interaktiven Displays und Dokumenten zur Bergbaugeschichte der Region. Hier befindet sich die einzige noch funktionstüchtige *beam engine* (Balancierdampfmaschine) und steht sogar an bestimmten Terminen wieder unter Dampf. Außerdem kann man eine Untertagetour unternehmen und einen Film über den Bergbau in Levant sehen.

Sennen ▶ Karte 2, F 8
Die Whitesand Bay ca. 6 km hinter St Just ist weit und breit der einzige echte Sandstrand. Am Rand der nach Westen offenen weiten Bucht liegt das Örtchen Sennen mit einigen Pubs, Kunsthandwerks- und Souvenirläden. Hier beginnt der Küstenpfad nach Land's End knapp 4 km durch das Heideland.

Essen & Trinken

Urig – **Tinners Arms:** Zennor, Tel. 01736 79 69 27, http://tinnersarms.com. Das einzige Pub im Weiler Zennor ist nicht zu verfehlen. Die Küche serviert Hausmannskost, z. B. Käseplatte (Ploughman's, £ 7,95), dazu Cornish Real Ale. Jeden Do Livemusik.

Termine

Festival
Lafrowda Week & Day: eine Woche vor dem 3. Sa im Juli, in St Just, www.la frowda-festival.co.uk. Tgl. abendliche Livemusik, am Sa Maskenumzug.

Land's End ▶ Karte 2, F 8

Besucher zieht es unweigerlich zum westlichsten Zipfel Englands. Am besten – und preisgünstigsten – nähert man sich diesem eindrucksvollen Ort zu Fuß. Als könne das Land sich nicht recht entschließen, tatsächlich hier zu enden, ragen jenseits der Küste noch zahlreiche einzelne Felsbrocken aus dem Wasser.

Geld regiert auch diesen abgelegenen Teil der Welt – Millionär Peter de Savary kaufte sich in die National-Trust-Küste ein und vermarktet das Ende Englands: ›Land's End Limited‹ mittels einer Art Vergnügungspark und einem Parkplatz mit Parkgebühr (www.landsend-landmark.co.uk). Merkwürdig unberührt von dem Kommerztheater absorbiert die Heide- und Küstenlandschaft ringsum ihre vielen Besucher – das Wegerecht der Wanderer ist unantastbar.

Minack Theatre

▶ Karte 2, F 9

www.minack.com, Tagesbesuche April–Mitte Sept. tgl. 9.30–17.30, Okt.–März 10–16 Uhr, an Tagen mit Vorstellungen (Spielzeit Ostern, Mai–Ende Sept. meist Mi und Fr) nur bis 11.30 Uhr zugänglich, Besichtigung £ 4, Theatertickets £ 8–9,50

Auf eines der bemerkenswertesten Zeugnisse angelsächsischer Improvisationskunst und exzentrischer Energie stößt man in Porthcurno: Hier begann in den 1930er-Jahren die Arbeit am Minack Cliff Theatre. Theaterfans verdanken diesen magischen Ort der Initiative der Schauspielerin Rowena Cade, die ihren Klippengarten in ein Amphitheater aus Granitstein verwandelte. Als sie mit einer Amateurtruppe Shakespeares »Der Sturm« in ihrem Garten inszenierte, waren die Besucher von der Schönheit der nächtlichen Szenerie so berührt, dass ab sofort regelmäßig Aufführungen stattfanden. Nach dem Zweiten Weltkrieg baute Rowena Cade Stein für Stein dieses unglaubliche Theater auf. Beton musste für den Weiterbau herhalten, als Granit zu teuer wurde. Mit einem einfachen Schraubenzieher verzierte Rowena die Steine mit keltischen Mus-

tern und den Daten der jährlichen Aufführungen. Das Repertoire reicht von Shakespeare bis zu den Dramatikern des 20. Jh. Auch Gilbert and Sullivan's amüsante Operetten finden großen Anklang. Wenn es nicht gerade in Strömen regnet, finden die Aufführungen bei jedem Wetter statt. Pullover und Regenschutz gehören zur Grundgarderobe der Theaterbesucher.

Porthcurno Beach

Einer der schönsten Strände dieser Region verbirgt sich unmittelbar neben dem Minack Theatre. Vom Theater aus kann man links die steilen Stufen zum Strand hinunterlaufen: Porthcurno Beach mit seinem klaren türkisblauen Wasser liegt in einer windgeschützten Bucht.

An der Mount's Bay

Mousehole ▶ Karte 2, G 8

Über die Herkunft des Namens Mousehole (gesprochen: mausl) gibt es die unterschiedlichsten Geschichten. Fest steht, dass er zu dem zwischen Granitblöcke eingezwängten Hafenort im Westen der weitläufigen Mount's Bay passt. Die engen Gassen erobert man am besten am späten Nachmittag, wenn die per Bus angereisten Tagesbesucher verschwunden sind.

Essen & Trinken

Köstliches aus der Region – **2 Fore Street Restaurant:** 2 Fore Street, Tel. 0173 73 11 64, www.2forestreet.co.uk. Das helle, freundliche Restaurant, direkt am Hafen gelegen, serviert u. a. hervorragende Fischküche. Lunch-Hauptgerichte bekommt man schon ab £ 10, abends ab £ 15. ▷ S. 252

249

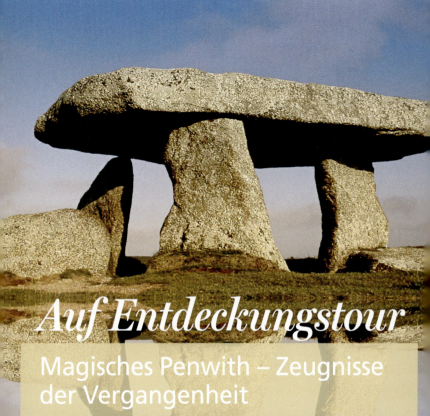

Auf Entdeckungstour

Magisches Penwith – Zeugnisse der Vergangenheit

Eine Entdeckungsfahrt auf schmalen Sträßchen über windige Kuppen führt zu Hinterlassenschaften aus grauer Vorzeit – Steinkreise und -alleen, Menhire und Quoits liegen kaum irgendwo so dicht wie im Inneren der Halbinsel Penwith.

Reisekarte: ▶ Karte 2, F 7/8, G 7/8

Hinweis: Die Vorzeitmonumente sind frei zugänglich; empfehlenswert ist die Zuhilfenahme einer Ordnance Survey Map, auf der die Stätten verzeichnet sind. Sie sind nicht leicht zu finden, oft abseits der Straße auf Wiesen oder Feldern; manche, nicht alle sind ausgeschildert.

Internet: www.gorsethkernow.org.uk. Der Wettbewerb keltischer Barden wird am ersten Samstag im September an wechselnden Plätzen in Cornwall ausgetragen (s. auch S. 69).

Ein rätselhaftes Loch im Stein

Abseits der Straße von Morvah nach Madron liegen zahlreiche prähistorische Hinterlassenschaften: Die erste ist **Men-An-Tol** 1, ein Stein, dessen kreisrunde Öffnung Rätsel aufgibt. Nach einem alten Volksglauben sind Kinder vor Krankheit und Unglück geschützt, wenn man sie durch die Öffnung schiebt. Esoteriker sehen in ihm die keltische Darstellung einer Sonnenfinsternis. Der rätselhafte Loch-Stein – so die Übersetzung – ist nach einem etwa 15-minütigen Fußweg östlich der Straße zu erreichen.

Wie von Geisterhand gebaut

Quoit nennt man die Kombination mehrerer aufrecht stehender Monolithen, auf denen ein Deckstein zu balancieren scheint. **Lanyon Quoit** 2 steht links der Straße nach Madron wie ein riesiger Pilz mit drei Beinen auf weiter Flur, 4000–5000 Jahre alt. 1824 verlor er bei einem starken Sturm seinen Deckstein und ist seitdem etwas niedriger – es heißt, man habe zuvor hindurchreiten können. Ursprünglich diente er als Grabkammer und war wie die meisten dieser Steinkonstruktionen von einem Erdhügel bedeckt.

Elfen an der heiligen Quelle

Nordwestlich von Madron geht es auf Elfensuche – an der heiligen Quelle **Madron Well** 3 sollen die zarten Wesen schon gesichtet worden sein. Der Name geht wohl auf einen Heiligen namens Maddern zurück, der in einer nahe der Quelle gebauten Kapelle (heute Ruine) Wunderheilungen vollbrachte. Wahrscheinlicher ist, dass es sich um eine Quelle des antiken Matronenkults handelt. Dass der *wishing well* noch heute seine Funktion erfüllt, zeigen bunte Bänder in den Ästen der Weide an der Quelle (ca. 1 km zu Fuß).

Tanzende Steine

Hinter Madron erreicht man Penzance und verlässt die Stadt wieder auf der B3315 Richtung Südwesten. 2 km von Trewoofe entfernt gibt es eine Parkbucht neben der von Mauern und Hecken eingefassten engen Straße. Auf einer Wiese steht man vor einem Steinkreis aus 19 kaum mehr als 1 m hohen Steinen, **Merry Maidens** 4 genannt. Von der Anhöhe öffnet sich der Blick über die Halbinsel bis aufs Meer hinaus. Nordöstlich der Straße (auf der gegenüberliegenden Seite) stehen zwei hohe schmale Menhire, genannt **The Pipers** 5, die mit dem westlichen Rand des Steinkreises eine Linie bilden. Nach christlicher Tradition handelt es sich bei dem Ensemble um erstarrte Tänzerinnen (Merry Maidens) und Musiker (Pipers), die auf diese Weise dafür bestraft wurden, dass sie an einem kirchlichen Feiertag getanzt hatten.

Sicher kein Zufall: Nördlich der Merry Maidens, zwischen St Buryan und der A30, ist ein weiterer Steinkreis, **Boscawen-un** 6, mit ebenfalls 19 Steinen. An diesem gut 4000 Jahre alten Kultplatz begründete 1928 Henry Jenner das Treffen zur Pflege der keltischen Kultur Cornwalls: Gorseth Kernow.

Der Westen von Cornwall

Newlyn ► Karte 2, G 8

Newlyn ist mit seinem geschäftigen Hafenleben einen Zwischenstopp wert. Die Fischfabrik Pilchard Works war bis Ende 2005 der einzige Betrieb in England, wo noch *pilchards,* Riesensardinen, verarbeitet wurden. Die Fische beginnen ihr Leben an den Küsten von Portugal, Frankreich und Spanien. Wenn sie älter als drei Jahre werden, machen sie sich in die kühleren Gewässer der kornischen Küste auf. Die Fischereiflotte von Newlyn hat längst auf andere Fischsorten umgestellt. Fangquoten und schrumpfende Bestände machen den verbliebenen Fischern aber das Leben schwer.

Newlyn Art Gallery

24 New Road, www.newlynartgallery. co.uk, Mo–Sa 10–17 Uhr (Winter Mo geschl.), Eintritt frei
Früher noch als St Ives hatte Newlyn seit dem späten 19. Jh. seine Künstlerkolonie. In ihrem ehemaligen Atelierhaus mit Blick auf die Promenade und die Mount's Bay wird heute internationale zeitgenössische Kunst in Wechselausstellungen präsentiert.

Termine

Festival
Newlyn Fish Festival: Aug., www.newlynfishfestival.org.uk. Großes Fest am Hafenkai mit kulinarischem Angebot aus dem Meer.

Penzance ► Karte 2, G 8

Der Kern der in grauem Stein gebauten Stadt Penzance (20 000 Einw.) wirkt eher urban als kleinstädtisch. Noble Häuser mit exotischen kleinen Gärten überraschen zwischen tristen Reihenhausfassaden. Hafen und Ortskern verbindet die schmale, von schönen georgianischen Häusern gesäumte Chapel Street – die eigentliche Prachtstraße von Penzance, nicht die Haupteinkaufsstraße Market Jew Street. Das exzentrische **Egyptian House** (Ägyptisches Haus) in der Chapel Street (heute ein Laden) kann man im Vorübergehen leicht übersehen. Es gehörte einem Mann, der aus Steinen Geld machte: John Lavin (1794–1856) verkaufte Mineralien, Landkarten und Bücher in seinem ›Lavin's Museum‹. Mit diesem verspielten Bau hat der Mineralienkönig sich und der kornischen Liebe zur Geologie ein Denkmal gesetzt.

Penlee House Gallery and Museum

Morrab Road, www.penleehouse. org.uk, Ostern–Sept. Mo–Sa 10–16.30, Okt.–Ostern 10.30–16 Uhr, £ 4,50
Die Galerie zwischen Promenade und Alverton Street besitzt die größte Gemäldesammlung der Newlyn School: impressionistische Seebilder, in das besondere Licht der Halbinsel getaucht, illustrieren Leben und Geschichte am kornischen Meer, wie die Maler in Newlyn es sahen.

Übernachten

Klein, aber fein – **Abbey Hotel:** Abbey Street, Tel. 01736 36 69 06, www.theabbeyonline.co.uk, DZ £ 100–200, je nach Saison. Die Einrichtung des 6-Zimmer-Juwels – mit dem sich das Starmodel der 1960er-Jahre Jean Shrimpton einen Traum verwirklichte – strahlt Ästhetik, Fantasie und Charme aus: Badezimmer hinter falschen Bücherwänden, ein goldener Engelsflügel entpuppt sich als Lichtschalter, und überall erfreuliche Kuriositäten in dem Haus mit Seeblick.

Stadthaus mit Charme – **Camilla House:** 12 Regent Terrace, Tel. 01736 36 37 71, www.camillahouse.co.uk, DZ ab £ 77. Geschmackvoll renoviertes georgianisches Stadthaus von 1832 mit Blick auf die Mount's Bay, bestens ausgestattete Gästezimmer. Fahrradverleih. Acht Zimmer in zwei Kategorien: Classic (mit einer Ausnahme ohne Seeblick, dafür ruhig nach hinten gelegen) und Superior (alle drei mit Seeblick), hervorragendes Frühstück.

Essen & Trinken

Klassiker – **Harris's:** 46 New Street, Tel. 01736 36 44 08, www.harrissrestaurant.co.uk, Light Lunch (£ 10,50–16) ab 12 Uhr, Dinner ab 19 Uhr (Hauptgerichte £ 18,50–29,50). Hier kocht Familie Harris, und das seit 30 Jahren! Moules marinières aus Falmouth, Fisch aus Newlyn und zum Abschluss kornischer Briekäse stehen auf der Speisekarte – nicht zu vergessen beste Desserts in englischer Manier. Seit Urzeiten Klassiker der anglo-französischen Küche.

Einkaufen

Spezialitäten aus Cornwall – **Enys Wartha:** 28 Market Jew Street, Mo–Sa 10–16.30 Uhr. Liebevoll zubereitete *pies* und *pasties* sowie lokale Leckereien – fürs Picknick oder als Souvenir.

Abends & Nachts

Historisch – **Turk's Head:** 49 Chapel Street, Tel. 01736 36 30 93, www.turksheadpenzance.co.uk. Im beliebten Pub zwischen Antiquitätenläden und Buchhandlungen speist man gute Gastro-Pub-Küche – abends ein gemütlicher Treff auf ein paar Drinks.

Gemütlich – **Admiral Benbow:** 46 Chapel Street. Das Pub mit literarischem Ruhm (es spielt eine Rolle im Roman »Die Schatzinsel«) und origineller Einrichtung aus Wrackteilen ist die richtige Adresse für gemütliche Abende.

Infos & Termine

Touristeninformation
Penzance Tourist Information Centre: Station Road, gegenüber dem Bahnhof, Tel. 01736 36 22 07, Web s. St Ives

Festival
Golowan Festival: Ende Juni, www.golowan.org. Traditionelle Folklore keltischer Tradition.

Verkehr
Bahn: Penzance ist Endstation der Züge, die in 5 Std. ab London Paddington nach Cornwall fahren (www.firstgreatwestern.co.uk).
Bus: Verbindungen u. a. nach Marazion, St Ives, St-Just-in-Penwith, nur im Sommer nach Land's End (s. auch Infobox S. 252).
Fähre zu den Isles of Scilly: s. S. 258

Trengwainton Garden

▶ Karte 2, G 8

www.nationaltrust.org.uk, Mitte Feb.–Okt. So–Do 10.30–17 Uhr, £ 6,10
Die wunderbare subtropische Anlage bei Madron, 3 km nördlich von Penzance, demonstriert, was in geschützter Lage alles möglich ist: Tropische Vielfalt und empfindliche Gemüse finden man in den ummauerten Gärten. Dann geht es am plätschernden Bach entlang, vorbei an Lilien und Baumfarnen, bis zur Aussichtsterrasse, wo sich der Blick auf den St Michael's Mount eröffnet.

Der Westen von Cornwall

Bei Ebbe zu Fuß zu erreichen: der St Michael's Mount

Chysauster Village
▶ Karte 2, G 7

www.english-heritage.org.uk, April–Juni, Sept. tgl. 10–17, Juli/Aug. 10–18, Okt. 10–16 Uhr, £ 3,50
Auf der B 3311 von Penzance aus schnell zu erreichen ist Chysauster Village, eine der bedeutendsten Siedlungen Südenglands aus der Zeit vor ca. 2100 Jahren. Das bis in die Römerzeit genutzte Dorf besteht aus acht Rundhäusern, die paarweise um einen ovalen Hof mit Gartenterrassen angeordnet sind. Anhand von Zeichnungen auf Schautafeln kann man sich richtig vorstellen, wie es sich damals hier gelebt haben mag – nicht viel anders als heute in manchem abgelegenem Weiler, lediglich ohne Strom und fließend Wasser eben.

St Michael's Mount!
▶ Karte 2, G 8

www.nationaltrust.org.uk, Ostern–Juni, Sept./Okt. So–Fr 10.30–17, Juli/Aug. 10.30–17.30 Uhr, £ 7,50 (Castle) £ 9,25 (inkl. Garten), £ 3,50 (nur Garten)
Der schroffe Felsen, der malerisch als Blickfang in der Bucht von Penzance liegt, hat eine lange Geschichte: Laut Legende erschien im Jahr 495 der Erzengel Michael den Fischern auf einem Felsen hoch über dem Meer. Dem Erzengel sind als himmlischem Kämpfer gegen den Teufel viele Kirchen in Höhenlagen gewidmet. Sein Erscheinen führte auch hier zum Bau einer Kirche und zur Gründung eines keltischen Klosters im 6. Jh. Im Jahr 1090, nach der normannischen Eroberung, wurde

An der Mount's Bay

das Kloster den Benediktinern vom Mont St-Michel in der Normandie als Dependance zugeteilt. Mit der Auflösung der Klöster durch Heinrich VIII. wurde der St Michael's Mount als Eigentum der Krone zur Festung. Von hier aus wurden die Hafensteuern für Export- und Importgeschäfte erhoben.

1659 kaufte Colonel St Aubyn die Insel, und in den beiden Jahrhunderten danach ließ er das Kloster in ein Herrenhaus umbauen. Seit 1954 lebt hier John St Aubyn, 4. Lord St Levan und erfolgreicher Geschäftsmann, als Untermieter des National Trust, dem die Familie den Berg samt Immobilien vererbt hat. Ausnahmsweise ist nicht Geldmangel das Motiv, sondern die Sicherheit, dass der National Trust den Besitz problemlos weiterführen kann.

Den Berg kann man auf zwei Arten erobern: Bei Ebbe wandert man auf einem Granitweg von Marazion hinüber. Bei Flut nimmt man eines der Boote, die ständig zwischen Ufer und Berg pendeln. Gutes Schuhwerk ist ratsam, denn auf dem glatten Stein des groben Kopfsteinpflasters rutscht man leicht aus. Durch das Haus geht man zur South Terrace auf dem Dach des viktorianischen Flügels. Man blickt auf den südöstlichen Cudden Point und in den Mauergarten in der Tiefe.

Im porzellanblauen Salon – der einstigen Marienkapelle – nahmen 1846 Königin Viktoria und Gatte Prinz Albert ihren Tee. Sie kamen ›spontan‹. Leider war nur die Haushälterin anwesend, »eine dicke und freundliche Dame«, wie es in Viktorias Tagebuchaufzeichnungen heißt. Die sich in diesem Raum gegenüberhängenden Porträts dokumentieren ein Ritual des 18. Jh.: Bei einem Streit schickte man seinem Widersacher ein Porträt von sich selbst. Schickte dieser ein ebensolches von sich zurück, so war der Streit besiegelt. Der National Trust betreibt auf dem St Michael's Mount einen hübschen Tearoom mit Restaurant namens The Sails Loft.

Übernachten

Superblick – **Ednovean Farm:** Perranuthnoe, nahe der A 394 hinter Marazion, Tel. 01736 71 18 83, www.ednoveanfarm.co.uk, DZ £ 100–115. Ländliches B&B mit nur drei erlesenen Doppelzimmern, die sehr geschmackvoll im Cottage-Stil eingerichtet sind – The Blue Room hat eine eigene Terrasse und Blick auf die Mount's Bay.

Nettes B&B – **St Michaels Bed and Breakfast:** The Cornerhouse, Fore Street, Marazion, Tel. 07518 94 52 79, www.stmichaels-bedandbreakfast.co.uk. DZ ab £ 85. In einem Cottage direkt an der Bucht sechs Zimmer, manche

255

Der Westen von Cornwall

mit Aussicht, in schickem Design und bester Ausstattung.

Isles of Scilly

Den Isles of Scilly sollte man mindestens einen ganzen Tag widmen, wenn nicht ein bis zwei Übernachtungen einplanen. Ein Trip auf die Inseln ist nicht billig, da es nur wenige Hotels und Restaurants gibt und man nur mit dem Boot oder – bei einer Tagestour – mit dem Helikopter anreisen kann. Beim Anflug auf St Mary's bietet sich der eindrucksvollste Blick auf die ungefähr 100 winzigen Inseln. Keine ist breiter als fünf Kilometer und nur fünf sind überhaupt bewohnt: St Mary's, Tresco, Bryher, St Martin's und St Agnes. Sie liegen da, als habe sie jemand willkürlich ins Meer gestreut: schroffe Felsen und gerundeter Granit, Kiefern und Palmen, weiße Sandstrände, türkisfarbene Buchten, seltene Seevögel und exotische Pflanzen.

Blumen sind heute neben dem Tagestourismus die größte Einnahmequelle der *Scillonians*. Autos gibt es nicht, dafür viel Sonne (›Scilly Isles‹ soll, neben anderen Interpretationen, Sonneninseln bedeuten) und Regen. Das milde Klima hat den exotischen Dschungel und den Palmengarten der berühmten Abbey Garden von Tresco gedeihen lassen, und hier blühen die ersten Narzissen im Königreich. Allgegenwärtig ist die Schönheit der Natur. Wohin man blickt: Wasser, Felsen, Sand, Licht, Wind und Wetter – und jede Menge Himmel.

Der Tourismus ist auf den Scilly Isles von besonderer Art. Nicht unbegrenztes Wachstum, sondern ›kontrollierter Anbau‹: nur 2000 Betten für die weitgehend als Stammgäste bekannten Scilly-Fans. Ansonsten sind Tagestouristen die Norm. Bei der begrenzten Anzahl der Unterkünfte sollte man auf alle Fälle vorher buchen, wenn man übernachten möchte.

St Mary's ► Karte 1, B 9/10

Über die Sehenswürdigkeiten von St Mary's stolpert man von selbst. Sogar diese größte aller bewohnten Inseln ist zu klein, um etwas zu verbergen. Stolz thront das Star Castle auf einem Hügel über Hugh Town. 1593 wurde die Burg von Sir Francis Godolphin für Elisabeth I. gebaut. Sie gehört zu einer Reihe von Festungsanlagen, die im 16. Jh. entlang der Südküste entstanden. Heute ist das Castle ein Hotel. Hugh Town selbst wirkt freundlich und hat sich seinen ursprünglichen Charme bewahrt.

Tresco ► Karte 1, B 9

www.tresco.co.uk
Wer nur einen Tag bleibt, sollte sich zur Hauptattraktion der Insel Tresco aufmachen: Der subtropische **Abbey Garden** vor der Kulisse der im Meer verstreuten Inseln wirkt paradiesisch (tgl. 10–16 Uhr, inkl. Anreise von St Mary's £ 12,50). Exotische Pflanzen und Früchte gedeihen hier, darunter Papyrus, Zimt und Mimosen. Man spaziert zwischen Blumen und Skulpturen, über Treppen und Terrassen, und wenn man den Garten schließlich in Richtung New Grimsby verlässt, war man auf einer kleinen Insel unterwegs in der Flora von fünf Kontinenten.

St Agnes ► Karte 1, B 10

Die winzige Insel steckt als südwestlichster Vorposten der Britischen Inseln naturgemäß voller Superlative: St

Agnes besitzt neben dem südwestlichsten Pub Englands, Turk's Head direkt am Kai, und dem inzwischen außer Betrieb befindlichen Leuchtturm, der 1680 als einer der ersten an Britanniens Küsten errichtet wurde, reichlich spektakuläre Natur: mehrere einsame Sandbuchten, ein rätselhaftes Steinlabyrinth im Westen und das unbewohnte Anhängsel Gugh im Osten, nur bei Ebbe zu erreichen. Hier leistet von der Flut abgeschnittenen Spaziergängern seit Urzeiten The Old Man of Gugh Gesellschaft, ein prähistorischer Menhir.

Übernachten, Essen

Die meisten Unterkünfte auf den Scilly-Inseln sind Ferienhäuser oder -apartments für Selbstversorger, Hotels und Pensionen findet man vor allem auf der Hauptinsel St Mary's. Viele bieten auch Halbpension an und stellen Lunchpakete zusammen. Campingplätze mit schlichtem Komfort sind auf Bryher und St Martin's zu finden.

Luxus – **St Martin's On The Isle:** St Martin's, Tel. 01720 42 20 90, www.stmartinshotel.co.uk, Dinner ohne Wein £ 39,50, März–Okt. DZ £ 150–280 (Halbpension). Das Hotel mit unübertroffenem Meerblick und bester Ausstattung ist ein ideales Hideaway für Romantiker. Das zugehörige Gourmetlokal The Tean Restaurant macht den Luxus perfekt.

Ganzjährig geöffnet – **New Inn:** Tresco, New Grimsby, Tel. 01720 42 28 49, new inn@tresco.co.uk, DZ £ 140–230. Keine Halbpension, aber es lohnt sich, hier zu essen (Thaiküche, Menü um £ 20). Das kleinere der zwei Hotels auf Tresco bietet 16 komfortable Zimmer, teils mit Blick zur Nachbarinsel Bryher.

Ganz im Süden – **Bell Rock Hotel:** St Mary's, Church Street, Tel. 01720 42 25 75, www.bellrockhotel.co.uk, März–Nov., DZ £ 1 4–195 (Halbpension). Das Hotel, das sich südlichstes in Englands nennt, bietet guten Komfort in seinen 23 Zimmern, deren Einrichtung altmodisch wirkt. Als Extra besitzt das Hotel ein beheiztes Schwimmbad für Gäste. Von den Zimmern im Obergeschoss genießt man einen Blick aufs Meer.

Aktiv & Kreativ

Schwimmen, Tauchen, Surfen, Segeln, Seevögel beobachten und Wandern gehören auf den Isles of Scilly zu den Hauptfreizeitaktivitäten.

Robben und Seevogelsafaris – **Sea Safaris:** St Mary's, Tel. 01720 42 27 32, www.islandseasafaris.co.uk. Ab dem Hafen von St Mary's fahren Boote in die Naturschutzgebiete auf den unbewohnten Inseln, wo man Seerobben und Vögel beobachten kann.

Tauchen – **Scilly Diving:** Tel. 01720 42 28 48, www.scillydiving.com. Verleih von Ausrüstungen für Tauch- und Schnorchelausflüge durch die vielfältige Meeresflora und -fauna, Tauchkurse für Anfänger und Fortgeschrittene (£ 375).

Geführte Wanderungen – **Scilly Walks,** www.scillywalks.co.uk, ist spezialisiert auf Vorzeitmonumente; **Island Wildlife Tours,** www.islandwildlifetours.co.uk. W I Wagstaff veranstaltet vogelkundliche und lokalgeschichtliche Wanderungen (Ganztagestour £ 12).

Abends & Nachts

Der Inseltreff – **Turk's Head:** The Quay, St Agnes, Tel. 01720 42 24 34, Hauptgerichte ca. £ 6–12. Angeblich Englands südwestlichstes Pub, auf jeden Fall eine günstige Adresse zum Dinner und zur Kontaktaufnahme mit *locals*.

257

Der Westen von Cornwall

Infos & Termine

Informationen

Isles of Scilly Tourist Board: Hugh Town, St Mary's, Tel. 01720 42 40 31, www.simplyscilly.co.uk
Isles of Scilly Wildlife Trust: Visitor Centre, St Mary's Quay, Tel. 01720 42 21 53, www.ios-wildlifetrust.org.uk.
Geld: Eine Bank mit Geldautomat gibt es nur auf St Mary's.

Festival

The Isle of Scilly Walking Festival: Ende März/Anfang April, www.simplyscilly. co.uk. Eine Woche lang geführte Wanderungen.

Verkehr

Achtung: sonntags kein Flug- und Fährverkehr zu den Scilly-Inseln! Tagesbesuche sind besonders günstig mit Day-Return-Tickets.
Flug: British International, The Heliport, Penzance, Tel. 01736 36 38 71, www.islesofscillyhelicopter.com. 30-minütiger Flug ab Penzance Heliport mit dem Helikopter.
Skybus: Land's End Aerodrome, St Just, Tel. 0845 710 55 55, www.islesofscilly-travel.co.uk. Flüge nach St Mary's von Land's End und Newquay, günstige Day-Return-Tickets.
Fähre: Isles of Scilly Steamship Company, Quay Street, Penzance, Tel. 0845 710 55 55, www.islesofscilly-travel.co.uk. 2 Std. 40 Min. von Penzance nach St Mary's; zwischen den Inseln verkehren Ausflugsboote.

Seereise für Müßiggänger

Reisende mit Zeit sollten mit der Fähre Kurs auf die Scillies nehmen. Das Schiff passiert die raue Küste im Westen der Mount's Bay, vorbei an unbewohnten Felsen und Riffen sowie Land's End.

Halbinsel The Lizard

Das flache Hochplateau der Lizard Peninsula liegt mehr als 100 m über dem Meeresspiegel: Hier findet man raue Küste und Strände mit türkisblauem Wasser, Küstenpfade mit artenreicher Flora, winzige Fischerorte, Landwirtschaft, Wald, tiefgrüne Flussufer und Buchten. Zwischen Labyrinthen aus gewundenen, heckengesäumten Straßen entdeckt man scheinbar zeitloses Dorfleben, elegante Herrenhäuser, Hafenidyllen oder Landschaftsdesign aus dem 18. Jh. Nichts von der ländlichen Geborgenheit Lizards scheint dem Tourismus zum Opfer gefallen zu sein. Die Schriftstellerin Daphne du Maurier, die dem Frenchman's Creek mit ihrem gleichnamigen Roman zu ewigem Ruhm verhalf, aber auch Künstler und Kunsthandwerker fühlten und fühlen sich von der Vielfalt und Einsamkeit dieser Landschaft inspiriert.

Helston und Umgebung

▶ Karte 2, H 8

Wer von Penzance mit dem Auto anreist, fährt zunächst Richtung Helston. Die kleine Marktstadt war im 19. Jh. ein wichtiges Zentrum des Kupferhandels in der Region – davon künden die schmucken Häuser. Heute ist Helston bekannt für den Furry Dance oder Flora Day (s. S. 260) sowie als Drehscheibe des Verkehrs auf der abgelegenen Halbinsel Lizard, die sich am besten mit dem Fahrrad erkunden lässt.

Gut denkbar ist ein Abstecher an Englands südlichsten Fischereihafen **Porthleven.** Auf ihre über 20 m hohe Turmuhr sind die Einheimischen besonders stolz. Wenige Kilometer südöstlich von Porthleven liegt ein See,

Halbinsel The Lizard

Krebse fangen, bis die Flut kommt an der Küste von The Lizard

mit dem es eine ganz besondere Bewandtnis hat: **Loe Pool** wird nur durch Kieselmassen und Sandstrand vom Meer getrennt. Der helle Sand und das türkisblaue Meerwasser stehen in merkwürdigem Kontrast zu der grünen Küstenlandschaft und dem tiefblauen Wasser des Natursees. Angeblich hat hier König Artus' Schwert Excalibur zu seiner Wasserquelle zurückgefunden – doch auch der rätselhafte Dozmary Pool im Bodmin Moor (s. S. 131) nimmt diese Rolle für sich in Anspruch.

Übernachten

Abschieden – **Trengilly Wartha Inn:** Nancenoy, 1,5 km von Constantine, ca. 10 km östlich von Helston, Tel. 01326 340 332, www.trengilly.co.uk, DZ im alten Haus £ 84–96, im Garden Annexe £ 96. Gasthaus mit Top-Restaurant in

Der Westen von Cornwall

einem kleinen Weiler. Die sechs Gäste-zimmer liegen teils in dem alten Gast-hausgebäude, teils in einem großzügig ausgebauten Anbau im Garten mit Blick auf einen Teich und Platz für Fa-milien (3–4-Bett-Zimmer).

Essen & Trinken

Südseeküche – **Kota:** Harbour Head, Porthleven, Tel. 01326 56 24 07, www.kotarestaurant.co.uk, im Sommer tgl., im Winter Lunch Do–Sa, Dinner Di–Sa, Lunch um £ 15, Dinner um £ 38. Res-taurant mit zwei Hotelzimmern (DZ £ 60–80), die Wirte stammen aus Neu-seeland und servieren asiatisch ange-hauchte Fischküche in lockerer Atmo-sphäre; legendär ist die *seafood plat-ter* – frischer geht's nicht.
Spitzen-Gastro-Pub – **Halzephron Inn:** in Gunwalloe, ca. 6 km südlich von Helston, Tel. 01326 24 04 06, www.halzephron-inn.co.uk, Mo–Sa 12–14.30, 18–22.30 Uhr, Hauptgerichte £ 11–19. Eins der besten Gastro-Pubs in Corn-wall mit spannenden Fisch-, Wild- und Geflügelgerichten, aber auch Klassi-kern der englischen Küche, deren Zu-taten aus der Region stammen – es ist ratsam, einen Tisch zu reservieren, denn das Lokal ist äußerst populär.

Abends & Nachts

In den Klippen – **The Ship Inn:** Porthle-ven, Tel. 01326 56 42 04, www.theshipinncornwall.co.uk, Mo–Sa 11.30–23, So 12–22.30 Uhr. Das Pub ist buch-stäblich in die Steilklippen gebaut, und wenige Meter unter dem Fenster don-nert das Wasser an die Hafenmauern. Gemütlich lodern Feuer in den riesigen Kaminen, und es herrscht bei jedem Wetter eine behagliche Atmosphäre. Serviert wird gute Fischküche.

Infos & Termine

Fest
Furry Dance (Flora Day): 8. Mai in Hels-ton. Uraltes Frühlingsfest mit Tanz in den Straßen (s. S. 33).

Verkehr
Bus: Helston ist von Truro und von Pen-zance mit der Gesellschaft First (www.firstgroup.com) zu erreichen; von Hels-ton Verbindungen zu den Dörfern auf der Halbinsel Lizard.

Mullion ▶ Karte 2, H/J 9

Mullion ist das größte Dorf der Halbin-sel. Auch sein Golfplatz nimmt einen Superlativ für sich in Anspruch: Er ist der südlichste in Cornwall. Mullions Kirche, die St Mellanus Church, ist dem bretonischen Heiligen Mellane gewid-met und hat, *isn't that English,* eine ei-gene kleine Tür für Hunde.

Auf dem Küstenpfad zum Lizard Point und nach Cadgwith
Auf den 20 km Küstenpfad zwischen **Mullion Cove** und Cadgwith trifft man auf ein besonders liebliches Wander-gebiet: weicher Boden, eine Vielfalt von Pflanzen und ständig wechselnde Aussichten. Ornithologen kommen hierher, um seltene Vögel wie die Al-penkrähe *(chough)* zu beobachten.

Man wandert z. B. von Mullion Cove zur **Kynance Cove** (s. Lieblingsort S. 262). Dann geht's weiter zum **Lizard Point.** Den Punkt markiert – mit Unter-brechungen – seit 1619 ein Leucht-turm, **Lizard Lighthouse,** dessen Ge-schichte und Funktion seit dem Jahr 2009 ein Heritage Centre beleuchtet (www.lizardlighthouse.co.uk, April–Okt. 11–17, Uhr, Eintritt Heritage Cen-tre einschließlich Leuchtturmbestei-gung £ 6).

Halbinsel The Lizard

In der Nähe befindet sich die restaurierte Funkstation, von der aus der Marineoffizier Marconi 1910 die erste transkontinentale Funkverbindung nach Nordamerika herstellte – auf der Landzunge Pen Oliver erinnert in der **Lizard Wireless Station** eine interessante Ausstellung an diese Pioniertat. Hinter Church Cove sind es zum malerischen Fischerdorf **Cadgwith** knapp 5 km. Kurz vor dem Dorf kommt man an Devil's Frying Pan (dt. des Teufels Bratpfanne) vorbei, einer winzigen Felsbucht, die sich durch einen Tunnel in die Küste gespült hat. Cadgwith gilt mit seinen reetgedeckten Cottages und engen Gassen neben Helston als schönstes Fischerdorf der Halbinsel.

Der Osten von Lizard

▶ Karte 2, J 9

Der idyllischste Strand an der östlichen Küste Lizards heißt **Kennack Sands.** Auch wer hier wandert, erlebt Höhepunkte: Gen Osten, hinter dem einst berühmt-berüchtigten Schmugglernest **Coverack,** wird die Küste wieder steiler. Das Riff mit dem Namen The Manacles hat in den vergangenen Jahrhunderten so manches Schiff zum Kentern gebracht. Und nicht nur hartgesottene Strandräuber freuten sich diebisch, wenn wieder mal ein reich beladenes Frachtschiff in den Manacle Rocks auflief. Falsche Lichtsignale halfen gelegentlich etwas nach.

In der Kirche der hübschen kleinen Stadt **St Keverne** findet man Widmungen an jene, die an den Felsen der Manacles verunglückten. Glück und Unglück lagen in Cornwall nah beieinander: Es heißt, bei Sturm hätten die Gemeinden in den Kirchen inbrünstiger für reichhaltiges Strandgut gebetet als für die Seelen der verunglückten Seeleute.

Mein Tipp

Roskilly's in Tregellast Barton
Roskilly's ist ein berühmter Markenname für Bio-Eis in diversen Geschmacksrichtungen von Avocado bis Pistazie. Produziert wird auf dem nach ökologischen Prinzipien wirtschaftenden Bauernhof Tregellast Barton. Neben Rosky's Icecream werden hier auch Pralinen, Joghurt und Fudge hergestellt. Zumindest eine *tea-time* oder ein Eis sollte man sich im Croust House Tearoom nicht entgehen lassen. In den Farm- und Gartenanlagen kann man spazieren gehen oder picknicken, Enten füttern oder beim Melken zusehen (1 km südöstlich von St Keverne, www.roskillys.co.uk, Tearoom April–Okt. Mo–Fr 11–15, Sa, So 11–17 Uhr, Melken 16.30–17 Uhr, Bus ab Helston).

Trelowarren Estate ▶ Karte 2, J 8
*www.trelowarren.com,
April–Sept. tgl. 11–17 Uhr*
Zwar ist dieses Country House nicht eines der eindrucksvollsten, doch die gesamte Anlage hat als Ausflugsziel einiges zu bieten. Der Grundbesitz gehört zu den ältesten der Britischen Inseln. Noch vor der normannischen Eroberung war Trelowarren mit seinen über 400 ha bis zu den Ufern des Helford River Landbesitz. Seit dem 15. Jh. ist es Familiensitz der Vyvyans – bis heute. Architektonisches Juwel ist die Chapel, in der wegen der guten Akustik regelmäßig Sonntagskonzerte stattfinden.

Ein 3 km langer Rundgang auf dem Besitz führt zu dem alten keltischen Halliggre Fogou: eine von Menschenhand geschaffene Höhle ungeklärter

261

Lieblingsort

Schillerndes Farbenspiel – Kynance Cove ▶ Karte 2, J 9
Die Bucht Kynance Cove mit ihrem bei Ebbe frei liegenden blütenweißen Sandstrand ist ein Ort, an den man immer wieder gern zurück möchte. Das Auge erfreuen nicht nur blaues Meer und weißer Sand, auch die von Adern des Serpentinsteins rosa gefärbten Felsen. Angesichts von so viel Naturschönheit vergisst man beinahe, wie gefährlich die Gewässer rund um The Lizard sind. Unzähligen Schiffen wurden die Klippen und Riffs schon zum Verhängnis oder sie wurden bei Südweststürmen in die weite Mount's Bay hineingetrieben.

Der Westen von Cornwall

Bedeutung. Trelowarren Estate ist der Sitz der Cornwall Crafts Association, deren Mitglieder dort regelmäßig Kunstausstellungen veranstalten.

Übernachten

Öko-Ferienhäuser – **Trelowarren:** www.trelowarren.com. Cottages für bis zu 8 Personen, Preise variieren nach Größe, z. B. Haus für 4 Personen £ 500–900/Woche. Nach ökologischen Prinzipien stilvoll restaurierte sowie neu gebaute Cottages mit erstklassiger technischer Ausstattung für Selbstversorger.

Essen & Trinken

Feine reine Küche – **New Yard Bistro:** in Trelowarren, s. o., Tel. 01326 22 15 95, Di–Sa 12–14, 19–21 Uhr, Lunch £ 15–17, Dinner 3-Gänge £ 27, Hauptgerichte £ 15–19. Ausgezeichnete, moderne Küche, die zumeist Öko-Produkte aus der Umgebung verarbeitet, z. B. Rindfleisch von der Nachbarfarm, Käse und natürlich Eis von Roskilly's.

Am Helford River

▶ Karte 2, J 8

Helford Village und Helford Passage

Die Umgebung von Mawgan, Frenchman's Creek und Helford wirkt durch die grünen Ufer des Helford River ungewöhnlich lieblich. Helford Village wird für seine Schönheit gerühmt: Das Auto lässt man oben am (gebührenpflichtigen) Parkplatz stehen und läuft die einzige, eng gewundene Straße des Dorfes bergab. Die Cottages, viele davon mit Reetdächern, scheinen sich an den Hügeln der winzigen Bucht festzuklammern.

Um den weiten Weg um die Mündung des Helford River zu sparen, können Fußgänger mit der Passagierfähre zum Nordufer übersetzen. Ebenfalls per Boot kommen Besucher direkt zu zwei wunderschönen Gärten, die am Nordufer des Helford River in geschützter Lage am Hang zum Wasser liegen: Trebah und Glendurgan. Beide sind von den Pflanzensammlern des 19. Jh. Charles und Andrew Fox geprägt, die von ihren Weltreisen empfindliche Exoten mitbrachten und hier ansiedelten.

Frenchman's Creek Walk

Am Parkplatz oberhalb von Helford Village beginnt einer der schönsten Rundwege der Region (1 Std.). Besonders am frühen Morgen ist der Frenchman's Creek Walk ein Genuss: Vom Parkplatz (Gebühr) läuft man ins Dorf hinunter. Statt über den Damm auf die Westseite des Flussarmes zu wechseln, folgt man dem Fußweg bachaufwärts, dicht vorbei an einem Reetdach-Cottage. In einem Waldstück quert man den Wasserlauf und erreicht über Weideland die Kestle Farm. Nachdem man die Gebäude passiert hat, führt ein steiler Abstieg ins Tal des Frenchman's Creek, dem man nach Norden auf einem Pfad des National Trust folgt. An dieser Stelle ist der Creek unheimlich und düster: Tote Äste ragen aus dem Wasser, die Bäume werfen riesige Schatten. Treppen führen rechts hoch zur Aussicht auf den Fluss und auf Groyne Point, wo der Wald seit Jahrhunderten völlig wild wächst. Um zurück nach Helford zu gelangen, nimmt man den zweiten Abzweig links nach Penarvon Cove. Von dort führt ein Teerweg nach Helford Village und zum Parkplatz zurück.

Essen & Trinken

Mit Aussicht – **Ferryboat Inn:** Helford Passage, www.thewrightbrothers.co.uk. Tagesfrische Fischgerichte und *seafood*, aber auch klassisches Pub food (£11–15). Von der Terrasse des Lokals hat man einen schönen Blick aufs Wasser; die Fähren nach Helford Village legen direkt unterhalb ab.

Infos

Verkehr
Fähre: Passagierfähre von Helford Passage nach Helford Village April–Okt. www.helford-river-boats.co.uk.

Trebah Garden

Anfahrt per Fähre ab Helford Village und Helford Passage, www.trebah garden.co.uk, tgl. 10–16 Uhr, £ 8,50
Trebah Garden ist ein dichter Urwald, könnte man meinen. Dass dieser Garten erst seit 20 Jahren allmählich wieder seine ursprüngliche Gestalt aus dem 19. Jh. gewinnt, merkt man ihm nicht an. Die riesigen Bäume, Rhododendren und subtropischen Farne begleiten den Besucher bis zum Strand hinunter, der sich bestens zum Picknicken und zum Schwimmen eignet. In der Gunnera Passage fühlt man sich wie ein Zwerg: Die Blätter des brasilianischen ›Riesenhabarbers‹ Gunnera manicata bilden ein Dach, unter dem man spazieren gehen kann. Als das Ehepaar Hibbert das Grundstück Trebah im November 1981 erwarb, wollten sich die beiden eigentlich nur in einem schönen, alten Haus mit Wald zur Ruhe setzen. Nach einer Woche klingelte es an der Tür und ein Herr von der Cornwall Garden Society erkundigte sich höflich, wie viele Gärtner die

Hibberts einzustellen gedächten. Der Garten sei 50 Jahre lang vernachlässigt worden – irgendwann sei es zu spät, ihn wieder instand zu setzen. Vorbei war es mit der Ruhe, doch mit Begeisterung wurde der Garten restauriert.

Glendurgan Garden

Anfahrt per Fähre ab Helford Village und Helford Passage, www.national trust.org.uk, Mitte Feb.–Okt. Di–Sa (Aug. Mo–Sa) 10.30–17.30 Uhr, £ 6
Glendurgan Garden liegt in einem geschützten Tal und wirkt im Frühjahr zur Rhododendronblüte wie ein Feuerwerk aus Form und Farbe. Ganzjährige Attraktion ist ein ausgewachsenes, restauriertes Heckenlabyrinth aus dem Jahre 1833. Es macht großen Spaß, zwischen den regelmäßig beschnittenen Kirschlorbeerhecken umherzuirren, dank der Hanglage verliert man die Zielgerade nie aus den Augen.

Cornish Seal Sanctuary

Gweek www.sealsanctuaries.com, Mai–Sept. tgl. 10–17, Okt.–April 10–16 Uhr, £ 14,40
Genau genommen gehört das Nordufer des Helford River nicht mehr zur Peninsula, aber landschaftlich bildet es mit ihr eine Einheit. An der Flussmündung liegt der Ort Gweek. Hier hat sich eine Rettungsstation für Robben etabliert, das Cornish Seal Sanctuary: Verletzte und lebensuntüchtige Atlantikrobben werden hier aufgenommen und versorgt, bis sie wieder selbst Fisch fangen können. Manche bleiben Dauergäste. Die Arbeit mit den Robben finanziert sich fast ausschließlich aus den Eintrittsgeldern und Spenden der Besucher. Besonders für Kinder ist die Robbenstation eine Attraktion.

Das Beste auf einen Blick

Die Südküste von Cornwall

Highlight!

Eden Project: Zweifellos der berühmteste Garten Cornwalls versammelt Pflanzen aus aller Welt unter zwei futuristisch anmutenden riesigen Kuppeln. Das ehrgeizige ›Project‹ nördlich von St Austell wächst, blüht und gedeiht auch dank zahlreicher Events – diese ungewöhnliche Entdeckungsreise in die faszinierende Welt der Pflanzen sollte man nicht versäumen. S. 276

Kultur & Sehenswertes

National Maritime Museum Cornwall: Das moderne Schifffahrtsmuseum im Hafen von Falmouth begeistert auch Landratten. S. 268

St Mawes Castle: Die am besten erhaltene Burg Heinrichs VIII. lohnt den steilen Aufstieg – am schönsten reist man per Fähre ab Falmouth an. S. 270

Aktiv & Kreativ

Hall Walk: Folgen Sie der Schriftstellerin Daphne du Maurier auf einem ihrer Lieblingsspaziergänge rund um Fowey. S. 277

Genießen & Atmosphäre

Pandora Inn: Das wunderschön friedlich gelegene Gasthaus direkt am Wasser des Restronguet Creek nördlich von Falmouth erfreut mit guter Küche nicht nur Segler. S. 270

The Lost Gardens of Heligan: Augenschmaus für Gartenfreunde, die ausreichend Zeit und Kondition mitbringen, südlich von St Austell. S. 275

Abends & Nachts

Old Ale House: Die geräumige Kneipe im Zentrum von Truro schenkt das lokale Skinners Ale aus, gelegentlich gibt's Jazz live. S. 274

Die kornische Riviera – Creeks und Gärten, Häfen und Burgen

Östlich von The Lizard und westlich des River Tamar bestimmen tief eingeschnittene fjordähnliche Flussmündungen mit ihren verästelten Ausläufern, genannt Creeks, den Charakter der Küstenlandschaft. Sie schaffen das milde, feuchte Klima, das exotische Pflanzen gedeihen lässt, die anderswo in diesen Breiten keine Chance hätten. Mitgebracht wurden sie von Weltenbummlern und Seefahrern, aus fernen Kontinenten und südlichen Breiten – die subtropische Gartenpracht Cornwalls zeigt sich hier von ihrer üppigsten Seite. Unter solchen Bedingungen wird selbst aus einer Industriebrache ein Pflanzenparadies. Das beweist zumindest die berühmteste Sehenswürdigkeit der Region, Eden Project, die in einer Kaolingrube angelegt wurde. In den geschützten Flussmündungen sitzen malerisch in schmale Buchten gezwängt kleine Hafenorte, die ehedem von Schmuggel und Fischerei lebten und heute zu beliebten Ferienorten an der kornischen Riviera geworden sind. Die mittelalterlichen Burgen, die diese Küste säumen, zeugen von weniger friedlichen Zeiten, als die Gewässer im westlichen Kanal Aufmarschplatz für feindliche Flotten waren.

Am River Fal

Falmouth ▶ Karte 2, K 8

Falmouth scheint fast ausschließlich aus Hafen zu bestehen. Der River Fal bildet am Eingang zur Wasserstraße der Carrick Roads, die tief ins Land hineinreicht, ein natürliches Hafenbecken mit ausreichend Tiefgang auch für Ozeanschiffe – der drittgrößte natürliche Hafen der Welt. Das Einkommen des Städtchens war gesichert, als ab 1689 die Falmouth Packets die Post von hier aus in alle Welt versandte. Mit der Ankunft der Eisenbahn Mitte des 19. Jh. konnte sich Falmouth auch zum Ferienstädtchen mausern. Inzwischen ist es sogar zur Universitätsstadt avanciert, deren College of Arts eine kreative Studentenschar anzieht.

National Maritime Museum Cornwall

Discovery Quay, www.nmmc.co.uk, tgl. 10–17 Uhr, £ 10,50
Wie die Stadt Falmouth ist auch das

Infobox

Internet
www.visit-southeastcornwall.co.uk:
offizielle Website der Region zwischen The Lizard und Looe mit Ausflugstipps, Buchung von Unterkünften; Events.

Verkehr
Auto: Von Juni bis August sind Orte wie Polperro und Mevagissey für den Autoverkehr gesperrt. Kostenpflichtige Parkplätze außerhalb sind aber ausgewiesen.
Bus: www.westerngreyhound.com
Fal River Link: Ein Netz von Fähren, Bussen und Bahnen sorgt im Sommer dafür, dass Ausflügler von Ufer zu Ufer gelangen. Näheres zu Fahrplänen und Tickets: www.falriver.co.uk.

Am River Fal

National Maritime Museum Cornwall der Schifffahrt verpflichtet, und zwar der zivilen: Vom 29 m hohen Turm des modernen Museumsbaus geht der Blick über den Hafen mit den ein- und auslaufenden Schiffen, während einige Etagen tiefer ein Glastunnel Einblicke ins Unterwasserleben des Hafenbeckens gewährt. In der Museumshalle stehen diverse Boote in Originalgröße, außerdem finden wechselnde Ausstellungen statt.

Pendennis Castle

www.english-heritage.org.uk, April–Juni, Sept. So–Fr 10–17, Sa 10–16, Juli/Aug. So–Fr 10–18, Sa 10–16, Okt.–März tgl. 10–16 Uhr, £ 6,50

Der strategischen Lage des Tiefseehafens Falmouth bewusst, ließ Heinrich VIII. 1540–1545 die Zwillingsfestungen Pendennis und St Mawes zur Überwachung der Hafeneinfahrt errichten – gegen die Bedrohung durch die spanische und französische Marine. Eine Rolle spielte die Festung allerdings vor allem im englischen Bürgerkrieg: Damals ergab sich St Mawes ohne Zögern Oliver Cromwells ›Roundheads‹, während die Belagerten auf der anderen Seite des Wassers, in Pendennis, erst nach fünf Monaten aufgaben – nachdem die Hälfte von ihnen gestorben und die übrigen ausgehungert waren. Eine interaktive Ausstellung in den Royal Artillery Barracks beleuchtet die Militärgeschichte. Nicht erschrecken, wenn der Boden bebt: Jeden Mittag Punkt 12 Uhr wird eine Kanone abgefeuert.

Übernachten

Kapitänshaus – **The Grove Hotel:** Grove Place, Tel. 01326 31 95 77, www.thegrovehotel.net, DZ £ 90–105. Das ehem. Kapitänshaus von 1850 liegt direkt am Hafen und besitzt 19 freundlich eingerichtete Gästezimmer mit Breitband-Internet. Der *garden bedroom* ist besonders ruhig.

St Mawes Castle auf der Roseland-Halbinsel ist die Zwillingsburg von Pendennis Castle

Die Südküste von Cornwall

Mein Tipp

Ausflugsziel am Wasser – Pandora Inn
Hier sitzt man auf den schwankenden Brettern des Pontons, schaut den Segelbooten zu und genießt die Stille. Nachdem das gemütliche Reetdach-Gasthaus 2011 durch ein Feuer zerstört wurde, wurde es komplett wiederaufgebaut und ist erneut ein sehr populäres Ausflugsziel. Die absolut fantastische Lage mit wunderschönen Ausblicken auf den von Grün gesäumten Creek ist der eine Magnet, die gute Küche der andere. Die Speisekarte bietet für jeden Gast etwas, u. a. vegetarische Gerichte. Die Anreise ist ein Abenteuer für sich: per Boot bzw. Wassertaxi von Falmouth (www.aquacab.co.uk), per Fahrrad oder per Pedes (Restronguet Creek, Mylor Bridge, Tel. 01326 37 26 78, www.pandorainn.com, tgl. 10.30–23 Uhr, Snacks £ 6–8, Hauptgerichte £ 10–18).

Charmant – **Chelsea House:** 2 Elmslie Road, Tel. 01326 21 22 30, www.chelseahousehotel.com. Acht individuelle Zimmer, einige davon mit Balkon und Meerblick, geschmackvoll eingerichtet, vom geräumigen Pendennis Room mit Himmelbett und Erker (£ 80–110) bis hin zur winzigen Captain's Cabin unterm Dach (£ 60–70).

Infos & Termine

Touristeninformation
Falmouth Tourist Information Centre: Prince of Wales Pier, Tel. 0905 325 45 34, www.falmouth.co.uk.

Festival
Fal River Festival: Ende Mai/Anfang Juni. Musik, Sport und Kunst rund um den Fluss.

Verkehr
Bahn: Stichstrecke Falmouth–Truro (Maritime Line).
Bus: von Falmouth u. a. nach Helston (First) und Helford Passage (Truronian).
Fähre: Autofähre King Harry Ferry verkürzt den Weg nach Roseland.

Roseland-Halbinsel

St Mawes Castle ▶ Karte 2, K 8
www.english-heritage.org.uk, April–Juni, Sept. So–Fr 10–17, Juli/Aug. So–Fr 10–18, Okt. tgl., Nov.–März Sa/So 10–16 Uhr, £ 4,40
Die 1545 vollendete Zwillingsfestung von Pendennis Castle liegt auf der Halbinsel Roseland gegenüber von Falmouth. Man kann mit dem Boot übersetzen und sich anhand der beiden Festungen ein wenig Geschichte vergegenwärtigen – da sich St Mawes im Bürgerkrieg 1646 unverzüglich den Parlamentariern ergab, die von der Landseite leichtes Spiel hatten, ist die Burg heute die am besten erhaltene der Festungen, die Heinrich VIII. entlang der Küste anlegen ließ. Der Grundriss in Form eines Kleeblatts diente strategischen Zwecken und ermöglicht heute herrliche Ausblicke nach allen Seiten. Die subtropischen Gärten liegen geschützt am Steilhang zum Wasser hin.

Spaziergänge auf der Roseland-Halbinsel ▶ Karte 2, K 7/8
Auf der Landzunge Roseland genießt man immer wieder den Blick aufs Wasser, sei es aufs Meer oder auf die in verästelten Windungen weit ins Land reichenden Creeks. Ihren Namen hat die

Halbinsel vom kornischen Wort *ros* für Landvorsprung. Reizvoll ist ein Spaziergang zur Kirche **St Just in Roseland** (s. Lieblingsort S. 272), die auf einem Weg am Flussufer erreichbar ist.

Trelissick Garden

▶ Karte 2, K 7

in Feock, Passagierfähren ab Falmouth, Truro und St Mawes, www. nationaltrust.org.uk, Feb.–Okt. tgl. 10.30–17.30, sonst 11–16 Uhr, £ 7,20, zzgl. Parkplatzgebühr £ 4
Empfindliche Pflanzen aus aller Welt gedeihen in diesem Garten in herrlicher Lage, auf drei Seiten umgeben von Wasser. Weit geht der Blick über Carrick Roads, die Buchten des River Fal. Der Garten ist von 12 ha Parkanlagen umgeben und wegen seiner Vielfalt das ganze Jahr attraktiv. Trelissick widmet sich dem Sammeln von in Südamerika bzw. Asien heimischen Photinia- und Azara-Arten, zum großen Teil subtropische Zierstraucharten.

Truro ▶ Karte 2, K 7

Die kleine Stadt Truro mit 17 430 Einwohnern überrascht im ansonsten architektonisch kargen Cornwall nicht nur mit der dreitürmigen Kathedrale, sondern auch mit georgianischer Architektur. Einst war Truro so en vogue wie Bath; im 18. Jh. entstanden die eleganten Bürgerhäuser in der Lemon Street. Wohlstand kam mit den Zinnminen im frühen 19. Jh. Seine städtische Lebhaftigkeit verdankt Truro heute der Tatsache, dass es Hauptstadt und Handelsmittelpunkt Cornwalls ist. Schicke Bars und Restaurants verströmen städtisches Flair, und alle großen Ladenketten sind in der Innenstadt vertreten.

Truro Cathedral

www.trurocathedral.org.uk, Mo–Sa 7.30–18, So 9–19 Uhr
Die junge Kathedrale wurde 1910 vollendet. Der gigantische Bau überragt die gesamte Stadt und wurde an der Stelle der Kirche St Mary's aus dem 16. Jh. errichtet, die als Schiff in den Bau inkorporiert wurde. Die Glasfenster der Kathedrale zeigen Reformatoren und Vertreter der englischen Geistesgeschichte – eine interessante Galerie von Savonarola bis Isaac Newton.

Royal Cornwall Museum

River Street, www.royalcornwall museum.org.uk, Mo–Sa 10–16.45 Uhr
Schwerpunkt des Museums sind Sammlungen zur Archäologie und Geologie der Region, daneben spiegeln Ausstellungen zu Sozialgeschichte und Industriearchäologie die Vergangenheit Cornwalls als Industriestandort wider.

Übernachten

Königlich – **Mannings Hotel**: Lemon Street, Tel. 01872 27 03 45, www.man ningshotels.co.uk, DZ ca. £ 100–120, (inkl. Continental Breakfast). Nachdem Victorias Prinzgemahl Albert 1846 das Hotel mit seiner Anwesenheit geehrt hatte, durfte sich das Hotel einst ›königlich‹ nennen, gibt sich aber heute zeitgemäß und topmodern. In zentraler Lage bietet es 34 sehr unterschiedliche Räume in schickem Styling. Das Mannings Aparthotel hat neun geräumige Apartments für Selbstversorger.

Essen & Trinken

Slow Food – **Saffron**: 5 Quay Street, Tel. 01872 25 37 71, www.saffronrestau ranttruro.co.uk, Mo 10–15, Di–Sa (Juni–Sept. Mo–Sa) 10–22 Uhr, Lunch £ 12,50,

Lieblingsort

Idyll am Wasser – St Just in Roseland ▶ Karte 2, K 7
Nur eine Fährpassage von Falmouth entfernt liegt die Halbinsel Roseland. Sie ist durchzogen von einem Labyrinth kleinster heckengesäumter Sträßchen – Alptraum für Autofahrer, Paradies für Wanderer und Radler. Die Wege tauchen tief ab in üppig bewaldete Täler, während unten im Creek bei Flut das Wasser glitzert und lautlos ein Segelboot vorbeizieht. Direkt am Wasser liegt auch die mittelalterliche Kirche von St Just in Roseland. Von einer Anhöhe geht man zwischen Rhododendren und Fuchsien über den Friedhof zu dieser einsamen, anmutigen Kirche aus dem 13. Jh. hinunter. Sie ruht geradezu am Flussufer, umgeben von Stille, Palmen und Nadelbäumen.

Die Südküste von Cornwall

abends £ 12–20. Das ausgezeichnete Stadtrestaurant verwendet lokale Produkte. Köstlich sind die Salate – ob warmer Fischsalat oder knackige Blattsalate. Sehr empfehlenswert: das wechselnde *Kitchen Menu* (ca. £ 20).

Abends & Nachts

Für Bierliebhaber – **Old Ale House:** 7 Quay Street, Mo–Do 11–23, Fr/Sa 11–24, So 12–23 Uhr. Die Kneipe im Zentrum von Truro ist ein Paradies für Freunde des naturtrüben Real Ale, das hier in großer Sortenauswahl frisch gezapft wird, darunter das lokale Skinners Ale, gelegentlich Livekonzerte.

Infos

Touristeninformation
Truro Tourist Information: Boscawen Street, Tel. 01872 27 45 55, http://tourism.truro.gov.uk

Verkehr
Bahn: Halt an der Strecke London Paddington–Penzance.
Bus: lokale Verbindungen s. www.firstgroup.com, www.westerngreyhound.com.
Fähre: Passagierfähre u. a. nach Falmouth, Trelissick.

Veryan Bay ▶ Karte 2, L 7

Die weite Bucht Veryan Bay wird von den Landvorsprüngen Dodman Point und Nare Head eingerahmt. Sehenswert ist der exponierte **Dodman Point** (125 m), auf dem schon viele Schiffe auf Grund liefen. **Hemmick Beach** ist einer der schönsten einsamen Strände westlich von Dodman Point, nur erreichbar über verzweigte und mühsam zu be-

fahrende Straßen. Eindrucksvoll ist die Bucht **Porthluney Cove,** ein Halbmond aus Sand. Oberhalb liegt das malerische **Caerhays Castle,** 1803 von Baumeister John Nash errichtet und Privatdomizil. Der Park voller Magnolien und Kamelien ist nur zu deren Blütezeit geöffnet (www.caerhays.co.uk, Feb.–Mai/Juni tgl. 10–17 Uhr, £ 7,50; Mo–Fr mit Schlossführung £12,50).

Das Gebiet um die Veryan Bay ist reich an Natur und archäologischen Funden. Am Ort sollte man sich eine der informativen Broschüren des National Trust über diese Küstenregion besorgen und die Region zu Fuß erobern. Das Dorf **Veryan** mit seinen eigenartigen Rundhäusern liegt ca. 2 km im Landesinnern.

Zwischen zwei Hügeln eingeklemmt sind die weiß gestrichenen Häuser von **Portloe** zusammen mit dem winzigen Hafen, das Dorf ist nur über steile, schmalste Straßen zu erreichen – idealer Start für Wanderungen in der Veryan Bay oder zur Gerrans Bay.

Mevagissey ▶ Karte 2, L 7

Mevagissey war einmal das Zentrum des Sardinenfangs, und die weiterverarbeitenden Betriebe saßen direkt am Kai des engen Hafens: Dort wurden die *pilchards* in Fässer gepackt, eingesalzen und tonnenweise weiterverschifft. Heute sind die bunten Fischerboote im Hafen nicht mehr die Haupterwerbsquelle, sondern beliebtes Fotomotiv, und Mevagissey ist ein touristisch gut erschlossener Ort. Im Sommer herrscht Hochbetrieb, wenn die Skipper mit angelnden Touristen auslaufen. Den schönsten Blick auf die anmutig am Steilhang aufsteigenden Häuser hat man auf dem Weg nach Süden Richtung Portmellon – auf der Straße oder zu Fuß auf dem Küstenpfad.

Mevagissey

Cornish Ice Cream schmeckt nicht nur kleinen Schleckermäulern

The Lost Gardens of Heligan ▶ Karte 2, L 6/7

Bei Pentewan, zwischen Mevagissey und St Austell, www.heligan.com, April–Sept. tgl. 10–18, Okt.–März 10–16 Uhr (letzter Einlass 1,5 Std. vor Schließung), £ 10

Das Dornröschen unter den kornischen Gärten wurde erst 1990 von einem holländischen Prinzen, Tim Smit, aus 70-jährigem Tiefschlaf wachgeküsst. Küssen ist für den Archäologen und Plattenproduzenten ohnehin eine der Aktivitäten, zu denen ein Garten anregen soll. Mit der aufwendigen Restaurierung dieser geheimnisvollen Mischung aus Dschungel, Zier- und Nutzgarten hat er jedenfalls einen Nerv britischer Identität getroffen. Dies verraten schon die Besucherzahlen, die in kaum einem Garten höher sind als hier. Beinahe 1000 Besucher laufen jeden Tag durch das einst verlorene Paradies. Der Garten steckt voller Geschichten: Die erste Ananasernte zum Beispiel fand 1997 statt, gerade rechtzeitig, um der Queen eine der Früchte zur Goldener Hochzeit zu überreichen. Zeit sollte man für die kilometerlangen Fußwege durch die einzelnen Anlagen reichlich einplanen. Im Norden führen die Wege durch Hügel, vorbei an Gewächshäusern, einer Grotte, durch einem italienischen Garten und vieles mehr. Im südlichen Teil liegt das ›verlorene Tal‹, *the lost valley,* ein Dschungel mit Blick auf Mevagissey.

Essen & Trinken

Klein, aber fein – **The School House Restaurant:** in Pentewan, 3 km nördlich von Mevagissey an der B 3273 nach St Austell, Tel. 01726 84 24 74, www.schoolhouserestaurant.co.uk, Di–Sa

275

Die Südküste von Cornwall

19–23 Uhr, Menü um £ 35. Nette Atmosphäre im alten Schulhaus oberhalb der Sandbucht von Pentewan. Serviert wird ausgezeichnete, französisch inspirierte Küche.

Aktiv & Kreativ

Fahrradverleih – **Pentewan Valley Cycle Hire:** in Pentewan, 3 km nördlich von Mevagissey an der B 3273 nach St Austell, www.pentewanvalleycycle hire.co.uk. Fahrräder Erw. £ 12/Tag, Kinder £ 8/Tag; auch Informationen zu Fahrradrouten nach Heligan, St Austell oder zum Eden Project.

St Austell ► Karte 2, L 6

Bei dem Namen St Austell denken die Einwohner Cornwalls an die ›Cornish Alps‹. Und die entstanden so: 1755 entdeckte William Cookworthy in der Gegend Porzellanerde. Niemand konnte ahnen, welche Ausmaße die Gewinnung von Kaolin annehmen würde. Nördlich von St Austell wurden riesige, weiße Hügel aufgeworfen – die kornischen Alpen. Die Stadt wurde zum weltweit größten Exporteur des ›China Clay‹. Früher nutzte man Kaolin ausschließlich zur Porzellanherstellung. Heute erzielt man damit auch Hochglanzeffekte bei Druckerzeugnissen und Farben.

Wheal Martyn China Clay Heritage Centre
www.wheal-martyn.com, März–Juni tgl. 10–16, Juli–Sept. 10–17 Uhr, letzter Einlass 1,5 Std. früher, £ 8,50
Das Besucherzentrum der Porzellanfabrik informiert ausführlich über Förderung und Abbau des ›weißen Goldes‹, zeigt historische Maschinen aus viktorianischen Zeiten und bietet im Coun-

try Park Gelegenheit zu Spaziergängen im renaturierten aufgelassenen Abbaugelände für Porzellanerde, zahlreiche Aktivitäten für Kinder.

Shipwreck & Heritage Centre
www.shipwreckcharlestown.com, März–Okt. tgl. 10–17 Uhr, £ 5,95
Das Shipwreck & Heritage Centre in St Austells Ortsteil Charlestown ist nur durch eine Reihe von Tunneln zu begehen, durch die einst das Kaolin an die Docks transportiert wurde. Vom Hafen blickt man über die St Austell Bay nach Menabilly und Gribbin Head, die östlichste Grenze der Bucht.

Eden Project! ► Karte 2, M 6

In Bodelva bei St Austell, www.eden project.com, Winter 9.30–16.30, Sommer 9.30–18 Uhr, Di–Do im Aug. 9.30–20 Uhr (bei Events auch länger), letzter Einlass 1,5 Std. vor Schließung, Eintritt bei Anreise per Bus oder Fahrrad £ 19, sonst £ 23
Aus der Vogelperspektive wirkt der Garten Eden wie ein riesiges Gebilde aus organisch gewachsenen Strukturen: Seen, Terrassengärten, Wege und Pfade umgeben zwei Biome genannte Treibhäuser, deren wie Bienenwaben strukturierte Kunststoffdächer in unterschiedlichen Größen und Formen ineinander übergehen. Tim Smit, ehemaliger Rockmusiker aus den Niederlanden, war nach der Wiederentdeckung der Lost Gardens of Heligan auf Größeres aus: Er träumte von einem globalen Garten. Seine Vision wurde in einer ehemaligen Kaolingrube bei St Austell Wirklichkeit. Auf einer Fläche von 30 Fußballfeldern entstanden drei Klimazonen, zwei davon in den beiden Biomen. Das größere mit feuchtwarmem Tropenklima bietet Platz für einen ganzen Regenwald, das trocken-

heiße Klima des kleineren Wabenge-
bildes wartet mit Kakteen und Sträu-
chern aus Kaliforniens und Südafrikas
Wüsten auf. Das Areal außerhalb der
Biome präsentiert die Flora der ge-
mäßigten Zone. Insgesamt sind 5000
Spezies vertreten – Nutzpflanzen wie
Kaffee, Kakao oder Sisal neben Zier-
pflanzen, Tropenhölzern und Oliven-
bäumen öffnen die Augen für die
Pflanzenvielfalt der Erde.

Infos

Verkehr
Bahn: von London Paddington mit
Great Western Trains (www.firstgreat
western.co.uk).
Bus: vom Bahnhof St Austell u. a. zum
Eden Project, Infos: www.firstgroup.
com, www.westerngreyhound.com.

Am River Fowey

Fowey ▶ Karte 2, M 6

Fowey (sprich: Foi) ist in die Hügel an
der Mündung des gleichnamigen Flusses gebaut. Kopfsteingepflasterte Gassen führen aus dem alten Dorfkern
zum malerischen Hafen mit seinen vielen Booten, darunter zahlreiche schicke Segeljachten. Schon im Mittelalter
war Fowey aktiver Handelshafen; von
hier aus wurden allerdings auch, wie
an vielen Orten der Südküste, Plünder-
fahrten an die französische Küste un-
ternommen. Die Einwohner von Fowey trieben ihre Seeräuberei besonders arg, und so nahm ihnen eines
Tages der König zur Strafe ihre Schiffe
weg. Heute sind die Hafenaktivitäten
ziviler: Man segelt. Ein Bummel durchs
Städtchen lohnt wegen der Kirche St
Fimbarrus, die zum Teil aus dem frühen
14. Jahrhundert stammt, der charak-

tervollen Häuser und der vielen kleinen Läden.

Hall Walk von Bodinnick nach
Polruan ▶ Karte 2, M 6
Von Fowey setzt man mit der Autofähre über nach Bodinnick. Am Fähranleger erinnert das Haus Ferryside an
die Schriftstellerin Daphne du Maurier,
die hier 1926 als 19-Jährige einzog. Sie
blieb Cornwall bis an ihr Lebensende
treu (s. S. 70). Auf zahlreichen Spaziergängen erkundete sie die Umgebung.
Vom Fähranleger aus ist der 6 km lange Hall Walk ausgeschildert, einer der
Lieblingsspaziergänge der Schriftstellerin mit herrlicher Aussicht. Der Weg
führt einen Hang hoch und zu einem
Monument aus Granit, das an die im
Zweiten Weltkrieg gefallenen Solda-
ten erinnert. Der Weg wendet sich
nach Osten entlang dem bewaldeten
Hang am Mündungstrichter (Creek)
des Flüsschens Pont Pill und passiert die
Hall Farm – daher sein Name. Hat man
das Gewässer auf der Fußgängerbrücke überquert (hier führt eine Straße
landeinwärts), geht es steil aufwärts
und man erreicht einen Gedenkstein,
der an einen Schriftsteller und Gelehr-
ten erinnert, der vor etwa 100 Jahren
in Fowey lebte, Arthur Quiller Couch,
kurz Q. Der Hall Walk lässt die Church-
town Farm links liegen und zweigt
nach rechts (Westen) in Richtung Polruan ab, an dessen Hafen der Spaziergang mit einer Fährüberfahrt zurück
nach Fowey endet.

Essen & Trinken

Fisch am Kai **Food for Thought:** Town
Quay, Tel. 01726 83 22 21, www.food
forthought.fowey.com, Lunch £ 10–17,
Dinner £ 14–25. Bester Fisch im historischen Count House am Hafen, das bis
auf das 14. Jh. zurückgeht.

277

Die Südküste von Cornwall

In Polperro liegen heute keine Schmugglerboote, sondern Jachten vor Anker

Infos & Termine

Touristeninformation
Fowey TIC: 5 South Street, Tel. 01726 83 36 16, www.fowey.co.uk. Mit Daphne du Maurier Literary Centre.

Festival
Daphne du Maurier Festival: Mai. Eine Woche Kunst, Literatur und Theater (www.dumaurierfestival.co.uk).

Verkehr
Bus: von St Austell und nach Par an der Bahnstrecke London–Penzance.

Lostwithiel ▶ Karte 2, M 5

Der kleine verträumte Ort Lostwithiel am Oberlauf des River Fowey war als *stannary town* im 15. Jh. einmal wichtiger Umschlagplatz für Zinn. Aus jenen Zeiten stammt die solide Brücke über den Fluss, Tudor Bridge, neben der man mit Einkäufen aus den Geschäften im kleinen Ortskern ein Picknick am Fluss veranstalten kann.

Restormel Castle
April–Juni, Sept. tgl. 10–17, Juli/Aug. 10–18, Okt. 10–16 Uhr, EH, £ 3,50
Etwa 1 km nördlich von Lostwithiel bewacht hoch über dem Tal die zinnenreiche Festung Restormel Castle (13. Jh.) den strategisch wichtigen Flussübergang. Einst hielten die Dukes of Cornwall hier Gericht, der heutige, Prince Charles, hat bisher darauf verzichtet.

Aktiv & Kreativ

Flusspaddeln – **Encounter Cornwall:** Lostwithiel, Tel. 01726 83 28 42, www.encountercornwall.com. Kanu-/Kajaktouren auf dem River Fowey. Ab £ 25/Tag. Auch mehrtägige organisierte Wanderungen mit Unterkunft.

Polperro ▶ Karte 2, N 6

Polperros winziger, geschützter Hafen hat eine große Vergangenheit in Schmuggel und *pilchard*-Fischerei.

Heute laufen nur noch wenige Boote zum Fang aus, Trawler, die auf Plattfisch aus sind, sowie Spezialboote für die Garnelen- und Muschelfischerei. Die weißen Cottages nisten an engstem Raum an den Steilufern des Flusses Pol und wetteifern um den Blick auf die Bucht. Über dem Ort liegen Parkplatz und Bushaltestelle, und man läuft knapp 10 Minuten ins Dorf hinab. The Coombes, Polperros Hauptstraße, ist heute eine Shopping-Meile aus Souvenirläden und Fast Food-Restaurants.

Infos & Termine

Festival
Polperro Festival: drittes Juniwochenende, mit Tanz und Musik.

Verkehr
Bus: nach West und East Looe, nächste Bahnstation ist Liskeard, dorthin sowie nach Plymouth Busverbindung mit Westerngreyhound.

Looe ▶ Karte 2, N 6

West Looe und East Looe trennt die breite Mündung des gleichnamigen Flusses, eine siebenbogige Brücke verbindet die Ortsteile miteinander. Am besten ›erobert‹ man den Hafenort zu Fuß. Beinah hanseatisch wirken die Häuserreihen, und die Luft in Looe riecht geschäftig. Kein Wunder, denn seit über 700 Jahren kontinuierlicher Hafeneinkünfte ist Looe ein prosperierendes Städtchen. Sein breiter Sandstrand lockt im Sommer jede Menge Besucher vor allem nach East Looe.

Bekannt ist Looe durch den Haifischfang geworden. Hochseeangler aus ganz Europa finden sich in Looe ein, um die großen Tiere zu angeln. An Sommerabenden ist die Rückkehr der

Haifischflotte das große Ereignis. Bis zu 300 kg schwere *shark*-Exemplare wurden schon gefangen. Heute werden die vom Aussterben bedrohten Fische nach dem Wiegen und Messen wieder ins Meer entlassen.

Übernachten

Camping mit Aussicht – **Tregoad Touring Park:** St Martins, bei Looe, Tel. 015 03 26 27 18, www.tregoadpark. co.uk, Stellplatz £ 16–32/Nacht, stationäre Miet-Caravans £ 140–669/Woche. 4-Sterne-Campingplatz auf 22 ha Gelände mit historischem Herrenhaus und Blick auf Looe Island und das Meer, beheizter Pool (Mai–Sept.), WiFi, Boulebahn, Kinderspielplatz, Minigolf.

Essen & Trinken

Gepflegter Fisch – **Trawlers on the Quay:** The Quay, East Looe, Tel. 015 03 26 35 93, www.trawlers-restaurant. co.uk, Mi–So 12–14, 18–21 Uhr, Hauptgerichte £ 10–17. Zwischen den Docks versteckt sich ein hervorragendes Fischrestaurant, an dem man wegen der schlichten Einrichtung fast vorbeiläuft. Frischeste lokale Fischküche.

Infos

Touristeninformation
Tourist Information Centre: East Looe, The Guildhall, Fore Street, Tel. 01503 26 20 72, looetic@btconnect.com

Verkehr
Bahn: Stichstrecke (Looe Valley Line) von Liskeard an der Hauptroute London–Penzance von/nach East Looe. Informationen unter www.carfreedays out.com

279

Sprachführer

Allgemeines

guten Morgen	good morning
guten Tag	good afternoon
guten Abend	good evening
auf Wiedersehen	good bye
Entschuldigung	excuse me/sorry
hallo/grüß dich	hello
bitte	please
gern geschehen	you're welcome
danke	thank you
ja/nein	yes/no
Wie bitte?	Pardon?
Wann?	When?
Wie?	How?

Unterwegs

Haltestelle	stop
Bus/Überlandbus	bus/coach
Auto	car
Ausfahrt/-gang	exit
Tankstelle	petrol station
Benzin	petrol
rechts	right
links	left
geradeaus	straight ahead/ straight on
Auskunft	information
Telefon	telephone
Handy	mobile
Postamt	post office
Bahnhof	railway station
Flughafen	airport
Stadtplan	city map
alle Richtungen	all directions
Einbahnstraße	one-way street
Eingang	entrance
geöffnet	open
geschlossen	closed
Kirche	church
Strand	beach
Brücke	bridge
Platz	place/square
Schnellstraße	dual carriageway
Autobahn	motorway
einspurige Straße	single track road

Zeit

3 Uhr (morgens)	3 a. m.
15 Uhr (nachmittags)	3 p. m.
Stunde	hour
Tag/Woche	day/week
Monat	month
Jahr	year
heute	today
gestern	yesterday
morgen	tomorrow
morgens	in the morning
mittags	at noon
abends	in the evening
früh	early
spät	late
Montag	Monday
Dienstag	Tuesday
Mittwoch	Wednesday
Donnerstag	Thursday
Freitag	Friday
Samstag	Saturday
Sonntag	Sunday
Feiertag	public holiday
Winter	winter
Frühling	spring
Sommer	summer
Herbst	autumn

Notfall

Hilfe!	Help!
Polizei	police
Arzt	doctor
Zahnarzt	dentist
Apotheke	pharmacy
Krankenhaus	hospital
Unfall	accident
Schmerzen	pain
Panne	breakdown
Rettungswagen	ambulance
Notfall	emergency

Übernachten

Hotel	hotel
Pension	guesthouse
Einzelzimmer	single room

Doppelzimmer	double room	teuer	expensive
mit zwei Betten	with twin beds	billig	cheap
mit/ohne Bad	with/without bathroom	Größe	size
mit WC	ensuite	bezahlen	to pay
Toilette	toilet		

Zahlen

Dusche	shower	1	one	17	seventeen
mit Frühstück	with breakfast	2	two	18	eighteen
Halbpension	half board	3	three	19	nineteen
Gepäck	luggage	4	four	20	twenty
Rechnung	bill	5	five	21	twenty-one
		6	six	30	thirty

Einkaufen

		7	seven	40	fourty
Geschäft	shop	8	eight	50	fifty
Markt	market	9	nine	60	sixty
Kreditkarte	credit card	10	ten	70	seventy
Geld	money	11	eleven	80	eighty
Geldautomat	cash machine	12	twelve	90	ninety
Bäckerei	bakery	13	thirteen	100	one hundred
Metzgerei	butchery	14	fourteen	150	one hundred and fifty
Lebensmittel	food	15	fifteen		
Drogerie	chemist's	16	sixteen	1000	a thousand

Die wichtigsten Sätze

Allgemeines

Sprechen Sie Deutsch?	Do you speak German?
Ich verstehe nicht.	I do not understand.
Ich spreche kein Englisch.	I do not speak English.
Ich heiße …	My name is …
Wie heißt Du/ heißen Sie?	What's your name?
Wie geht's?	How are you?
Danke, gut.	Thanks, fine.
Wie viel Uhr ist es?	What's the time?
Bis bald (später).	See you soon (later).

Unterwegs

Wie komme ich zu/nach …?	How do I get to …?
Wo ist bitte …	Sorry, where is …?
Könnten Sie mir bitte … zeigen?	Could you please show me …?

Notfall

Können Sie mir bitte helfen?	Could you please help me?
Ich brauche einen Arzt.	I need a doctor.
Hier tut es weh.	It hurts here.

Übernachten

Haben Sie ein freies Zimmer?	Do you have any vacancies?
Wie viel kostet das Zimmer pro Nacht?	How much is the room per night?
Ich habe ein Zimmer bestellt.	I have booked a room.

Einkaufen

Wie viel kostet …?	How much is…?
Ich brauche …	I need …
Wann öffnet/ schließt …?	When does … open/ … close?

Kulinarisches Lexikon

Zubereitung

baked	im Ofen gebacken
broiled/grilled	gegrillt
deep fried	frittiert (meist paniert)
fried	in Fett gebacken, oft paniert
hot	scharf/heiß
rare/medium rare	blutig/rosa
steamed	gedämpft
stuffed	gefüllt
well done	durchgebraten

Frühstück

bacon	Schinken
boiled egg	hart gekochtes Ei
cereals	Getreideflocken
(Full) English Breakfast	englisches Frühstück
fried eggs	Spiegeleier
jam	Marmelade (alle außer Orangenmarmelade)
marmalade	(ausschließlich) Orangenmarmelade
poached egg	poschiertes Ei
scrambled eggs	Rührei

Fisch und Meeresfrüchte

bass	Barsch
cod	Kabeljau
crab	Krebs/Krabbe
fishcakes	Fischfrikadellen
haddock	Schellfisch
halibut	Heilbutt
lobster	Hummer
mackerel	Makrele
mussel	Miesmuschel
oyster	Auster
prawn	Riesengarnele
roe	Fischrogen
salmon	Lachs
scallop	Jakobsmuschel
shellfish	Schalentiere
shrimp	Garnele
sole	Seezunge
squid	Tintenfisch
swordfish	Schwertfisch
trout	Forelle
tuna	Thunfisch

Fleisch und Geflügel

beef	Rindfleisch
carvery	Bratenaufschnitt
chicken	Hähnchen
duck	Ente
beef minced meat	Hackfleisch vom Rind
ham	Schinken
lamb	Lammfleisch
pork chop	Schweinekotelett
ribeye steak	Hochrippensteak (Rind)
roast goose	Gänsebraten
sausage	Würstchen
spare ribs	Rippchen
turkey	Truthahn
veal	Kalbfleisch
venison	Reh bzw. Hirsch
wild boar	Wildschwein

Gemüse und Beilagen

bean	Bohne
cabbage	Kohl
carrot	Karotte
cauliflower	Blumenkohl
courgette	Zucchini
cucumber	Gurke
aubergine	Aubergine
chips	Pommes frites
garlic	Knoblauch
lentil	Linse
lettuce	Kopfsalat
mash	Kartoffelbrei
mushroom	Pilz
parsnip	Pastinake
pepper	Paprikaschote
peas	Erbsen
potato	Kartoffel
onion	Zwiebel
pickle	Essiggemüse
swede	Steckrübe

Obst

apple	Apfel
apricot	Aprikose
blackberry	Brombeere
cherry	Kirsche
fig	Feige
grape	Weintraube
lemon	Zitrone
melon	Honigmelone
orange	Orange
peach	Pfirsich
pear	Birne
pineapple	Ananas
plum	Pflaume
raspberry	Himbeere
rhubarb	Rhabarber
strawberry	Erdbeere

Käse

mature cheddar	kräftiger Käse
cottage cheese	Hüttenkäse
goat's cheese	Ziegenkäse
Stilton	Blauschimmelkäse

Nachspeisen und Gebäck

carrot cake	Mohrrübenkuchen
ice cream	Speiseeis
lemon tart	Zitronenkuchen
pancake	Pfannkuchen
pastries	Gebäck
scone	Rosinenbrötchen
sponge cake	Biskuitkuchen
whipped cream	Schlagsahne

Getränke

beer (on tap/draught)	Bier (vom Fass)
cider	Apfelwein
coffee	Kaffee
(decaffeinated/decaf)	(entkoffeiniert)
hot chocolate	Kakao
lemonade	Limonade
icecube	Eiswürfel
juice	Saft
spirits	Spirituosen
milk	Milch
mineral water	Mineralwasser
red/white wine	Rot-/Weißwein
shandy	Alsterwasser/Radler
soft drink	alkoholfreies Getränk
sparkling (water)	mit Kohlensäure
sparkling wine	Sekt
still (water)	ohne Kohlensäure
tea	Tee

Im Restaurant

Ich möchte einen Tisch reservieren.	I would like to book a table.
Bitte warten Sie, bis Ihnen ein Tisch zugewiesen wird.	Please wait to be seated.
Essen nach Belieben zum Einheitspreis	all you can eat
Die Speisekarte, bitte.	The menu, please.
Weinkarte	wine list
Die Rechnung, bitte.	The bill, please.
Frühstück	breakfast
Mittagessen	lunch
Abendessen	dinner
Vorspeise	appetizer/starter
Suppe	soup
Hauptgericht	main course
Nachspeise	dessert
Beilagen	side dishes
Tagesgericht	meal of the day
Gedeck	cover
Messer	knife
Gabel	fork
Löffel	spoon
Glas	glass
Flasche	bottle
Salz/Pfeffer	salt/pepper
Zucker/Süßstoff	sugar/sweetener
Kellner/Kellnerin	waiter/waitress
Trinkgeld	tip
Wo sind die Toiletten?	Where are the toilets please?

Register

A La Ronde 181
Abbey Garden 61, **256**
Abbotsbury 157
– Abbotsbury Subtropical
  Garden 158
– Abbotsbury Swannery
  157
Adam, Robert 205
Angeln 30
Anreise 20
Antony House 63, **207**
Apotheken 36
Arlington Court 218
Artus 67, 123, 232, 233
Ärztliche Versorgung 36
Athelhampton House 164
Austen, Jane 92, 163, 165
Autofahren 22

Bahn 20, 22
Bank Holidays 33
Barnstaple 218
Bath 84
– Abbey Green 88
– Assembly Rooms 92
– Bath Abbey 85
– Beckford's Tower 93
– Building of Bath
  Museum 92
– Fashion Museum 92
– Holburne Museum 93
– Jane Austen Centre 92
– Museum of Bath at Work
  92
– Pulteney Bridge 93
– Queen Square 91
– Roman Baths & Pump
  Room 86, 89
– Royal Crescent 91
– Sally Lunn's House 88
– The Circus 91
– Thermae Bath Spa 89
– Victoria Art Gallery 88
Beaminster 168
Bed & Breakfast 24
Bedruthan Steps 236
Beer und Beer Head 183
Behinderte 38
Bicton Park 182
Biersorten 29
Bishops Lydeard 128
Blackmoor Vale 150

Blandford Forum 150
Bodinnick 277
Bodmin 231
Bodmin Moor 48, 70, 231
– Brown Willy 233
– Cheesewring 232, 234
– Dozmary Pool 232, 259
– Golitha Falls 232
– Jamaica Inn 232
– Rough Tor 233
– Stowe's Hill 232
– The Hurlers 232
Bolt Head 55, 196
Boscastle 223
Boscawen-un 251
Bossington 134
Botschaften 36
Bournemouth 138
Bowling Green Marsh 55
Bradford-on-Avon 95
Braunton 219
Bridport 158
Bristol 98
– Abbey Gate House 104
– Arnolfini Arts Centre
  100
– At-Bristol 100
– Bristol Cathedral 104
– Bristol Museum 100
– Bristol Zoo Gardens 106
– City Museum & Art Gal-
  lery 104
– Clifton 105
– Clifton Suspension
  Bridge 106
– Corn Exchange 105
– Council House 104
– Foster's Almshouses 105
– Georgian House 104
– Granary 101
– Harbourside 98
– John-Cabot-Statue 100
– King Street 101
– Llandoger Trow 102
– Lord Mayor's Chapel 104
– MShed 100
– Old City 101
– Old Vic 101
– Queen Square 101
– Red Lodge 105
– Redcliffe 102
– Royal York Crescent 105
– SS Great Britain 99

– St Mary Reddiffe 66, 103
– St Nicholas with Burton's
  Almshouses 102
– Temple 102
– Theatre Royal 101
– West End 104
– Wills Memorial Building
  105
Bristol Sound 72
Brixham 188
Brownsea Island 142
Brompton Regis 132
Buckland Abbey 203
Buckland-in-the-Moor 209
Bude 222
Budget Hotels 25
Budleigh Salterton 183
Burgh Island 196
Burrow Mump 127
Bus 21, 23

Cadgwith 260
Caerhays Castle 274
Camborne 239
Camel Trail 227, 231
Camelford 233
Camping 26
Castle Drogo 212
Cerne Abbas 165
Chagford 210
Charmouth Beach 161
Charles, Prince of Wales
  and Duke of Cornwall
  49, 57
Cheddar Caves 125
Cheddar Gorge 125
Chesil Beach & Fleet Reserve
  Centre 55
Chesil Beach 158
Christchurch 141
Christie, Agatha 186
Churston 187
Chysauster Village 254
Clark's Village 121
Cleeve Abbey 128
Clovelly 220
Clouds Hill 146
Coasteering 30
Coleridge Cottage 128
Coleridge, Samuel Taylor
  129, 182
Coleridge Way 128
Combe Martin 134

284

Register

Compton Acres 143
Corfe Castle 146
Cornish Hedges 50
Cornish Seal Sanctury 265
Cornish Pasty 27
Cornwall 207, 214, 240, 266
Cotehele 207
Cottage Garden 59
Coverack 261
Crantock Beach 236

Dartington Hall 190
Dartmoor 48, **208**
– High Moorland Visitor
  Centre 208
Dartmoor National Park
  209
Dartmouth 192
Decorated Style 66
Deer Leap 125, **126**
Devon 170, 214
Diplomatische Vertretungen
  36
Dodman Point 274
Doom Bar 227
Dorchester 57, **163**
Dorset 136
Dozmary Pool **232**, 259
Drake, Sir Francis 174, 179,
  189, 197, 199, 203, 221
Duchy of Cornwall 14, **69**
Dulverton 131
Du Maurier, Daphne 15,
  70, 277
Dunster 133
Dunster Castle 133
Durdle Door 145
Durlston Head 55
Dyrham Park 94

Early English 65
East Pool Mine 239
Ebbor Gorge 125
Eden Project 61, **276**
Eggardon Hill 169
Einreisebestimmungen 20
Elektrizität 36
Englische Küche **27**, 77
Englischer Landschaftsgar-
  ten 59
Etikette 29
Evershot 165
Exe-Mündung 55, 61, **176**

Exeter 172
– Custom House 176
– Exe-Brücke 176
– Guildhall 174
– High Street 174
– Mol's Coffee House 174
– Quay House Visitor Cen-
  tre 176
– RAMM 174
– Rougemont Castle 74
– St Peter's Cathedral 65,
  66, 173
– The House that Moved
  176
– The Quayside 175
– The Ship Inn 174
– Underground Passages
  175
Exford 132
Exmoor National Park 130
Exmouth 182

Falmouth 268
– National Maritime
  Museum Cornwall 268
– Pendennis Castle 259
Feiertage 36
Ferienhäuser und -wohnun-
  gen 25
Feste 33
Fistral Beach 236
Formal Garden 60
Fowey 277
Frenchman's Creek Walk
  264
Frome 119

Geevor Tin Mine 248
Geld 36
Geldwechsel 36
Gerrans Bay 274
Glastonbury 121
Glendurgan Garden 265
Greenway 186
Golden Cap 159
Golf 30
Golitha Falls 232
Great Dorset Steam Fair 74
Guest Houses 24

Hardy, Thomas 166
Hardy Monument 156
Hartland 221

Hartland Point 220
Hauptsaison 17
Hawker, R. S. 224
Hayle Estuary 55
Haytor Rocks 48, **209**
Hecken 50
Helford Passage 264
Helford River 264
Helford Village 264
Helston 258
Hemmick Beach 274
Hepworth, Barbara 245
Heron, Patrick 245
Hestercombe Gardens 59,
  127
High Willhays 48
Higher Bockhampton 167
Hoare, Henry 117
Holywell 236
Hotels 24

Ilfracombe 216
Informal Garden 60
Internetadressen 14
Isles of Scilly 55, 61, **256**

Jamaica Inn 232
Jenner, Henry 251
Josef von Arimathäa 123
Jugendherbergen 25
Jurassic Coast 154, 182

Karneval 35
Kennack Sands 261
Kennet & Avon Canal 95
Killerton House 180
Kimmeridge Bay 145
Kinder 37
Kingsbridge 195
Kingston Lacy 150
Kleidung und Ausrüstung
  17
Klettern 30
Klima 16
Kornisch 69
Krähenscharben 53
Kulturfestivals 35
Kynance Cove 260, **263**

Lacock Village & Abbey 95
Land's End 248
Landwirtschaftsschauen 33
Lanhydrock House 232

285

Register

Lanyon Quoit 251
Launceston 232
Leihwagen 22
Lesetipps 15
Levant Mine & Beam Engine
   248
Literaturfestivals 34
The Lizard 258
Lizard Point 260
Loe Pool 258
Longleat 119
Looe 279
Lost Gardens of Heligan
   275
Lostwithiel 278
– Restormel Castle 278
Lulworth Cove 145
Lundy Island 55, **216**
Lustleigh 211
Lydford Gorge 212
Lyme Bay 154
Lyme Regis **159**, 161
– Monmouth Beach 162
– Undercliff 162
Lympstone 182
Lynmouth 134
Lynton 134

Madron 251
Madron Well 251
Maiden Castle 164
Mangerton Mill 169
Mapperton House 168
Marwood Hill 219
Maße und Gewichte 38
Massive Attack 72
Medien 37
Men-An-Tol 251
Mendip Hills 125
Merry Maidens 251
Messen 33
Mevagissey 274
Minack Theatre 249
Minehead 134
Minterne Gardens 165
Montacute House 169
Moretonhampstead 210
Morwellham Quay 203
Morwenstow 224
Mount Edgcumbe 207
Mount's Bay 249
Mousehole 249
Mullion 260

Musikfestivals 34

Naked Giant 164
National Trust 62
Newlyn 252
Newquay 236
Nicholson, Ben 245
Norman Style 65
Notruf 37

Öffnungszeiten 37
Okehampton 212
Oliver, Jamie 79
Osmington 155
Ottery St Mary 182
Overbeck's Garden 194

Paddy 'Obby 'Oss 33, 231
Padstow 227
– Prideaux Place 227
Paignton 188
Pendennis Castle 269
Penwith-Halbinsel **248**, 250
Penzance 252
Perpendicular Style 66
Perranporth 236
Pilcher, Rosamunde 15, 242
The Pipers 251
Plymouth 197
– Elizabethan House 198
– Mayflower Steps 197
– Merchant's House
   Museum 199
– Plymouth City Museum &
   Art Gallery 200
– Plymouth Gin 199
– Plymouth Mayflower
   197
– Royal Citadel 199
– Smeaton's Tower 200
– The Hoe 199
– The National Marine
   Aquarium 198
Polperro 278
Polruan 277
Poole 142
Porlock 134
Port Gaverne 226
Port Isaac 226, **229**
Porthcurno Beach 249
Porthleven 258
Porthluney Cove 274
Portishead 72

Portloe 274
Portreath 239
Post und Porto 37
Poundbury 57, **164**
Powderham Castle 180
Prideaux Place 227
Priddy 125
Princetown 210
Prior Park 94
Pubs und Restaurants 29
Purbeck-Halbinsel 55,
   144

Quantock Hills 128

Radfahren 30
Raleigh, Walter 221
Rauchen 38
Redruth 239
Reisezeit 16
Reiten 30
Restormel Castle 278
Reynolds, Sir Joshua 205
River Fal 268
River Fowey 277
River Tamar 203
Roseland-Halbinsel 270
Rosemoor Garden 218
Rundreisen planen 18

Salcombe 195
Salisbury 112
– Mompesson House 113
– Salisbury & South Wilt-
   shire Museum 113
– Salisbury Cathedral 65,
   112
Saltram House 204
Selworthy Village 135
Sennen 248
Shaftesbury 151
Shepton Mallet 120
Sherborne 152
Sicherheit 38
Sidmouth 183
Simonsbath 133
Slapton Ley Nature Reserve
   55
Somerset 110
South Hams 195
South West Coast Path 134,
   222, 226, 227, 260
Souvenirs 38

286

Register

St Agnes 238
St Agnes, Isles of Scilly 256
St Austell 275
St Ives 242
– Barbara Hepworth Museum & Sculpture Garden 245
– Bernard Leach Pottery 246
– St Ives Society of Artists 245
– Tate St Ives 244
St Just in Roseland 272
St Keverne 261
St Mary's 256
St Mawes Castle 270
St Michael's Mount 63, **254**
Stein, Rick 78, **230**
Stinsford 167
Stonehenge 114
Stourhead 59, **116**
Street 121
Studland Beach 143
Sturminster Newton 151
Surfen 31, 237
Swanage 144

Tapeley Park 219
Tarka Trail 219
Tarr Steps 131
Tarrant Hinton 74

Taunton 127
Tavistock 213
Taxi 23
Telefonieren 39
Tintagel 223
Tintagel Castle 68, 225
Topsham 181
Torbay 183
Torquay 183
Totnes 189
Touristeninformationen 15
Trebah Garden 265
Trebarwith Strand 223
Tregellast Barton 261
Trelissick Garden 271
Trelowarren Estate 261
Trengwainton Garden 61, **253**
Tresco 61, **256**
Trinkgeld 39
Trip Hop 72
Truro 271
Tunnelshuttle 21
Two Bridges 210

Umgangsformen 39
Unterkunft 24

Valley of the Rocks 35
Veryan 274
Veryan Bay 274

Vogelbeobachtung 55, 181, 196, 197

Wandern 31
Wareham 146
Watergate Bay 236
Watersmeet 135
Wellness/Spa-Urlaub 32
Wells 124
– Wells Cathedral 66, **124**
West Bay 158
Weymouth 154
Widecombe-in-the-Moor 49, **209**
Wills Neck 128
Wiltshire 110
Wimborne Minster 147
Winsford 132
Winsford Hill 131
White Horse of Osmington 155
Wood, John senior 91
Wood, John junior 91
Wookey Hole 125
Woolacombe 216, 218
Woolf, Virginia 15, 242
Wordsworth, William 129
Worth Matravers 146

Zennor 248

atmosfair

Das Klima im Blick

Reisen bereichert und verbindet Menschen und Kulturen. Wer reist, erzeugt auch CO_2. Der Flugverkehr trägt mit einem Anteil von bis zu 10 % zur globalen Erwärmung bei. Wer das Klima schützen will, sollte sich für eine schonendere Reiseform (z. B. die Bahn) entscheiden – oder die Projekte von *atmosfair* unterstützen. *Atmosfair* ist eine gemeinnützige Klimaschutzorganisation. Die Idee: Flugpassagiere spenden einen kilometerabhängigen Beitrag für die von ihnen verursachten Emissionen und finanzieren damit Projekte in Entwicklungsländern, die dort den Ausstoß von Klimagasen verringern helfen. Dazu berechnet man mit dem Emissionsrechner auf *www.atmosfair.de*, wie viel CO_2 der Flug produziert und was es kostet, eine vergleichbare Menge Klimagase einzusparen (z. B. Berlin – London – Berlin 13 €). *Atmosfair* garantiert die sorgfältige Verwendung Ihres Beitrags. Klar – auch der DuMont Reiseverlag fliegt mit *atmosfair!*

Abbildungsnachweis/Impressum

Abbildungsnachweis

akg-images, Berlin: 64 (Monheim)
Bildagentur Huber, Garmisch-Partenkirchen: 61, 254 (Bildagentur Huber), 62 (Damm), 210/211, Umschlagrückseite (Da Ros Luca), 266 re., 278 (Leimer), 9 (Olimpio)
Bilderberg, Hamburg: 116 (Monheim), 110 li., 122 (Steinhilber), 10 u. li., 228/229, 240 re., 243 (Zielske)
Ulrich Berger, Lissendorf: 8, 11 o. re., 75, 194, 224
Corbis, Düsseldorf: 10 o. li., 86/87 (Atlantide Phototravel), 166 (Estall), 171, 206 (Michael Boys), 162 (Nimmo/Frank Lane Picture Agency), 11 o. li., 148/149 (Sykes)
DuMont Bildarchiv, Ostfildern: 12/13, 16, 85, 170 re., 185 (Holger Leue)
Ralf Freyer, Freiburg: 99
f1-online, Frankfurt a. M.: 77, 82 li. (Atlantide S.N.C.), 50/51 (Horizon), 35 (Lawrence)
Getty Images, München: 186 (AFP), 214 re., 275 (Cade), 237 (Cardy), 57 (Grimm), 72 (Shearer/Staff), 250 (Wilton)
iStockphoto, Calgary (Kanada): 107 (Foto Voyager), 11 u. re., 272 (jpfy), 111 (Luric), 267, 269 (Prozone), 52 (Soshnikov), 54 (TopshotUK)
Petra Juling, Lisserdorf: 204
laif, Köln: Umschlagklappe vorn, 39, 80/81, 266 li. (Gollhardt & Wieland), 23, 78, 110 re., 131, 137, 141, 157, 173, 191, 214 li., 217, 221, 244 (Gonzalez), 40/41 (Krinitz), 83, 90 (Le Figaro Magazine), 58, 240 li. (Rapho), 160 (The New York Times/Redux)
Look, München: 10 u. re., 234/235 (age fotostock), 201 (Fleisher), Titelbild, 32, 68, 178 (Pompe)
Mauritius Images, Mittenwald: 246 (Garden picture library), 26 (Pigneter), 82 re., 100 (Photononstop), 29 (PYMCA), 215 (Waburton-Lee), 135 (World Pictures)
Okapia, Frankfurt a. M.: 53, 241, 259
picture-alliance, Frankfurt a. M.: 11 u. li., 136 li., 136 re., 144, 153, 262/263 (Bildagentur Huber), 48, 71, 94, 115, 170 li. (dpa-Report), 10 o. re., 126 (NHPA)

Kartografie

DuMont Reisekartografie, Fürstenfeldbruck
© DuMont Reiseverlag, Ostfildern

Umschlagfotos

Titelbild: Cadgwith, The Lizard
Umschlagklappe vorn: Hausfassade in Cornwall

Hinweis: Autorin und Verlag haben alle Informationen mit größtmöglicher Sorgfalt geprüft. Gleichwohl sind Fehler nicht vollständig auszuschließen. Alle Angaben erfolgen ohne Gewähr. Bitte, schreiben Sie uns! Über Ihre Rückmeldung zum Buch und über Verbesserungsvorschläge freuen sich Autorin und Verlag:
DuMont Reiseverlag, Postfach 3151, 73751 Ostfildern,
info@dumontreise.de, www.dumontreise.de

3., aktualisierte Auflage 2012
© DuMont Reiseverlag, Ostfildern
Alle Rechte vorbehalten
Redaktion/Lektorat: Henriette Volz
Grafisches Konzept: Groschwitz/Blachnierek, Hamburg
Printed in China